PRATIQUER
LE PORTUGAIS

Les langues pour tous

Collection dirigée par Jean-Pierre Berman,
Michel Marcheteau et Michel Savio

PORTUGAIS

- ☐ Pour débuter (ou tout revoir) :
  - **40 leçons (Portugal/Brésil)**
- ☐ Pour se perfectionner et connaître l'environnement :
  - **Pratiquer le portugais**
- ☐ Pour évaluer et améliorer votre niveau :
  - **Score** (200 tests de portugais)
- ☐ Pour aborder la langue spécialisée :
  - **Le portugais économique et commercial**
- ☐ Pour prendre contact avec des œuvres en version originale :
  - **Série bilingue :**
    Contes et chroniques d'expression portugaise
    (Portugal - Brésil - Afrique)

Autres langues disponibles dans les séries
de la collection **Les langues pour tous**

**Anglais/Américain - Espagnol - Français - Hébreu
Grec (moderne) - Italien - Latin - Néerlandais - Russe**
© 1991 - Presses Pocket - Langues pour Tous

ISBN : 2-266-02560-0

PRATIQUER
LE PORTUGAIS

par

Jorge Dias da Silva
Assistant à l'université de Paris III

et

Solange Parvaux
*Inspectrice générale du ministère
de l'Éducation nationale*

presses pocket

ÍNDICE

- *Présentation* .... p. 6
1. **Vamos a Portugal**
   Allons au Portugal .... p. 8
2. **Uma viagem de carro**
   Un voyage en voiture .... p. 16
3. **Em Lisboa : na estação de Santa Apolónia**
   À Lisbonne, à la gare de Santa Apolonia) ..... p. 24
4. **No aeroporto do Rio de Janeiro**
   À l'aéroport de Rio de Janeiro .... p. 32
5. **Num hotel de Lisboa**
   Dans un hôtel de Lisbonne .... p. 40
6. **Num banco**
   À la banque .... p. 48
7. **No restaurante**
   Au restaurant .... p. 56
8. **Na praia**
   À la plage .... p. 64
9. **Transportes públicos em Lisboa**
   Les transports publics à Lisbonne .... p. 72
10. **No correio**
    À la poste .... p. 80
11. **Uma chamada telefónica**
    Un appel téléphonique .... p. 88
12. **Manuel e Laura têm visitas**
    Manuel et Laura reçoivent .... p. 96
13. **Moda feminina**
    La mode au féminin .... p. 104
14. **Moda masculina**
    La mode au masculin .... p. 112
15. **Automóveis de aluguer sem condutor**
    Location de voiture sans chauffeur .... p. 120
16. **No mercado da Ribeira**
    Au marché de la Ribeira .... p. 128
17. **Na feira da Ladra**
    Au marché aux puces — « Foire de la voleuse » ... p. 136
18. **Um desafio de futebol**
    Un match de foot .... p. 144
19. **A visita do médico**
    La visite du médecin .... p. 152
20. **Museus**
    Musées .... p. 160
21. **Vamos à tourada**
    Allons à la corrida .... p. 168

TABLE DES MATIÈRES

22. Falando de jornais
À propos des journaux .... p. 176

23. Monumentos de Lisboa
Les monuments de Lisbonne .... p. 184

24. Fados e guitarradas
Fados et accords de guitare .... p. 192

25. Festas populares
Fêtes populaires .... p. 200

26. A televisão
La télévision .... p. 208

27. Emprego : precisa-se
À la recherche d'un emploi .... p. 216

28. Na agência de viagens
À l'agence de voyage .... p. 224

29. Uma visita a Coimbra
Une visite à Coimbra .... p. 232

30. No Porto
Un voyage à Porto .... p. 240

31. Um passeio a Évora
Une promenade à Evora .... p. 248

32. Cozinha tradicional
Cuisine traditionnelle .... p. 256

33. Os Açores e a Madeira
Les Açores et Madère .... p. 264

34. O ensino
L'enseignement .... p. 272

35. A industrialização
L'industrialisation .... p. 280

36. Portugal e a CEE
Le Portugal et la CEE .... p. 288

37. Os países africanos de língua portuguesa
Les pays africains de langue portugaise .... p. 296

38. Macau e o Oriente
Macau et l'Orient .... p. 304

39. O Brasil
Le Brésil .... p. 312

40. A música passa a vida a viajar
La musique passe sa vie à voyager .... p. 314

■ *Annexes*
  1. Données géographiques .... p. 329
  2. Données historiques .... p. 330
  3. La langue portugaise .... p. 354
  4. Littératures .... p. 356
  5. Adresses utiles .... p. 372
  6. Index .... p. 374

PRÉSENTATION

■ La méthode **Pratiquer le Portugais** présente, traitées sous forme de dialogues, 40 situations de la vie courante au **Portugal** et au **Brésil**.

Conçue, comme tous les ouvrages de la collection LES LANGUES POUR TOUS, de façon à rendre possible l'apprentissage autonome, elle peut également être utilisée dans le cadre d'un enseignement de groupe (enseignement secondaire, formation continue).

Pratiquer le portugais permet d'acquérir le vocabulaire et les tournures utilisées quotidiennement au Portugal, au Brésil, et dans les parties du monde notamment en Afrique où le portugais est implanté.

Cette méthode répond donc aux besoins de ceux qui, connaissant les bases du portugais cherchent à s'exprimer plus naturellement et à enrichir leur vocabulaire. Elle s'adresse également aux voyageurs et aux touristes qui doivent faire face aux problèmes de communication au cours de leurs déplacements.

Cet ouvrage joue un double rôle :
— il perfectionne les connaissances linguistiques (vocabulaire, grammaire, prononciation) ;
— il introduit à la connaissance de l'environnement sous l'aspect quotidien et touristique.

■ Chacune des 40 unités comporte 8 sections :

1. Dialogue
2. Traduction du dialogue
3. Remarques (Vocabulaire, etc.)
4. Environnement 1 (culturel, etc.)
5. Environnement 2
6. Phrases-types + trad.
7. Vocabulaire
8. Exercices (+ corrigés)

■ **Annexes :** dans cette dernière partie, le lecteur trouvera :
— un certain nombre d'informations pratiques (mesures, etc.) ou socioculturelles (la langue, les institutions, la religion, etc.) qui pourront contribuer à développer sa connaissance et sa compréhension de l'environnement.

●● Une version sonore, enregistrée par des comédiens portugais et brésiliens recrée la réalité des situations et permet l'entraînement à la compréhension orale.

CONSEILS D'UTILISATION

1. Lire attentivement le dialogue, en s'aidant de la traduction et des remarques.
2. Le relire ensuite, en s'assurant que l'on en a une compréhension parfaite (ce qui veut dire que l'on n'a plus besoin de la traduction ni des notes). Pour ceux qui disposent des cassettes, cette seconde phase consiste en une réécoute attentive, livre fermé.
3. Étudier les sections 4 et 5.
4. Essayer de traduire les phrases-types en partant du français. Les phrases peuvent être considérées comme acquises lorsqu'en en prenant une au hasard, on trouve immédiatement son équivalent en portugais.
5. Faire le point de l'acquisition lexicale en étudiant le vocabulaire récapitulatif (section 7) qui donne les mots importants dans leur ordre d'apparition dans la leçon, ce qui permet de les retrouver plus facilement dans leur contexte.
   Le vocabulaire complémentaire élargit le thème de la leçon et facilite l'étude de la section 8 (Exercices et textes).
6. Vérifier la connaissance du sujet ou de la situation traitée, grâce aux exercices.

---

*Nous tenons à remercier
Eulympie Roman et Olinda Kleiman,
dont l'aide a été très précieuse
lors des révisions de cet ouvrage,
ainsi que tous ceux qui nous
ont apporté leur concours.*

1. Vamos a Portugal[1]

1. DIÁLOGO

J : Jean   M : Manuel

J — Então, sempre[2] vem[3] connosco ?
M — Acha[3] que cabemos[4] todos no seu[3] carro ?
J — Com boa vontade cabemos[5], mas vamos[6] apertados.
M — Uma viagem[7] tão longa com cinco pessoas, e a bagagem[8] toda num só automóvel...
J — Quantos quilómetros são ?
M — Creio que são perto de dois mil.
J — Estamos em férias, temos tempo. Somos turistas[9]. Podemos parar no caminho e descansar. É[10] agradável viajar[11].
M — Vão vocês[12] de carro que[13] eu vou de[14] comboio. Vamos todos muito mais à vontade.
J — Está bem. Não o[15] podemos obrigar a vir connosco.
M — Aliás, eu prefiro viajar de comboio. Sento-me[16], levanto-me, e quando me apetece[17] vou passear para o corredor.
J — Vai chegar primeiro do que nós.
M — Pois vou. Porque é que vocês não viajam comigo ? Podem mandar o carro pelo[18] comboio. É mais rápido.
J — Claro que é mais rápido, mas é mais caro para uma família de quatro pessoas. E nós preferimos fazer turismo durante a viagem. Amanhã vou tratar do[19] passaporte.
M — Não vale a pena. Chega[20] o bilhete de identidade.
J — Pois é[21], não me lembrava de que para os países da CEE (Comunidade económica europeia), já não é preciso passaporte.
M — O[22] Edson e a Márcia chegam a Lisboa no fim do mês.
J — Quem são ? Não os conheço.
M — São uns amigos brasileiros de São Paulo. O Edson é engenheiro e a Márcia é médica. Conhecemo-nos[23] há muitos anos.
J — Eles vão de avião[14] ?
M — Claro que vão de avião.
J — Também podem ir de barco[14].
M — De barco, perde-se muito tempo.
J — Como no fim do mês já estamos[24] em Lisboa, podemos ir todos ao aeroporto.
M — Eu parto já amanhã de manhã. E vocês, quando é que[25] pensam chegar ?
J — Daqui a quatro ou cinco dias.
M — Então, boa viagem e até breve em Lisboa.

1. Allons au Portugal

2. DIALOGUE

J : Jean   M : Manuel

J — Alors, c'est décidé ? Vous venez avec nous ?
M — Croyez-vous que nous tiendrons tous dans votre voiture ?
J — Oui, avec de la bonne volonté, mais nous serons serrés.
M — Un voyage aussi long, avec cinq personnes, et tous les bagages dans une seule auto...
J — Combien de kilomètres cela fait-il ?
M — Près de deux mille, je crois.
J — Nous sommes en vacances ; nous avons le temps. Nous sommes des touristes. Nous pouvons nous arrêter en chemin et nous reposer. C'est agréable de voyager.
M — Partez en voiture et moi, j'irai en train. Nous serons ainsi beaucoup plus à l'aise.
J — D'accord. Nous ne pouvons pas vous obliger à venir avec nous.
M — D'ailleurs, moi, je préfère voyager en train. Je m'assieds, je me lève, et quand j'en ai envie, je vais me promener dans le couloir.
J — Vous allez arriver avant nous.
M — Oui, bien sûr. Et pourquoi ne voyagez-vous pas avec moi ? Vous pourriez faire suivre la voiture par le train. C'est plus rapide.
J — Évidemment, c'est plus rapide, mais c'est plus cher pour une famille de quatre personnes. Et nous, nous préférons faire du tourisme pendant le voyage. Demain, je vais m'occuper de mon passeport.
M — Ce n'est pas la peine. La carte d'identité suffit.
J — C'est vrai. J'avais oublié que pour les pays de la CEE (Communauté Économique Européenne), on n'a plus de besoin de passeport.
M — Edson et Marcia arriveront à Lisbonne à la fin du mois.
J — Qui est-ce ? Je ne les connais pas.
M — Ce sont des amis brésiliens de São Paulo. Edson est ingénieur et Marcia est médecin. Nous nous connaissons depuis plusieurs années.
J — Ils voyagent en avion ?
M — Évidemment.
J — Ils peuvent aussi voyager en bateau.
M — En bateau, on perd beaucoup de temps.
J — Comme à la fin du mois nous serons déjà Lisbonne, nous pourrons tous aller à l'aéroport.
M — Moi, je pars dès demain matin. Et vous, quand pensez-vous arriver ?
J — D'ici à quatre ou cinq jours.
M — Alors, bon voyage et à bientôt à Lisbonne.

1 Vamos a Portugal

3. REMARQUES

1. **Vamos a Portugal** : *nous allons au Portugal* (séjour bref). Mais **vamos para Portugal** : *nous retournons au Portugal*.
2. **Sempre** : *toujours*. Souligne la continuité dans la décision.
3. **Vem** : *vous venez*. Dans un traitement de politesse, *le verbe* est à la 3e pers. du sg. (une pers.) ou au pl. (plusieurs personnes). *Vous* peut être sous-entendu (ici), ou se traduire par **o senhor, a senhora, os senhores, as senhoras, você(s)** prénom(s), titre(s). Le possessif *votre, vos*, correspondant, se traduit par le poss. de la 3e pers. sg. ou pl. ms. ou fém. (accord avec l'objet possédé). **Vem no seu carro ; tem a sua mala** : *vous venez dans votre voiture ; vous avez votre valise.*
4. **Cabemos** : *nous tiendrons*. Présent ind. traduit souvent le futur (proche) en port. : **Parto amanhã** : *Je partirai demain*.
5. **Cabemos** : *oui* ; affirmation exprimée par reprise du verbe.
6. **Vamos apertados** : *nous serons serrés*. **Vamos** : 1ère pers. pl., présent ind. de **Ir** *(aller)*, valeur de futur, cf. note 4. **Ir**, semi-auxiliaire pour **estar** *(être)*, souligne idée de déplacement.
7. **A viagem** : *le voyage*. Les mots terminés par **gem** sont féminins. Attention à accorder l'adj. : **a viagem longa** : *le long voyage*.
8. **A bagagem** : *les bagages*. Singulier à valeur de collectif.
9. **O, a turista** : *le, la touriste* : invariable en genre.
10. **É agradável** : *c'est agréable*. *C'* ne se traduit pas. *Être* se traduit par **ser** (trait permanent) ou **estar** (trait passager). **Está bem** : *c'est bien* (voir tableau **ser/estar**, note 24).
11. **É agradável viajar** : *c'est agréable de voyager*. Notez absence de *de*, en portugais : **é** + adjectif + infinitif.
12. **Vocês** : *vous*. **Você(s)** + verbe 3e pers. (sg. ou pl.). Portugal : **você**, employé pour ami ou pers. de rang inférieur. Brésil : emploi courant et familier. Peut signifier *tu*.
13. **Que** : souvent relatif *(que, qui)* ; parfois causal : *car* ; ici valeur emphatique : peut se traduire par *et*.
14. **Ir de comboio** : *aller en train*. **Ir de** = *aller (voyager) en*.
15. **O(s)** : pron. pers. compl. dir. *(le, les)* ou indir. *(vous* dans un traitement de politesse avec un verbe à la 3e pers.). **Não o vejo** : *Je ne vous vois pas*.
16. **Sento-me** : *je m'assieds*. Place du pron. pers. compl. : après le verbe (enclise), dans prop. principale ou ind. affirmative ; devant le verbe (proclise), dans prop. négative et subordonnée : **não me sento ; digo que me sento** *(je dis que je m'assois)*. Au Brésil, la proclise est généralisée dans la langue orale.
17. **Quando me apetece** : *quand j'ai envie*. **Apetece-te água** : *tu as envie d'eau* ; **apetecem-me bolos** : *j'ai envie de gâteaux*.

1 — Allons au Portugal

3. REMARQUES *(suite)*

18. **Pelo** : *par le*. Contraction : **por + o(s), a(s) = pelo(s), pela(s)**.
19. **Vou tratar do passaporte** : *je vais m'occuper de mon passeport*. L'art. déf. **o(s), a(s)** *(le, la, les)*, remplace le possessif, si le rapport de possession est évident.
20. **Chega o bilhete** : *la carte suffit*. Notez constr. fréquente : inversion verbe + sujet. **Chegar** : arriver (+ courant).
21. **Pois é** : forme emphatique exprimant un accord. Au Brésil, on dirait plutôt **pois não**.
22. **O Edson** : emploi fréquent art. déf. devant prénom : familier.
23. **Conhecemo-nos** = « **conhecemo(s)-nos** » : notez chute du **s** du verbe (1ᵉʳᵉ pers. plur.), avec enclise du pr. pers. compl. **nós**.
24. Traduction de *être* : **ser** ou **estar**.

    Ser (état permanent)
    - nationalité : **sou português**
    - profession : **sou professor**
    - caractère : **é alegre** : *il est gai* (de tempérament).
    - lieu permanent : **a casa é na rua** : *la maison est dans la rue*.

    estar (état passager)
    - temps limité : **estou de férias** *(je suis en vacances)*.
    - état passager : **está alegre** : *il est gai* (en ce moment).
    - lieu temporaire : **ele está na rua** : *il est dans la rue*.

25. **é que** : tour emphatique invariable : *c'est que*. Est-ce que ?

4. ENVIRONNEMENT

LISBOA : Lisboa (826 140 habitantes) é a capital de Portugal (92 082 km² com Madeira e Açores), uma das mais antigas da Europa. Está construída sobre sete colinas, junto à foz do Tejo. O seu porto, amplo e seguro, foi um centro comercial activo nos séculos XVI e XVII. Abriga hoje estaleiros navais importantes (LISNAVE). A cidade e os arredores oferecem um grande interesse histórico e turístico.
Conselhos úteis : com a entrada de Portugal na CEE (1986), o bilhete de identidade é suficiente. Em certos países é exigido o passaporte e nalguns deles é também necessária a obtenção de um visto (Brasil e países africanos de expressão portuguesa).

LISBONNE : Lisbonne (826 140 habitants) est la capitale du Portugal (92 082 km² avec Madère et les Açores), l'une des plus anciennes d'Europe. Elle est construite sur sept collines, près de l'embouchure du Tage. Son port, vaste et sûr, a été un centre commercial actif en Europe aux XVIᵉ et XVIIᵉ siècles. Il abrite aujourd'hui d'importants chantiers navals (Lisnave). La ville et ses environs offrent un grand intérêt historique et touristique.
Conseils utiles : avec l'entrée du Portugal dans la CEE (1986), la carte d'identité suffit. Le passeport est exigé dans certains pays et l'obtention d'un visa est aussi nécessaire pour d'autres (Brésil et pays africains d'expression portugaise).

1 — Vamos a Portugal

5. ENVIRONNEMENT

LES PAYS D'EXPRESSION PORTUGAISE

A língua portuguesa (de origem latina) é falada no mundo por 180 milhões de pessoas, em quatro continentes : na *Europa*, em Portugal (10,5 M) ; na *América do Sul,* no Brasil (145 M), ou seja mais de 40 % da população) ; na *África*, em Angola (9,5 M), na Guiné-Bissau (930.000 h), em Moçambique (15 M), na República de Cabo Verde (350.000 h), em São Tomé e Príncipe (100.000 h) ; na *Ásia*, em Macau (400.000 h).

O português falado no Brasil (independente desde 1822), apresenta algumas diferenças : *fonéticas* (fonemas e melodia da frase) ; *ortográficas* (poucas), *sintácticas, lexicais* (numerosas-palavras portuguesas com o sentido antigo, ou de origem índia, africana, inglesa, francesa, etc.). Não são suficientes para se dizer que se trata de outra língua (Ver os anexos).

Em África, os países já citados mantiveram o português como língua oficial, após a independência (1975). Notam-se apenas ligeiras variações fonéticas, sintácticas, e sobretudo lexicais.

Os países de língua portuguesa estudam uma possível reforma que uniformize a ortografia.

Le portugais (d'origine latine) est parlé dans le monde par 180 millions de personnes, sur quatre continents : en *Europe,* au Portugal (10,5 millions) ; en *Amérique du Sud,* au Brésil (145 millions), soit plus de 40 % de la population ; en *Afrique*, en Angola (9,5 millions), en Guinée Bissau (930 000 h.), au Mozambique (15 millions), dans la République du Cap-vert (350 000 h.), à São Tomé et Príncipe (100 000 h.) ; en *Asie*, à Macau (400 000 h.).

Le Portugais parlé au Brésil (indépendant depuis 1822) présente quelques différences : *phonétiques* (phonèmes, mélodie de la phrase) ; *orthographiques, syntaxiques* (5 ou 6), *lexicales* (nombreuses : mots portugais avec leur sens ancien, mots d'origine indienne, africaine, anglaise, française...). Elles ne sont pas assez nombreuses pour que l'on puisse dire qu'il s'agit d'une autre langue.

En Afrique, les pays déjà cités ont maintenu, après l'indépendance (1975), le portugais comme langue officielle. On ne relève que de légères variations phonétiques, syntaxiques et surtout lexicales. Les pays de langue portugaise étudient la possibilité d'une réforme dans le but d'uniformiser l'orthographe.

1. Allons au Portugal
6. PHRASES TYPES

1. Voulez-vous venir avec moi ?
2. Pouvez-vous m'accompagner à la gare ?
3. Je voudrais renouveler mon passeport.
4. Je vais envoyer ma voiture par le train.
5. Nous faisons du tourisme quand nous voyageons.
6. Nous ne sommes pas pressés d'arriver.
7. Nous aimons voyager à l'aise.
8. Je préfère voyager en avion, c'est plus rapide mais c'est plus cher.
9. Dans le train, tu peux voyager assis, couché ou debout.
10. Tu peux te promener dans le couloir.
11. Connais-tu Lisbonne ?
12. Je partirai demain matin de bonne heure.
13. Combien de temps dure le voyage en voiture ?
14. Par où passes-tu ? - Qui va avec toi ?
15. Quand penses-tu arriver à Lisbonne ?
16. Où vas-tu ? D'où viennent-ils ?
17. Quel jour arriveras-tu ?
18. Pourquoi ne pars-tu pas en train ? C'est plus sûr.

---

1. Quer/querem vir comigo ?
2. Pode/podem acompanhar-me à estação ?
3. Queria renovar o passaporte.
4. Vou mandar o meu carro pelo comboio.
5. Fazemos turismo quando viajamos.
6. Não temos pressa em chegar.
7. Gostamos de viajar com comodidade.
8. Prefiro viajar de avião, é mais rápido mas é mais caro.
9. No comboio, podes viajar sentado, deitado ou de pé.
10. Podes passear no corredor.
11. Conheces Lisboa ?
12. Parto amanhã de manhã cedo.
13. Quanto tempo demora a viagem de carro ?
14. Por onde passas ? Quem vai contigo ?
15. Quando pensas chegar a Lisboa ?
16. Para onde vais ? De onde é que eles vêm ?
17. Em que dia chegas ?
18. Porque é que não vais de comboio ? É mais seguro.

Vamos a Portugal

7. VOCABULAIRE

então, *alors*
caber, *contenir, tenir dans, loger*
apertado, *serré*
a pessoa, *la personne*
a bagagem, *les bagages*
as férias, *les vacances*
o caminho, *le chemin*
viajar, *voyager*
mas, *mais*
mais, *plus*
o carro, *la voiture*
obrigar, *obliger*
sentar-se, *s'asseoir*
levantar-se, *se lever*
o corredor, *le couloir*
passear, *se promener*

apetecer, *avoir envie*
lembrar-se, *se rappeler*
chegar, *arriver, suffire*
conhecer, *connaître*
o avião, *l'avion*
o barco, *le bateau*
o mês, *le mois*
já, *déjà*
amanhã, *demain*
a manhã, *le matin*
amanhã de manhã, *demain matin*
o dia, *le jour*
até, *jusqu'à*
o comboio (P), o trem (B), *le train*

VOCABULAIRE COMPLÉMENTAIRE

o acesso, *l'accès*
acompanhar, *accompagner*
aproveitar, *profiter de*
o atrelado, *la remorque*
caber a, *revenir à*
carregar, *charger*
a chegada, *l'arrivée*
o dano, *le dégât*
descarregar, *décharger*
o destino, *la destination*
as divisas, *les devises*
a embarcação de recreio, *le bateau de plaisance*
entregar, *remettre*

a estação, *la gare*
o início, *le commencement*
o lugar, *la place*
o pagamento, *le paiement*
a partida, *le départ*
o passageiro, *le passager*
o pedido, *la demande*
o percurso, *le parcours*
o prazo, *le délai*
o regresso, *le retour*
transportar, *transporter*
o veículo, *le véhicule*
a véspera, *la veille*
o visto, *le visa*

1. Allons au Portugal

8. EXERCICES

A. Traduire

1. Veux-tu venir avec moi à Lisbonne ?
2. Oui. Je ne connais pas cette ville ; mais je n'ai pas de passeport.
3. Vous y allez comment ? Vous partirez quand ?
4. Nous y allons en train ; nous partirons demain matin.
5. C'est un long voyage — c'est près de deux mille kilomètres.

B. Mettre à la forme négative

1. Conheço-os muito bem.
2. De manhã, levanto-me cedo.

C. Mettre à la forme affirmative

1. Não nos conhecemos.
2. Não me apetece viajar de carro.

D. Compléter avec *ser* ou *estar*, au présent de l'indicatif

1. De Paris à Lisboa .... dois mil km.
2. Os meus amigos ..... em Lisboa ; ..... professores.
3. A minha família .... agora no aeroporto.
4. Ele .... muito simpático

CORRIGÉ

A.
1. Queres vir comigo a Lisboa ?
2. Quero. Não conheço a (essa) cidade ; mas não tenho passaporte.
3. Como é que vocês vão ? Quando é que partem ?
4. Vamos de comboio ; partimos amanhã de manhã.
5. É uma viagem comprida (longa) — são cerca de dois mil quilómetros.

B. 1. Não os conheço.... 2. De manhã, não me levanto...

C. 1. Conhecemo-nos 2. Apetece-me...

D. 1. são   2. estão ; são   3. está   4. é

2 Uma viagem de carro
1. DIÁLOGO

J : Jean   S : Sofia

S — A roupa não cabe toda nesta[1] mala. Vai[2] buscar outra, se fazes favor.
J — Onde estão as malas ?
S — Nunca[3] sabes onde estão as coisas. Estão numa[4] prateleira por cima do roupeiro.
J — Queres que traga[5] uma mala grande[6] ?
S — Não, traz[7] uma igual a esta. Levamos duas mais pequenas.
J — Está tudo[8] pronto ?
S — Está. E o carro ? O depósito está cheio ?
J — Para os primeiros quatrocentos quilómetros já há[9] gasolina.
S — E o óleo ?
J — Também. Está tudo em ordem : a revisão do carro, a pressão dos pneus, o livrete, a carta verde, a carta de condução. Só falta pôr[10] o motor a trabalhar e arrancar.
S — Não. Falta carregar a bagagem. Cabe tudo na[11] mala ?
J — Cabe. Só temos duas malas e o porta-bagagens é espaçoso.
S — Ainda bem, porque, com as duas crianças, não se pode pôr nada no banco de trás.

.... (Na estrada) ....

S — Queres que eu guie[12] ?
J — Não, guias depois.
S — Onde está o mapa das estradas ?
J — À tua frente. Aperta bem o cinto de segurança.
S — Olha, vem ali atrás um carro que nos quer[13] ultrapassar.
J — Vem a mais de duzentos quilómetros à hora.
S — Mesmo nas auto-estradas é proibido andar tão depressa. Porque é que não travas ?
J — Travar ? Que disparate ! Encosto um bocadinho[14] à[15] direita e ele passa perfeitamente.
S — Se a polícia o vê, o condutor apanha uma multa por excesso de velocidade.
J — Temos de parar[16] na próxima estação de serviço. A gasolina está quase no fim.
S — Abranda. Ali à direita há uma bomba de gasolina.
J — Estamos quase na fronteira do Caia. Espero que, na alfândega, não nos façam[17] perder tempo.
S — A verificação dos documentos agora é muito rápida.
J — Vamos entrar em Lisboa pela ponte 25 de Abril.
S — A vista é[18] lindíssima[19].

2. Un voyage en voiture
2. DIALOGUE

J : Jean   S : Sofia

S — Tous les vêtements ne logent pas dans cette valise. Va en chercher une autre, s'il te plaît.
J — Où sont les valises ?
S — Tu ne sais jamais où sont les choses. Elles sont sur une étagère, au-dessus de l'armoire.
J — Veux-tu que je t'apporte une grande valise ?
S — Non, apportes-en une comme celle-ci. Nous en prendrons deux plus petites.
J — Tout est prêt ?
S — Oui. Et la voiture ? Le réservoir est-il plein ?
J — Il y a (déjà) de l'essence pour les quatre cents premiers kilomètres.
S — Et l'huile ?
J — Aussi. Tout est en ordre : la révision de la voiture, la pression des pneus, la carte grise, la carte verte, le permis de conduire... Il ne reste plus qu'à mettre le moteur en marche et à démarrer.
S — Non. Il faut charger les bagages. Tout tiendra dans le coffre ?
J — Oui. Nous n'avons que 2 valises et le coffre est vaste.
S — Heureusement, car, avec les deux enfants, on ne peut rien mettre sur la banquette arrière.

.... (Sur la route) ....

S — Veux-tu que je conduise ?
J — Non, tu conduiras après.
S — Où est la carte ?
J — Devant toi. Attache bien ta ceinture de sécurité.
S — Regarde. Voici une voiture qui veut nous dépasser.
J — Elle roule à plus de deux cents à l'heure.
S — Même sur les autoroutes, c'est interdit d'aller aussi vite. Pourquoi ne freines-tu pas ?
J — Freiner ? Tu plaisantes ! Je me range un peu à droite et elle passe sans problème.
S — Si la police la voit, son chauffeur aura une amende pour excès de vitesse.
J — Nous devons nous arrêter à la prochaine station-service. Il n'y a presque plus d'essence.
S — Ralentis ! Il y a une pompe à essence là-bas, à droite.
J — Nous sommes presque à la frontière de Caia. J'espère qu'à la douane on ne nous fera pas perdre de temps.
S — Le contrôle des papiers est maintenant très rapide.
J — Nous allons entrer à Lisbonne par le pont du 25-Avril.
S — La vue y est très belle.

2 — Uma viagem de carro
3. REMARQUES

1. **Nesta** = **em** + **esta** *(dans cette)*. **Este(s), esta(s)**, démonst. (1re pers.), désigne ce qui est proche de celui qui parle.
2. **Vai** : *va*, impératif de **ir** *(aller)* ; l'impératif 2e pers. sg. et pl. se forme sur 2e pers. présent ind. moins le **s**.
   Prés. ind. (tu) **vais** *(tu vas)*   Impératif : **vai** *(va)*
   (vos) **ides** *(vous allez)*   **ide** *(allez)*
   Autres pers. imp. : on utilise le présent subj. (mêmes pers.).
3. **Nunca sabes** : *tu ne sais jamais*.
4. **Numa** : *sur une*. Contraction de **em** *(dans, sur)* + **um (a)** *(un, e)*.
5. **Traga** : *que j'apporte*. **Trazer** : 1re pers. sg. présent subj. irr. Le subjonctif s'emploie après verbes volonté, désir, conseil.
6. **Mala grande** : *grande valise*. **Grande**, après nom = *taille* ; avant nom = *valeur affective morale*.
7. **Traz** : *apporte* (imp. 2e pers. sg. de **trazer**). On attend **traze** (note 2). Mais **e** tombe après **r, s, z**. **Quer** : *il veut*.
8. **Tudo** : *tout* (pron. neutre). Ne pas confondre avec adj. ou pron. **todo(s), todas(s)** : *tout, tous, toute(s)*.
9. **Há** : *il y a* (3e pers. sg. prés. ind. de **haver**). *Avoir* a 2 traductions : 1) **ter** : possession (**ele tem um livro** : *il a un livre*) ; et auxiliaire du passé (**tinha feito** : *il avait fait*) ; 2) **haver** : (impers.). Notez : *il y a* : (P) : **há** ; (B) : **tem**.
10. **Pôr** : *poser, mettre*. Inf. irr. 2e groupe. Trois groupes réguliers terminés en **ar** (1er gr.), **er** (2e gr.), **ir** (3e gr.).
11. **Na** : *dans la*. Contraction de **em** *(dans, sur)* + **a** *(la, les)*.
12. **Guie** (subj. prés. de **guiar**). Voir note 5 (emploi subj.).
13. **Quer** : *il veut*. (Prés. ind. 3e pers. sg.). Disparition de **e**, cf. note 7. Mais **quere-nos** si un pronom suit le verbe.
14. **Bocadinho** : *un petit morceau, un petit peu*. Diminutif de **bocado** *(morceau)* + **inho, a** (suffixe diminutif).
15. **À** : *à la* (contraction prép. **a** + art. déf. fém. **a(s)** = **à(s)**).
16. **Temos de parar** : *nous devons nous arrêter*. **Ter de** + inf. = obligation *(devoir, falloir)*.
17. **Espero que não nos faça** : *j'espère qu'il ne nous fera pas*. **Faça** : subj. prés. irrég. de **fazer**. (Note 7, empl. subj.).
    N.B. : franç. : *espérer que* + <u>ind.</u> ; port. : **esperar que** + <u>subj.</u>
18. **É lindíssima** : *elle est très belle* (naturellement). **Está lindíssima** : *elle est très belle* (en ce moment). Traduction de *être* + adjectif (voir note 24, 1-3).
19. **Lindíssima** : *très belle*. Superlatif absolu de **linda** *(belle)* + suf. **íssimo, a** = **muito linda** *(très belle)*.

2. Un voyage en voiture
4. ENVIRONNEMENT - PORTUGAL

ANEDOTA

Um camponês vivia isolado na sua aldeia e já quase não comunicava com o mundo.

Um dia, meteu-se no carro e entrou numa estrada de grande movimento.

Um polícia da Brigada de Trânsito mandou-o parar e disse-lhe :
— A carta...
O camponês desnorteado :
— Mas então eu fiquei de lhe escrever ?

A Guarda Nacional Republicana (GNR) é um dos orgãos encarregados da segurança e da manutenção da Ordem Pública. A Brigada de Trânsito, uma das suas unidades, tem a responsabilidade do patrulhamento e da vigilância das estradas ; compete-lhe fiscalizar o cumprimento do Código e apoiar os utentes das estradas (informações, socorros : localização de mecânicos para desempanagem das viaturas, serviços médicos...).

Cuidado : Se virem a sigla GNR num cartaz de espectáculos, trata-se do Grupo Novo Rock, muito na moda entre os jovens portugueses.

HISTOIRE DRÔLE

Un paysan vivait isolé dans son village et ne communiquait déjà presque plus avec le monde.

Il prit un jour sa voiture et emprunta une route à grande circulation.

La police de la route lui donna l'ordre de s'arrêter :
— Votre permis ?
Le paysan, désarçonné :
— Mais alors, je devais vous écrire ?

N.B. : **a carta :** *la lettre* (missive) ; **a carta (de condução) :** *le permis (de conduire).* Ce jeu de mots ne peut être traduit.

La Garde Nationale Républicaine (GNR) est l'une des instances chargées de faire régner la sécurité et l'ordre public. La Brigade de la Circulation, l'une de ses unités, a pour mission d'assurer la surveillance des routes ; il lui revient de faire respecter le Code de la Route et d'aider les usagers (renseignements, secours variés : recherche de mécaniciens pour le dépannage des véhicules, secours médicaux...).

Attention : si vous voyez le sigle GNR sur une affiche de spectacle, il s'agit du Groupe Nouveau Rock, très à la mode chez les jeunes Portugais.

2 — Uma viagem de carro

5. ENVIRONNEMENT

LE PORTUGAIS AU BRÉSIL

Vocabulaire :

freiner	P. travar	B. brecar, freiar
le permis de conduire	P. a carta de condução	B. a carta de motorista, a carteira de motorista
la carte grise	P. o livrete	B. o atestado de propriedade
le réservoir	P. o depósito	B. o tanque
la pompe à essence	P. a bomba de gasolina	B. o ponto de gasolina
le car	P. o autocarro, a camioneta	B. o ônibus
le camion	P. o camião	B. o caminhão
faire de l'auto-stop	P. pedir boleia	B. pedir carona
il y a	P. há	B. tem

PAYS D'EXPRESSION PORTUGAISE : LE BRÉSIL

O Brasil é um país imenso (8.511.965 km²), 43 % da América do Sul, dezassete vezes a França. A rede de estradas (a maior parte, boas e pavimentadas) é densa ao longo da costa, do Uruguay até Belém, no Nordeste, no Centro, e sobretudo no Sul e no'Sudeste. Uma estrada de 4 000 km foi construída, nos anos 70, na selva amazônica de oeste a leste. A maior parte do transporte de mercadorias e de passageiros faz-se por estrada. Quase todas as cidades brasileiras estão interligadas por ônibus com poltronas reclináveis, ou ônibus-leito. Além da gasolina e do gasóleo, é também utilizado, como combustível, desde 1974, o álcool de cana, à venda nas bombas de gasolina. Hoje metade dos carros funcionam a álcool, com adaptação do motor.

Le Brésil est un pays immense (8 511 965 km²), 43 % de l'Amérique du Sud, 17 fois la France. Le réseau des routes (bonnes et, pour la plupart, goudronnées) est dense le long de la côte, de l'Uruguay à Belém, dans le Nord-Est, le Centre-Ouest, et surtout le Sud et le Sud-Est. Une route de 4 000 km a été construite, dans les années 70, à travers la forêt vierge amazonienne, d'ouest en est. Presque tout le transport des marchandises et des passagers se fait par la route. Toutes les villes brésiliennes sont reliées par un service d'autocars, aux sièges inclinables, ou autocars-lits. Outre l'essence et le gasoil, on utilise aussi, comme combustible, depuis 1974, l'alcool de canne, vendu dans les pompes à essence. Aujourd'hui, la moitié des voitures marchent à l'alcool, avec une adaptation du moteur.

2 — Un voyage en voiture
6. PHRASES TYPES

1. Mettre le moteur en marche.
2. Rangez-vous sur la droite.
3. Allez tout droit jusqu'au prochain croisement.
4. Montrez vos papiers.
5. Vous n'êtes pas en règle, il manque l'assurance.
6. Votre carte d'identité est périmée.
7. Il faut charger les bagages ; tout doit tenir dans le coffre.
8. Vous roulez trop vite, vous allez avoir une amende.
9. Il est interdit de rouler à plus de 120 km sur l'autoroute.
10. Nous devons faire le plein et changer l'huile au prochain poste d'essence.
11. Nous passerons la douane au poste frontière de Caia.
12. Les douaniers ne fouillent plus les bagages.
13. Ce voyage est très fatigant.
14. Nous nous reposerons à Lisbonne.

---

1. Pôr o motor a trabalhar.
2. Encoste à direita.
3. Vá (siga) sempre a direito (em frente) até ao próximo cruzamento.
4. Mostre-me os (seus) documentos.
5. Os seus documentos não estão em ordem, falta o seguro.
6. O seu bilhete de identidade caducou.
7. Temos de carregar a bagagem ; deve caber toda na mala do carro.
8. O senhor vai muito depressa, ainda apanha uma multa.
9. É proibido andar a mais de 120 km na auto-estrada.
10. Temos de encher o depósito e mudar o óleo na próxima bomba de gasolina.
11. Passamos (passaremos) a alfândega no posto fronteiriço do Caia.
12. Os guardas-fiscais já não revistam a bagagem.
13. Esta viagem é muito cansativa.
14. Descansamos (descansaremos) em Lisboa.

2 — Uma viagem de carro

7. VOCABULAIRE

- a roupa, *le linge, les vêtements*
- o roupeiro, *l'armoire penderie*
- a mala, *la valise*
- buscar, *chercher, aller chercher*
- a prateleira, *l'étagère*
- trazer, *porter, apporter (vers moi)*
- pronto (adj.), *prêt*
- pronto (adv.), *ça y est*
- o depósito, o tanque (B), *le réservoir*
- cheio(a), *plein(e)*
- a gasolina, *l'essence*
- o óleo, *l'huile*
- o carro, *la voiture*
- arrancar, *démarrer*
- ainda, *encore*
- ainda bem, *heureusement*
- pôr, *mettre*
- a criança, *l'enfant*
- olhar, *regarder*
- ultrapassar, *dépasser*
- travar, freiar (B), *freiner*
- proibido, *interdit*
- depressa, *vite*
- encostar, *se ranger, s'adosser*
- apanhar, *attraper, ramasser*
- a multa, *l'amende*
- abrandar, *ralentir*
- a fronteira, *la frontière*
- a alfândega, *la douane*
- o guarda fiscal, *le douanier*
- a ponte, *le pont*
- a vista, *la vue*
- lindo(a), *joli(e)*
- a mala traseira (B), *le coffre*

VOCABULAIRE COMPLÉMENTAIRE

- o acelerador, *l'accélérateur*
- o acidente, o desastre, *l'accident*
- o acidente, desastre de viação, *l'accident de la circulation*
- o banco da frente, *le siège avant*
- a buzina, *le klaxon*
- buzinar, *klaxonner*
- encher o depósito (P), encher o tanque (B), *faire le plein*
- os faróis, as luzes, *les phares*
- o furo, *la crevaison*
- o gasóleo, *le gasoil*
- levantar/baixar o vidro, *lever/baisser la vitre*
- levar, *porter, emporter (loin de moi)*
- o macaco, *le cric*
- o pisca-pisca, *le clignotant*
- procurar, *chercher (pour trouver)*
- rebocar, *remorquer*
- rebentar, *éclater*
- a roda, *la roue*
- rodoviário(a), *routier(ère)*
- o trânsito, *la circulation*
- o travão (P), o freio (B), *le frein*
- o volante, *le volant*
- o retrovisor (P), o espelho (B), *le rétroviseur*

2 — Un voyage en voiture
8. EXERCICES

A. Traduire
1. Va chercher ton permis de conduire, il est dans la voiture.
2. Nous espérons qu'il viendra avec nous.
3. Cherche la carte routière ; je ne la trouve pas.
4. Apporte-moi le linge.
5. Tu peux porter les valises dans la voiture, elles sont prêtes.
6. Je veux que tu viennes avec moi.

B. Compléter avec les verbes *ser, estar, ter, haver* au présent de l'indicatif
1. O meu carro ...... um porta-bagagens espaçoso.
2. As malas .... feitas.
3. .... muito trânsito na ponte.
4. A viagem até Lisboa .... muito longa.

C. Compléter avec les prépositions *a, de, em, por* en faisant les contractions nécessaires.
1. Vou .... Lisboa .... carro.
2. Passo .... ponte.
3. Há muitos passageiros .... (este) autocarro.
4. Venho .... estação.

CORRIGÉ

A.
1. Vai buscar a tua carta de condução, está no carro.
2. Esperamos que ele venha connosco.
3. Procura o mapa das estradas ; não o encontro.
4. Traz-me a roupa.
5. Podes levar as malas para o carro, estão feitas / prontas.
6. Quero que venhas comigo.

B. 1. tem   2. estão   3. há   4. é

C.
1. Vou a Lisboa de carro.
2. Passo na ponte.
3. Há muitos passageiros neste autocarro.
4. Venho da estação.

3. Em Lisboa : na estação de Santa Apolónia
1. DIÁLOGO

M : Manuel   C : Carlos

C — Então, que tal[1] essa[2] viagem ?
M — Correu[3] muito bem, mas foi cansativa porque o comboio vinha[4] muito cheio.
C — Havia, com certeza, muita gente[5] em pé.
M — É verdade. Muita gente não conseguiu[6] lugar. Os corredores[7] estavam cheios de malas[8], de embrulhos e de passageiros. Nem[9] vi o revisor durante a viagem[10].
C — Coitado ! Nem pudeste desentorpecer as pernas...
M — Não foi bem assim. Tive sorte ; fiz uma parte da viagem sentado[11] e outra deitado, porque fiz[12] a marcação do[13] lugar com antecedência. E mesmo assim, consegui andar porque ia comer ao vagão-restaurante.
C — Mas tinhas feito[14] a reserva há muito tempo ?
M — Fiz a reserva quando comprei o[13] bilhete, há dois meses.
C — Quantas pessoas vinham no teu compartimento ?
M — Duas — um senhor e eu.
C — Então vieste[15] em primeira classe, em carruagem-cama ?
M — Vim[15]. É bastante mais confortável.
C — E mais caro ! O conforto paga-se. Quanto custa a passagem ?
M — Uma viagem em primeira classe custa mais de vinte e dois contos[16] e a cama um pouco mais de seis mil escudos. A viagem de ida volta custa o dobro.
C — Não tiveste[17] problemas na fronteira ?
M — Não. Não tive[17] nenhum problema. Desta[18] vez, nem vi o guarda-fiscal e ninguém me pediu o passaporte. Já estavas aqui há muito tempo ?
C — Acabei de[19] chegar. Por um triz, desencontrávamo-nos.
M — O comboio chegou à tabela, o[20] que não é muito habitual. No Verão, costuma[21] chegar atrasado.
C — Quanto tempo dura a viagem no Sud-Expresso ?
M — Vinte e seis horas. Saímos ontem de Paris, às oito[22].
C — Parece que, brevemente, vai ser possível reduzir a viagem para dezasseis horas. Só trazes esta bagagem ?
M — Não. Despachei dois volumes.
C — Vem ali o carregador. Tens aí a senha ? Vou pedir-lhe[23] que te vá levantar a bagagem.
M — Trouxeste o carro ?
C — Trouxe, mas não consegui lugar perto da estação.

3. À Lisbonne : à la gare de Santa Apolónia

2. DIALOGUE

       M : Manuel   C : Carlos (Charles)

C — Alors, comment s'est passé ton voyage ?
M — (Il s'est) très bien (passé), mais c'était fatigant car le train était bondé (très plein).
C — Il y avait certainement beaucoup de gens qui voyageaient debout.
M — C'est vrai ; de nombreuses personnes n'ont pas pu trouver de place assise. Les couloirs étaient pleins de valises, de paquets, de voyageurs. Je n'ai même pas vu le contrôleur pendant le voyage.
C — Mon pauvre ! Tu n'as même pas pu te dégourdir les jambes.
M — Ce n'est pas tout à fait vrai. J'ai eu de la chance ; j'ai fait une partie du voyage assis et l'autre couché parce que j'avais réservé ma place à l'avance. Et, malgré tout, j'ai pu marcher car j'allais manger au wagon-restaurant.
C — Tu avais fait ta réservation il y a longtemps ?
M — Je l'ai faite il y a deux mois, quand j'ai acheté mon billet.
C — Combien de personnes y avait-il dans ton compartiment ?
M — Deux : un monsieur et moi-même.
C — Alors, tu étais en première classe, en wagon-lit.
M — Oui, c'est bien plus confortable.
C — Et c'est plus cher. Le confort se paye. Combien coûte le billet ?
M — Le billet en première classe coûte plus de vingt-deux mille escudos, et la couchette un peu plus de six mille. Le voyage aller et retour coûte le double.
C — Tu n'as pas eu de problèmes à la frontière ?
M — Non, je n'ai eu aucun problème. Cette fois-ci, je n'ai même pas vu le douanier et personne ne m'a demandé mon passeport. Tu m'attendais depuis longtemps ?
C — Je viens d'arriver. Pour peu, nous avons failli nous rater.
M — Le train est arrivé à l'heure, ce qui n'est pas très habituel. En été, il arrive généralement en retard.
C — Combien de temps dure le voyage en Sud-Express ?
M — Vingt-six heures. Nous avons quitté Paris, hier à huit heures.
C — Il semblerait qu'il sera bientôt possible de réduire le voyage à seize heures. Tu n'as que ces bagages ?
M — Non, j'ai envoyé deux paquets en bagages accompagnés.
C — Voici un porteur. As-tu ton ticket ? Je vais lui demander d'aller les chercher.
M — Es-tu venu en voiture ?
C — Oui. Mais je n'ai pas pu me garer près de la gare.

3 Em Lisboa : na estação de Santa Apolónia

3. REMARQUES

1. **Que tal** : expression idiomatique : *comment ça va, comment se passe....?* (ou bien *s'est passé...?* suivant le contexte).
2. **Essa** : *cette*. **Esse, a**, dém. désignant ce qui est à l'interlocuteur ; a parfois valeur emphatique. Très usité au Brésil.
3. **Correu** : prétérit, 3ᵉ pers. sg. de **correr** (*courir* ; ici, sens de *se passer, se dérouler*) = *se passa, s'est passé*. Le prétérit, très employé en portugais, traduit une action passée révolue (souvent exprimée en français par le pas. composé).
4. **Vinha cheio** : *il était plein*. Imp. ind. irr. 3ᵉ pers. sg. de **vir** (*venir*, valeur ici de semi-auxiliaire). 4 verbes seulement sont irréguliers à l'imparfait ind. : **vir** ; **ser** (*être*) : **era** ; **pôr** (*poser, mettre*) : **punha** ; **ter** (*avoir*) : **tinha**.
5. **Muita gente** : *beaucoup de gens*. **A gente** : *les gens* (fém. sg. valeur de collectif). **Muita** : *beaucoup de* (adj. indéfini s'accordant avec le nom) : **muito tempo** : *beaucoup de temps*. **Muitos meses** : *beaucoup de mois*. **Muito** (adv.) + adjectif, reste invariable : **muito cheia** : *très pleine*. (B) : **a gente** : *on, nous, les gens* : **as pessoas**.
6. **Não conseguiu lugar** : *n'a pas obtenu de place* (notez l'absence de l'article partitif *de* en portugais).
7. **Corredores** : pl. de **corredor**. On rajoute **es** pour le pl. des mots terminés par consonne (sauf par **l, m** ou **s** atones).
8. **Malas** (*valises*) : pl. de **mala**. On rajoute **s** pour le pluriel des mots terminés par voyelle : **cheio(s), café(s)**.
9. **Nem vi** : *je n'ai pas même vu*. **Nem** + verbe = *ne pas même*.
10. **Viagens** (*les voyages*) : pl. de **viagem**. On remplace **m** par **ns** pour former le pluriel des mots terminés par **m**.
11. **Sentado** : part. pas. de **sentar** (*asseoir*). Formation : **ado** remplace **ar** (1ᵉʳ gr.) ; **ido** remplace **er** (2ᵉ gr.) et **ir** (3ᵉ).
12. **Fiz** : *je fis, j'ai fait*. Prétérit irr. de **fazer** (*faire*).
13. **Do lugar** : *de ma place*. Absence possessif (cf. note 19, 1-3).
14. **Feito** : *fait*. Part. passé irr. de **fazer** (*faire*).
15. **Vim, vieste** : *je vins, tu vins*. Prét. irr. de **vir** (*venir*).
16. **Contos** : pl. de **conto**. Um conto = *mille escudos*.
17. **Tive, tiveste** : *j'eus, tu eus* (prét. irr. de **ter** (*avoir*).
18. **Desta** = **de + esta** : (*de celle*). Démonstr. **este(s), esta(s)**, désigne ce qui est proche de celui qui parle (**aqui** : *ici*), ou le moment présent (c'est ici le cas). Se contracte avec **de**.
19. **Acabar de** : *venir de* ; **acabar** : *finir*.
20. **O que** : *ce que* (art. défini + *que* ou *de* = *celui, ce que, de*).
21. **Costumar** + inf. = *avoir l'habitude de* + inf.
22. **Às oito** (A + as oito) : *8 heures*. Notez : l'art. déf. employé après prép. devant *heures*. Mais : **são 8 horas** : *il est 8 heures*.
23. **Lhe** (*lui*) : pron. pers. compl. ind. 3ᵉ pers. ms. et fém.

3 — À Lisbonne : à la gare de Santa Apolónia
4. ENVIRONNEMENT - PORTUGAL

Como no resto da Europa, a CP (Companhia de Caminhos de ferro Portugueses) põe ao dispor dos utentes um leque de serviços variados : bilhetes a preços reduzidos (cartão jovem, da terceira idade, cheque-trem...).

Lisboa tem três estações de caminho de ferro : uma estação internacional — Santa Apolónia — donde partem os comboios para Espanha e França e os que servem o Norte e o Leste do país ; a estação do Rossio, de estilo neo-manuelino, no centro da cidade, serve a região do Oeste e a zona de Sintra.

A estação do Cais do Sodré, junto ao Tejo, sempre muito concorrida, serve as praias da linha do Estoril.

Quem quiser deslocar-se de comboio para o Sul do país, terá que ir ao Barreiro, na outra margem do rio Tejo, apanhando um barco na estação marítima de Sul e Sudeste.

Muitas estações, pelo país fora, são decoradas com painéis de azulejos, reproduzindo cenas da vida da região.

No comboio, o revisor :

— O seu bilhete é de 2ª, cavalheiro !
— Eu sei.
— E como vai, então, em 1ª classe ?
— Bastante cómodo, senhor revisor.

Comme dans le reste de l'Europe, la CP (Compagnie des Chemins de Fer Portugais) met à la disposition des usagers un éventail de services variés : billets à prix réduits (carte jeunes, du 3e âge, chèque-train...).

Lisbonne a 3 gares de chemin de fer : une gare internationale — Santa Apolónia — d'où partent les trains pour l'Espagne et pour la France et ceux qui desservent le Nord et l'Est du pays ; la gare du Rossio, de style néo-manuélin, dans le centre, dessert la région Ouest et la zone de Sintra.

La gare du Quai du Sodré, près du Tage, toujours très fréquentée, dessert les plages de la côte d'Estoril.

Qui veut se déplacer en train vers le Sud du pays devra aller à Barreiro, sur l'autre rive du Tage, en prenant un bateau à la gare maritime du sud et du sud-est.

De nombreuses gares dans le pays sont décorées de fresques d'azulejos qui reproduisent des scènes de la vie locale.

Dans le train, le contrôleur :

— Vous avez un billet de 2de, monsieur.
— Je le sais.
— Alors comment vous trouvez-vous en 1re ?
— Assez bien installé, monsieur le contrôleur.

N.B. : Remarquez le jeu de mots sur **ir** : *aller, être, se trouver.*

3 — Em Lisboa : na estação de Santa Apolónia
5. ENVIRONNEMENT - BRÉSIL

Différences linguistiques

Graphie : P. Santa Apolónia   B. Santa Apolônia
(**o** tonique devant nasale, plus fermé au Brésil.)

Lexique :

le train	P. o comboio	B. o trem
le guichet	P. a bilheteira	B. a bilheteria
le wagon-lit	P. a carruagem-cama	B. o vagão-leito
la queue	P. a bicha	B. a fila

Gare aux confusions : **bicha,** au Brésil, désigne *un homosexuel* !

la station de taxi	P. a estação de táxi	B. o ponto de táxi
le chemin de fer	P. o caminho de ferro	
	B. a estrada de ferro	
le train était complet	P. o comboio estava cheio	
	B. o trem estava lotado	

O TREM NO BRASIL : Embora não tenha acompanhado a evolução dos transportes aéreos e rodoviários, o sistema ferroviário também pode ser utilizado para viajar, sobretudo entre as duas maiores cidades, Rio de Janeiro e São Paulo (429 km) ou entre as capitais e algumas localidades do mesmo estado, distantes de 50 a 100 km (Rio, São Paulo, Porto Alegre, Recife, Salvador, Belo Horizonte, Brasília). Estes são em realidade trens suburbanos.

Existem linhas que ligam certas capitais de Estado (ex. São Paulo-Brasília, 1 015 km), mas são principalmente usadas para transporte de mercadorias. Os Brasileiros costumam viajar de carro, de ônibus (rede muito desenvolvida), ou de avião. Todas as cidades têm uma estação rodoviária ; nem todas têm uma estação ferroviária.

LE TRAIN AU BRÉSIL : Bien qu'il n'ait pas suivi l'évolution des transports aériens et routiers, le système ferroviaire peut aussi être utilisé pour voyager, surtout entre les deux plus grandes villes, Rio de Janeiro et São Paulo (429 km), ou entre les capitales et certaines localités du même État, distantes de 50 à 100 km (Rio, São Paulo, Porto Alegre, Recife, Salvador, Belo Horizonte, Brasilia). Ce sont en réalité des trains de grande banlieue.

Il existe aussi des lignes reliant certaines capitales d'État (ex. São Paulo-Brasilia, 1015 km), mais elles sont exclusivement utilisées pour le transport des marchandises. Les Brésiliens ont l'habitude de voyager en voiture, en car (réseau très développé) ou en avion. Toutes les villes ont une gare routière mais toutes n'ont pas de gare ferroviaire.

3 — À Lisbonne : à la gare de Santa Apolónia

6. PHRASES TYPES

1. Je voudrais un billet demi-tarif pour Porto.
2. Pour qui est-ce ?
3. C'est pour mon fils.
4. Quel âge a-t-il ?
5. Il a six ans.
6. Y a-t-il des réductions pour les groupes ?
7. Il y a des billets collectifs à prix spéciaux qui bénéficient d'une réduction de 20 %.
8. C'est tout ? Ces réductions peuvent augmenter jusqu'à 25 % s'il s'agit de groupes de 25 à 49 personnes.
9. Ces réductions peuvent atteindre 30 % pour des groupes de plus de 50 personnes.
10. Attention : les membres du groupe doivent voyager ensemble.
11. L'organisateur du groupe doit faire la demande correspondante sur un imprimé fourni par la gare de départ.
12. Nous donnons un pourboire au chauffeur de taxi.

---

1. Queria meio bilhete para o Porto.
2. Para quem é ?
3. É para o meu filho.
4. Que idade tem (ele) ? / Quantos anos tem (ele) ?
5. Tem seis anos.
6. Fazem reduções para grupos ?
7. Há bilhetes colectivos a preços especiais que beneficiam de uma redução de 20 %. (vinte por cento)
8. Só ? Estas reduções podem ir até 25 % sempre que se trate de grupos de 25 a 49 pessoas.
9. Estas reduções podem atingir 30 % para grupos com mais de 50 pessoas.
10. Cuidado, os membros do grupo devem viajar juntos.
11. O organizador do grupo deve fazer a requisição num impresso próprio fornecido pela estação de origem.
12. Damos uma gorjeta ao motorista do táxi.

3 — Em Lisboa : na estação de Santa Apolónia

7. VOCABULAIRE

o comboio, *le train*
com certeza, *sûrement, certainement*
em pé, *debout*
conseguir, *obtenir*
o lugar, *la place*
o corredor, *le couloir*
cheio, *plein*
o embrulho, *le paquet*
o passageiro, *le passager*
o revisor, *le contrôleur*
desentorpecer, *dégourdir*
deitado, *couché*
sentado, *assis*
comprar, *acheter*
andar, *marcher*
comer, *manger*
antecedência, *avance*

a carruagem cama, *le wagon-lit*
pagar, *payer*
custar, *coûter*
a passagem, *le passage, le billet*
o dobro, *le double*
a alfândega, *la douane*
por um triz, *pour un peu*
desencontrar(se), *ne pas se trouver, se manquer*
chegar à tabela (P), chegar na hora (B), *arriver à l'heure*
atrasado, *en retard*
sair, *sortir, partir*
o carregador, *le porteur*
a senha, *le ticket,* (qui sert à retirer quelque chose)
a marcação (P), a reserva (B), *la réservation*

VOCABULAIRE COMPLÉMENTAIRE

a assinatura, *l'abonnement*
o bilhete, *le billet*
bilhete-meio, meio bilhete, *billet demi-tarif*
a bilheteira, *le guichet*
o cartão de família, *la carte de família*
o cartaz, *l'affiche*
o comboio especial, *le train spécial*
desistir, *renoncer*
o endereço, *l'adresse*
a gorjeta, *le pourboire*

o horário, *l'horaire*
as informações, *les renseignements*
o maquinista, *le machiniste*
o motorista, *le chauffeur*
a nota, *le billet de banque*
reembolsar, *rembourser*
a refeição, *le repas*
a requisição, *la demande*
a sala de espera, *la salle d'attente*
o beliche (P), o leito (B), *la couchette*

3. À Lisbonne : à la gare de Santa Apolónia

8. EXERCICES

A. Traduire

1. J'ai voyagé debout dans le train, parce que je n'avais pas réservé ma place.
2. Le train était bondé.
3. Manuel venait avec sa femme.

B. Mettre au pluriel

Carregador, refeição, mão, viagem, mala, estação, lugar mês, bilhete, marcação.

C. Compléter avec *muito(s), muita(s)*

1. A viagem foi .... agradável.
2. Havia .... pessoas no comboio.
3. .... passageiros viajaram de pé.
4. A minha mala está .... cheia.
5. A viagem dura .... tempo.

CORRIGÉ

A.
1. Viajei de pé no comboio porque não tinha reservado (marcado) lugar.
2. O comboio vinha cheio, ou estava cheio.
3. O Manuel vinha com a mulher.

B. Carregadores, refeições, mãos, viagens, malas, estações, lugares, meses, bilhetes, marcações.

C.
1. A viagem foi muito agradável.
2. Havia muitas pessoas no comboio.
3. Muitos passageiros viajaram de pé.
4. A minha mala está muito cheia.
5. A viagem dura muito tempo.

4 — No aeroporto do Rio de Janeiro

1. DIÁLOGO

Ma : Márcia   E : Edson (Brasileiros)[1]   Em : empregada da Varig[2]
M : Manuel (Português)

- Ma — Edson, você[3] não se esqueça[4] de[5] registrar[6] a máquina fotográfica na alfândega, senão poderemos[7] ter problemas no regresso.
- E — Não se preocupe. Eu Já[8] fiz tudo o que havia para fazer..
- Ma — Me desculpe[9] pensei que você tinha esquecido.
- Em — Já pagaram a taxa de embarque ?
- E — Ainda não.
- Em — Vão pagar no balcão 6 e me tragam[9] as senhas comprovantes. Sem elas não poderei[7] dar o cartão de embarque.
- E — Queríamos[10] despachar a bagagem toda.
- Em — Mas a bagagem toda pesa mais de cinquenta quilos. São[11] pelo menos dez quilos a mais. Têm de pagar[12] o excesso. Se quiserem[13] podem levar esses sacos como bagagem de mão.
- Voz — Vôo RG 351, procedente de Belém do Pará, anunciado com duas horas de atraso. — Vôo RG 722, com destino a São Paulo, cancelado, aeroporto fechado devido ao nevoeiro.
  — Passageiros com destino a Lisboa, embarque imediato no portão 9. Última chamada.
- Ma — Nós[8] temos sorte, vamos decolar[14] dentro de meia hora !

.... (dez horas depois) ....

- E — Já estamos chegando[15] ! A viagem tem sido[16] agradável[17] ! O serviço a bordo foi[16] excelente. Nos[18] serviram uma ótima ceia e o café da manhã foi muito variado.
- Ma — Eu estava tão cansada que nem vi o filme nem estranhei a poltrona[19].
- E — A aeromoça anda distribuindo[20] formulários. São para preencher e entregar na polícia.
- Ma — Mas nós como brasileiros não precisamos.
- Voz — É favor apertarem[21] os cintos e apagarem[21] os cigarros. Dentro de momentos chegaremos em[22] Lisboa. São 7 horas da manhã, hora local, e a temperatura é de 20 graus centígrados.
  Voz : « tripulação, preparar para o pouso »...

.... (no aeroporto de Lisboa) ....

- M — Até que enfim ! Estou contente por vê-los chegar. Estava a ficar[15] preocupado. Já saíram todos os passageiros. Pensava que tinham perdido[23] o avião.
- E — Perdemos só uma das malas. Deve ter ficado no Rio.

4 — À l'aéroport de Rio de Janeiro

2. DIALOGUE

Ma : Márcia   E : Edson   Em : employée de la Varig
M : Manuel

Ma — Edson, n'oublie pas de déclarer l'appareil photo à la douane, sinon nous pourrions avoir des problèmes au retour.
E — Ne t'inquiète pas ; j'ai fait tout ce qu'il y avait à faire.
Ma — Excuse-moi, j'ai pensé que tu avais oublié.
Em — Avez-vous déjà payé la taxe d'embarquement ?
E — Pas encore.
Em — Allez la payer au comptoir 6 et apportez-moi les tickets correspondants. Je ne pourrai pas vous donner la carte d'embarquement sans ces tickets.
E — Nous voudrions faire enregistrer tous les bagages.
Em — Mais l'ensemble des bagages pèse plus de cinquante kilos. Il y a au moins dix kilos de trop. Vous devez payer un excédent. Si vous voulez, vous pouvez prendre ces sacs comme bagage à main.
Une voix — Vol RG 351, en provenance de Belém do Pará, annoncé avec deux heures de retard. — Vol RG 722, à destination de São Paulo, annulé, l'aéroport de São Paulo étant fermé pour cause de brouillard. — Passagers à destination de Lisbonne, embarquement immédiat, porte numéro 9, dernier appel.
Ma — Nous, nous avons de la chance. Nous allons décoller dans une demi-heure.

.... (dix heures plus tard) ....

E — Nous arrivons. Le voyage a été agréable. Le service à bord a été excellent. On nous a servi un délicieux souper et le petit déjeuner a été très varié.
Ma — Moi, j'étais si fatiguée que je n'ai même pas vu le film, et que j'ai même bien dormi sur ce siège.
E — L'hôtesse est en train de distribuer des imprimés. Il faut les remplir et les remettre à la police.
Ma — Mais, nous, Brésiliens, nous n'en avons pas besoin.
Une voix — Veuillez attacher vos ceintures et éteindre vos cigarettes. Dans un moment, nous allons arriver à Lisbonne. Il est sept heures, heure locale et la température est de 20 degrés centigrades.
Une voix — Équipage, préparez-vous pour l'atterrissage.

.... (À l'aéroport de Lisbonne) ....

M — Enfin ! Je suis content de vous voir arriver. Je commençais à m'inquiéter. Tous les passagers sont (déjà) sortis. Je croyais que vous aviez raté l'avion.
E — Nous avons seulement perdu une valise. Elle a dû rester à Rio.

4 No aeroporto do Rio de Janeiro

3. REMARQUES

1. Les Brésiliens s'expriment selon la norme brésilienne.
2. **Varig** : Viação aérea Rio Grandense : *Comp. d'aviation du Rio Grande do Sul,* principale comp. internationale du Brésil.
3. **Você** (familier au Brésil) = *vous, tu.* **Tu** est peu employé, sauf dans le Sud. Le pron. sujet est généralement utilisé.
4. **Não se esqueça** : *n'oublie pas* (**não** + subj. prés. = défense).
5. **Esquecer-se de** + compl. : *oublier* + compl. Noter régime verbe.
6. **Registrar** (B) — **registar** (P) : *enregistrer.*
7. **Poderemos** : *nous pourrons* (fut. ind. 1re pers. pl. de **poder**). Cette forme du futur est plus courante au Brésil qu'au Portugal.
8. **Eu fiz** : Brésil : *Je fis, j'ai fait* ; Portugal : *Moi, je fis, j'ai fait.* Portugal : emploi du pr. pers. suj. = insistance. Brésil, non.
9. **Me desculpe** : au Brésil, le pron. pers. compl. s'emploie devant verbe affirmatif dans langue parlée. Portugal : **desculpe-me**.
10. **Queríamos** : *voudrions.* Imparf. ind. à valeur de conditionnel.
11. **São 10 quilos** : *ce sont 10 kilos.* **Ser** + ch. = *il y a.*
12. **Têm de pagar** : *vous devez payer.* **Ter de** + inf. = obligation.
13. **Se quiserem** : *si vous voulez.* **Querer** : fut. subj., 3e pers. pl.
14. **Decolar** (B) : **descolar** (P) : *décoller.*
15. **Estamos chegando** (B) : **Estamos a chegar** (P) : *nous sommes en train d'arriver.* Forme progressive (durée de l'action) : **estar** + gérondif. Il y a deux gérondifs en portugais : 1) gér. composé (**a** + inf. **a chegar**), surtout utilisé au Portugal ; 2) gér. simple en **-ndo**, invar. (**chegando**), plus utilisé au Brésil.
16. **Tem sido** : (**ser** : passé comp. 3e pers. sg.) *il a été* ; **foi** : *a été.* Le passé comp. français se traduit par le prétérit pour une action révolue, ou par le passé comp. si l'action passée se prolonge ou se répète.
17. **Agradável** : *agréable.* Pl. : **agradáveis**. Attention au pluriel des mots terminés par **l** (**el, il, al, ul, il**, voir grammaire).
18. **Nos** (*nous*, pron. pers. complément). Ne pas confondre avec **nós** (pron. pers. sujet). Pour la place au Brésil, cf. note 9.
19. **Estranhei a poltrona** : *j'ai malgré tout bien dormi sur ce siège.* **Estranhar uma coisa** : *être surpris par, trouver étrange, bizarre.* **A poltrona** : *le fauteuil.*
20. **Anda distribuindo** (B) : **anda a distribuir** (P) (cf. note 16) : *elle distribue* (**andar** + gérondif : forme progressive, indique un mouvement se déroulant dans le temps (**andar** : *marcher*).
21. **Apertarem** : *serrer* ; **apagarem** : *éteindre,* Inf. per., 3e pers. pl.
22. **Chegar em** (B) : **chegar a** (P) : *arriver à.*
23. **Tinham perdido** : *ils avaient perdu.* Le plus-que-parfait = imp. ind. de *avoir* (**ter** ou **haver**) + part. pas. invariable.

4 — À l'aéroport de Rio de Janeiro
4. ENVIRONNEMENT

A TAP (Transportes Aéreos Portugueses) que passou a designar--se TAP-AIR-PORTUGAL após 1980 é uma companhia de Estado com voação internacional que liga Lisboa a quase todas as capitais do mundo. À excepção das ligações com a Madeira e os Açores e uma escala no Porto da linha Lisboa-Paris, todos os voos domésticos são efectuados por uma companhia privada, criada pelos anos 80, a LAR (Linhas Aéreas Regionais). Uma companhia açoriana, já antiga, a SATA (Sociedade Açoriana de Transportes Aéreos) assegura a ligação entre 7 das 9 ilhas do arquipélago e com a América do Norte (Boston), onde vivem muitos açorianos. Parte do serviço da Madeira, ilha muito turística, será brevemente efectuada por uma nova companhia AIR MADEIRA.

Por outro lado, a TAP oferece uma colaboração técnica às companhias africanas nascidas depois da independência dos respectivos países, a LAM (Linhas Aéreas de Moçambique), a TAAG (Transportes aéreos Angolanos) e a TACV (Transportes Aéreos Cabo-Verdianos) que liga o arquipélago a Lisboa, Paris, Amsterdão e Boston.

La TAP (Transports aériens portugais), appelée TAP-AIR-PORTUGAL depuis 1980, est une compagnie d'État, à vocation internationale, qui relie Lisbonne à presque toutes les capitales du monde. À l'exception des liaisons avec Madère et les Açores et une escale à Porto sur la ligne Lisbonne-Paris, tous les vols intérieurs sont effectués par une compagnie privée, créée dans les années 1980, la LAR (Lignes Aériennes Régionales). Une compagnie açorienne, déjà ancienne, la SATA (Société Açorienne de Transports Aériens) assure les liaisons entre 7 des 9 îles de l'archipel et l'Amérique du Nord (Boston) où vivent de nombreux Açoriens. Une partie du service de Madère, île très touristique, sera bientôt assurée par une nouvelle compagnie AIR-MADEIRA.

Par ailleurs, la TAP, apporte une aide technique aux compagnies africaines nées après l'indépendance de leurs pays respectifs : la LAM (Lignes Aériennes du Mozambique), la TAAG (Transports Aériens Angolais) et la TACV (Transports Aériens Capverdiens) qui relie l'archipel à Lisbonne, Paris, Amsterdam et Boston.

No aeroporto do Rio de Janeiro

5. ENVIRONNEMENT - LE BRÉSIL

O Brasil tem várias companhias aéreas : — vôos internacionais : a VARIG (Vias Aéreas Rio Grandenses) ; — vôos domésticos : VASP, RIO-SUL, TRANSBRASIL, A CRUZEIRO. Algumas companhias privadas alugam táxis-aéreos.

Só se pode entrar no Brasil com bilhete de ida-e-volta. Pode-se adquirir no estrangeiro um AIR-PASS a preço vantajoso.

Veja, 8/08/90

Le Brésil dispose de plusieurs compagnies aériennes. Des vols internationaux : la VARIG (Voies Aériennes du Rio Grande du Sud) ; vols intérieurs : VASP, RIO-SUL, TRANSBRAZIL, CRUZEIRO. Quelques compagnies louent des avions-taxis. On ne peut entrer au Brésil que muni d'un billet aller et retour. On peut acquérir, à l'étranger, un AIR PASSE, à un prix avantageux.

•

ANEDOTA BRASILEIRA

O Brasileiro Ariovaldo foi trabalhar em Portugal. O parente lusitano advertiu na chegada :

— Cuidado com os pronomes, Ariovaldo, quando você for colocar uma placa na porta ; fique atento, porque aqui se respeitam as regras gramaticais. Nada de « me manda » ou « me faz ». Aqui é « Manda-se », « Faz-se », entendeu ?

Ariovaldo disse que sim. Dias depois, pendurou uma placa na porta de casa : « Concertam sapatos-se » *Veja, 8/08/1990.*

HISTOIRE DRÔLE BRÉSILIENNE

Le Brésilien Ariovaldo est allé travailler au Portugal. Son parent lusitanien l'avertit dès son arrivée : « Attention à la place des pronoms, Ariovaldo, quand tu mettras une plaque devant ta porte ; fais attention car, ici, on respecte les règles grammaticales. Pas question d'utiliser le pronom devant à la brésilienne comme **se manda** (on envoie) ou **se faz** (on fait). Ici c'est après : **manda-se, faz-se**, tu as compris ? Ariovaldo répondit que oui. Quelques jours plus tard, il mit une plaque à sa porte avec : « Répare chaussures-on ». *(N.B. :* Le pronom ne peut jamais se placer après un nom, ni au Portugal ni au Brésil.)

LE PORTUGAIS DU BRÉSIL

Différences (annexe 3) :
— graphiques : B. o vôo   P. o voo ; B. ótimo   P. óptimo
— syntaxiques : emploi du pronom sujet (cf. note 8).

Nous avons de la chance : B. Nós temos sorte   P. Temos sorte
— Place du pron. compl. :
Excusez-moi : B. Me desculpe   P. Desculpe-me
Apportez-moi : B. Me tragam   P. Tragam-me

---

4 — À l'aéroport de Rio de Janeiro

6. PHRASES TYPES

1. Montrez-moi votre passeport, s'il vous plaît.
2. Votre passeport est périmé. Il faut le renouveler.
3. Avez-vous quelque chose à déclarer.
4. Ouvrez cette valise.
5. Vous devez payer une taxe.
6. Cette marchandise est-elle exempte de droits ?
7. Si vous voulez, vous pouvez emporter vos bagages.
8. Allez retirer vos bagages à la douane.
9. Vous avez apporté trop de parfums.
10. On ne peut importer que jusqu'à 300 dollars de marchandise au Brésil.
11. Avez-vous votre billet aller et retour ?
12. Je veux aller faire des achats à la boutique en franchise.
13. Je veux garder ce sac dans l'avion, et enregistrer cette valise.
14. Je voudrais faire une déclaration de perte de bagages. Une de mes valises n'est pas arrivée.
15. Avez-vous votre ticket d'enregistrement des bagages ?
16. Où allez-vous loger à Lisbonne ? Laissez votre adresse.
17. Que peut-on acheter à bord de l'avion ?
18. On peut acheter beaucoup de choses : de l'alcool, des parfums, des briquets, des montres, des foulards, des stylos...

---

1. Mostre-me o passaporte, se faz favor.
2. O seu passaporte caducou. Tem de o renovar.
3. Tem alguma coisa a declarar ?
4. É favor abrir esta mala.
5. Tem de pagar uma taxa.
6. Esta mercadoria é isenta de direitos alfandegários ?
7. Se quiser, pode levar a bagagem.
8. Vá à alfândega levantar a bagagem.
9. Trouxe perfume a mais.
10. No Brasil, só se pode importar até 300 dólares de mercadoria.
11. Tem a sua passagem (bilhete) de ida e volta ?
12. Quero ir fazer compras nas lojas francas.
13. Quero ficar com o saco na cabine e despachar esta mala.
14. Queria fazer uma declaração de perda de bagagem. Não chegou uma das minhas malas.
15. Tem as senhas da bagagem ?
16. Em Lisboa, onde vai ficar ? Deixe sua morada.
17. O que é que se pode comprar a bordo ?
18. Podem-se comprar muitas coisas : bebidas alcoólicas, perfumes, isqueiros, relógios, lenços, canetas.

4 — No aeroporto do Rio de Janeiro

7. VOCABULAIRE

a (o) empregada(o), *l'employé(e)*
registrar, *déclarer, enregistrer*
a máquina fotográfica, *l'appareil photo*
tirar uma fotografia, *prendre une photo*
o regresso, *le retour*
desculpar, *excuser*
esquecer, *oublier*
o saco, *le sac*
despachar, *envoyer, enregistrer*
o excesso, *l'excès*
o embarque, *l'embarquement*
levantar vôo, *décoller*

lembrar-se (de), *se souvenir (de)*
cancelar, *annuler*
prencher, *remplir* (formulaires)
entregar, *remettre*
adiantado, *en avance*
apagar, *éteindre*
o grau, *le degré*
o balcão, *le comptoir*
ficar, *être, rester*
ficar preocupado, *être inquiet*
a janela, *la fenêtre*
a porta, *la porte*
o solo, *le sol*
cansado, *fatigué*

VOCABULAIRE COMPLÉMENTAIRE

a cédula, *la fiche d'état civil*
a certidão de nascimento, *l'acte de naissance*
a certidão de óbito, *acte de décès*
o nome, *le nom*
(prénom : (P) nome próprio ; (B) primeiro nome)
o apelido (P), o sobrenome (B), *le nom de famille*
a repartição expedidora (B), *le bureau d'émission*
a repartição, *le bureau*
a saúde, *la santé*
data de nascimento, *date de naissance*
naturalidade (P), lugar de nascimento (B), *lieu de naissance*
validar, *valider*
válido, *valable*
pertencer, *appartenir*
declarar, *déclarer*
a formalidade, *la formalité*
os bens (bem), *les biens*
a isenção, *l'exemption*
a mercadoria, *la marchandise*

o valor, *la valeur*
o viajante, *le voyageur*
em trânsito, *en transit*
o desembarque, *le débarquement*
a tripulação, *l'équipage*
o tripulante, *un membre de l'équipage*
a zona franca, *la zone franche*
a loja franca, *magasin en franchise (duty free shop)*
comparecer, *se présenter (à un bureau)*
devolver, *rendre*
a morada (o endereço), *l'adresse*
viajar acompanhado, *voyager accompagné*
viajar desacompanhado, *voyager seul*
importar, *importer*
exportar, *exporter*
a vistoria, *l'examen des bagages*
vistoriar (B), revistar (P), *fouiller les bagages*
solteiro, *célibataire*
casados, *mariés*
viúvo(a), *veuf, veuve*

4 — À l'aéroport de Rio de Janeiro

8. EXERCICES

A. Donner le pluriel de :

útil - a repartição - agradável - o papel - difícil - a mão - azul - português - francesa - o revisor - fiscal

B. Traduire

— Si vous voulez acheter dans les boutiques en franchise, vous devez passer la douane.
— L'hôtesse est en train de dire qu'il y a beaucoup de places libres.
  Portugal ....
  Brésil ....
— Messieurs les voyageurs, attachez vos ceintures, s'il vous plaît.
— Il est deux heures. L'avion décolle à trois heures.

C. Compléter avec *ser* et *estar* aux formes qui conviennent

O tempo .... bom. / .... uma hora.
O avião .... adiantado. / .... O Concorde.
Este avião .... rápido. / Os nossos amigos ....
brasileiros. / .... muito contentes por chegarem.

D. Mettre à la forme négative

Esperamo-los no aeroporto.

CORRIGÉ

A. úteis - as repartições - agradáveis - os papéis - difíceis - as mãos - azuis - portugueses - francesas - os revisores - fiscais

B. — Se quiserem comprar nas lojas francas, têm de passar a alfândega.
— *Portugal* : a hospedeira está a dizer que há muitos lugares livres.
— *Brésil* : a aeromoça está dizendo que tem muitos lugares livres.
— Senhores passageiros, façam o favor de apertar os cintos.
— São duas horas. O avião levanta vôo às três horas.

C. O tempo está bom. / É uma hora. / O avião está adiantado. / É o Concorde. / Este avião é rápido. / Os nossos amigos são brasileiros. / Estão muito contentes por chegarem.

D. Não os esperamos no aeroporto.

5 — Num hotel de Lisboa
1. DIÁLOGO

C : Cliente   R : Recepcionista[1]

Na recepção do hotel

C — Bom dia. Chamo-me António Ferreira. Telefonei há uma semana a reservar dois quartos.
R — Vou ver no registo. Reservas por telefone. Cá está[2]. Senhor António Ferreira. Dois[3] quartos duplos : um com cama de casal e outro com duas camas, ambos[4] com casa de banho. Aliás, todos os nossos quartos têm casa de banho.
C — No preço que me indicou, estão incluídas as refeições ?
R — Não, só está incluído o pequeno almoço. Não costumamos fazer diárias[5].
C — Gostava[6] que nos[7] dessem[8] dois quartos ao lado um do outro. Os nossos filhos ainda são pequenos.
R — Se quiser, podemos instalar duas camas suplementares no seu quarto.
C — Talvez[9] não seja[10] má[11] ideia. Não gosto de deixar os rapazes sozinhos[12].
R — Neste momento há um congresso no hotel e um quarto disponível dava-nos jeito.
C — Quanto custa a cama suplementar ?
R — 30 % do preço do quarto. Mas como fomos nós[13] a propor a[14] alteração, fazemos-lhe um desconto. Não pagará nada pelas duas camas suplementares.
C — O quarto dá para a rua ?
R — Não. Dá para o jardim. Os quartos das traseiras são muito mais calmos do que os quartos da frente.
C — Da última vez que cá fiquei, o quarto que me deram era muito barulhento.
R — Desta vez não vai ter razão de queixa. Pode deixar-me o seu bilhete de identidade ? Quantos[15] dias tencionam ficar ?
C — Tencionamos ficar uma semana.
R — Muito bem. É o quarto novecentos e dezoito, no nono andar. Pode pedir a chave na portaria, no outro balcão.
C — Por favor, queria que nos acordassem às oito horas.
R — Os senhores[16] tomam o pequeno almoço no quarto ?
C — Não. Preferimos tomá-lo[17] na sala de jantar.
R — O serviço de pequenos almoços termina às dez horas. Podem ir subindo[18]. O bagageiro leva já as malas para cima.
C — Olhe, precisava de fazer uma chamada telefónica.
R — Pode fazê-la directamente do quarto.

5. Dans un hôtel de Lisbonne
2. DIALOGUE

C : Un client   R : le Réceptionniste

À la réception de l'hôtel

C — Bonjour. Je m'appelle António Ferreira ; je vous ai téléphoné il y a une semaine pour réserver deux chambres.
R — Je vais consulter le registre. Réservations par téléphone. Voilà. Monsieur António Ferreira : deux chambres doubles, l'une avec un grand lit et l'autre à deux lits, toutes les deux avec salle de bains. D'ailleurs, toutes nos chambres ont une salle de bains.
C — Le prix que vous m'avez indiqué comprend-il les repas ?
R — Non, seul le prix du petit déjeuner est compris. Nous n'avons pas l'habitude de faire la pension complète.
C — J'aimerais que vous nous donniez deux chambres voisines. Nos enfants sont encore petits.
R — Si vous voulez nous pouvons installer deux lits supplémentaires dans votre chambre.
C — Ce n'est peut-être pas une mauvaise idée. Je n'aime pas laisser les garçons tout seuls.
R — En ce moment, nous avons un congrès dans l'hôtel et cela nous arrangerait de disposer d'une chambre supplémentaire.
C — Combien coûte le lit supplémentaire ?
R — Trente pour cent du prix de la chambre. Mais comme c'est nous qui avons proposé ce changement, nous vous ferons une réduction. Vous ne paierez rien pour les deux lits supplémentaires.
C — La chambre donne sur la rue ?
R — Non. Elle donne sur le jardin. Les chambres donnant sur l'arrière sont beaucoup plus calmes que celles de devant.
C — La dernière fois que je suis venu ici, la chambre que l'on m'avait donnée était très bruyante.
R — Cette fois-ci, vous n'aurez pas à vous plaindre. Pouvez-vous me laisser votre carte d'identité ? Combien de jours avez-vous l'intention de rester ?
C — Nous avons l'intention de rester une semaine.
R — Très bien. C'est la chambre 918, au 9e étage. Vous pouvez demander la clef à la conciergerie, à l'autre comptoir.
C — S'il vous plaît, je voudrais qu'on nous réveille à 8 heures.
R — Vous prenez votre petit déjeuner dans la chambre ?
C — Non. Nous préférons le prendre dans la salle à manger.
R — Le service du petit déjeuner se termine à dix heures. Vous pouvez monter. Le bagagiste monte tout de suite vos valises.
C — J'aurais besoin de donner un coup de fil.
R — Vous pouvez le faire directement de votre chambre.

5 Num hotel de Lisboa

3. REMARQUES

1. **o, a recepcionista** : *le, la réceptionniste*. (Cf. note 9, 1-3). Genre des noms : 1) terminés en **a** : féminins. **A sala** : *la salle* ; qq. exceptions : **o dia** : *le jour* (**bom dia** : *bonjour*) ; 2) terminés en **o** : masculins. **o livro** : *le livre* ; **o quarto** : *la chambre* ; 3) autres terminaisons : masc. ou fém. **O telefone** : *le téléphone* ; **a noite** : *la nuit* ; **boa noite** : *bonne nuit*. Notez : les genres sont parfois différents : **o quarto** : *la chambre*.
2. **Cá está** : *voici* (m. à m. : « il est ici »). **Está** : indique le lieu ; **cá** : désigne le lieu où se trouve le locuteur *(ici)*. (B) **aqui está**.
3. **Dois** : *deux* (ms). **Dois livros** ; et **duas**, (fém.) **duas salas**.
4. **Ambos(as)** : *tous (toutes) les deux, les deux* + *nom* toujours précédé de l'art. **os, as. Ambos os quartos** : *les deux chambres*.
5. **Diária(s)** : prix journée. (P : *chambre, petit déjeuner et deux repas* ; B : *chambre et petit déjeuner*).
6. **Gostava** : *j'aimerais* : imp. ind. à valeur cond. (cf. note 10, 4-3).
7. **Nos** : *nous*, pron. pers. complément. (Place, cf. note 16, 1-3).
8. **Dessem** : impar. subj. 3ᵉ pers. pl. (irrég.) de **dar** employé suivant règles de concordance des temps, ci-dessous :

   on a dans la principale :   on emploie dans la subordonnée
   admettant le subjonctif :
   Prés. ou futur ind. ; impératif → subjonctif présent.
   Temps passé ind. ; conditionnel → subjonctif imparfait.
9. **Talvez** *(peut-être)* : + verbe au subj. (Concordance, cf. note 8).
10. **Seja** : présent subj. 3ᵉ pers. sg. irr. de **ser** : *(être)*.
11. **Má** : *(mauvaise, méchante)* : féminin irr. de **mau** *(mauvais)*.
12. **Sozinhos** : *tout seuls*. Diminutif de **só** *(seul)* + suff. **zinho**.
13. **Fomos nós** *(c'est nous)* : notez accord de **ser** *(être)* en temps (suivant contexte) et en nombre (avec pronom qui suit).
14. **A** *(ce)* : l'art. déf. servant de rappel, traduit par démonst.
15. **Quantos dias ?** : *combien de jours ?* **Quantas malas ?** : *combien de valises ?* **Quantos, quantas**, adj. s'accorde avec nom qui suit. Cf. **muito(s), muita(s)**, note 5, 3-3.
16. **Os senhores tomam** : *vous prenez*. Cf. note 3, 1-3.
17. **Tomá-lo** (= **tomar-o**) : *le prendre*. Notez : après **r, s, z**, le pron. pers. **o(s), a(s)**, devient **lo(s), la(s)** ; **r** disparaît. Notez accent sur voy. précédente : **tomá-lo, comê-lo, distribuí-lo**.
18. **Ir subindo** : **ir** + gérondif en **-ndo** : indique action progressive (ici, se déroulant en même temps qu'une autre, mais commençant un peu avant elle : **Podem ir subindo, ele leva já as malas** : *vous pouvez commencer à monter, il va vous apporter vos valises*.

5 — Dans un hôtel de Lisbonne
4. ENVIRONNEMENT - PORTUGAL

Se visitar Portugal, país tradicional de turismo, poderá alojar-se em vários tipos de estabelecimentos : *hotéis* de cinco ou quatro estrelas, de nível internacional (numerosos em Lisboa e arredores, e nas zonas turísticas do Algarve e da Madeira), de três estrelas, mais simples mas com bom serviço, de duas ou uma estrela, mais baratos, mas sempre cheios no Verão ; *Pensões* (chamadas às vezes *albergarias*, palavra quase en desuso) onde o trato é mais familiar e muito cuidado e cuja diária inclui as refeições, excepto nas *pensões-residenciais*. Fora das cidades, pode hospedar-se em *Pousadas* (trinta em todo o país), sempre instaladas em zonas muito pitorescas, em castelos ou em antigos conventos ; são muito típicas e com preços controlados, por pertencerem ao Estado, mas é necessário reservar, porque são pequenas e a estadia é limitada a duas ou três noites.

As estalagens são estabelecimentos similares, mas privados. Não esqueça *o turismo rural* ou *o turismo de habitação* que lhe permite passar férias agradáveis em quintas, ou em *solares*, e ter um conhecimento mais íntimo de Portugal. Há também numerosos bons *parques de campismo* e começam a aparecer alguns *motéis*.

Si vous visitez le Portugal, pays traditionnel de tourisme, vous pourrez vous loger dans plusieurs types d'établissements : des *hôtels,* de 5 ou 4 étoiles, de niveau international, de 3 étoiles, plus simples mais avec un bon service, de 2 ou 1 étoile, meilleur marché mais toujours pleins en été ; des *pensions*, appelées parfois *auberges* (terme veilli), où le traitement est plus familier et très soigné et dont les prix de journées incluent les repas, sauf pour les *pensions résidentielles*. En dehors des villes, vous pouvez descendre dans des *auberges touristiques* (30 dans tout le pays), toujours installées dans des zones très pittoresques, dans des châteaux ou dans d'anciens couvents ; elles sont typiques et leurs prix sont contrôlés car elles appartiennent à l'État, mais il faut réserver à l'avance car elles sont de petite taille et le séjour y est limité à 2 ou 3 nuits. N'oubliez pas le *tourisme rural* et le *tourisme d'habitation* qui vous permettent de passer des vacances agréables dans des fermes ou des *manoirs*, et d'avoir une connaissance plus intime du Portugal. Il y a aussi de nombreux *campings* et l'on commence à voir quelques *motels*.

5. Num hotel de Lisboa
5. ENVIRONNEMENT

LE PORTUGAIS DU BRÉSIL

Graphie : (P) A ideia   (B) A idéia   *(l'idée)*
           (P) António   (B) Antônio   *(Antoine)*

Lexique :
Le petit déjeuner : (P) o pequeno almoço (B) o café da manhã
Le bagagiste   : (P) o bagageiro   (B) o bagagista
La salle de bains : (P) a casa de banho   (B) o banheiro

N.B. : au Portugal : **o banheiro** : *le surveillant de plage !*

LES PAYS D'EXPRESSION PORTUGAISE

BRASIL. As cidades brasileiras dispõem duma rede de hotéis de alto nível (classificação em 4 categorias). Alguns até são muito luxuosos no Rio, em São Paulo, em Brasília e nas zonas turísticas (Salvador, praias, etc.). Existem poucos hotéis de nível intermédio.

Multiplicam-se motéis de luxo, nem sempre nas estradas, como na Europa, mas às portas das cidades. Neste caso, não são exclusivamente destinados ao « descanso » do automobilista !

ÁFRICA. Cabo Verde tem-se preocupado em desenvolver o turismo, especialmente o turismo de qualidade.

MACAU (administração portuguesa até 1990) acolhe os turistas desejosos de descobrir os encantos do jogo (casino) e bem como a subtil mistura entre as civilizações portuguesa e chinesa.

BRÉSIL. Les villes brésiliennes disposent d'un réseau d'hôtels de haut niveau, classés en 4 catégories. Certains sont d'ailleurs très luxueux, à Rio, São Paulo, Brasilia, etc., et dans les régions touristiques (Salvador, plages, etc.).

Des motels de luxe se multiplient, non pas toujours sur les routes, comme en Europe, mais à l'entrée des villes. Dans ce cas ils ne sont pas exclusivement destinés au repos de l'automobiliste !

AFRIQUE. Depuis quelques années déjà, le Cap-Vert se montre soucieux de développer le tourisme, spécialement un tourisme de luxe.

MACAO (administration portugaise jusqu'en 1990) accueille les touristes désireux de connaître les charmes du jeu (casino) ainsi que le subtil mélange des civilisations portugaise et chinoise.

5 — Dans un hôtel de Lisbonne
6. PHRASES TYPES

1. Je voudrais une chambre qui donne sur la rue.
2. Une chambre sur l'arrière serait préférable.
3. Y a-t-il un message pour moi ?
4. Pendant votre absence on a téléphoné.
5. Votre ami demande que vous lui téléphoniez ; il désire vous parler.
6. Il rappellera peut-être.
7. Quelle est votre adresse à Paris ?
8. L'hôtel est complet, il n'y a pas de chambre libre.
9. L'ascenseur est à votre gauche.
10. Montez, le bagagiste apporte tout de suite les bagages.
11. Je voudrais le petit déjeuner dans ma chambre.
12. Allez prendre la clef à la conciergerie.
13. Avant de sortir rendez la clef au concierge.
14. La chambre est prête, la femme de chambre l'a faite.
15. La chambre est réglée à la réception.
16. Je voudrais une chambre pour deux personnes avec un grand lit.
17. Vous devez ranger votre voiture dans le garage, c'est plus sûr.

---

1. Queria um quarto que desse para a rua.
2. Seria preferível um quarto nas traseiras.
3. Há algum recado para mim ?
4. Telefonaram durante a sua ausência.
5. O seu amigo pede que lhe telefone, deseja falar-lhe.
6. Talvez volte a telefonar (ligar - chamar).
7. Qual é a sua morada em Paris ?
8. O hotel está cheio (completo), não há quartos livres.
9. O elevador é à sua esquerda (ou fica à sua esquerda).
10. Vá subindo, o bagageiro leva já a bagagem.
11. Queria o pequeno-almoço no quarto.
12. Vá buscar a chave à portaria.
13. Antes de sair entregue a chave ao porteiro.
14. O quarto está pronto, a empregada de quarto arrumou-o.
15. A conta é paga na recepção.
16. Queria um quarto duplo com cama de casal.
17. É mais seguro arrumar o (seu) carro na garagem.

5 — Num hotel de Lisboa

7. VOCABULAIRE

- a recepção, *la réception*
- o recepcionista, *le réceptionniste*
- telefonar, *téléphoner*
- chamar-se, *s'appeler, se nommer*
- a cama, *le lit*
- o casal, *le couple*
- uma cama de casal, *un grand lit*
- ambos, *tous les deux*
- o filho, *le fils*
- pequeno, *petit*
- suplementar, *supplémentaire*
- a ideia, *l'idée*
- má, *mauvaise*
- deixar, *laisser*
- o rapaz, *le garçon*
- sozinho, *tout seul*
- gostar de, *aimer*
- propor, *proposer*
- a alteração, *le changement*
- fazer um desconto, *faire une réduction*
- as traseiras, *l'arrière*
- a frente, *l'avant*
- barulhento, *bruyant*
- a queixa, *la plainte*
- acordar, *réveiller, se réveiller*
- o balcão, *le comptoir*
- tomar, *prendre*
- a sala de jantar, *salle à manger*
- o elevador, *l'ascenseur*
- o bagageiro, *le bagagiste*
- a chamada telefónica, *l'appel téléphonique*
- obrigado, *merci*
- bom dia, *bonjour*
- a estadia, *le séjour*
- a casa de banho (P), o banheiro (B), *la salle de bains*
- o pequeno almoço (P), o café da manhã (B), *le petit déjeuner*

VOCABULAIRE COMPLÉMENTAIRE

- a albergaria, *l'auberge*
- o ar condicionado, *l'air conditionné*
- o cabide, *le portemanteau*
- o café, *le café*
- o café com leite, *le café au lait*
- cancelar a reserva, *annuler la réservation*
- o candeeiro, *la lampe*
- o chá, *le thé*
- o chocolate, *le chocolat*
- deitar-se, *se coucher*
- o doce, *la confiture*
- o duche, o chuveiro (B), *la douche*
- o empregado, *l'employé*
- o espelho, *le miroir*
- a estalagem, *l'auberge*
- o guarda-fato, o guarda-roupa, *la penderie*
- o hóspede, *l'hôte*
- hospedar-se, *s'héberger, se loger temporairement*
- a hospedagem, *l'hébergement*
- a lâmpada, *l'ampoule*
- o lavatório, *lavabo*
- levantar-se, *se lever*
- o mel, *le miel*
- a mesa de cabeceira, *la table de nuit*
- pagar a conta, *régler la note*
- o pão de leite, *le pain au lait*
- o pessoal, *le personnel*
- a pousada, *l'auberge*
- o solar, *le manoir*
- o sumo, *le jus de fruits*
- a tomada para máquina de barbear, *la prise pour rasoir électrique*
- a torneira, *le robinet*

5 — Dans un hôtel de Lisbonne

8. EXERCICES

A. Traduire

1. Le téléphoniste est sympathique ; il m'a dit qu'il y avait deux heures d'attente.
2. Peut-être vaut-il mieux renoncer à l'appel téléphonique.
3. Avez-vous deux chambres pour deux personnes donnant sur l'arrière ?

B. Remplacer le complément d'objet direct par le pronom personnel correspondant

1. Vou tomar o pequeno almoço.
2. Ela vai fazer a cama.
3. Queria incluir o telefone na conta.

C. Compléter avec les verbes entre parenthèses

1. (chegar) Espero que ele .... rapidamente.
2. (pagar) Ele queria que eu .... a conta.
3. (dar) Ela telefonou-me para que eu lhe .... uma informação.

D. Compléter avec *ser* ou *estar*

1. O bar .... ao lado do restaurante.
2. O hotel não .... cheio.
3. Os quartos .... grandes.

CORRIGÉ

A.
1. O telefonista é simpático ; disse-me que tinha de esperar duas horas.
2. Talvez seja melhor desistir da chamada.
3. Tem dois quartos duplos que dêem para as traseiras ?

B. 1. Vou tomá-lo   2. Ela vai fazê-la   3. Queria incluí-lo...

C.
1. Espero que ele chegue rapidamente.
2. Ele queria que eu pagasse a conta.
3. Ela telefonou-me para que eu lhe desse uma informação.

D. 1. é   2. está   3. são

6 No banco
1. DIÁLOGO

M : Manuel   E : Edson   Em : Empregado do banco

M — Não me disseste que precisavas de ir ao banco ?
E — Eu[1] tenho de cambiar dinheiro ; meus escudos acabaram.
M — E eu[1] preciso de levantar[2] dinheiro e de requisitar um livro de cheques. Também não sei qual é o saldo da minha[3] conta. Não recebi o extracto de conta deste mês.
E — Você[4] não sabe quanto gastou ?
M — Não. Todas as minhas despesas são pagas[5] através do banco e o movimento da minha conta é muito grande.
E — O banco paga todas suas[6] despesas ?
M — Paga as despesas periódicas : a água, a luz, o telefone, a renda da casa, os impostos e os seguros. Temos de nos despachar. Os bancos fecham às três[7] e são duas e vinte[8].
E — Eu[1] não sabia que os bancos fechavam tão cedo.
M — Vais cambiar cruzados ?
E — Meu amigo[9], os cruzados já acabaram. Então você não sabe que até o nome da moeda varia no Brasil : antes de 1986 era o cruzeiro, depois o cruzado ; em 1988, o cruzado novo e voltou a chamar-se cruzeiro em 1990. Eu[1] só[10] trouxe[11] dólares americanos. Nehum[12] Brasileiro viaja com cruzeiros. Você sabe qual é a cotação do dólar ?
M — Não. Só sei que é variável. Ora sobe, ora desce. Mas os jornais[13] trazem todos os dias as cotações das moedas estrangeiras. Olha, os câmbios são ali naquele[14] balcão, mas o pagamento faz-se na caixa, e o quadro das cotações está afixado na parede.
E — Eu não vejo a indicação das cotações paralelas.
M — Em Portugal, só existe a cotação oficial.
Em — Quer o dinheiro todo em notas de 5 000 escudos ?
E — Queria notas mais pequenas e algumas moedas, por favor. Eu não gosto de andar sem dinheiro trocado[15] no[16] bolso.
Em — Este cheque é para depositar na conta à ordem ou para abrir uma conta a prazo ? Esqueceu-se de assinar nas costas do cheque e de preencher este impresso.
E — Para que serve[17] aquela máquina que está lá fora ?
M — Ah ! O caixa automático ? Serve para levantar dinheiro e até para pagar o telefone. É muito prático quando os bancos estão fechados. Mas o pior é que o levantamento diário é limitado.

6 À la banque
2. DIALOGUE

M : Manuel   E : Edson   Em : Employé de banque

M — Ne m'as-tu pas dit que tu avais besoin d'aller à la banque ?
E — J'ai besoin de changer de l'argent ; je n'ai plus d'escudos.
M — Et moi, j'ai besoin de retirer de l'argent et de déposer une demande de carnet de chèques. Je ne sais pas non plus le solde de mon compte. Je n'ai pas reçu le relevé du mois.
E — Tu ne sais pas combien tu as dépensé ?
M — Non. Toutes mes dépenses sont payées par la banque et le mouvement de mon compte est très important.
E — La banque paye toutes tes dépenses ?
M — Elle paye les dépenses régulières : l'eau, l'électricité, le téléphone, le loyer, les impôts et même les assurances. Mais il nous faut faire vite. Les banques ferment à trois heures et il est déjà deux heures vingt.
E — Je ne savais pas que les banques fermaient si tôt.
M — Tu vas changer des *cruzados* ?
E — Mon cher, les *cruzados* n'ont plus cours. Tu ne sais donc pas que même le nom de la monnaie varie au Brésil : avant 1986, c'était le *cruzeiro*, puis le *cruzado* ; en 1988, le *cruzado novo* et, en 1990, elle a repris le nom de *cruzeiro*. Je n'ai apporté que des dollars américains. Aucun Brésilien ne voyage avec des *cruzeiros*. Connais-tu le cours du dollar ?
M — Non. Je sais seulement qu'il fluctue. Tantôt il monte, tantôt il descend. Mais les journaux donnent tous les jours les cotations des monnaies étrangères. Regarde, le change se fait à ce comptoir là-bas, mais le paiement se fait à la caisse, et le tableau des cours est affiché au mur.
E — Je ne vois pas l'indication du cours parallèle.
M — Au Portugal, il n'existe qu'une cotation officielle.
Em — Voulez-vous toute la somme en billets de 5 000 *escudos* ?
E — Je voudrais des coupures plus petites et un peu de monnaie, s'il vous plaît. Je n'aime pas ne pas avoir de monnaie dans ma poche.
Em — Ce chèque doit-il être déposé sur votre compte à vue ou faut-il ouvrir un compte à terme ? Vous avez oublié d'endosser le chèque et de remplir cet imprimé.
E — À quoi sert cette machine qui est dehors ?
M — Ah ! La billeterie automatique ? Elle sert à retirer de l'argent, et même à payer le téléphone ! C'est très pratique quand les banques sont fermées. Le problème, c'est que les retraits quotidiens sont limités.

6 No banco

3. REMARQUES

1. **Eu tenho** : Le pr. suj. (**eu** = *je*) est généralement exprimé au Brésil. Au Portugal, son emploi marque une insistance *(moi, je)*.
2. **Levantar** : *lever* ; **levantar dinheiro** : *retirer de l'argent*.
3. **Da minha** : *de ma* (poss. 1re pers. fém. sg.). Remarquez l'emploi de l'art. déf. devant le possessif au Portugal. Le poss. s'accorde avec **conta** (*le compte*), féminin en portugais.
4. **Você** : cf. note 12, in 1-3.
5. **Pagas** : fém. pl. de **pago**, participe passé irr. de **pagar** *(payer)* ; **pagado** : participe passé rég. Certains verbes ont 2 participes passés : le régulier s'emploie avec **ter** ; l'irrégulier avec **ser**. Mais les part. pas. irréguliers de **pagar, ganhar** *(gagner)* et **gastar** *(dépenser)* s'emploient aussi à la place du régulier.
6. **Suas** : *tes* : le poss. de la 3e pers. est en corrélation avec **vocês**, syn. de *tu* (cf. note 12, 1-3).
7. **Às três** : *à trois heures*, cf. note 2, 3-3.
8. **Duas horas e vinte** : *il est deux heures vingt*. Notez : emploi de la conjonction **e** entre les heures et les minutes : **duas e um quarto** *(deux heures et quart)*. Emploi de **ser** pour les heures. Il s'accorde : **É uma hora e dez** : *il est une heure dix*. **São três horas** : *il est 3 heures*.
9. **Meu amigo** : omission de l'article défini devant un possessif précédant un nom mis en apostrophe (même au Portugal).
10. **Só** : *seul, seulement*. Employé devant verbe = *ne.. que*.
11. **Trouxe** : prétérit irrég. de **trazer** *(apporter)*.
12. **Nenhum brasileiro viaja** : *aucun Brésilien ne voyage*, mais **não viaja nenhum brasileiro**. Si l'ind. nég. **nenhum** est utilisé devant le verbe, la négation **não** est inusitée.
13. **Jornais** *(journaux)* : pl. de **jornal** (pl. mots en l, cf. 17, 4-3).
14. **Naquele** : contraction **em** + **aquele**. Trois démonstratifs : **este(s), esta(s)** : *ce... ci* (ce qui est près de moi : 1re pers., ou de celui qui parle. **Esse(s), essa(s)** : *ce... là* (désigne l'interlocuteur : 2e pers.), le plus employé au Brésil ; **aquele(s), aquela(s)** : *ce... là-bas* = tout ce qui est loin de toi et de moi.
15. **Dinheiro trocado** : *petite monnaie* (pièces). **O troco** : *la monnaie* (que l'on rend lors d'un paiement). **Trocar** : *changer* ; **cambiar** : *changer ; faire le change*.
16. **No bolso** : *dans ma poche* (omission du poss., note 19, 1-3).
17. **Servir para** : *servir à*. **Para que serve ?** : *À quoi sert ?*

6 — À la banque
4. ENVIRONNEMENT

PORTUGAL

País	Pays	Unidade monetária	Unité Monétaire
Suécia	*Suède*	Coroa sueca	*Couronne suédoise*
Canadá	*Canada*	Dólar canadiano	*Dollar canadien*
Estados Unidos	*États-Unis*	Dólar E.U.A.	*Dollar US*
Holanda	*Hollande*	Florim	*Florin*
Bélgica	*Belgique*	Franco belga	*Franc belge*
França	*France*	Franco francês	*Franc français*
Suíça	*Suisse*	Franco suiço	*Franc suisse*
Japão	*Japon*	Iene	*Yen*
Grã-Bretanha	*Grande-Bretagne*	Libra esterlina	*Livre sterling*
Itália	*Italie*	Lira italiana	*Lire italienne*
Alemanha	*Allemagne*	Marco alemão	*Marc allemand*
Espanha	*Espagne*	Peseta	*Peseta*
Áustria	*Autriche*	Xelim	*Shilling*

Notem : **o cifrão que designa o escudo : $ o dólar : $
um conto = mil escudos
um centavo : 1/100 do escudo
um tostão : 10 centavos.**

*Remarquez : le signe désignant l'escudo : $ le dollar : $
mille escudos
un centime : 1/100 de l'escudo : 10 centimes.*

N.B. : L'expression « 10 tostões » pour l'escudo a survécu à la pièce de monnaie qui n'existe plus.

BRÉSIL

Existem no Brasil dois câmbios : um oficial, outro paralelo, ambos anunciados nos jornais e na televisão. O câmbio paralelo é muito mais interessante. As transações oficiais (ex. : pagamento com cartão de crédito) são feitos ao câmbio oficial, mas as transações privadas (contas de hotel, restaurantes, compras) podem ser feitas ao câmbio paralelo.

Os turistas franceses terão todas as vantagens em levar dólares que podem cambiar em qualquer lugar. O franco francês não se pode cambiar facilmente, a não ser nas grandes cidades, especialmente Rio de Janeiro e São Paulo.

Il existe, au Brésil, deux changes ; l'un officiel, l'autre parallèle, tous deux annoncés dans le journal et à la télévision. Le change parallèle est beaucoup plus intéressant. Les transactions officielles (ex. : paiement par carte de crédit...) se font au cours officiel, mais les transactions privées (notes d'hôtels, restaurants, achats) peuvent se faire au cours parallèle. Les touristes français ont tout intérêt à emporter des dollars qu'ils peuvent changer partout. Le franc français ne peut être changé facilement, sauf dans les grandes villes, notamment Rio de Janeiro et São Paulo.

6 — No banco
5. ENVIRONNEMENT

MULTIBANCO : Uma nova era no sistema bancário.

Até agora, você estava habituado aos benefícios do serviço bancário tradicional. Conhece as pessoas, é bem atendido mas, por vezes, e principalmente no fim do mês, demorava mais do que queria. Para acabar com as demoras, para lhe dar maior comodidade, facilidade e rapidez, 12 Instituições Bancárias, associaram-se para criar un serviço bancário inovador — já comprovado em muitos países — MULTIBANCO.

Agora, seja a que horas for (entre as 7 da manhã e a 1 da madrugada), você pode levantar dinheiro... Um pequeno gesto no teclado, e o *Caixa Automático Multibanco* regista o seu pedido, consulta o saldo disponível e entrega-lhe o dinheiro. Tal como no Banco, só se não houver provisão suficiente é que o seu pedido será recusado. Claro que você tem sempre a possibilidade de saber o saldo e os últimos movimentos da conta. E também pode requisitar Livros de Cheques.

Para que ninguém possa movimentar a sua conta foi criado um número de código secreto que só você conhece ! E, para maior segurança, esse número não está incluído no cartão.

(in *folheto publicitário de Multibanco 1989.*)

MULTIBANCO : Une nouvelle ère pour le système bancaire.

Jusqu'à maintenant, vous étiez habitué aux avantages du service bancaire traditionnel... Vous connaissez les personnes, vous êtes bien reçu, mais, parfois, surtout à la fin du mois, le service était plus lent que vous ne le souhaitiez. Pour en finir avec ces lenteurs, et pour plus de confort, de facilité et de rapidité, 12 institutions bancaires se sont associées pour créer un service bancaire novateur — qui a déjà fait ses preuves dans plusieurs pays — MULTIBANCO.

Maintenant, à n'importe qu'elle heure (entre 7 heures et 1 heure du matin), vous pouvez retirer de l'argent... Un simple geste sur le clavier, et la billetterie automatique Multibanque enregistre votre demande, consulte la position de votre compte et vous remet l'argent. Tout comme à la banque, ce n'est que si l'approvisionnement du compte est insuffisant que votre demande sera refusée. Bien sûr, vous pouvez toujours consulter la position de votre compte et les dernières opérations. Vous pouvez aussi faire une demande de carnet de chèques.

Pour que personne n'utilise votre compte, un numéro de code secret que vous êtes seul à connaître vous est attribué. Et, pour plus de sûreté, ce numéro ne figure pas sur la carte.

6. À la banque
6. PHRASES TYPES

1. Je voudrais ouvrir un compte.
2. À combien est le franc aujourd'hui ?
3. Quels sont les avantages que m'offre un dépôt à terme ?
4. Vous ne pouvez pas retirer de l'argent quand vous voulez, mais il y a des intérêts cumulés correspondant au capital déposé.
5. Je voudrais faire un emprunt.
6. Pourriez-vous me changer ce billet en coupures plus petites ?
7. Cette banque ne change pas la monnaie étrangère.
8. Ce collectionneur a des pièces de monnaie anciennes.
9. Pouvez-vous me rendre la monnaie en pièces, pas en billets.
10. Attention, on ne change que des billets étrangers, pas les pièces.
11. J'ai beaucoup de monnaie dans mon porte-monnaie.
12. Je mets les billets dans le portefeuille.
13. Je vais voir si je peux faire de la monnaie.

---

1. Queria abrir uma conta.
2. A como está hoje o franco ?
3. Que vantagem é que eu tiro de uma conta a prazo ?
4. Não pode levantar dinheiro quando quiser, mas há acumulação de juros correspondente ao capital depositado.
5. Queria contrair um empréstimo.
6. Podia-me trocar esta nota em notas mais pequenas ?
7. Este banco não faz câmbios.
8. Este coleccionador possui moedas antigas.
9. Pode-me dar o troco em moedas e não em notas.
10. Atenção, só se cambiam notas estrangeiras, não se cambiam as moedas.
11. Tenho muitos trocos no porta-moedas.
12. Meto as notas na carteira.
13. Vou ver se arranjo dinheiro trocado.

6 No banco

7. VOCABULAIRE

o banco, *la banque*
cambiar dinheiro, *changer, faire le change*
acabar, *terminer*
levantar dinheiro, *retirer de l'argent*
requisitar, *demander, déposer une demande, réquisitionner*
o saldo da conta, *la position du compte*
o extracto de conta, *le relevé de compte*
gastar, *dépenser*
a despesa, *la dépense*
o movimento da conta, *le mouvement du compte*
a água, *l'eau*
a luz, *l'électricité, la lumière*
a renda da casa, *le loyer*
o imposto, *l'impôt*
o seguro, *l'assurance*
despachar, *dépêcher*

fechar, *fermer*
nenhum, *aucun*
descer, *descendre, baisser*
subir, *monter*
o jornal, *le journal*
a cotação, *le cours*
a moeda, *la monnaie*
o quadro das cotações, *le tableau des cours*
a nota, *le billet de banque*
dinheiro trocado, *monnaie en petites coupures ou en pièces*
o bolso, *la poche*
depositar um cheque, *déposer*
depositar dinheiro, *verser de l'argent*
o levantamento, *le retrait*
diário, *quotidien*
esgotar-se, *s'épuiser*
o livro de cheques (P), o talão de cheques (B), *le carnet de chèques*

VOCABULAIRE COMPLÉMENTAIRE

abrir uma conta, *ouvrir un compte*
o banco, *la banque (l'édifice), le banc, le siège*
a banca, *la banque (l'institution, ensemble des opérations bancaires)*
o caixa, *le caissier*
a caixa, *la caisse*
a carteira, *le portefeuille*
o crédito, *le crédit*
o débito, *le débit*
emprestar, *prêter*
o empréstimo, *l'emprunt*
entregar (dinheiro), *remettre*

pedir emprestado, *emprunter*
o porta-moedas, *le porte-monnaie*
possuir, *posséder*
poupar, *épargner*
o troco, *la monnaie* (qu'on reçoit)
não ter troco, *ne pas avoir de monnaie*
não ter moedas, *ne pas avoir de pièces (monnaie)*
a quantia, *le montant*
a quantidade, *la quantité*
o saldo credor, *le solde créditeur*
o saldo devedor, *le solde débiteur*
a transferência, *le transfert*
transferir, *transférer*

6 — À la banque

8. EXERCICES

A. Traduire

1. Tu dois monter car le comptoir des changes est au premier étage.
2. Aujourd'hui le cours du dollar a monté. Il monte toujours en été.
3. La banque ferme à trois heures moins le quart.
4. Il est déjà deux heures vingt-cinq.
5. Donnez-moi votre carnet de chèques et votre carte de crédit.

B. Réécrire les phrases suivantes en les commençant par *ontem*

1. Dizes-me que precisas de ir ao banco.
2. Trago-te dinheiro trocado.

C. Compléter avec *este/a esse/a aquele/a*

1. ..... livro de cheques que tens aí é meu.
2. ..... cartão de crédito que está ali é dele.
3. ..... moeda aqui é tua ?
4. Só há dois cheques ...... livro de cheques que tenho aqui.
5. O depósito de cheques faz-se ..... balcão ali.

CORRIGÉ

A.
1. Tens de subir porque o balcão dos câmbios é no primeiro andar.
2. Hoje a cotação do dólar subiu. Sobe (costuma subir) sempre no Verão.
3. O banco fecha às três menos um quarto.
4. Já são duas e vinte e cinco.
5. Dê-me o seu livro de cheques e o cartão de crédito.

B.
1. Ontem disseste-me que precisavas de ir ao banco.
2. Ontem trouxe-te dinheiro trocado.

C. 1. Esse 2. Aquele 3. Esta 4. Neste 5. Naquele

7. No restaurante
1. DIÁLOGO

    M : Manuel   L : Laura   N : Nuno
    H : Helena   Em : Empregado

Em — Quantas pessoas são ?
M — Somos seis.
Em — Por enquanto, não temos nenhuma mesa vaga, mas se os senhores quiserem[1] esperar ali[2] no bar...
H — Enquanto esperamos, podemos tomar um aperitivo.
L — E as crianças podem tomar um sumo.
N — Vai demorar[3] muito ?
Em — Não deve demorar. Os clientes estão a acabar de[4] jantar. Querem que traga[5] a ementa ?
M — Talvez seja[6] melhor[7] encomendarmos[8] o jantar.
E — De facto, assim, quando se sentarem[9] à mesa não terão de esperar.
H — Manuel, o que é que nos aconselhas ?
M — A escolha é variada : açorda de marisco, peixe grelhado ou cozido, bacalhau assado na brasa ou no forno, carne de porco à alentejana, perna de carneiro ou carne de vaca estufada, costeletas de vitela panadas, cozido à portuguesa.
H — O melhor é deixarmos o Manuel[10] escolher.
M — E se não gostarem ?
N — Se não gostarmos, pagas tu a conta.
L — E para os miúdos ?
H — Para as crianças, talvez seja melhor mandar[11] vir um bife com batatas fritas e um ovo estrelado.
M — Para beber ? Vinho verde[12] ou vinho maduro ? Talvez uma garrafa de vinho verde branco para o peixe e vinho tinto para a carne.
L — Pede também água mineral sem gás.
M — Também querem que escolha a sobremesa ? Há pudim, arroz doce, leite creme, torta[13] de laranja, fruta e gelados.
H — Não há queijo ?
M — Já me esquecia. Há queijo da Serra, de Serpa e queijinhos[14] frescos.
H — A açorda de marisco estava muito saborosa.
L — O peixe grelhado também estava muito bom. O peixe era muito fresco[15].
N — E para terminar, café e bagaço[16] para todos ?
H — Para todos, não ! Não vais dar aguardente aos miúdos.

7 Au restaurant
2. DIALOGUE

M : Manuel (Emmanuel)   L : Laura (Laure)   N : Nuno
H : Helena (Hélène)   Em : employé

Em — Combien de personnes êtes-vous ?
M — Nous sommes six.
Em — Pour l'instant, nous n'avons aucune table libre, mais si vous voulez attendre là-bas au bar...
H — Pendant que nous attendons, nous pouvons prendre l'apéritif.
L — Et les enfants peuvent prendre un jus de fruits.
N — Est-ce que ça va être très long ?
Em — Non. Les clients sont en train de finir de dîner. Voulez-vous que j'apporte la carte ?
M — Il vaut peut-être mieux que nous passions la commande.
Em — Comme ça, quand vous passerez à table, vous n'aurez pas à attendre.
H — Manuel qu'est-ce que tu nous conseilles ?
M — Le choix est large : panade aux fruits de mer, poisson grillé ou au court-bouillon, morue grillée sur la braise ou au four, viande de porc à la mode de l'Alentejo, gigot de mouton ou viande de bœuf à l'étouffée, côtelettes de veau panées, pot-au-feu à la portugaise.
H — Il vaut mieux laisser Manuel choisir.
M — Et si ça ne vous plaît pas ?
M — Si ça ne nous plaît pas, c'est toi qui paieras l'addition.
L — Et pour les gosses ?
H — Pour les enfants, il vaut peut-être mieux commander un bifteck avec des pommes frites et un œuf sur le plat.
M — Et comme boisson ? Du vin vert ou du vin normal ? Peut-être pour le poisson une bouteille de vin vert blanc et du vin rouge pour la viande.
L — Demande aussi une eau minérale plate.
M — Voulez-vous aussi que je choisisse le dessert ? Il y a du flan, du riz au lait, de la crème au lait, un gâteau à l'orange, des fruits et des glaces.
H — Il n'y a pas de fromage ?
M — J'allais l'oublier. Il y a du fromage de Serra, du fromage de Serpa et des petits fromages frais.
H — La panade aux fruits de mer était savoureuse.
L — Le poisson grillé aussi était très bon. Le poisson était très frais.
N — Et pour terminer du café et un petit verre d'eau-de-vie pour tous ?
H — Pour tous, non. Tu ne vas pas donner de l'eau-de-vie aux gamins.

7 No restaurante

3. REMARQUES

1. **Quiserem** : futur subj. irr. de **querer** *(vouloir)*. **Se** + fut. subj. = *si* + prés. ind. : indique une action qui se fera peut-être.
2. **Ali** : *là-bas (au loin)*. Adverbe de lieu s'opposant à **aqui** : *ici* (près de moi, nous) et **aí** : *là* (près de toi, de vous).
3. **Demorar** : *durer, tarder*.
4. **Estão a acabar de jantar** : *ils sont en train de finir de dîner*. **Estar** + **a** + gér. (note 15, 4, 3). **Acabar** (note 19, 3-3).
5. **Traga** : subj. prés. de **trazer** *(apporter)*. Concord. cf. note 8, 5-3.
6. **Talvez seja** : *c'est peut-être*. Après **talvez** (peut-être), le verbe est au subj. (cf. note 9, 5-3) ; avant, le verbe est à l'indicatif. **É talvez** : *c'est peut-être*.
7. **Melhor** : *mieux, meilleur*. Comparatif irr. de **bom** *(bon)*. Les comparatifs irr. en ~**or**, sont invariables au féminin.
8. **Encomendarmos** : inf. pers. 1re pers. pl. de **encomendar**. **É melhor encomendarmos** : *c'est mieux de commander* (note 11, 1, 3).
9. **Quando se sentarem** : *quand vous vous assiérez*. **Sentarem** : fut. subj. 3e pers. pl. de **sentar**. Notez : l'infinitif personnel et le futur du subjonctif (temps propres au portugais et d'usage courant) ont une forme identique lorsque les verbes sont réguliers au prétérit : ex. 1 - **sentar**, 2 - **sentares**, 3 - **sentar**, pl. 1 - **sentarmos**, 2 - **sentardes**, 3 - **sentarem** (pour les deux). Ce n'est pas le cas si ce temps est irrégulier : **fazer** (inf.) - **fazermos** (inf. pers. 1re p. pl.) ; **fiz** (prét. irr.) - **fizermos** (futur subj. 1re pers. pl.).

    Le futur du subj. après **quando** *(quand)*, **se** *(si)*, relatif, **quem** *(qui)* exprime un futur dont la réalisation est probable (= fran. : prés. ind.).
10. **O Manuel** : emploi art. déf. devant prénom, cf. note 22, 1-3.
11. **Mandar vir** : *faire venir*. **Mandar** : *envoyer, commander*. **Mandar** + inf. = *faire* + inf. (quand *faire* indique un ordre donné).
12. **Vinho verde** : *vin vert*. Vin typique du nord du Portugal, légèrement pétillant (fait penser au vin d'Alsace). Il peut être *rouge* (**tinto**) ou *blanc* (**branco**), plus connu.
13. **Torta** : sorte de gâteau roulé, très différent de la tarte qui, elle, n'est pas un gâteau traditionnel portugais.
14. **Queijinhos** : *petits fromages* ; **queijo** + suf. dim. **inh(o)s**.
15. **O peixe estava bom. O peixe era fresco** : *le poisson était bon. Le poisson était frais*. (Être, cf. note 24, 1-3).
16. **Bagaço** : *eau-de-vie*, faite à partir du marc de raisin. **A aguardente** : *l'eau-de-vie*, faite à partir du vin. Le mot **bagaço** est d'un emploi plus courant.

7 — Au restaurant
4. ENVIRONNEMENT

RECEITAS PORTUGUESAS

Caldeirada
Ingredientes : Peixes variados, 4 dentes de alho, 4 cebolas, uma folha de louro, 1/2 kg de tomate, uma colher de chá de picante, um ramo de salsa, um pimento verde, 2 dl de azeite, 1 kg de batatas e 1 dl de vinho branco.
Preparação : No fundo do tacho coloca-se uma camada de cebola cortada às rodelas, dois dentes de alho picado, metade do tomate, um pouco de salsa, metade do pimento e o azeite ; depois a batata às rodelas e o peixe. Finalmente cobre-se com os restantes ingredientes.

Bolo de mel
Ingredientes : 1 chávena de açúcar ; 1 chávena de mel ; uma chávena de óleo ; 2 chávenas de farinha ; 6 ovos ; 1 cálice de aguardente ; 1 colher de canela e 1 colher (chá) de fermento.
Preparação : Bate-se o mel com o óleo. Juntam-se as gemas e logo a seguir o açúcar. Continua-se a bater. Finalmente, adiciona-se a farinha, a canela, a aguardente e, só no fim, as claras em castelo. Vai ao forno a cozer.

Humorismo : — Meu amor, diz-me palavras doces...
              — Açúcar, marmelada, mel...

RECETTES PORTUGAISES

Plat de poissons proche de la « bouillabaisse »
Ingrédients : poissons divers, 4 gousses d'ail, 4 oignons, 1 feuille de laurier, 500 g de tomates, une cuillère à café de piment, une branche de persil, un poivron vert, 2 dl d'huile d'olive, 1 kg de pommes de terre et 1 dl de vin blanc.
Préparation : Dans le fond d'un fait-tout, disposer une couche d'oignons coupés en rondelles, 2 gousses d'ail hachées, la moitié des tomates, un peu de persil, la moitié du poivron et l'huile d'olive. Ajouter les pommes de terre coupées en rondelles et le poisson. Couvrir le tout avec le reste des ingrédients.

Gâteau au miel
Ingrédients : 1 tasse de sucre, 1 tasse de miel, 1 tasse d'huile, 2 tasses de farine, 6 œufs, 1 petit verre d'eau-de-vie, 1 cuillerée de cannelle et 1 cuillerée à café de levain.
Préparation : On bat le miel avec de l'huile. Ajouter les jaunes d'œufs, puis le sucre. Continuer à battre. Enfin ajouter la farine, l'eau de vie, et seulement à la fin, les blancs d'œufs battus en neige. Faire cuire au four.

Humour : — Mon amour, dis-moi des petits mots doux...
            — Sucre, pâte de coing, miel...

N.B. : **doce** : *doux, sucré* ; **o café está doce** : *le café est sucré*.

7 No restaurante

5. ENVIRONNEMENT - LE BRÉSIL

Você pode ir numa *lanchonete* (para uma refeição rápida) ou, com tempo e dinheiro, num *restaurante*.

É bom começar a refeição, bebendo uma *caipirinha*, mistura de cachaça, açúcar e limão, ou uma *batida* bem gelada (suco de fruta — limão, côco, maracujá — cachaça e açúcar).

UMA RECEITA BRASILEIRA : A FEIJOADA À CARIOCA

A *feijoada* é considerada o prato nacional do Brasil. É um prato um tanto pesado (feijão e várias carnes). Come-se de preferência ao meio dia.

De véspera, deixar de molho 1 quilo de feijão-preto e em separado, 1/2 kg de carne-seca, 1 pé, 1 orelha de porco, 1/2 kg de carne de porco e 1 focinho de porco. No dia seguinte, dar uma fervura nas carnes e levar ao fogo junto com o feijão e bastante água. Acrescentar 1 língua de porco e 1/2 kg de ponta de agulha fresca. Cozer em fogo brando. Quando tudo estiver bem macio, temperar com un refogado feito com 1 colher de banha, cebola batidinha e alho socado. Acrescentar a esse refogado 1 concha de feijão, esmagar bem e despejar de volta na panela grande. Deixar engrossar bem o caldo. Servir com arroz branco, couve à mineira, farinha de mandioca, laranjas descascadas e picadas, molho de pimenta e aguardente. O molho de pimenta prepara-se esmagando 1 pimenta malagueta com sal, alho socado, rodelinhas finas de cebolinha, caldo de limão e um pouco de caldo de feijão.

Vous pouvez aller manger dans un snack pour un repas rapide ou, si vous avez du temps et de l'argent, dans un restaurant.

Il est bon de commencer le repas par une **caipirinha**, mélange d'eau-de-vie de canne, de sucre et de citron ou une **batida**, bien glacée (jus de fruits — citron, coco, fruit de la passion —, eau-de-vie de canne et sucre).

UNE RECETTE BRÉSILIENNE : LA FEIJOADA À LA MODE DE RIO

La veille, mettre à tremper 1 kilo de haricots noirs et, à part, 500 g de viande séchée, 1 pied et 1 oreille de porc, 500 g de viande de porc et un groin. Le lendemain, faire bouillir légèrement les viandes et les faire cuire avec les haricots et dans beaucoup d'eau. Ajouter une langue de porc, 500 g d'aiguillette fraîche. Faire cuire à feu doux. Quand tout sera bien cuit, assaisonner avec une sauce faite avec 1 cuillerée de saindoux, de l'oignon haché fin, et de l'ail pilé. Ajouter à cette sauce une louche de haricots, bien écraser, et remettre dans la marmite. Laisser épaissir le bouillon. Servir avec du riz blanc, du choux cuit à la façon du Minas, de la farine de manioc, des oranges pelées et coupées en petits morceaux, une sauce au piment et eau-de-vie. La sauce au piment se prépare, avec des grains de malaguette écrasés et du sel, de l'ail pilé, de fines rondelles d'oignon, du jus de citron et du bouillon de haricots.

7 Au restaurant
6. PHRASES TYPES

1. Aujourd'hui nous allons dîner en ville.
2. Je t'invite à dîner dans un restaurant typique.
3. D'accord, mais chacun paye sa part.
4. Nous partagerons l'addition.
5. Il manque encore deux personnes.
6. Il y a longtemps que je ne vous ai pas vu ; vous me manquiez.
7. Nos amis tardent à arriver.
8. Nous ne pouvons pas nous mettre à table, car on est encore en train de mettre la table.
9. Il débarrasse la table.
10. Si nous arrivons tard, il n'y aura pas de place libre.
11. Le soir, le restaurant est toujours plein.
12. Pouvez-vous appeler le serveur ?
13. Pouvez-vous nous servir vite, s'il vous plaît ? Je suis pressé.
14. Est-ce que cela va être encore long ?
15. La préparation de ce plat demande une demi-heure.
16. Apportez-moi un autre verre. Je n'ai qu'un verre à eau.
17. Je voudrais de l'eau car j'ai très soif.
18. Le café est très sucré. Vous avez mis trop de sucre.
19. N'oublie pas de laisser un pourboire.

---

1. Hoje vamos jantar fora.
2. Convido-te para jantar num restaurante típico.
3. Está bem, mas cada um paga a sua parte.
4. Dividimos a conta.
5. Ainda faltam duas pessoas.
6. Há muito tempo que o não via ; já sentia a sua falta.
7. Os nossos amigos estão demorados.
8. Não nos podemos sentar (à mesa) porque ainda estão a pôr a mesa.
9. Ele levanta a mesa.
10. Se chegarmos tarde, não haverá lugares.
11. À noite, o restaurante está sempre cheio.
12. Pode (não se importa de) chamar o empregado ?
13. Pode-nos servir rapidamente, se faz favor ? Estou com pressa.
14. Ainda demora muito ?
15. Este prato leva meia hora a preparar.
16. Traga-me mais um copo. Só tenho um copo para a água.
17. Queria água, porque estou com muita sede (tenho muita sede).
18. O café está muito doce. Pôs-lhe muito açúcar.
19. Não te esqueças de deixar uma gorjeta.

7 — No restaurante

7. VOCABULAIRE

- a mesa, *la table*
- vaga, *libre*
- enquanto, *pendant, pendant que*
- a criança, *l'enfant*
- o sumo, o suco (B), *le jus de fruits*
- pedir, *demander*
- encomendar, *commander*
- sentar-se à mesa, *se mettre à table*
- o marisco, *les fruits de mer*
- a escolha, *le choix*
- o peixe, *le poisson*
- o bacalhau, *la morue*
- a carne, *la viande*
- a carne de vaca, *la viande de bœuf*
- a vitela, *le veau*
- grelado, *grillé*
- cozido, *bouilli, cuit au court-bouillon*
- o cozido, *type de pot-au-feu*
- assar, *rôtir*
- estufar, *cuire à l'étouffée*
- gostar de, *aimer*
- o bife, *le bifteck*
- a batata, *la pomme de terre*
- o ovo, *l'œuf*
- beber, *boire*
- o vinho, *le vin*
- a sobremesa, *le dessert*
- o arroz, *le riz*
- o leite, *le lait*
- a laranja, *l'orange*
- a fruta, *les fruits*
- uma peça de fruta, *un fruit*
- o queijo, *le fromage*
- fresco, *frais*
- saboroso, *savoureux*
- o gelado, *la glace*
- a ementa (P), o cardápio (B), *la carte, le menu*

VOCABULAIRE COMPLÉMENTAIRE

- o acompanhamento, *la garniture*
- amargo, *amer*
- o azeite, *l'huile d'olive*
- bem passado, *bien cuit, à point*
- o bolo, *le gâteau* (terme général)
- o cálice, *le petit verre, le verre à liqueur*
- o carioca de café, *le café léger*
- a cebola, *l'oignon*
- cheirar bem, *sentir bon*
- cheirar mal, *sentir mauvais*
- a colher, *la cuillère*
- comer, *manger*
- o copo, *le verre*
- cru, *cru*
- descascar, *éplucher*
- doce, *sucré*
- estragado, *abîmé*
- a bica, o café (P) ; o cafezinho, o café (B), *le café*
- a faca, *le couteau*
- fritar, *frire*
- o garfo, *la fourchette*
- o guardanapo, *la serviette*
- insonso (P), insípido (B), *fade*
- os legumes, *les légumes*
- mal passado, *saignant*
- a manteiga, *le beurre*
- o molho, *la sauce*
- o pão, *le pain*
- a pimenta, *le poivre*
- saber bem, *avoir bon goût*
- saber mal, *avoir mauvais goût*
- o sal, *le sel*
- a salada, *la salade*
- salgado, *salé*
- o talher, *le couvert*
- temperar, *assaisonner*
- o tempero, *l'assaisonnement*
- a toalha, *la nappe*

7 Au restaurant

8. EXERCICES

A. Traduire

1. Je n'aime pas le restaurant que tu as choisi.
2. Peut-être pourrions-nous aller dans un autre restaurant plus typique.
3. Aujourd'hui le poisson est très bon car il est très frais.
4. Le mieux, c'est de commander tout de suite.
5. Il n'y a pas de table libre.

B. Compléter avec les verbes indiqués entre parenthèses

1. Partimos quando tu (querer).
2. Se nós (encomendar) uma especialidade, vai demorar.
3. É melhor nós (tomar) um aperitivo.
4. Quando nós (acabar) de jantar, (pedir) uma aguardente.
5. Se tu não te (demorar), vamos tomar um café ao bar.

C. Mettre *querer* à l'imparfait de l'indicatif

1. Quero que nos traga a ementa e que nos aconselhe.
2. Não quero que digas isso.

CORRIGÉ

A.
1. Não gosto do restaurante que escolheste.
2. Talvez pudéssemos ir a outro restaurante mais típico.
3. Hoje o peixe está muito bom, porque é muito fresco.
4. O melhor é encomendar já.
   O melhor é fazer já a encomenda.
5. Não há mesas vagas (livres).

B.
1. Partimos quando tu quiseres.
2. Se nós encomendarmos ...
3. É melhor nós tomarmos ...
4. Quando nós acabarmos de jantar, pediremos (pedimos) ...
5. Se tu não te demorares ...

C.
1. Queria que nos trouxesse a ementa e que nos aconselhasse.
2. Não queria que dissesses isso.

8. Na praia

1. DIÁLOGO

L : Laura   M : Manuel   J : Jean

J — Que tal[1], irmos[2] comprar umas[3] recordações[4] ?

L — Hoje é sábado. As lojas só estão abertas de manhã. Vamos antes[5] à praia. Está[6] um dia tão bonito !

M — Onde querem ir ? As praias mais próximas são as da[7] linha do Estoril, mas aos fins[8] de semana, estão superlotadas. Pessoalmente prefiro a Caparica que é uma praia muito extensa e tem uma água muito limpa. Mas para lá[9] chegar...

J — É muito longe ?

M — Não. Atravessa-se a ponte 25 de Abril e depois são meia dúzia[10] de quilómetros ou nem isso... Mas há sempre tanto trânsito ! Vamos à Praia das Maçãs[11] ou à Ericeira[12]. Passamos[13] por Sintra[14] e Colares[15]. Vocês vão gostar.

....

L — Alugamos um toldo ? Vou procurar um banheiro.

M — É melhor alugarmos[2] uma barraca. Sempre estamos mais à vontade para nos despirmos e vestirmos[16] os fatos de banho.

L — E para estarmos à sombra ! Está[6] tanto[17] calor[18] ! A areia escalda. Vamos até à beira-mar. Sempre corre uma aragem.

J — A água está gelada. Não sei se vou conseguir tomar banho.

M — Hoje, não é permitido nadar. Está a bandeira amarela. O mar está um pouco agitado. É perigoso ! Olhem para o tamanho das ondas !

L — Vou deitar-me ao sol. Trouxe um livro. Gosto muito de ler[19] na praia. Dá-me a minha toalha.

M — Tem cuidado. Não te esqueças de pôr creme. O sol queima. Não querem tomar nada ? Vem ali um homen que anda a vender[20] refrigerantes e gelados.

J — Não há pescadores nesta praia ?

M — Se quiseres ver barcos e pescadores a puxarem[21] as redes, temos de ir a Sesimbra. É um pequeno porto de pesca, e um óptimo local para a pesca submarina.

J — E a água é tão[22] fria como nesta praia ?

M — Queres água mais quente ? A solução é o Algarve. É bonito, mas há sempre tanta gente e é tudo tão caro... !

L — Gostava de ficar aqui até ao pôr do sol !

8 — À la plage
2. DIALOGUE

L : Laura   M : Manuel   J : Jean

J — Et si nous allions acheter des souvenirs ?
L — Aujourd'hui c'est samedi. Les magasins ne sont ouverts que le matin. Allons plutôt à la plage. C'est une si belle journée !
M — Où voulez-vous aller ? Les plages les plus proches sont celles de la côte d'Estoril, mais en fin de semaine, elles sont bondées. Personnellement je préfère Caparica qui est une plage très vaste et où l'eau est très propre. Mais pour y arriver... !
J — C'est très loin ?
M — Non. On traverse le pont du 25-Avril et après, c'est à quelque 6 km à peine. Mais il y a toujours tellement de circulation ! Allons à la plage « das Maçãs » (des pommes) ou à Ericeira. Nous passerons par Sintra et Colares. Ça vous plaira !

. . . .

L — Loue-t-on un auvent ? Je vais voir si je trouve un maître nageur.
M — Il vaut mieux louer une tente. Nous y serons plus à l'aise pour nous déshabiller et mettre notre maillot de bain.
L — Et pour être à l'ombre ! Il fait si chaud ! Le sable est brûlant. Allons au bord de l'eau. Au moins, il y a un peu d'air.
J — L'eau est glacée. Je ne sais pas si je vais réussir à me baigner.
M — Aujourd'hui, il est interdit de nager. Il y a le drapeau jaune. La mer est un peu agitée. C'est dangereux. Regardez la hauteur des vagues !
L — Je vais m'allonger au soleil. J'ai apporté un livre. J'aime beaucoup lire sur la plage. Donne-moi ma serviette.
M — N'oublie pas de mettre de la crème. Le soleil tape. Vous ne voulez pas prendre quelque chose ? Il y a un vendeur de boissons fraîches et de glaces qui arrive, là-bas.
J — Il n'y a pas de pêcheurs sur cette plage ?
M — Si tu veux voir des bateaux et des pêcheurs tirant les filets, il nous faudra aller à Sesimbra. C'est un petit port de pêche et un excellent endroit pour la chasse sous-marine.
J — Et l'eau y est-elle aussi froide que sur cette plage ?
M — Si tu veux de l'eau plus chaude, la solution, c'est l'Algarve. C'est très beau, mais il y a toujours tellement de monde et tout y est si cher... !
L — J'aimerais rester ici, jusqu'au coucher du soleil.

8 — Na praia

3. REMARQUES

1. **Que tal** + inf. **?** : *que pensez-vous de ? Et si ?* Idiomatisme (note 1, 3-3)
2. **Irmos** : inf. pers. de **ir** *(aller)* (note 1, 7-3). Cet infinitif (propre au portugais) a l'avantage d'être très précis car il porte la désinence de la personne qui fait l'action.
3. **Umas** : *quelques*. Notez : **uns** (masc.), **umas** (fem.) ne sont pas pl. de **um** *(un)*, **uma** *(une)* ; **uma sala** *(ume salle)*, **salas** *(des salles)* ; **umas salas** *(quelques salles)*.
4. **Recordações** : *des souvenirs* ; pl. de **a recordação**. Trois marques de pl. pour mots terminés en ~**ão** : 1) **ões** (+ courants) ou 2) **ães** (**pão** - *le pain* : **pães**) ; 3) + ~**s** (a **mão** - *la main* : as **mãos**).
5. **Antes** : plutôt (ici), *avant* ; **antes de** : *avant de*.
6. **Está um dia** : *c'est un jour*. **Está** souligne le côté passager.
7. **As da** : *celles de la* (art. déf. remplaçant dém. devant **de**, **que**, cf. note 20, 3-3).
8. **Aos fins de semana** : *en fin de semaine*. Pluriel = répétition.
9. **Para lá** : *là-bas*. **Para** : *vers* ; *là* : adv. lieu. indique ce qui est loin. Peut traduire *y* (**para lá**), ou *en* (**de lá**).
10. **São meia dúzia de quilómetros** : *c'est une demi-douzaine de kilomètres*. **São** + chiffres (note 22, 3-3). Notez l'absence d'art. défini devant **meia dúzia** *(une demi-douzaine)* et l'accord.
11. **A Praia das Maçãs** : m. à m. « *la Plage des pommes* ».
12. **Ericeira** : petite ville côtière à 42 km nord-ouest de Lisbonne.
13. **Passamos** *(nous passerons)*, cf. note 4, 1-3.
14. **Sintra** : ville historique au pied de la montagne du même nom à 25 km à l'ouest de Lisbonne.
15. **Colares** : localité à 7 km, ouest de Sintra. Région de bons vins.
16. **Para vestirmos, despirmos** : inf. pers. de **vestir**, **despir**. Emploi normal après préposition, ici **para** : *pour*, *vers* (note 2).
17. **Tanto calor** : *tant de chaleur*. **Tanto** : même accord que **muito** (note 5, 3-3), et **quantos** (note 15, 5-3).
18. **O calor** : *la chaleur*. Mots terminés en ~**or** sont masculins sauf **a flor** *(la fleur)*, **a cor** *(la couleur)*, **a soror** *(la sœur en religion)*.
19. **Gosto de ler** : *j'aime lire*. Noter : **gostar de** : *aimer*.
20. **Anda a vender** (P) = **anda vendendo** (B) : *il vend* (note 20, 4-3).
21. **A puxarem** *(tirant)* : gér. de **puxar** (**a** + inf., ici inf. pers.). Emploi normal de l'inf. pers. après prép. (note 16).
22. **Tão fria como** : *aussi froide que* : comparatif d'égalité. **Tão ... como** : *aussi ... que*.

8 — À la plage
4. ENVIRONNEMENT

AS PRAIAS DE PORTUGAL

Portugal oferece 850 km de costa, muito procurada por nacionais e estrangeiros, sobretudo de Abril a Outubro, em detrimento do interior, (45 % dos portugueses passam as férias à beira-mar). As praias do **Algarve**, no Sul, são mais frequentadas : clima ameno et mar mais quente (20° a 23° no Verão no Algarve, 15°-17° na costa ocidental) (Praia da Rocha, Albufeira, Montegordo). O turismo internacional de luxo tem-se desenvolvido nos últimos vinte anos (hotéis de luxo, piscinas, golfo, ténis : ex. Vilamoura).

Ao longo de toda a costa ocidental, de norte a sul, abundam praias e portos de pesca muito activos e pitorescos. Na **Costa Verde** (da fronteira espanhola até ao Porto), as praias são longas e em linha recta, abrem-se para um oceano muitas vezes agitado, mais cheio de iodo ; na **Costa de Prata** (do Porto a Sintra), mais acidentada, as praias alternam com zonas rochosas (Espinho, Figueira da Foz e o seu casino, Nazaré) ; na **Costa de Lisboa** do Cabo da Roca a Setúbal), encontram-se as mais belas praias do país, apinhadas nos fins de semanas (excepto algumas zonas da imensa praia de Caparica) ; a **Costa Dourada** é pouco explorada e procurada, à excepção de Tróia.

LES PLAGES DU PORTUGAL

Le Portugal offre 850 km de côtes, très recherchées par le tourisme national et international surtout d'avril à octobre, au détriment de l'intérieur (45 % des Portugais passent leurs vacances au bord de la mer). Les plages de l'*Algarve*, dans le Sud, sont les plus fréquentées : climat agréable et mer chaude (de 20 à 23° en été) mais 16 à 17° sur la côte occidentale (Praia da Rocha, Albufeira, Montegordo). Le grand tourisme international s'y développe depuis 20 ans (hôtels de luxe, golf, piscines, tennis : ex. Vilamoura).

Mais la côte atlantique présente, du nord au sud, bien d'autres plages, souvent près de ports de pêche très actifs et pittoresques. Sur la *Côte Verte* (de l'Espagne à Porto), les plages, longues et rectilignes, s'ouvrent largement sur un océan souvent agité mais très iodé ; sur la *Côte d'argent* (de Porto à Sintra), plus accidentée, les plages alternent avec des zones rocheuses (Espinho, Figueira da Foz et son casino, Nazaré) ; sur la *Côte de Lisbonne* (du Cap da Roca à Sétubal) on trouve les plus belles plages du pays, mais elles sont souvent noires de monde en fin de semaine (sauf quelques coins de l'immense plage de Caparica) ; la *Côte Dorée* (de Setúbal à Sagres), est peu exploitée et peu fréquentée, à l'exception de Tróia.

8 — Na praia

5. ENVIRONNEMENT

Vocabulaire :

Le maillot :	(P) o fato de banho	(B) o maiô
Le jus de fruits :	(P) o sumo	(B) o suco
La glace :	(P) o gelado	(B) o sorvete

BRASIL : com seus 7 408 km de costa que vai da Amazônia equatorial ao Urugai (zona temperada), passando pelo Nordeste e pela Baía de clima tropical, o Brasil oferece inúmeras praias, orladas de coqueiros onde o mar é quente mas por vezes perigoso. No Rio de Janeiro, de clima tórrido durante o Verão (de Novembro a Maio), a vida dos Cariocas (nome dado aos seus habitantes) é organizada em função da praia. Vão à praia, antes do trabalho, durante as refeições, mais para bronzearem do que para nadar, para paquerarem (as moças são muito bonitas), para baterem um papo com os amigos, mas cuidado, há muitos larápios. As praias da baía (Flamengo, Botafogo, Urca) são poluídas ; as do oceano são perigosas devida à « barra » que é propícia ao surf (Leme, Copacabana — seus 4,5 km de comprimento, Ipanema, a mais chique, Leblond). São orladas de belos passeios, de cafés e de hotéis. Os desportos náuticos (vela, surf, pesca) são muito apreciados no Brasil.

CABO VERDE cujas ilhas são banhadas por um mar transparente, desejam desenvolver um turismo de luxo para amadores de pesca e caça submarina.

LE BRÉSIL : avec ses 7 408 km de côtes qui vont de l'Amazonie équatoriale à l'Uruguay (zone tempérée) en passant par le Nordeste et Bahia au climat tropical, le Brésil offre d'innombrables et immenses plages de sable blanc, bordées de cocotiers, près d'une mer chaude mais parfois dangereuse. À Rio de Janeiro, au climat torride pendant les mois d'été (novembre à mai), toute la vie des Cariocas (nom donné à ses habitants) s'organise autour d'elles : ils y vont avant le travail, pendant les repas, moins pour y nager, que pour y bronzer, faire connaissance (les filles y sont très belles), pour bavarder avec les amis, mais il faut faire attention car les voleurs y sont nombreux. Les plages de la baie (Flamengo, Botafogo, Urca) sont polluées et celles de l'Océan sont dangereuses à cause de la « barre », qui, elle, est propice au surf (Leme, Copacabana, longue de 4,5 km, Ipanema la plus chic, Leblond). Elles sont bordées de belles promenades, de cafés et d'hôtels. Les sports de la mer (voile, surf, pêche) sont très appréciés au Brésil.

LE CAP-VERT, dont les îles sont baignées d'une mer aux eaux claires, souhaite développer un tourisme de luxe, pour touristes amateurs de pêche, et de chasse sous-marine.

8 — À la plage
6. PHRASES TYPES

1. Il y a peu de place pour garer la voiture.
2. Il vaut mieux laisser la voiture au parking parce qu'il est gardé.
3. Je vais aller me déshabiller au vestiaire ; je pourrai y prendre une douche.
4. Il est interdit de se baigner car il y a un drapeau rouge.
5. Il y a un maître nageur pour surveiller la plage.
6. Attention, il n'y a pas pied.
7. Je ne sais pas nager.
8. Les baigneurs n'ont pas le droit d'aller au-delà des bouées.
9. Je n'aime pas voir les bateaux à moteur tout près de la plage ; c'est dangereux.
10. On ne peut pas jouer au ballon quand il y a beaucoup de monde.
11. Il y a beaucoup de vagues près de la jetée.
12. Pouvez-vous surveiller mes affaires pendant que je vais me baigner ?
13. Je ne peux pas prendre de bain sans bonnet de bain.
14. Il fait chaud, la mer est calme, mais ici l'eau est froide.
15. Il a attrapé un coup de soleil parce qu'il n'a pas mis de crème.

---

1. Há pouco espaço para arrumar (estacionar) o carro.
2. É melhor deixar o carro no parque de estacionamento porque tem guarda.
3. Vou despir-me no vestiário ; posso lá tomar um duche. (B - banho de chuveiro)
4. É proibido tomar banho porque está a bandeira vermelha.
5. Há um banheiro para vigiar a praia.
6. Cuidado, não há pé.
7. Não sei nadar.
8. Os banhistas não podem nadar para além das bóias.
9. Não gosto de ver barcos a motor muito perto da praia ; é perigoso.
10. Não se pode jogar à bola quando há muita gente.
11. Há muitas ondas junto ao paredão.
12. Não se importa de tomar conta das minhas coisas enquanto tomo banho ?
13. Não posso tomar banho sem touca.
14. Está calor, o mar está calmo, mas a água aqui é fria.
15. Ele queimou-se porque não pôs creme.

8 — Na praia

7. VOCABULAIRE

a recordação, *le souvenir*
sábado, *samedi*
a loja, *la boutique*
a praia, *la plage*
limpo, a, *propre*
atravessar, *traverser*
alugar, *louer*
o toldo, *l'auvent*
meia-dúzia, *une demi-douzaine*
procurar, *chercher* (pour trouver)
o banheiro, *le surveillant de plage*, chargé de louer les tentes
a barraca, *la tente*
à vontade, *à l'aise*
despir, *déshabiller*
vestir, *habiller*
o fato de banho, (B) o maiô, *le costume de bain*
a sombra, *l'ombre*
o calor, *la chaleur*
a areia, *le sable*
escaldar, *brûler, chauffer*
a beira-mar, *le bord de l'eau, le bord de mer*
o tamanho, *la taille, la hauteur*

conseguir, *obtenir, arriver à*
tomar banho, *prendre un bain*
nada, *nager*
a bandeira, *le drapeau*
amarelo, a, *jaune*
perigoso, a, *dangereux, se*
a onda, *la vague*
deitar-se, *se coucher*
o sol, *le soleil*
a toalha, *la serviette*
ter cuidado, *faire attention*
o creme, *la crème*
queimar, *brûler*
o refrigerante, *la boisson fraîche, le rafraîchissement*, (B) *le soda*
o barco, *le bateau*
o pescador, *le pêcheur*
puxar, *tirer*
a rede, *le filet*
o porto, *le port*
a pesca, *la pêche*
a caça submarina, *la chasse sous-marine*
quente, *chaud, de*
caro, a, *cher, chère*

VOCABULAIRE COMPLÉMENTAIRE

afogar-se, *se noyer*
o, a banhista, *le baigneur, la baigneuse*
a bóia, *la bouée*
calmo, a, *calme*
a espuma, *l'écume*
a falésia, *la falaise*
o farol, *le phare*
frio, a, *froid(e)*
a maré baixa, *la marée basse*
a maré cheia, *la marée haute*
mergulhar, *plonger*
o nadador, *le nageur*
o nascente, *le levant*
o chapéu de sol (P), o guarda sol (B), *le parasol*

o poente, *le couchant*
poluído, a, *polué(e)*
a rocha, *la roche*
o rochedo, *le rocher*
o salva-vidas, *le bateau de sauvetage*, (B) *le gilet de sauvetage*
sujo, a, *sale*
a temperatura, *la température*
a touca, *le bonnet de bain*
verde, *vert(e)*
vermelho, a, *rouge*

N.B.
aquecer, *chauffer, faire chauffer*
queimar, *brûler, consumer*

8. À la plage
8. EXERCICES

A. Traduire
1. C'est une belle journée. Le ciel est aussi bleu aujourd'hui qu'hier.
2. Je vais chercher mon maillot de bain.
3. Il vaut mieux que nous prenions ta voiture. Elle est plus grande que la mienne. Elle peut contenir une demi-douzaine de personnes.

B. Mettre à la 2ᵉ personne du singulier
1. Não consigo ler na praia.
2. Prefiro nadar na piscina.

C. Compléter avec les verbes indiqués entre parenthèses
1. (ir) É melhor nós .... a uma praia perto de Lisboa.
2. (chegar) Tu partes cedo para .... tarde.
3. (atravessar) É preferível eles ...... a ponte de manhã.

D. Compléter avec les verbes *andar* et *estar* au présent de l'indicatif
1. Ela ..... a ler na praia.
2. O Manuel é vendedor ambulante — .... a vender bebidas na praia.
3. Eles ..... a tomar duche.
4. Eu ..... a tomar um banho de sol.
5. Há três dias que eles ... a distribuir programas na rua.

CORRIGÉ

A.
1. Está um belo dia. O céu está hoje tão azul como ontem.
2. Vou buscar o meu fato de banho.
3. É melhor irmos no teu carro. É maior do que o meu. Pode levar meia dúzia de pessoas. (Cabem lá meia dúzia...)

B.
1. Não consegues ler na praia.
2. Preferes nadar na piscina.

C.
1. É melhor nós irmos a uma praia perto de Lisboa.
2. Tu partes cedo para chegares tarde.
3. É preferível eles atravessarem a ponte de manhã.

D.
1. Ela está a ler na praia (B - está lendo).
2. O Manuel é vendedor ambulante : anda a vender (B - anda vendendo) bebidas na praia.
3. Eles estão a tomar (B - estão tomando) duche.
4. Eu estou a tomar (B - estou tomando) un banho de sol.
5. Há três dias que eles andam a distribuir (B - andam distribuindo) programas na rua.

Transportes públicos em Lisboa

1. DIÁLOGO

M : Manuel   J : Jean

M — Não querias ir ao Correio ? Como tenho de ir à Baixa[1] posso acompanhar-te até aos Restauradores[2].

J — Vamos de metro ?

M — Não. Não vamos. O metro não chega aqui ao bairro. Vamos de autocarro. Há uma paragem ali em frente.

J — É pena não podermos[3] ir de metropolitano. Não há semáforos nem engarrafamentos ; é muito mais rápido. Mas não podemos ir de eléctrico ? Disseram-me[4] que ainda havia eléctricos em Lisboa, mas eu não vi nenhum.

M — Muitas linhas já foram suprimidas[5] há muito tempo, mas mesmo assim ainda se podem fazer percursos[6] relativamente longos.

J — Vem ali[7] um autocarro. Serve para nós ?

M — Serve. Este carro passa justamente pelos Restauradores.

J — Mas eu não tenho bilhete.

M — Não faz mal. Se não tens[8] bilhete pede um ao motorista. A cobrança é feita por[5] ele. Eu tenho um passe.

J — Nunca pensei que os transportes em Lisboa fossem tão caros. Não sabia que nos autocarros só havia uma tarifa única.

M — Mas há possibilidade de comprar cadernetas de módulos. Dentro da cidade, seja qual for[9] o número de zonas, nunca se gastam mais de três. Sai mais barato.

J — Os módulos também são válidos para o metro ?

M — Não. São válidos para os autocarros, para os eléctricos e para os elevadores. Só os passes são válidos para todos os transportes públicos, até mesmo para os cacilheiros[10].

J — Olha um autocarro de dois andares ! Parece inglês ! Há muitos em Lisboa ?

M — Dantes eram quase todos assim, mas agora só se vêem[6] praticamente na carreira que liga o aeroporto à estação de Santa Apolónia.

J — Os passes são mensais ?

M — São, mas também há passes turísticos de quatro ou sete dias.

J — Não estamos a chegar ?

M — Vamos descer já a seguir. Toca[11], faz favor. Daqui não chego à campainha.

9 Les transports publics à Lisbonne
2. DIALOGUE

M : Manuel   J : Jean

M — Ne voulais-tu pas aller à la poste ? Comme je dois aller à la « Baixa », je peux t'accompagner jusqu'à la place des Restauradores.
J — Nous y allons en métro ?
M — Non, le métro ne vient pas jusqu'ici dans notre quartier. Nous irons en bus. Il y a un arrêt là en face.
J — C'est dommage qu'on ne puisse pas y aller en métro. Il n'y a ni feux ni embouteillages ; c'est beaucoup plus rapide. Mais ne peut-on pas y aller en tramway ? On m'a dit qu'il y avait encore des trams à Lisbonne, mais je n'en ai vu aucun.
M — On a déjà supprimé plusieurs lignes, il y a longtemps, mais malgré tout on peut encore faire des parcours relativement longs.
J — Voici un autobus. C'est celui qu'il nous faut.
M — Oui. Ce bus passe justement par les Restauradores.
J — Mais, je n'ai pas de ticket.
M — Ça ne fait rien. Si tu n'as pas de ticket, demandes-en un au chauffeur. C'est lui qui les vend. Moi, j'ai une carte d'abonnement.
J — Je ne croyais pas que les transports à Lisbonne étaient aussi chers. Je ne savais pas que, dans le bus, il n'y avait qu'un tarif unique.
M — Il est possible d'acheter des carnets de tickets. En ville, on n'en utilise jamais plus de trois, quel que soit le nombre de sections. Cela revient moins cher.
J — Ces tickets sont-ils également valables pour le métro ?
M — Non, ils sont valables pour les bus, les tramways et les ascenseurs. Seules les cartes d'abonnement sont valables pour tous les transports publics et même pour les « cacilheiros ».
J — Tiens, un bus à impériale. On dirait un bus anglais. Il y en a beaucoup à Lisbonne ?
M — Autrefois, ils étaient presque tous comme ça. De nos jours, il n'y en a pratiquement que sur la ligne qui va de l'aéroport à la gare de Santa Apolonia.
J — Les cartes d'abonnement sont-elles mensuelles ?
M — Oui, mais il y a aussi des cartes d'abonnement touristique pour quatre ou sept jours.
J — Ne sommes-nous pas sur le point d'arriver ?
M — Nous allons descendre au prochain arrêt. Sonne, s'il te plaît. D'ici, je n'atteins pas la sonnette.

9. Transportes públicos em Lisboa
3. REMARQUES

1. **A Baixa** : de **baixo, a** : *bas(se)* : partie basse de la ville, près du Tage, reconstruite au XVIIIe siècle, après le tremblement de terre de 1755. Centre commercial et des affaires.

2. **Restauradores** : Place entre la « Baixa » et l'avenue de la *Liberté* (**Liberdade**) où a été érigé un monument en l'honneur de ceux qui ont permis au Portugal (sous domination espagnole de 1580 à 1640) de retrouver son indépendance (1er décembre 1640).

3. **É pena não podermos** : *c'est dommage de ne pas pouvoir.* Rappel : **é** + adjectif + inf. = *c'est* + adj. + *de* + inf.

4. **Disseram-me** : *on m'a dit.* **Disseram** : prét. irr. 3e pers. pl. de **dizer** *(dire).* *On* n'existant pas en portugais, plusieurs traductions sont possibles : la 3e pers. pl. (ici), si *on* représente un sujet qu'on ne peut identifier (*on* = *ils*).

5. **Foram suprimidas** : *ont été supprimées.* Être + part. pas. : traduit par **ser** + part. pas. s'il s'agit d'une forme passive, soit une action faite par une pers. (compl. d'agent, introduit par **por**, exprimé ou non). On emploie **estar**, si on considère le résultat de l'action. **A cobrança é feita por ele** (m. à m. « *l'encaissement est fait par lui* ») : *c'est lui qui vend les billets.* **A cobrança está feita** : *le paiement est fait.*

6. **Assim se podem fazer percursos** : *on peut ainsi faire des parcours.* (cf. note 5). Si *on* est sujet d'un verbe suivi d'un compl. dir., le verbe devient pronominal et s'accorde en nombre avec ce compl. **Paga-se o bilhete** : *on paie le billet* ; **pagam-se os bilhetes** : *on paie les billets.*

7. **Vem ali** : *voilà* (m. à m. « *voilà venir* »). Il y a plusieurs façons de traduire *voici, voilà* (note 2, 5-3) : un verbe (**estar**, **vir**, **ir**, etc.) précisant l'action, et un adverbe de lieu : **aqui**, **cá** *(ici)*, **aí** *(là)*, **ali**, **lá** *(là)* ≠ **além** : *là-bas.*

8. **Se não tens** : *si tu n'as pas.* **Se** + ind. : la condition porte sur un fait réel ; **se** + fut. subj. (*si* + prés. ind.) : la condition se réalisera peut-être ; **se não tiveres** : *si tu n'as pas ... un jour* ; **se** + imp. subj. (*si* + imp. ind.) : la condition n'est pas réalisable : **se não tivesses** : *si tu n'avais pas.*

9. **Seja qual for o número** : *quel que soit le nombre* ; pl. **sejam quais forem os números** : *quels que soient les nombres.* Tournure idiomatique (subj. prés. de **ser qual** + subj. fut. de **ser**).

10. **Cacilheiro** : nom donné aux bateaux transportant les passagers entre Lisbonne et Cacilhas, sur l'autre rive du Tage.

11. **Tocar** : *toucher*, ici *sonner*. **Tocar a campainha** : *appuyer sur la sonnette.* **Tocar piano** : *jouer du piano.*

9 — Les transports publics à Lisbonne
4. ENVIRONNEMENT

INFORMAÇÕES DA CARRIS
(Companhia de transportes de Lisboa)

BILHETES PRÉ-COMPRADOS : Rapidez e economia nas suas deslocações. A companhia Carris tem Postos de Venda em vários pontos da cidade onde pode adquirir cadernetas de módulos que pode utilizar nas suas deslocações nos transportes da Carris. Evite comprar o bilhete ao motorista, pois é mais caro e atrasa a viagem.

INFORMATIONS DE LA CARRIS

BILLETS ACHETÉS À L'AVANCE : Rapidité et économie dans vos déplacements. La compagnie Carris a des points de vente à différents endroits de la ville où vous pouvez acquérir des carnets de tickets que vous pouvez utiliser lors de vos déplacements dans les transports de la Carris. Évitez d'acheter le billet simple au chauffeur ; c'est plus cher et cela retarde le voyage.

Engarrafamento	*Embouteillage*
Luzes ! amarelo	*Des feux ! l'orange*
entre o verde	*entre le vert*
e o encarnado	*et le rouge,*
é o elo.	*c'est la transition.*
Enervado	*Énervé,*
fuma mais um cigarro.	*vous fumez une autre cigarette.*
Parado	*À l'arrêt,*
está o carro.	*votre voiture.*
Carros, muitos carros,	*Des voitures, encore des voitures,*
Carros, muitos cigarros.	*des voitures, encore des cigarettes.*
Buzinas,	*Coups de klaxon,*
fortes e finas.	*puissants et stridents.*
buzinas e protestos,	*klaxons, protestations*
confusão,	*confusion,*
poluição,	*pollution,*
avenidas,	*avenues,*
avenidas sem saídas,	*avenues sans issue,*
multidão,	*multitude,*
aflição,	*affolement*
nervos, nervos	*crises de nerfs, crises*
em grandes acervos.	*de nerfs en pagaille.*

Fotografia do dia-a-dia (*Photographie du quotidien*)
António San Payo de Araújo

9. Transportes públicos em Lisboa
5. ENVIRONNEMENT - LE BRÉSIL

NO LOTAÇÃO

Com o advento dos rádios transistores, o esporte, os fuxicos internacionais e a música popular passaram a ser nossos companheiros de viagem no ônibus e no lotação. Por isso não estranhei ao ouvir, em surdina « areia da praia, branquinha... » Olhando por olhar, não vi aparelho receptor junto ao ouvido do rapaz que se sentara a meu lado, e era junto de mim que a canção abria suas pétalas. O rapaz — moreninho, magro, terno escuro bem passado, de pobre caprichoso — tinha o rosto voltado para a rua. Cantava para fora do veículo e para dentro de si mesmo. Parecia ausente, perdido talvez em extensa praia de areia alva... Passageiros viraram o pescoço. Não queriam acreditar que alguém cantasse no interior do lotação. Rádio se tolera. Mas voz humana, próxima ? Dois deles fumavam, perto da inscrição que proibe expressamente fumar no recinto, sob pena de multa. É tão natural desobedecer a uma proibição, como absurdo fazer alguma coisa que não desobedece a nada, mas não foi expressamente permitida : esta, sim é verdadeira, sutil infração. O rapaz cantava, sem proibição. Era quase fenômeno.

Carlos Drummond de Andrade, in *Cadeira de balanço*.

DANS LE BUS

Avec l'avènement des transistors, le sport, les amours internationales et la musique populaire sont devenus nos compagnons de voyage dans les autocars et les autobus. C'est pourquoi je n'ai pas été étonné d'entendre, en sourdine, « sable de la plage, tout blanc... » En regardant d'un œil distrait, je n'ai pas vu d'appareil récepteur près de l'oreille du garçon qui s'était assis à mes côtés, et c'était près de moi que la chanson s'épanouissait. Le garçon — tout brun, maigre, avec un costume foncé bien repassé, de pauvre endimanché — tournait le visage vers la rue. Il chantait pour la rue et pour lui-même. Il paraissait absent, perdu sans doute sur une immense plage de sable blanc... Des passagers tournèrent la tête... Ils ne voulaient pas croire que quelqu'un puisse chanter dans le bus. La radio, ça s'admet. Mais une voix humaine toute proche ? Deux d'entre eux fumaient, près de l'inscription qui interdit expressément de fumer à l'intérieur sous peine d'amende. Il est aussi naturel de désobéir à une interdiction, qu'absurde de faire quelque chose qui ne désobéit à rien, mais qui n'a pas été expressément permise : c'est là qu'est la véritable et subtile infraction. Le garçon chantait, en l'absence d'interdiction écrite. C'était presque un événement inouï.

9 — Les transports publics à Lisbonne
6. PHRASES TYPES

1. Les enfants de moins de quatre ans peuvent voyager sans payer s'ils voyagent sur les genoux.
2. Cette ligne d'autobus relie les terminaux ferroviaires, fluviaux et aériens à différents endroits du centre ville.
3. Cette ligne ne compte que deux sections.
4. On peut utiliser les titres de transport suivants : tickets simples achetés au chauffeur à bord du véhicule ; tickets vendus par carnets ; carte de transport ; carte touristique.
5. Votre carte de transport est périmée, vous devez la renouveler.
6. Interdit de parler au chauffeur.
7. Pour descendre appuyer sur la sonnette.
8. Ne poussez pas !
9. Il y a encore des places assises.
10. Vous me marchez sur les pieds.
11. Pardon, je voudrais passer.

---

1. As crianças que ainda não tenham completado quatro anos são dispensadas do pagamento da passagem quando são transportadas ao colo.
2. Esta carreira de autocarros liga os terminais ferroviários, fluviais e aéreos a vários pontos do centro da cidade.
3. Esta linha tem apenas duas zonas.
4. Podem ser utilizados os seguintes títulos de transportes : bilhetes simples adquiridos a bordo do veículo junto do motorista ; cadernetas de módulos ; passe social ; passe turístico.
5. O seu passe caducou, tem de o renovar.
6. Pede-se a fineza de não falar com o motorista.
7. Para descer toque a campainha.
8. Não empurre !
9. Ainda há lugares sentados.
10. Está a pisar-me.
11. Com licença, queria passar.

9. Transportes públicos em Lisboa

7. VOCABULAIRE

o correio, *la poste*
o metro (metropolitano), (B) o metrô, *le métro*
o bairro, *le quartier*
o autocarro, (B) o ônibus, *le bus*
a paragem, (B) a parada, o ponto, *l'arrêt*
em frente, *devant*
é pena, *c'est dommage*
poder, *pouvoir*
os semáforos, (B) a sinaleira, *les feux*
o engarrafamento, *l'embouteillage*
depressa, *vite*
o eléctrico, (B) o bonde, *le tramway*
ainda, *encore*
suprimir, *supprimer*
o percurso, *le parcours*
pedir, *demander*

o passe, *la carte de transport*
o motorista, *le chauffeur ou le machiniste* (bus)
a tarifa, *le tarif*
único, a, *unique*
a possibilidade, *la possibilité*
a caderneta, *le carnet*
o módulo, *le ticket*
seja qual for, *qui que ce soit*
o número, *le nombre*
a zona, *la section*
barato, *bon marché*
válido, *valable*
obliterar, *poinçonner, oblitérer*
o andar, *l'étage*
dantes, *avant*
a carreira, *la ligne*
agora, *maintenant*
ligar, *relier*
mensal, *mensuel*

VOCABULAIRE COMPLÉMENTAIRE

apanhar, *attraper, prendre*
o bilhete, *le billet*
o bilhete de identidade, *la carte d'identité*
a carta, *la lettre*
a chegada, *l'arrivée*
o cobrador, *le contrôleur, le vendeur de billets*
a cobrança, *l'encaissement*
cobrar, *faire payer, encaisser*
o condutor, *le contrôleur* (à bord du véhicule)
o fiscal, *celui qui contrôle et met des amendes*
o guarda-freio, *le garde-frein*
a lotação, *le nombre de places*

o mapa, *le plan*
a modificação de horário, *le changement d'horaire*
a multa, *l'amende, la contravention*
a nota, *le billet de banque*
a partida, *le départ*
percorrer, *parcourir*
a rede, *le réseau*
o serviço diurno, *le service de jour*
o serviço nocturno, *le service de nuit*
o utente, (B) o usuário, *l'usager*
a viagem, *le voyage*
viajar, *voyager*

Les transports publics à Lisbonne
8. EXERCICES

A. Traduire

1. On dit que les transports sont chers à Lisbonne. Ils le sont si on achète son ticket dans l'autobus.
2. En entrant dans l'autobus vous devez poinçonner votre billet.
3. Cet autobus va à l'aéroport.
4. Pour aller dans le centre il vous faut prendre le 21.

B. Compléter avec *ser* ou *estar*

1. Esta carreira ..... suprimida o ano passado.
2. ..... escrito que não se pode fumar.
3. Os bilhetes ..... vendidos pelo motorista.
4. Os lugares ..... todos ocupados.
5. O último ..... ocupado por uma senhora idosa.

C. Mettre le verbe de la proposition principale au passé

1. Espero que faças boa viagem.
2. Aconselha-me que vá de eléctrico.
3. Pede-me que traga os bilhetes.
4. Quer que eu fique em casa.

CORRIGÉ

A.
1. Dizem que em Lisboa os transportes são caros. São caros se se comprar um bilhete no autocarro.
2. Ao entrar no autocarro deve obliterar (picar) o bilhete.
3. Este autocarro vai para o aeroporto.
4. Para ir ao centro tem de apanhar o 21.

B.
1. Esta carreira foi suprimida o ano passado.
2. Está escrito que não se pode fumar.
3. Os bilhetes são vendidos pelo motorista.
4. Os lugares estão todos ocupados.
5. O último foi ocupado por uma senhora idosa.

C.
1. Esperava que fizesses boa viagem.
2. Aconselhou-me que fosse de eléctrico.
3. Pediu-me que trouxesse os bilhetes.
4. Queria que eu ficasse em casa.

10 — No correio

1. DIÁLOGO

L : Laura   S : Sofia

S — Se[1] soubesse[2] que havia tanta gente, não tinha vindo[3].

L — Alí, naquele guiché, não há quase ninguém.

S — Pois não. Mas eu não venho levantar nenhum vale, nem receber nenhuma pensão !

L — Que vens fazer ?

S — Venho comprar selos, registar uma carta e mandar um telegrama.

L — Olha para ali : guiché 1 : telegramas e cartas expresso ; guiché 2 : encomendas, registos e valores declarados ; guiché 3 : correio aéreo.

S — Felizmente que vendem selos em quase todos os guichés. Para ser atendida[4] vou ter de ir para[5] a bicha duas vezes, e ainda tenho de ir à[5] posta restante.

L — Não me digas[6] que também precisas de ir à posta restante ! Porque é que[7] não deste[8] o meu endereço ? Seria[9] muito mais simples receberes[10] o correio em minha casa[11]. Assim, vais ser obrigada a passar por aqui quase todos os dias.

S — Basta-me passar[12] uma vez por semana. Em férias, não costumo ter[12] muito correio, e, além disso, não queria[13] incomodar-te.

L — Não incomodas nada. Não sou eu[14] quem[15] distribui[16] o correio, é o carteiro.

S — Não te importas de ir colando os selos aqui nestes postais e nestes sobrescritos enquanto[17] eu preencho estes impressos ?

L — Os postais já estão escritos. Posso deitá-los[18] na caixa ?

S — Podes. Mas ainda não escrevi as cartas. Vou escrevê-las logo à noite[18].

L — Há um marco do correio perto da minha casa. Podes pô-las lá. Não te esqueças de escrever o remetente na carta registada. Se for[1] devolvida...

S — Devolvida ? Impossível ! O destinatário é meu irmão, a morada é a minha, e ainda não mudou.

L — De qualquer modo, é obrigatório.

10 À la poste
2. DIALOGUE

L : Laura   S : Sofia

S — Si j'avais su qu'il y avait tant de monde, je ne serais pas venue !

L — Là-bas, à ce guichet, il n'y a persque personne.

S — C'est bien vrai ! Mais moi, je ne viens ni pour encaisser un mandat ni pour recevoir une pension.

L — Que viens-tu faire ?

S — Je viens acheter des timbres, envoyer une lettre recommandée et envoyer un télégramme.

L — Regarde là : Guichet 1 : télégrammes et lettres exprès ; Guichet 2 : colis, recommandés et mandats ; Guichet 3 : poste aérienne.

S — Heureusement, on vend des timbres à presque tous les guichets. Pour être servie, il va me falloir faire la queue deux fois. Et en plus, il faut que j'aille à la poste restante.

L — Ah, ne me dis pas que tu dois aussi aller à la poste restante. Pourquoi n'as-tu pas donné mon adresse ? Recevoir le courrier chez moi serait plus simple. Tu vas ainsi être obligée d'y passer presque tous les jours.

S — Il me suffit d'y passer une fois par semaine. Pendant les vacances, je n'ai pas l'habitude de recevoir beaucoup de courrier, et puis je ne voulais pas te déranger.

L — Tu ne me déranges pas. Ce n'est pas moi qui distribue le courrier, c'est le facteur.

S — Tu veux bien coller les timbres sur ces cartes postales et sur ces enveloppes pendant que je remplis ces imprimés.

L — J'ai déjà écrit les cartes postales. Est-ce que je peux les poster ?

S — Oui. Mais je n'ai pas encore écrit mes lettres. Je vais les écrire ce soir.

L — Il y a une boîte aux lettres près de chez moi ; tu peux les y mettre. N'oublie pas d'indiquer l'expéditeur sur la lettre recommandée. Si elle est renvoyée...

S — Renvoyée ? Impossible. Mon frère est le destinataire et l'adresse, c'est la mienne, et elle n'a pas changé.

L — Quoi qu'il en soit, c'est obligatoire.

10 No correio

3. REMARQUES

1. **Se soubesse ... não tinha vindo** : *si j'avais su ... je ne serais pas venu*. **Se** + imp. subj. conditionnel (principale) = irréel du prés. La condition est irréalisable (cf. note 8, 9-3).

2. **Soubesse** : imp. subj. 1re, 3e pers. sg. irr. : **saber** *(savoir)*.

3. **Tinha vindo** : *j'étais venu* ou *je serais venu*. Pl. que parf. composé de l'ind. de **vir** *(venir)*, à valeur de conditionnel passé : **tinha** imp. ind. de **ter** + part. pas. **Vindo** *(venu)* est le part. pas. irr. de **vir** *(venir)* ; même forme au gérondif (**vindo** = *venant*).

4. **Para ser atendida** : *pour être servie*. Être + part. pas., (cf. note 5, 9-3).

5. **Ir para** : *aller vers, aller faire* (**ir para a bicha** : *aller faire la queue*). Attention aux emplois de **ir** : **ir de** : *aller en, voyager en* ; **ir a** : *aller à* ; **ir ao** : *aller chez*.

6. **Não me digas** : m. à m. « *ne me dis pas* » = *ne dis pas*. **Não** + subj. prés. = impératif négatif ou défense.

7. **Porque é que** : *pourquoi donc, pourquoi est-ce que*. **É que** : forme emphatique invariable (cf. note 25, 1-3).

8. **Deste** : *tu donnas, as donné* : prét. irr. 2e pers. sg. de **dar** *(donner)*.

9. **Seria** : *ce serait* : cond. prés. de **ser**. Se forme sur l'infinitif + **ia, ias, ia, íamos, íeis, iam**.

10. **Receberes** : inf. pers. 2e pers. sg. **Seria simples receberes** : *ce serait simple de recevoir* ou *que tu reçoives*.

11. **Em minha casa** : m. à m. « *dans ma maison* » = *chez moi* ; **em tua casa** : *chez toi* ; **em casa dele** : *chez lui*. Notez l'omission de l'art. déf. **a**, devant le poss. dans expression figée.

12. **Basta-me passar** : *il me suffit de passer*. Notez la construction de **bastar**. Idem **costumar** : *avoir l'habitude de* (**não costumo ter** : *je n'ai pas l'habitude d'avoir*).

13. **Queria** : *je voudrais*. Imparf. ind. valeur de conditionnel.

14. **Não sou eu quem** : *ce n'est pas moi qui*. Cf. note 13, 5-3.

15. **Quem** : *qui* : pron. relatif si l'antécédent est une personne.

16. **Distribui** : *distribue* : prés. ind. 3e pers. sg. irr. de **distribuir**. Revoir conjugaison des verbes terminés en ~ **uir**, à l'infinitif. Notez l'accord du verbe à la 3e pers. avec **quem** (la 1re pers. sg. serait **distribuo**).

17. **Enquanto preencho** : *pendant que je remplis*. Remarquez la construction (*que* n'est pas traduit en portugais).

18. **Deitá-los** : enclise du pron. **o(s)**, **a(s)**. Cf. note 17, 5-3.

10 — À la poste
4. ENVIRONNEMENT

O selo postal português tem uma história de 130 anos. O caminho percorrido, desde o primeiro selo, reflecte a sucessão das condições sociais, políticas, culturais e técnicas.

O primeiro selo postal português surge em 1853, com a efígie da rainha D. Maria II. Até 1880, manter-se-á este grafismo, o mais em voga em quase todos os outros países da época : a efígie real gravada em relevo sobre fundo branco e enquadrada por belas molduras, impressas normalmente a uma cor.

Entre 1880 e 1912, na linha das tendências estéticas da época, as efígies reais passam a ser tratadas de um modo realista, surgem as primeiras evocações quase sempre históricas e as cercaduras tornam-se extremamente elaboradas. É um belo exemplar desta fase a série de selos comemorativa do IV centenário do descobrimento do caminho marítimo para a Índia. Em 1912, aparece em Portugal o primeiro selo da República, a « Ceres » duma grande sobriedade. A partir de 1934-1935, redobra-se o cuidado posto na concepção do selo, de modo a transmitir uma mensagem cultural. Nos últimos decénios, têm continuado a nascer, em ateliers de artistas nacionais, verdadeiras obras de arte filatélicas.

Le timbre-poste portugais a une histoire de 130 ans. Le chemin parcouru depuis le premier timbre reflète la succession des conditions sociales, politiques, culturelles et techniques.

Le premier timbre portugais apparaît en 1853 portant l'effigie de la Reine D. Maria II. Ce graphisme se continuera jusqu'en 1880, et sera le plus en vogue, à l'époque, dans presque tous les autres pays : l'effigie royale gravée en relief sur fond blanc et entourée d'un beau cadre, généralement d'une seule couleur.

Entre 1880 et 1912, selon les tendances esthétiques de l'époque, les effigies royales sont traitées de façon réaliste ; les premières évocations, presque toujours historiques, naissent et les bordures deviennent très élaborées. La série de timbres commémorative du IVe centenaire de la découverte de la route des Indes en est un bel exemple. En 1912, le premier timbre de la République est émis au Portugal, la « Cérès », d'une grande sobriété. À partir de 1934-1935, le soin apporté à la conception du timbre redouble afin de transmettre un message culturel. Dans les dernières décennies, de véritables œuvres d'art philatéliques ont continué à être conçues dans des ateliers d'artistes nationaux.

10 No correio

5. ENVIRONNEMENT

SERVIÇO DE ENCOMENDAS POSTAIS : Possuindo a maior rede de distribuição nacional, os Correios aceitam, transportam e entregam encomendas postais, no país e para o estrangeiro.

COBRANÇA : As encomendas postais podem ser enviadas à cobrança para todo o território nacional, encarregando-se os Correios de cobrar ao destinatário a importância em dívida e de a entregar ao remetente.

ENCOMENDAS INTERNACIONAIS : Os Correios transportam e entregam mercadorias fora do território nacional, abrangendo os cinco continentes. As encomendas internacionais podem seguir Via Superfície (encaminhadas até ao destino por via terrestre ou marítima) ou Por Avião.

SERVIÇOS ESPECIAIS : As Encomendas Postais admitem diversos Serviços Especiais, de modo a corresponderem a todas as necessidades do público : aviso de recepção, posta restante, pedido de reexpedição, aviso de não entrega, pedido de devolução, registo privativo, pedido de retenção, apartados, entrega ao domicílio, por próprio e em mão própria, etc.

EMBALAGEM POSTAL : Como medida facilitadora do envio de encomendas postais, os Correios colocam à disposição dos clientes embalagens cartonadas.

SERVICE DES COLIS POSTAUX : Possédant le plus grand réseau de distribution nationale, les postes reçoivent, transportent et livrent des colis postaux dans le pays et à l'étranger.

CONTRE REMBOURSEMENT : Les colis postaux peuvent être envoyés contre remboursement sur tout le territoire national, et le service des Postes se charge de percevoir auprès du destinataire la somme due et de la remettre à l'envoyeur.

COLIS INTERNATIONAUX : le service des Postes transporte et livre des marchandises hors du territoire national, sur les 5 continents. Les colis internationaux peuvent être envoyés par voie normale (acheminés jusqu'à destination par voie terrestre ou maritime), ou par avion.

SERVICES SPÉCIAUX : Les colis postaux disposent de plusieurs services spéciaux, de façon à satisfaire tous les besoins du public : avis de réception, poste restante, demande de réexpédition, avis de non-livraison, demande de retour à l'envoyeur, recommandé, demande de non-distribution, boîtes postales, livraison à domicile, exprès et personnel, etc.

EMBALLAGE POSTAL : Pour faciliter l'envoi de colis postaux, les Postes mettent à la disposition du client des emballages cartonnés.

10 — À la poste
6. PHRASES TYPES

1. S'il vous plaît, je voudrais envoyer ce paquet par avion.
2. Ce paquet est trop lourd pour être envoyé par la poste.
3. Votre lettre n'est pas cachetée.
4. Cette lettre a mis plus d'une semaine — le cachet de la poste en fait foi.
5. Donnez-moi un imprimé, je voudrais envoyer un mandat télégraphique.
6. À quelle heure sera remis le télégramme ?
7. Les télégrammes urgents payent une taxe.
8. Je voudrais envoyer un télégramme avec réponse payée.
9. Vous devez écrire en lettres majuscules d'imprimerie.
10. Combien de temps mettra ce télégramme ?
11. Combien coûte chaque mot ?
12. Un mot de plus de neuf lettres compte double.
13. Vous n'êtes pas obligé de mettre votre signature.
14. On ne transmet pas ces indications : nom, adresse et téléphone de l'expéditeur.
15. Si vous indiquez le numéro de téléphone du destinataire, le télégramme peut être téléphoné.

---

1. Se faz favor, queria mandar esta encomenda por avião.
2. Esta encomenda tem peso a mais para ser enviada pelo correio.
3. A sua carta não tem selo.
4. Esta carta levou mais de uma semana a chegar — o carimbo prova-o.
5. Dê-me um impresso, queria mandar um vale telegráfico.
6. A que horas será entregue o telegrama ?
7. Os telegramas urgentes pagam uma taxa.
8. Queria mandar um telegrama com resposta paga.
9. Tem de escrever com letra maiúscula de imprensa.
10. Quanto tempo leva a chegar o telegrama ?
11. Quanto custa cada palavra ?
12. Uma palavra com mais de nove letras conta a dobrar.
13. Não é obrigado a assinar.
14. Não são transmitidas as seguintes indicações : Nome, morada e telefone do remetente.
15. Se indicar o número de telefone do destinatário, o telegrama será transmitido pelo telefone.

10. No correio

7. VOCABULAIRE

saber, *savoir*
vir, *venir*
o guichê, *le guichet*
ninguém, *personne*
levantar (um vale, dinheiro), *encaisser*
o vale, *le mandat*
nenhum, *aucun*
a pensão, *la pension*
o selo, *le timbre*
registar, *recommander*
mandar, *envoyer*
o telegrama, *le télégramme*
a carta, *la lettre*
o envio, *l'envoi*
a encomenda, *le paquet*
o registo, (B) registrado, *le recommandé*
o correio, *la poste, le courrier*
aéreo, *aérien*
atender, *servir*
a posta restante, *la poste restante*
dar, *donner*
o endereço, *l'adresse*
a casa, *la maison*

em minha casa, *chez moi*
quase, *presque*
bastar, *suffire*
passar, *passer*
além disso, *de plus, en outre*
incomodar, *déranger, gêner*
distribuir, *distribuer*
o carteiro, *le facteur*
importar, *gêner, importer*
colar, *coller*
o postal, *la carte postale*
o sobrescrito, (B) o envelope, *l'enveloppe*
preencher, *remplir*
a carta, *la lettre*
o marco do correio, *la boîte aux lettres* (de la poste)
perto de, *près de*
pôr, *mettre*
o remetente, *l'expéditeur*
devolver, *renvoyer* (une lettre)
o irmão, *le frère*
a morada, *l'adresse*
mudar, *changer*

VOCABULAIRE COMPLÉMENTAIRE

assinar, *signer*
o carimbo, *le cachet*
o código postal, *le code postal*
contar, *compter, conter*
custar, *coûter*
embrulhar, *envelopper*
o embrulho, *le paquet*
entregar, *remettre*
o envelope, *l'enveloppe*
enviar, *envoyer*
faltar, *manquer*
a imprensa, *la presse, l'imprimerie*

lacrar, *cacheter à la cire*
a letra, *la lettre* (de l'alphabet)
a maiúscula, *la majuscule*
mandar à cobrança, *envoyer avec paiement à l'arrivée*
a minúscula, *la minuscule*
a palavra, *le mot*
perceber, *comprendre*
o peso, *le poids*
provar, *prouver*
a resposta, *la réponse*
selar, *sceller*
a taxa, *la taxe*

10 — À la poste

8. EXERCICES

A. Traduire
1. S'il était venu plus tôt, il n'aurait pas trouvé tant de monde à la poste.
2. Il avait beaucoup à faire, chez lui, ce matin.
3. Il n'y avait personne au guichet voisin.
4. Votre lettre est affranchie, vous pouvez la mettre à la boîte.
5. Si tu envoies ce paquet en exprès, il sera remis plus vite.
6. Faites la queue pendant que je vais expédier mon télégramme.
7. On m'a dit qu'il fallait recommander le paquet.

B. Compléter avec les indéfinis *nada*, *nenhum*, *ninguém*, *nunca*
1. Não vejo .....
2. ..... recebi a carta.
3. ..... estava no guichê.
4. Não recebi ..... telegrama.

C. Remplacer les mots soulignés par les pronoms personnels correspondants
1. Vou mandar o telegrama.
2. Não quero pagar a taxa.
3. O carteiro anda a distribuir as cartas.
4. Não quero ler o postal.

CORRIGÉ

A.
1. Se ele tivesse vindo mais cedo, não tinha (teria) encontrado tanta gente no correio.
2. Esta manhã, ele tinha muito que fazer em casa.
3. Não havia ninguém no guichê ao lado.
4. A sua carta tem selo ; pode pô-la no marco postal.
5. Se mandares esta encomenda expresso, será entregue mais rapidamente (chegará mais depressa).
6. Vá para a bicha, enquanto vou mandar o telegrama.
7. Disseram-me que era preciso registar a encomenda/que tinha de registar...

B.
1. Não vejo nada/Não vejo ninguém.
2. Nunca recebi a carta.
3. Ninguém estava no guichê.
4. Não recebi nenhum telegrama.

C.
1. Vou mandá-lo.
2. Não a quero pagar/não quero pagá-la.
3. O carteiro anda a distribuí-las.
4. Não o quero ler./Não quero lê-lo.

11   Uma chamada telefónica

1. DIÁLOGO

C : cliente   Em : empregado   I : interlocutor anónimo
                 T : a telefonista

C — Queria fazer uma chamada.
Em — Pode telefonar aqui desta cabine[1].
C — Como é que funciona ? Com credifone ?
Em — Esta cabine ainda funciona com moedas.
C — Meto[2] as moedas e depois marco o número ?
Em — Primeiro mete as moedas, a seguir levanta o auscultador, marca o número e quando atenderem[3], as moedas caem na ranhura.
C — Quanto custa uma chamada ?
Em — Depende dos períodos, do tempo que estiver[4] a falar ; mas só pode utilizar moedas de 10, 20 e 50 escudos.
C — Estou com[5] azar[6] ; só tenho notas. O senhor não me podia trocar cem escudos ?
Em — Lamento[7] muito, mas não tenho troco. O melhor é fazer a chamada do quarto.
C — Posso ligar directamente para o exterior.
Em — Não, não pode. Tem de pedir[8] o número à telefonista. É ela que faz a ligação.

.... (no quarto) ....

C — Está[9]. Queria que me ligasse[10] para o 6.5.4.3.2.1.
T — Um momento por favor... O número, ou não dá sinal, ou dá sinal de impedido. Já liguei quatro vezes. O senhor não se teria enganado ?
C — Acho que não. É o número que tenho aqui na minha agenda. Deram-mo[11] o ano passado. Experimente[12] perguntar[8] para as informações ou então para as avarias. O telefone é capaz de estar, avariado[13].
T — O número foi alterado. Consulte a lista telefónica.
C — Deixe ver... Tem mais um sete entre o seis e o cinco.
T — O número que pediu, está a responder. Pode falar.
I — Está ?
C — Estou ? Donde fala[14] ? É do 6.7.5.4.3.2.1. ?
I — Não, não. Aqui é do 6.7.5.4.3.2.2 ?
C — Desculpe, foi engano.

....

C — Está ? Está ? Não ouço[15] nada. Não sei o que aconteceu ; desligaram ou caiu a chamada.
T — Quer que volte[16] a ligar[17] ?
C — Acho que vou desistir da chamada. Telefono mais tarde.

11 — Un appel téléphonique

2. DIALOGUE

C : cliente   Em : employé   I : interlocuteur anonyme
T : standardiste

C — Je voudrais donner un coup de fil.
Em — Vous pouvez téléphoner de cette cabine-ci.
C — Comment fonctionne-t-elle ? Avec une carte ?
Em — Cette cabine fonctionne encore avec des pièces.
C — J'introduis les pièces et ensuite je compose le numéro ?
Em — Oui. D'abord vous introduisez les pièces, puis vous décrochez le combiné, vous composez le numéro et au moment où votre correspondant répondra l'argent tombera dans la fente.
C — Combien coûte un appel ?
Em — Cela dépend des unités et du temps de communication. Vous ne pouvez utiliser que des pièces de 10, 20 et 50 escudos.
C — Je n'ai pas de chance ; je n'ai que des billets. Vous ne pourriez pas me donner la monnaie de cent *escudos* ?
Em — Je regrette beaucoup, mais je n'ai pas de monnaie. Il vaut mieux que vous appeliez de votre chambre.
C — Puis-je appeler directement l'extérieur ?
Em — Non, vous devez demander votre numéro à la standardiste, et c'est elle qui fera l'appel.

.... (dans la chambre) ....

C — Allô ? je voudrais que vous me donniez le 65.43.21.
T — Un moment, s'il vous plaît... Le numéro que vous demandez ne sonne pas ou alors il sonne occupé. J'ai déjà fait quatre fois votre numéro. Vous ne vous seriez pas trompé ?
C — C'est le numéro que j'ai noté dans mon agenda. On me l'a donné l'an dernier. Essayez les renseignements ou les réclamations. Le téléphone est peut-être en dérangement.
T — Le numéro a changé. Consultez l'annuaire.
C — Montrez-moi. C'est ça. Il faut un 7 entre le 6 et le 5.
T — Votre correspondant est en ligne. Vous pouvez parler.
I — Allô !
C — Allô ! Qui parle ? c'est le 675.43.21 ?
I — Non. Ici, c'est le 675.43.22.
C — Excusez-moi. C'est un faux numéro.

....

C — Allô ! Allô ! Je n'entends rien. Je ne sais pas ce qui se passe, on a raccroché ou on a coupé.
T — Voulez-vous que je rappelle ?
C — Je pense que je vais renoncer à l'appel. Je téléphonerai plus tard.

89

11 — Uma chamada telefónica

3. REMARQUES

1. **Aqui desta cabine** : m. à m. « *ici de cette cabine* ». **Aqui** a une valeur emphatique. **Este**, désignant ce qui est près du locuteur, comme **aqui** *(ici)*, ne peut être employé qu'avec cet adverbe de lieu.

2. **Meto** : *je mets, j'introduis*. 1re pers. sg. prés. ind. de **meter** *(mettre)*. Ne pas confondre avec **pôr** : *mettre, poser sur*.

3. **Atender** : fut. subj. 3e pers. sg. de **atender** *(répondre au téléphone)*. **Atender uma cliente** : *servir une cliente*. Ne pas confondre avec **esperar** : *attendre*.

4. **O tempo que estiver** : *le temps que vous serez*. **Estiver** : futur subj. irr. de **estar**, employé dans une sub. relative pour exprimer un futur hypothétique.

5. **Estou com** : une sensation physique ou non = *avoir*. **Estou com fome** : *j'ai faim*. **Estou com azar** : m. à m. « *j'ai de la malchance* » ou « *je n'ai pas de chance* ».

6. **O azar** : *la malchance*. Ne pas confondre avec **o acaso** : *le hasard*. **Ir ao acaso** : *aller au hasard*.

7. **Lamento** : *je regrette*. (1re pers. sg. prés. ind. de **lamentar**). **Lamentar** + inf. : *regretter de*. **Lamento não ter** : *je regrette de ne pas avoir*.

8. **Pedir** : *demander* (pour obtenir une action, un objet...) ; **pedir a chave** : *demander la clef*. Ne pas confondre avec **perguntar** : *demander, poser une question* (pour avoir une réponse).

9. **Está** : m. à m. « *vous êtes là* ». Question posée par celui qui fait l'appel (au lieu de dire *allô*) Le correspondant répond : **estou** : *je suis là*. Au Brésil, on emploie **allô**.

10. **Ligasse** : imp. subj. de **ligar** (mettre en communication) ; concordance des temps : cf. note 8, 5-3.

11. **Deram-mo** : *on me l'a donné* (traduction de *on*, 4, 9-3). **mo** : contraction de **me** (pron. pers., ind. 1re pers. sg.) + **o** (pron. pers. compl. dir.). Contractés, les pronoms se placent suivant la règle générale (note 16, 1-3).

12. **Experimente perguntar** : *essayez de demander*.

13. **Estar avariado** : *être en panne*. **Estar** + part. passé : (cf. note 5, 9-3).

14. **Donde fala ?** : m. à m. « *d'où parlez-vous ?* ».

15. **Ouço** : *j'entends*. 1re pers. sg. prés. ind. irr. de **ouvir** *(entendre)*.

16. **Volte** : *que je revienne*. 1re pers. sg. du prés. subj. de **voltar** *(revenir)*. Concordance, note 8, 5-3.

17. **Que volte a ligar** : *que je rappelle*. **Voltar** + **a** + inf. = répétition. **Volto a ouvir** : *je réentends*.

11. Un appel téléphonique
4. ENVIRONNEMENT

Os telefones públicos encontram-se em lugares públicos, como cafés, restaurantes, administrações, etc. ou na rua, em cabines. Funcionam com moedas ou com cartões.
COMO UTILIZAR BEM O SEU TELEFONE (*in* lista telefónica, Região de Lisboa, assinantes). Funcionam com moedas ou com cartões.
1. Certifique-se do número do telefone do assinante pretendido, consultando a lista.
2. Levante o auscultador e aguarde o sinal de marcar (som contínuo agudo).
3. Ao marcar, não demore mais do que 10 segundos após ouvir o sinal de marcar, nem mais de 5 segundos entre dois dígitos consecutivos. No fim da marcação deverá ouvir o sinal de tocar (1 segundo de som ; 5 segundos de silêncio).
4. Se, durante ou após a marcação, ouvir sinal de impedido (1/2 seg. de som, 1/2 seg. silêncio), reponha o auscultador e aguarde uns minutos antes de repetir a marcação.
5. Se ao atender uma chamada, não obtiver resposta imediata, não desligue. Aguarde cerca de 10 segundos. Pode tratar-se de uma chamada originada duma cabine telefónica.
COMUNICAÇÃO AUTOMÁTICA INTERNACIONAL : marcar pausadamente : 1. o indicativo internacional (00 para a Europa ; 097, intercontinental) ; 2. indicativo do país (França 33) ; 3. o número do telefone do destinatário.

Les téléphones publics se trouvent dans les lieux publics, tels que les cafés, les restaurants, les services administratifs... ou dans des cabines en plein air.
COMMENT BIEN UTILISER VOTRE TÉLÉPHONE (*in* Annuaire des Téléphones, Région de Lisbonne, abonnés). Ils fonctionnent avec des pièces de monnaie ou avec des télécartes.
1. Vérifiez le numéro du téléphone de l'abonné auquel vous voulez téléphoner en consultant l'annuaire.
2. Décrochez le combiné et attendez le signal pour faire votre numéro (son aigu continu).
3. Lorsque vous faites votre numéro, n'attendez pas plus de 10 secondes après la tonalité, et pas plus de 5 secondes entre 2 chiffres consécutifs. Quand vous aurez fait votre numéro, vous entendrez le signal d'appel (1 sec. de son, 5 sec. de silence).
4. Si vous entendez le signal de ligne occupée (1/2 sec. de son 1/2 sec. de silence) pendant ou après l'appel, raccrochez le combiné et attendez quelques minutes avant de renouveler l'appel.
5. Si vous n'obtenez pas de réponse immédiate, quand vous répondez, ne raccrochez pas. Attendez 10 sec. environ. Il peut s'agir d'un appel provenant d'une cabine.
COMMUNICATION INTERNATIONALE AUTOMATIQUE : Faire lentement : 1. l'indicatif international (00 pour l'Europe, 097 intercontinental) ; 2. l'indicatif du pays (France : 33) ; 3. le numéro de téléphone du destinataire.

11 — Uma chamada telefónica
5. ENVIRONNEMENT - LE BRÉSIL

CONSELHOS PARA USO DO TELEFONE PÚBLICO NO BRASIL

Os telefones mantêm nas cidades, telefones de uso público (telefone comunitário), instalados em locais de grande público. Através dos telefones, você pode fazer ligações DDD regionais (1) (Discagem Direta a Distância), DDD nacional (2) ou DDI (Discagem Direta Internacional), automáticas ou via telefonista, a cobrar ou não, e ainda receber chamadas.

<u>Orelhão amarelo</u>. Do orelhão amarelo, você faz ligações locais e DDD regionais, usando fichas locais. Cada ficha vale 3 minutos de conversação nas ligações locais e 18 seg. nas DDD regionais. Ele ainda faz chamadas interurbanas a cobranças automáticas (disque 9 + 0 + código DDD da localidade), seguido do número do telefone desejado), ou via telefonista (disque o 107, não precisa de ficha).

<u>Orelhão azul</u>. Do orelhão azul, você só faz ligações interurbanas — chamadas com fichas DDD. Para cidades integradas a DDD, você faz a chamada automática ; para as demais, peça auxílio da telefonista, discando 107. As fichas podem ser compradas nas bancas de jornais.

CONSEILS D'UTILISATION DU TÉLÉPHONE PUBLIC AU BRÉSIL

Dans les villes, les Téléphones mettent des appareils téléphoniques à la disposition du public. Vous pouvez y faire des appels régionaux à distance (DDD.1 : marquage direct de numéros distants), nationaux (DDD.2) ou internationaux (DDI : marquage direct de numéros internationaux), ou par l'intermédiaire de l'opératrice, payables ou non et même y recevoir des appels.

Des cabines jaunes, appelées **orelhão** (**orelha** + **ão** : *grande oreille*, la forme de la cabine), vous pouvez faire des appels urbains ou interurbains régionaux automatiques (DDD.1), en utilisant des jetons urbains. Chaque jeton permet 3 minutes de conversation pour les appels urbains, et 18 s. pour les appels régionaux. Elle permet de faire aussi des appels interurbains régionaux à paiement automatique (faire le 9 + 0 + l'indicatif DDD de la localité, puis le numéro désiré) ou par l'intermédiaire de l'opératrice (appelez le 107, vous n'avez pas besoin de jeton).

Des cabines bleues, vous ne pouvez faire que des appels interurbains, avec des jetons spéciaux DDD. Pour les villes reliées au service DDD, l'appel est automatique ; pour les autres villes, demandez l'aide de l'opératrice en appelant le 107). Les jetons s'achètent dans les kiosques à journaux.

11 Un appel téléphonique
6. PHRASES TYPES

1. Est-ce que je peux téléphoner ?
2. Faites-moi la monnaie de 100 $ 00.
3. Quel est l'indicatif de Lisbonne ?
4. Le téléphone est occupé.
5. Le téléphone est en panne.
6. Allô ? Qui est à l'appareil ?
7. Je voudrais laisser un message.
8. Je n'entends rien. Voulez-vous répéter ?
9. Parlez plus fort, s'il vous plaît.
10. Donnez-moi le poste 350.
11. Votre nom est dans l'annuaire ?
12. Le directeur est-il là ? Je voudrais lui parler.
13. Téléphonez demain, monsieur le directeur ne peut pas vous répondre.
14. Je n'arrive pas à téléphoner à Porto.
15. Le téléphone sonne mais personne ne répond.
16. Dites-lui de me rappeler.
17. On a coupé la ligne.
18. Le numéro a changé.

---

1. Posso telefonar ?
2. Troque-me 100 $ 00.
3. Qual é o indicativo de Lisboa ?
4. O telefone está impedido/dá sinal de impedido.
5. O telefone está avariado.
6. Está ? Quem fala ?
7. Queria deixar um recado.
8. Não ouço nada. Não se importa de repetir ?
9. Não se importa de falar mais alto ?
10. Ligue-me para a extensão 350.
11. O seu nome vem na lista (telefónica) ?
12. O director está ? Queria falar com ele.
13. Telefone amanhã, o senhor director não o pode atender (ou não pode atendê-lo).
14. Não consigo falar para o Porto.
15. O telefone está a tocar mas ninguém atende.
16. Diga-lhe que me volte a telefonar.
17. A chamada caiu.
18. O número foi alterado.

11 — Uma chamada telefónica

7. VOCABULAIRE

- a chamada telefónica, (B) telefônica, *l'appel téléphonique*
- telefonar, *téléphoner*
- a cabine, (B) a cabina, *la cabine*
- funcionar, *fonctionner*
- o cartão, *la carte*
- marcar o número, *faire le numéro*
- o auscultador, (B) o fone, *l'écouteur*
- atender, *répondre*
- meter, *mettre, introduire*
- a ranhura, *la fente*
- custar, *coûter*
- depender, *dépendre*
- o período, *l'unité*
- falar, *parler*
- estar com azar, *ne pas avoir de chance*
- o azar, *la malchance*
- o quarto, *la chambre*
- ligar, *appeler*
- a ligação, *l'appel*
- pedir, *demander*
- não dá sinal, *il ne sonne pas*
- enganar-se, *se tromper*
- a agenda, *l'agenda*
- experimentar, *essayer*
- a lista telefónica, *l'annuaire téléphonique*
- desculpar, *excuser*
- ouvir, *entendre*
- desligar, *raccrocher*
- cortar, *couper*
- desistir, *désister, renoncer*

VOCABULAIRE COMPLÉMENTAIRE

- fazer uma ligação (uma chamada), *donner un coup de fil*
- aguardar, *attendre*
- o assinante, *l'abonné*
- certificar-se, *s'assurer*
- a marcação, *fait de faire le numéro*
- o marcador, *le cadran (téléphone)*
- Serviços de urgência, *services d'urgence*
- número nacional de socorro, *services des urgences*
- Cruz Vermelha, *la Croix-Rouge*
- Bombeiros, *les pompiers*
- Serviços de utilidade pública, *services d'utilité publique*
- avarias, dificuldade na obtenção de ligações locais e regionais, *dérangements, difficulté pour obtenir des liaisons locales et régionales*
- Serviços telefónicos especiais, *services téléphoniques spéciaux*
- o despertar, *le réveil*
- horas, *l'horloge parlante*
- informação metereológica, *la météo*
- telegramas telefonados, *télégrammes téléphonés*
- serviço noticioso, *les informations*
- serviço informativo, *les renseignements*
- tentar, *essayer de*

11 — Un appel téléphonique

8. EXERCICES

A. Traduire

1. Je regrette de ne pouvoir m'occuper de vous tout de suite.
2. Je vous ai demandé l'annuaire téléphonique il y a déjà longtemps.
3. Essayez de mettre lentement votre pièce dans la fente.
4. Demandez-lui où se trouve la cabine téléphonique la plus proche.
5. Pouvez-vous mettre le téléphone sur le comptoir, s'il vous plaît ?
6. Ce renseignement, tu me l'as déjà demandé deux fois.

B. Remplacer les mots soulignés par un pronom

1. Dá-me <u>a lista telefónica</u>.
2. Não lhe deste <u>o troco</u>.
3. Já te dei <u>estas informações</u>.
4. Traz-me <u>aqueles livros</u>.

C. Compléter avec les verbes indiqués entre parenthèses

1. Se amanhã (estar) bom tempo, vamos passear.
2. Quando tu (conseguir) a ligação, avisa-me.
3. Esperarei o tempo que (ser) preciso.

CORRIGÉ

A.
1. Lamento não poder atendê-lo imediatamente.
2. Já há muito tempo que lhe pedi a lista.
3. Experimente meter lentamente a moeda na ranhura.
4. Pergunte-lhe onde se encontra a cabine telefónica mais próxima.
5. Não se importa de pôr o telefone em cima do balcão ?
6. Já me pediste essa informação duas vezes.

B.
1. Dá-ma.
2. Não lho deste.
3. Já tas dei.
4. Traz-mos.

C.
1. Se amanhã estiver bom tempo, vamos passear.
2. Quando tu conseguires a ligação, avisa-me.
3. Esperarei o tempo que for preciso.

12. Manuel e Laura têm visitas

1. DIÁLOGO

M : Manuel   L : Laura   N : Nuno   H : Helena

M — Espero que não tenha acontecido nada aos nossos convidados. Já cá deviam[1] estar há mais de meia hora[2]. Não lhes[3] tinhas dito[4] para virem[5] por volta das sete e meia[6] ?

L — Se calhar[7] perderam-se. Provavelmente esqueceste-te de lhes ensinar o caminho.

M — Mas eles conhecem-no[8]. Já cá vieram[9] jantar uma vez.

L — Estás a fazer[10] confusão. Quando eles cá vieram à casa ainda não morávamos aqui. Vivíamos no andar[11] que alugámos logo a seguir ao nosso casamento.

M — Tens razão. Já não me lembrava. De qualquer maneira, não é muito longe daqui.

L — Mas o bairro está[12] diferente. Já não é o mesmo de há dois ou três anos.

M — Se perguntarem... Qualquer pessoa lhes dirá onde moramos.

L — Estão a tocar à campainha[13]. Não estás a ouvir[10] ? Devem ser eles. Vou abrir a porta.

....

L — Ora[14], muito boa tarde. Façam favor de entrar. Espero que não tenham tido dificuldade em dar com a casa. Já começávamos a ficar[15] ralados.

N — Enganámo-nos[16]. Fomos direito ao antigo apartamento e foi lá que nos disseram que vocês tinham mudado de casa.

L — A culpa foi minha[17].

M — Mas os vossos filhos não vieram convosco ? Estávamos a contar com[18] eles.

H — Sabes como são os jovens ! À última hora decidiram não vir e já não nos foi possível avisar-vos.

L — Devem estar cheios de sede. Vamos beber um copo. Entrem para a sala. Sirvam-se. Não façam cerimónia.

H — Há quanto tempo é que vocês moram aqui ?

L — Mudámo-nos[16] há dois meses. Não querem ver a casa ?

H — Queremos. Gostava tanto de morar numa vivenda assim, com um jardim em volta. Quantas divisões têm ?

L — Aqui no rés-do-chão, temos a sala de estar, um pequeno escritório, a sala de jantar, a cozinha e a despensa ; no primeiro andar há quatro quartos e três casas de banho.

M — No jardim, mandámos construir a garagem e a arrecadação.

12 — Manuel et Laura reçoivent
2. DIALOGUE

M : Manuel   L : Laura   N : Nuno   H : Helena

M — J'espère qu'il n'est rien arrivé à nos invités. Ils devraient déjà être ici depuis plus d'une demi-heure. Ne leur avais-tu pas dit de venir vers sept heures et demie ?

L — Peut-être se sont-ils perdus ? Tu as probablement oublié de leur indiquer le chemin.

M — Mais nos amis le connaissent. Ils sont déjà venus dîner une fois.

L — Tu te trompes. Quand ils sont venus chez nous, nous n'habitions pas encore ici. Nous vivions dans l'appartement que nous avions loué juste après notre mariage.

M — Tu as raison. Je ne m'en rappelais plus. Quoi qu'il en soit, ce n'est pas très loin d'ici.

L — Mais le quartier a changé. Il n'est plus ce qu'il était il y a deux ou trois ans.

M — S'ils le demandent... N'importe qui leur dira où nous habitons.

L — On sonne. Tu n'entends pas ? C'est probablement eux. Je vais leur ouvrir.

. . . .

L — Bonsoir. Entrez donc ! J'espère que vous n'avez pas eu de difficultés à trouver notre maison. Nous commencions à nous inquiéter.

N — Nous nous sommes trompés. Nous sommes allés directement à l'ancien appartement et c'est là que l'on nous a dit que vous aviez déménagé.

L — C'est de ma faute.

M — Mais vos enfants ne sont pas venus avec vous ? Nous comptions sur eux.

H — Tu sais comment sont les jeunes. À la dernière minute, ils ont décidé de ne pas venir et il était trop tard pour vous avertir.

L — Vous devez avoir soif. Allons boire un verre. Entrez dans le salon. Servez-vous. Faites comme chez vous.

H — Cela fait combien de temps que vous habitez ici ?

L — Nous avons déménagé il y a deux mois. Vous ne voulez pas visiter la maison ?

H — Si. J'aimerais tellement vivre dans une villa comme celle-ci, entourée d'un jardin. Combien de pièces avez-vous ?

L — Ici, au rez-de-chaussée, le salon, un petit bureau, la salle à manger, la cuisine et l'office ; au premier étage il y quatre chambres et trois salles de bains.

M — Dans le jardin, nous avons fait construire le garage et le débarras.

12 — Manuel et Laura têm visitas

3. REMARQUES

1. **Deviam** : *ils devraient* : imparf. ind. = conditionnel.
2. **Mais de meia hora** : *plus d'une demi-heure*. Notez l'omission de l'art. ind. **um** *(un)* devant **meia** *(demi)*.
3. **Lhes** *(leur, vous)* : pron. pers. 3ᵉ pers. ind., pluriel de **lhe** + **os** *(les lui)* ; **lho** = **lhes** + **o** *(le leur)* ; **lhos** = **lhes** + **os** = *(les leurs)*.
4. **Tinhas dito** *(tu avais dit)* ; pl.-que-parf. ind. de **dizer** *(dire)*. **Dito** *(dit)*, part. pas. irr. de **dizer**.
5. **para virem : para que viessem**. **Para** + inf. ou inf. pers. (**virem**, inf. pers. de **vir**) tend à remplacer l'autre forme, plus lourde.
6. **Por volta das sete horas e meia** : *vers sept heures et demie*. Notez accord **meia**, avec **hora** *(heure)*, sous-entendue.
7. **Se calhar** + ind. *(peut-être* + ind.) : **talvez** + subj. mais la 1ʳᵉ forme est plus familière. Cette expression n'existe pas au Brésil.
8. **Conhecem-no** : *ils le connaissent*. Notez l'enclise du pron. pers. **o**. Après un **m** ou une nasale, le pr. pers. **o(s)**, **a(s)** prend la forme **no(s)**, **na(s)**. **Põe-nas** : *il les pose*.
9. **Vieram** : *ils vinrent, ils sont venus* : prét. ind. irr. de **vir** *(venir)*.
10. **Estás a fazer** (P) ; **estás fazendo** (B) : *tu fais, tu es en train de faire* (forme progressive).
11. **O andar** : ici *l'appartement* (qui occupe un étage) car **andar** = *étage*. Aussi **andar** : *marcher*. (B) **o apartamento** : *l'appartement*.
12. **O bairro está diferente** : *le quartier est (maintenant) différent*. Être + adj. (cf. note 24, 1-3 et note 18, 2-3).
13. **Estão a tocar à campainha** (P) ; **estão tocando à campainha** (B) : *ils sonnent, ils sont en train de sonner* (cf. note 10).
14. **Ora** : ici valeur d'interjection, non traduite. Mais **ora** : *or*. **Ora … ora** : *soit … soit*.
15. **Ficar ralados** : *être préoccupés*. **Ficar** : *rester*. Ici valeur de semi-auxiliaire, utilisé à la place de **estar**, indique le résultat d'une action ou le début d'un état. (B) **estar preocupado**.
16. **Enganámo-nos !** *nous nous sommes trompés* : pour **enganamos-nos** (B) (voir note 23, 1-3), pas d'accent écrit au prétérit.
17. **A culpa foi minha** : *c'était ma faute*. Notez 1) emploi du prétérit pour une action révolue ; 2) omission de l'art. déf. **a**, devant poss. en position d'attribut.
18. **Contar com** : *compter sur*.

12. Manuel et Laura reçoivent
4. ENVIRONNEMENT

IMOBILIÁRIO : LISBOA E ARREDORES

MORADIAS VENDEM-SE : *Restelo* : Sala, duas salas com lareira, escritório, duas suites, seis quartos, cinco casas de banho. Ampla varanda circundante. Garagem. Court de ténis. Piscina.
APARTAMENTOS VENDEM-SE.

Rua das Amoreiras : Andar de qualidade com sala (50 m²) ; casa de jantar (25 m²) ; quatro quartos : três casa de banho ; cozinha ; copa ; lavandaria ; quarto de engomados e quarto de empregada com casa de banho. Garagem e arrecadação.

Lapa (Miguel Lupi) : Andar em edifício antigo, a necessitar de obras, com 8 divisões, cozinha e duas casas de banho. Possibilidade de aproveitamento das águas-furtadas.

Estrela (junto ao jardim) : 7 assoalhadas em prédio com 15 anos (200 m² área), composto de sala, 6 quartos, hall com chão de mármore, cozinha, copa, três casas de banho com janela, despensa, varanda e arrecadação. Chão a tacos e paredes pintadas a branco. Preço : 55 000 contos.
PROCURA : HERDADES de cortiça ; QUINTAS à volta de Lisboa.

IMMOBILIER : LISBONNE ET ENVIRONS

VENTE DE VILLAS (m. à m. « on vend des villas ») *Restelo*[1] : séjour, deux salons avec cheminée, bureau, deux suites, six chambres, cinq salles de bains. Véranda autour de la maison. Garage. Court de tennis. Piscine.
VENTE D'APPARTEMENTS (m. à m. « on vend des appartements »).

Rue des Amoreiras : Appartement de qualité avec salon (50 m²) ; salle à manger (25 m²) ; quatre chambres ; trois salles de bains ; cuisine ; office ; buanderie ; salle de repassage et chambre de bonne avec salle de bains. Garage et rangement.

Lapa (Miguel Lupi) : Appartement dans immeuble ancien, travaux à prévoir, 8 pièces, cuisine et deux salles de bains. Possibilité d'aménagement des mansardes.

Estrela (près du jardin) : 7 pièces dans un immeuble de 15 ans (200 m² de surface), composé d'1 séjour, 6 chambres, hall avec sol en marbre, cuisine, office, 3 salles de bains avec fenêtre, débarras, balcon et rangement. Parquet et murs peints en blanc. Prix 55 000 contos (= 55 000 000 escudos).
RECHERCHE : PROPRIÉTÉS de production de liège. MAISONS DE CAMPAGNE, autour de Lisbonne.

---

1. *Restelo, Lapa, Estrela* : quartiers de Lisbonne.

12 — Manuel e Laura têm visitas

5. ENVIRONNEMENT - LE BRÉSIL

COMPRA E VENDA DE IMÓVEIS. VENDEMOS E ALUGAMOS : apartamentos, coberturas, casas, sítios, e fazendas.

RIO : PRÉDIO : fachada em granito, vidros fumé, hall social decorado, interfone e porteiro electrônico, portaria em blindex fumé, salão de festas, aquecimento central. Fica em frente a uma escola que também fica pertinho do supermercado.

APARTAMENTOS : piso em tábua corrida. Salão, varandão ajardinado, 3 quartos (2 suites) — copas, cozinha, dependências completas, 3 vagas na garagem.

COBERTURA : Salão em tábua corrida, 2 terraços (200 m²) com vista para o mar e para a lagoa, 4 quartos (2 suites), piscina, previsão para jardim de inverno. Copa-cozinha, dependências completas, 3 vagas na garagem.

Sítio (região serrana). Excelente casa, salão, 4 quartos-suites, 2 banheiros sociais, 1 salão de jogos, copa-cozinha, piscinas, sauna, churrasqueira.

FAZENDA DE CAFÉ vende-se. Sul de Minas, 58 alqueires [1], 95 mil pés, sede, 2 casas de colono, força, estábulo leite e silos.

ACHAT ET VENTE DE BIENS IMMOBILIERS. ON VEND ET LOUE : appartements, logements de luxe de dernier étage, villas, maisons de campagne et propriétés.

RIO : IMMEUBLE : façade en pierre de taille, vitres fumées, hall d'entrée, décoré, interphone et ouverture électronique des portes, porte en verre armé fumé, salle de fêtes, chauffage central. Face à une école située tout près d'un supermarché.

APPARTEMENTS : parquet à l'ancienne, séjour, grand balcon avec jardin, 3 chambres (2 suites) — cuisine-office, dépendances, 3 places de parking.

LOGEMENT-DERNIER ÉTAGE : salon avec parquet, lavabo, 2 terrasses (200 m²) avec vue sur la mer et sur le lac, 4 chambres (2 suites), piscine, jardin d'hiver possible. Cuisine-office, toutes dépendances, 3 places de parking.

MAISON DE CAMPAGNE (montagne). Excellente maison, séjour, 4 chambres-suites, 2 cabinets de toilette, 1 salle de jeux, une cuisine-office, 2 piscines, sauna, barbecue.

On vend : PROPRIÉTÉ DE CAFÉ. Sud du Minas, 58 acres, 95 000 pieds de café, maison principale, 2 maisons pour employés, électricité, étables et silos.

---

1. *Alqueire* (Brésil), mesure de surface qui varie suivant les régions (Minas = 48 000 mètres carrés).

12 — Manuel et Laura reçoivent

6. PHRASES TYPES

1. Combien coûte le loyer de cette maison ?
2. Le propriétaire me l'a louée pour 25 000 $ 00.
3. Il augmente le loyer tous les ans.
4. Nous ne louons pas la maison, nous en sommes propriétaires.
5. Y a-t-il des charges communes ?
6. Je voudrais un appartement de 3 pièces, cuisine et salle de bains.
7. Ce balcon donne sur la mer.
8. Je voudrais résilier mon contrat de location.
9. Cet appartement est équipé du chauffage central.
10. Cette maison est très accueillante, elle est entourée d'un beau jardin.
11. Cette maison n'a ni cave ni grenier, mais elle a un garage et un débarras dans le jardin.
12. Dans le salon il y a plusieurs prises pour les lampes et une prise pour le téléphone.
13. On vend des appartements prêts à habiter.
14. Si vous voulez de plus amples renseignements, téléphonez au numéro ... et, en cas d'absence, laissez votre message sur le répondeur.

---

1. Quanto custa (é) a renda desta casa ?
2. O senhorio alugou-ma por 25 mil escudos.
3. (Ele) aumenta a renda todos os anos.
4. A casa não é alugada, somos proprietários.
5. Há encargos comuns ? (condomínio).
6. Queria um apartamento com três divisões, cozinha et casa (quarto) de banho.
7. Esta varanda dá para o mar.
8. Queria rescindir (anular) o meu contrato de arrendamento.
9. Este apartamento tem aquecimento central.
10. Esta casa é muito acolhedora, tem um belo jardim em volta.
11. Esta casa não tem cave (B - a cava, a adega) nem sótão, mais tem uma garagem e uma arrecadação no jardim.
12. Na sala há várias tomadas para os candeeiros e uma tomada para o telefone.
13. Vendem-se apartamentos (andares) prontos a habitar.
14. Se quiser ter mais informações, telefone para o número ... e, se não estiver ninguém, deixe uma mensagem no gravador de chamadas (B - secretária eletrônica).

12 — Manuel e Laura têm visitas

7. VOCABULAIRE

- acontecer, *arriver* (événement)
- o convidado, *l'invité*
- vir, *venir*
- por volta de, *vers*
- se calhar, (B) talvez, *peut-être*
- esquecer-se, *oublier*
- ensinar, *indiquer, enseigner, apprendre*
- o caminho, *le chemin*
- as obras, *les travaux*
- conhecer, *connaître*
- jantar, *dîner*
- uma vez, *une fois*
- lembrar-se, *se rappeler*
- fazer confusão, *faire erreur*
- morar, *habiter*
- o andar, *l'appartement*
- alugar, *louer*
- logo, *immédiatement*
- a seguir, *après*
- o casamento, *le mariage*
- a cabeça, *la tête*
- ter razão, *avoir raison*
- de qualquer maneira, *de toute façon*
- longe, *loin*
- o bairro, *le quartier*
- a pessoa, *la personne*
- qualquer pessoa, *n'importe qui*
- tocar à campainha, *sonner*
- ouvir, *entendre*
- abrir, *ouvrir*
- a porta, *la porte*
- dar com, *trouver*
- enganar-se, *se tromper*
- ir direito a, *aller droit à*
- antigo, *ancien*
- a culpa, *la faute*
- contar com, *compter sur*
- o jovem, *le jeune*
- o/a último/a, *le/la dernier, dernière*
- avisar, *avertir*
- o copo, *le verre*
- fazer cerimónia, *faire des manières*
- mudar-se, *déménager*
- a vivenda, *la villa*
- a divisão, (B) quarto, *la pièce*
- o rés-de-chão, *le rez-de-chaussé*
- o primeiro andar, *le premier étage*
- a sala de estar, *le salon*
- o escritório, *le bureau*
- a sala de jantar, *la salle à manger*
- a cozinha, *la cuisine*
- a casa de banho, (B) o banheiro, *la salle de bains*
- a arrecadação, *le débarras*

VOCABULAIRE COMPLÉMENTAIRE

- acender, *allumer*
- a alcatifa, *la moquette*
- o aluguer, *le loyer*
- apagar a luz, *éteindre la lumière*
- o aquecimento, *le chauffage*
- arrendar, *louer*
- arrumar, *ranger*
- o caixote do lixo, *la poubelle*
- a chaminé, *la cheminée*
- o chão, *le plancher*
- comprar, *acheter*
- o corredor, *le couloir*
- a cortina, *le rideau*
- o edifício, *l'immeuble*
- a escada, *l'escalier*
- fechar, *fermer*
- o inquilino, *le locataire*
- a lareira, *le foyer*
- a marquise, *la véranda*
- o muro, *le mur (d'enceinte)*
- a parede, *le mur*
- a passadeira, *le tapis* (long et étroit)
- a renda, *le loyer*
- o senhorio, *le propriétaire*
- o sótão, *le grenier*
- o tapete, *le tapis*
- o tecto, (B) o teto, *le plafond*
- o telhado, *le toit*
- o terraço, *la terrasse*

12   Manuel et Laura reçoivent
8. EXERCICES

A. Traduire
1. Nous avons beaucoup tardé parce que nous nous sommes trompés de chemin.
2. Voulez-vous venir avec moi ?
3. Je voudrais leur apporter des fleurs.
4. Vous pouvez compter sur nous.
5. Il espère que je ne mettrai pas trop de temps pour arriver.

B. Employer les verbes entre parenthèses aux temps et aux modes voulus
1. Talvez ele (vir) com os filhos.
2. Se calhar ele (vir) de comboio.
3. Ele dizia que talvez (trazer) vinho.
4. Eu pensei que se calhar ele (estar) fora.

C. Remplacer le complément souligné par le pronom personnel correspondant
1. Deu-lhe <u>o livro</u>.
2. Dá-lhes <u>um presente</u>.
3. Damos-lhe <u>as garrafas</u>.
4. Apresento-lhe <u>os meus pais</u>.
5. Mandei-lhes <u>a nova direcção</u>.

CORRIGÉ

A.
1. Demorámo-nos muito porque nos enganámos no caminho (B - demoramo-nos, enganamos).
2. Quer(em) vir comigo ?
3. Queria levar-lhes flores.
4. Pode(m) contar connosco (B - conosco).
5. Ele espera que eu não me demore muito.

B.
1. Talvez ele venha com os filhos.
2. Se calhar ele vem de comboio.
3. Ele dizia que talvez trouxesse vinho.
4. Eu pensei que se calhar ele estava fora.

C.
1. Deu-lho
2. Dá-lho
3. Damos-lhas
4. Apresento-lhos
5. Mandei-lha

13 — Moda feminina

1. DIÁLOGO

L : Laura   H : Helena

L — Trazes[1] um lindo casaco comprido. É novo[2] ? Não to[3] conhecia.
H — Não admira. Comprei-o hoje. A lã é de óptima qualidade e é forrado a pele. É quentinho[4] e confortável. Com o Inverno à porta[5]...
L — Fica-te muito bem[6] e a cor[7] diz[8] bem com tudo. Mas não achas que está um pouco comprido ? Se o pusesses um nadinha mais curto, ficava[9] melhor. Os casacos agora não se usam tão compridos.
H — Sabes muito bem que eu nunca liguei[10] a modas. Gosto de me sentir à vontade ; sempre gostei de casacos amplos que caem até aos tornozelos.
L — É verdade que de largura está bem[11] e as mangas também estão boas, mas devias mandar subir a bainha[12]. Se usasses sapatos de salto alto... mas tu andas sempre de sapatos de salto raso.
H — Tu nunca compras nada no pronto-a-vestir, pois não ?
L — Prefiro mandar fazer. Escolho os tecidos e os modelos. A roupa fica ao meu gosto e à minha medida.
H — Sai muito dispendioso ir a uma costureira.
L — Nem por isso. A minha modista não leva muito caro e tem sempre muitos figurinos. Manda-os vir de França e da Itália. Sabes que sou muito sensível à moda.
H — Esse[13] vestido que trazes hoje também o mandaste fazer ?
L — Mandei[14]. Foi[15] a modista que me vendeu o veludo.
H — A tua costureira também fornece os tecidos ?
L — Ela manda vir do estrangeiro. Tem sempre uns padrões[16] muito bonitos e originais.
H — Há dias comprei um corte de seda natural para uma blusa e andava justamente à procura de alguém que ma[3] fizesse.
L — Amanhã, se estiveres disponível, podes vir comigo. Vou lá provar um fato saia-casaco. Sei que ela está sobrecarregada de trabalho, mas se for[17] eu a apresentar-te, ela faz-te[18] a blusa.
H — Afinal, tu não compras nada feito !
L — Estás a exagerar. Compro a roupa[19] interior e também as malhas.
H — Ainda há tempos te vi a tricotar uma camisola.
L — Uma camisola ? Estava a fazer uns sapatinhos de lã.

13. La mode au féminin
2. DIALOGUE

       L : Laura   H : Helena

L — Tu as un joli manteau. Il est neuf ? Je ne te le connaissais pas.

H — Ce n'est pas étonnant. Je l'ai acheté aujourd'hui. La laine est d'excellente qualité et il est doublé de fourrure. Il est bien chaud et confortable. Avec l'hiver qui arrive...

L — Il te va très bien et il va avec tout. Mais ne le trouves-tu pas un peu long ? Si tu le racourcissais un tout petit peu, il t'irait mieux. Maintenant, on ne porte pas les manteaux aussi long.

H — Tu sais bien que je n'ai jamais suivi la mode. J'aime me sentir à l'aise ; j'ai toujours aimé les manteaux amples et qui tombent jusqu'aux chevilles.

L — C'est vrai que la largeur est bonne et les manches aussi sont bien, mais tu devrais faire remonter l'ourlet. Si tu portais des chaussures à talons hauts... Mais tu as toujours des chaussures à talons plats...

H — Tu n'achètes jamais rien en confection, toi, n'est-ce pas ?

L — Je préfère faire faire mes vêtements. Je choisis le tissu et le modèle. Ils sont ainsi à mon goût et à ma taille.

H — Cela revient très cher, chez une couturière.

L — Oh, pas vraiment. Ma couturière ne prend pas très cher et elle a toujours de nombreuses revues de mode. Elle les fait venir de France et d'Italie. Tu sais que j'aime beaucoup être à la mode.

H — La robe que tu portes aujourd'hui, tu l'as aussi fait faire ?

L — Oui. C'est la couturière qui m'a vendu le velours.

H — Ta couturière fournit aussi les tissus ?

L — Elle les fait venir de l'étranger. Elle a toujours des imprimés très jolis et originaux.

H — Il y a quelques jours, j'ai acheté une coupe de soie naturelle pour faire un chemisier... Je cherchais justement quelqu'un qui pourrait me le faire.

L — Demain, si tu es libre, tu pourras venir avec moi. Je vais y essayer un tailleur. Je sais qu'elle est surchargée de travail, mais si c'est moi qui te présente, elle fera ton chemisier.

H — En fin de compte, tu n'achètes jamais rien en confection.

L — Tu exagères. J'achète mes sous-vêtements et les tricots.

H — Il n'y a pas si longtemps, je t'ai vu tricoter un pull.

L — Un pull ? Je faisais des chaussons en laine.

13 Moda feminina
3. REMARQUES

1. **Trazer** : *porter (un vêtement)*, la personne est proche de celle qui parle, ou vient vers elle ; s'oppose à **levar**, *porter (un vêtement)* pour qui est loin de celui qui parle ou lorsqu'il s'agit d'une action future.

2. **Novo** : *neuf, nouveau* ou *jeune*.

3. **To** : te + o, contraction des pron. pers. Cf. note 3, 12-3.

4. **Quentinho** : *bien chaud* ; **quente** : *chaud* + dim. **inho**. Le diminutif a ici une valeur affective.

5. M. à m. : « *l'hiver est à la porte* ».

6. **Cai-te bem** : m. à m. « *cela te tombe bien* ».

7. **A cor** : *la couleur*. Les mots terminés par ~**or**, sont masculins en port. (**o calor** : *la chaleur*) sauf trois (note 18, 8-3).

8. **Diz bem com tudo** : m. à m. « *dit bien avec tout* » : *s'accorde, va avec tout*.

9. **Ficava melhor** : *irait mieux, serait mieux*. Remarquez : **ficar** *(rester)* est ici semi-auxil. : *être, aller* (résultat d'une action) ; et imp. ind. à valeur de conditionnel.

10. **Liguei** : 1re pers. sg. prét. de **ligar** : *lier, faire attention*. Notez : modification orthographique **ga : gu** + **e, i**.

11. **Está bem** : m. à m. « *c'est bon* ».

12. **Subir a bainha** : m. à m. « *monter, remonter l'ourlet* » : *raccourcir le vêtement*, traduit ici *faire refaire*, car contexte clair. Opposé : **descer a bainha** : *rallonger le vêtement*.

13. **Esse vestido** : *cette robe* (que tu portes) : *ta robe*. On ne peut employer ici que le dém. **esse** désignant toujours ce qui se rapporte à un interlocuteur (2e pers.) (cf. note 2, 3-3).

14. **Mandei** : *oui*. En port. reprise du verbe ayant servi à poser la question (pers. voulue), pour acquiescer (réponse écho).

15. Voir note 13, 5-3.

16. **Os padrões** : pl. de **o padrão** : m. à m. « *les modèles* ». Ici : *les dessins, l'imprimé*. (Pluriel ~**ão** : note 4, 8-3).

17. **Se for ... ela faz-te** : concordance des temps dans l'expression de la condition : **se** + subj. futur, (principale) prés., futur ind. ou impératif ; **se** + subj. imparf., (principale) imparf. ind. ou cond.

18. **Faz-te a blusa : faz a tua blusa** : *elle fait ta blouse*. Notez : le remplacement du possessif par pron. pers. indirect **te.**

19. **Compro a roupa interior** : *j'achète ma lingerie*. Notez en port : absence de poss. quand la relation de possession est évidente.

13 — La mode au féminin
4. ENVIRONNEMENT

PORTO : O « SHOW » DAS ESCOLAS. Imagine-se debaixo de uma furiosa tempestade, com trovões, relâmpagos e muita chuva. Acrescente um público de centenas de pessoas, no Clube de Caçadores do Porto, à volta do relvado do campo de tiro, e muita música e animação. Transforme tudo num desfile de moda.

Foi mesmo assim e graças ao empenho de mais de duas dezenas de manequins profissionais — da Academia de Moda, Artes e Técnicas — que possibilitaram, durante 2 horas um « show » ao ar livre em que ninguém parou. A moda apresentada pelos 27 finalistas de Estilismo e Modelismo (das duas escolas da Academia, no Porto e em Guimarães) resistiu às intempéries, redecorada pela água da chuva, colando-se ao corpo dos manequins, muitos descalços, despenteados e de maquilhagem irreconhecível. « Desenvolver a formação de quadros técnicos no sector industrial da confecção. » Pode dizer-se que, nesta perspectiva, foi um desfile bem conseguido com uma constante preocupação comercial na maioria dos quadros. Numerosas fábricas portuguesas de confecção produzem para armazéns e grandes marcas de países europeus.

(in *Revista Expresso*, 23.07.88. Artigo de Joana Sá Morais.)

PORTO : LE « SHOW » DES ÉCOLES. Imaginez que vous êtes sous une furieuse tempête, avec des coups de tonnerre, des éclairs et beaucoup de pluie. Ajoutez un public d'une centaine de personnes, au Club des Chasseurs de Porto, autour du champ de tir, et beaucoup de musique et d'animation. Transformez le tout en un défilé de mode.

Il en a bel et bien été ainsi grâce au zèle de 2 bonnes dizaines de mannequins professionnels — de l'Académie de Mode, Arts et Techniques — qui ont rendu possible, pendant 2 heures, un « show » à l'air libre où personne n'a chômé. La mode présentée par les 27 finalistes de stylisme et de modélisme (des 2 écoles de l'Académie, de Porto et de Guimarães) a résisté aux intempéries, redécorée par l'eau de pluie, collant au corps des mannequins, dont plusieurs étaient pieds nus, décoiffés et avaient un maquillage méconnaissable. « Développer la formation de cadres techniques dans le secteur industriel de la confection. » On peut dire que, dans cette perspective, ce fut un défilé de mode très réussi. Le souci commercial s'avérant constant pour la plupart des tableaux. De nombreuses fabriques de vêtements de confection fournissent les grands magasins et les grandes marques des pays d'Europe.

13 — Moda feminina
5. ENVIRONNEMENT - LE BRÉSIL

CALÇA LITERÁRIA

É assíduo leitor de blusas, camisas, saias, calças estampadas. Não lhe escapa um exemplar novo. Parece desligado, e observa tudo. Segundo ele, as peças de indumentária, masculina e feminina, ostentando símbolos e nomes de universidades americanas, manchetes, páginas de jornal, retratos de Pelé e Jimi Hendrix, apelos ao amor que não à guerra, etc., há muito deixaram de ser originais. Constituem invólucros rotineiros de pessoas de qualquer idade. A gente estranha é uma camisa inteiramente nua de dizeres ou figuras, a roupa que não diz nada, só roupa. Hoje, lê-se mais nos tecidos do que nos livros, e não é ler apenas, é ver cinema e televisão, pois os corpos, ao se moverem, dinamizam as figuras estampadas. O que, de um modo ou de outro contribui para a cultura de massas. Informa :

— Estou pensando em aproveitar esse material para fins especificamente didáticos. Através dele, ensinar Geografia, História, Matemática, Medicina de Urgência, etc. O indivíduo cobre-se e vai distribuindo ciência. Ontem li uma calça comprida, que à primeira vista não tinha nada de especial. Estava escrita como tantas outras. Pois essa tinha poemas em português de Camões ao Vinícius.

Carlos Drummond de Andrade

PANTALON LITTÉRAIRE

C'est un lecteur assidu de chemisiers, chemises, jupes, pantalons imprimés. Aucun nouveau modèle ne lui échappe. Il n'a pas l'air intéressé, mais il observe tout. Pour lui, les vêtements masculins et féminins qui arborent des symboles et des noms d'universités américaines, des titres, des pages de journal, des portraits de Pelé et de Jimmy Hendrix, des appels à l'amour pas à la guerre, etc., ont depuis longtemps cessé d'être originaux. Ce sont les enveloppes routinières de personnes de tout âge. Ce qui étonne, c'est une chemise entièrement vide d'inscriptions ou de dessins, les vêtements qui ne disent rien, de simples vêtements. Aujourd'hui, on en lit davantage sur les tissus que dans les livres, et ce n'est pas seulement lire, c'est aussi voir un film et regarder la télévision, car les corps, en remuant, dynamisent les dessins imprimés. Ce qui, d'une façon ou d'une autre, contribue à la culture des masses. Cela informe.

— Je pense profiter de ce matériel à des fins spécifiquement didactiques. Et, par ce moyen, enseigner la géographie, l'histoire, les mathématiques, la médecine d'urgence... L'individu se couvre tout en distribuant la science. Hier, j'ai lu un pantalon de femme qui n'avait rien de spécial à première vue. Il était orné d'écritures comme bien d'autres. Mais celui-ci avait des poèmes en portugais, de Camõens à Vinicius.

13 La mode au féminin
6. PHRASES TYPES

1. Je voudrais me faire faire une robe.
2. Pouvez-vous prendre mes mesures maintenant ?
3. Quel tissu préférez-vous ?
4. Je préfère un tissu léger, en coton. C'est pour l'été.
5. Vous n'avez que ces échantillons ? Je n'aime pas ces couleurs.
6. Quand pourrai-je venir essayer ma robe ?
7. La jupe est trop serrée à la taille. Il faut l'élargir.
8. Les manches sont courtes.
9. Une ceinture bleue irait très bien avec cette robe.
10. Je voudrais un chemisier en lin.
11. Quelle est votre taille ? 46 ou 48 ?
12. Vous ne vendez pas de chapeau ?
13. Non, vous devez aller chez un chapelier.
14. Ces chaussures ne me vont pas.
15. Quelle est votre pointure ?
16. Je chausse du 39.
17. Essayez ces chaussures. Elles doivent vous aller.
18. Montrez-moi des gants en daim.
19. Combien coûtent-ils ?
20. C'est bien cher.

---

1. Queria mandar fazer um vestido.
2. Pode tirar já as medidas.
3. Que tecido prefere ?
4. Prefiro um tecido leve de algodão. É para usar no Verão.
5. Só tem estas amostras ? Não gosto destas cores.
6. Quando posso vir provar o vestido ?
7. A saia está apertada na cintura. Tem de ser alargada.
8. As mangas estão curtas.
9. Um cinto azul ficaria bem com este vestido.
10. Queria uma blusa de linho.
11. Que número veste ? 46 ou 48 ?
12. Não vende chapéus ?
13. Não, não vendo. Tem de ir a uma chapelaria.
14. Estes sapatos, não me servem.
15. Que número calça ?
16. Calço trinta et nove.
17. Experimente estes sapatos. Devem servir-lhe.
18. Mostre-me luvas de camurça.
19. Quanto custam ?
20. São muito caras !

13 Moda feminina

7. VOCABULAIRE

- o casaco comprido, *le manteau*
- admirar, *étonner*
- comprar, *acheter*
- a lã, *la laine*
- forrar, *doubler (un vêtement)*
- a pele, *la peau, la fourrure*
- quente, *chaud*
- o Inverno, *l'hiver*
- a cor, *la couleur*
- comprido, *long*
- pôr, *mettre (poser)*
- usar, *utiliser, porter*
- ligar, *lier, faire attention*
- o tornozelo, *la cheville*
- a largura, *la largeur*
- a manga, *la manche*
- subir, *monter*
- a bainha, *l'ourlet*
- subir a bainha, *raccourcir (un vêtement)*
- o salto alto, *le talon haut*
- o salto raso, *le talon plat*
- o pronto-a-vestir, *le prêt-à-porter, la confection*
- o tecido, *le tissu*
- o modelo, *le modèle*
- a roupa, *l'habillement*
- a medida, *la mesure*
- a costureira, *la couturière*
- a modista, *la couturière*
- o figurino, *le catalogue de modèles*
- o vestido, *la robe*
- o veludo, *le velours*
- fornecer, *fournir*
- o padrão, *l'imprimé*
- o corte, *le coupon, la coupe*
- a seda, *la soie*
- a blusa, *le chemisier*
- provar, *essayer*
- o fato saia-casaco, (B) costume casaco e saia, *le tailleur (vêtement)*
- a roupa interior, (B) roupa de baixo, a lingerie, *le linge de corps, la lingerie*
- a camisola, *le pull, chemise de nuit*, (B) *chemise de nuit, sous-pull*
- o sapato, *la chaussure*

VOCABULAIRE COMPLÉMENTAIRE

- o avental, *le tablier*
- a bata, *la blouse* (longue)
- o cabide, *le cintre*
- a camisa de noite, *la chemise de nuit*
- a carteira, *le sac à main*, (B) *le portefeuille*
- o casaco, *la veste*
- a cinta, *la gaine*
- o cinto, *la ceinture*
- a cintura, *la taille*
- o espelho, *le miroir*
- o fato de banho, (B) o maiô, *le maillot de bain*
- a fazenda, *le tissu* (laine)
- a gola, *le col*
- o lenço (de assoar), *le mouchoir*
- o lenço, *le foulard*
- as luvas, *les gants*
- as meias, *les bas*
- a saia, *la jupe*
- a touca de banho, *le bonnet de bain*
- o soutien, *le soutien-gorge*
- bonito, *joli*
- curto, *court*
- escuro, *sombre*
- elegante, *élégant*
- fora de moda, *démodé*
- gasto, *usé*
- leve, *léger*
- pesado, *lourd*
- simples (inv.), *simple*
- velho, *vieux*
- abotoar, *boutonner*
- arregaçar, *retrousser*
- atar, *attacher, nouer*
- coser, *coudre*
- dar um nó, *faire un nœud*
- despir, *déshabiller*
- dobrar, *plier*
- enfeitar, *décorer, orner*
- mudar de roupa, *se changer*
- tirar, *enlever, ôter*
- vestir, *mettre, revêtir*

13 — La mode au féminin

8. EXERCICES

A. Traduire

1. Regarde Hélène qui vient ; elle porte une robe légère qui lui va très bien.
2. Cette jeune fille-là porte un tailleur sombre de bonne coupe.
3. Achètes-tu tes vêtements en confection ?
4. Oui, sauf les robes que je fais faire par une couturière.
5. Beaucoup de vêtements de prêt-à-porter, vendus en France, sont fabriqués au Portugal.
6. À Paris, il y a de beaux tissus imprimés. Je cherche quelqu'un qui pourrait me rapporter quelques coupons.
7. Si tu y vas, achète-moi un manteau qui aille avec tout.
8. Ta robe est démodée ; elle est trop longue ; il faudrait la raccourcir.
9. Si tu le voulais, je pourrais t'aider.

B. Remplacer les mots soulignés par des pronoms personnels

1. Comprei um vestido.
2. Podes comprar-me um casaco ?
3. Perguntei o preço à empregada.

CORRIGÉ

A.
1. Olha a Helena. (Ela) traz um vestido leve que lhe fica muito bem.
2. Aquela rapariga (B - a moça) leva um fato saia-casaco escuro de bom corte.
3. Compras a tua roupa no pronto-a-vestir ?
4. Compro. Excepto os vestidos que mando fazer a uma costureira (modista).
5. Muita roupa, já feita, vendida em França, é fabricada em Portugal.
6. Em Paris, há padrões bonitos. Procuro alguém que me possa trazer alguns cortes.
7. Se lá fores, compra-me um casaco comprido que diga bem com tudo.
8. O teu vestido está fora de moda ; é muito comprido ; seria melhor subir a bainha.
9. Se quisesses, podia ajudar-te.

B.
1. Comprei-o.
2. Podes comprar-mo.
3. Perguntei-lho.

14 Moda masculina

1. DIÁLOGO

A : António   M : Manuela   Em : empregado

M — Olha, ali há[1] uma loja de roupa de homem : « A moda masculina ».
A — E na montra há camisas em saldo.
M — Vais comprar mais[2] camisas ? Tens tantas !
A — Pois tenho. Mas umas[3] já estão[4] velhas e outras já não me servem. Não vês que engordei ?

....

A — Boa tarde[5] ! Desejava ver camisas de manga curta[6].
Em — Que número veste[7] ?
A — Trinta e nove ou quarenta. Não sei bem.
Em — Vou tirar-lhe já a medida. O quarenta fica-lhe um pouco apertado[8]. Para o senhor[9], a medida ideal é o quarenta e dois.
A — O colarinho não vai ficar muito largo ?
Em — Vai ficar ligeiramente folgado, mas se levar o quarenta e um vai ter dificuldade em[10] abotoá-lo[11].
A — Só[12] tem camisas às riscas ?
Em — De modo nenhum. Temos variadíssimos[13] padrões : lisas, aos quadrados, etc.
A — Vou levar duas lisas e duas às riscas. São de[14] algodão, não são ?
Em — Também temos de seda ou de linho, muito frescas.
A — Prefiro as[15] de algodão. O linho amarrota-se muito e eu não gosto de camisas de seda.
Em — Não deseja mais nada[16] ? Temos uma grande variedade de artigos em promoção : peúgas, cuecas, camisolas interiores, pijamas, lenços, gravatas...
M — Porque é que não compras umas calças[17] e um casaco ?
Em — Também temos fatos muito em conta.
A — O fato fica para mais tarde. Não se importa de me mostrar càlças de lã ? ... Gosto destas. Vou experimentá-las[18].
Em — O gabinete de provas é ao fundo da loja.
A — Estão boas na cintura, mas bastante compridas. Os senhores[9] encarregam-se de subir a bainha ?
Em — Pode vir buscá-las[11] logo à tarde. Paga agora ou quando vier buscar as calças ?
A — Pago já tudo.
Em — A caixa é ali à esquerda.

14 La mode au masculin
2. DIALOGUE

    A : Antoine   M : Manuela   E : l'employé

M — Regarde, voilà une boutique de vêtements pour homme, « La mode masculine ».

A — Dans la vitrine, il y a même des chemises en solde.

M — Tu vas encore acheter des chemises ? Tu en as tellement !

A — C'est vrai. Mais certaines sont vieilles et d'autres ne me vont plus. Tu ne vois pas que j'ai grossi ?

....

A — Bonjour. Je voudrais voir des chemises à manches courtes.

E — Combien faites-vous de tour de cou ?

A — 39 ou 40, je ne sais pas très bien.

E — Je vais prendre vos mesures. Le 40 est un peu juste. Pour vous, la bonne taille, c'est le 42.

A — Le col ne va-t-il pas être trop large ?

E — Il va être légèrement large, mais si vous prenez le 41, vous aurez du mal à le boutonner.

A — Vous n'avez que des chemises à rayures ?

E — Pas du tout. Nous avons une grande variété de modèles : unis, à carreaux...

A — Je vais en prendre deux unies et deux à rayures. Elles sont en coton, n'est-ce pas ?

E — Nous en avons aussi en soie ou en lin, très légères.

A — Je préfère celles en coton. Le lin se froisse beaucoup et je n'aime pas les chemises en soie.

E — Vous ne voulez rien d'autre ? Nous avons une grande variété d'articles en promotion : des chaussettes, des slips, des maillots de corps, des pyjamas, des mouchoirs, des cravates.

M — Pourquoi n'achètes-tu pas un pantalon et une veste ?

E — Nous avons aussi des costumes à des prix intéressants.

A — Le costume, c'est pour plus tard. Pouvez-vous me montrer des pantalons en laine ?... J'aime celui-là. Je vais l'essayer.

E — La cabine d'essayage se trouve au fond de la boutique.

A — Il va bien à la taille, mais il est un peu long. Pouvez-vous vous charger de le raccourcir ?

E — Vous pouvez venir le chercher cet après-midi. Vous payez maintenant ou quand vous viendrez chercher le pantalon ?

A — Je règle tout maintenant.

E — La caisse, c'est là-bas à gauche.

14 — Moda masculina

3. REMARQUES

1. **Ali há** : *voilà*. *Voici, voilà* se traduisent par un adverbe de lieu indiquant la proximité ou l'éloignement par rapport à celui qui parle (**aqui** : *ici* ; **aí** : *là* ; **ali** : *là-bas*) plus un semi-auxiliaire ou un verbe qui indique le mouvement ou l'absence de mouvement (**há** : *il y a* ; **ali há** : *il y a là-bas = voilà*). **está** : *se trouve* (**aí esta** : « *là se trouve* » = *voilà*) ; **vem** : *vient* (**aqui vem** : « *ici vient* » = *voici*) ; **vai** : *va* (**ali vai** : « *là-bas va* » = *voilà*, etc.) Au Brésil, **ali tem** : *voilà*.

2. **Mais** : *plus* ; ici *encore* (« *quand encore* » = *de plus*).

3. **Umas** : *algumas (quelques)*. Voir note 3, 8-3.

4. **Estão velhas** : *sont vieilles*, c'est-à-dire *sont usées* ; estar + adj., cf. notes 24, 1-3 et 18, 2-3.

5. **Boa tarde** : m. à m. « *bonne après midi* ».

6. **De manga curta** : remarquez l'emploi de la prép. **de** devant un compl. indiquant une caractéristique permanente.

7. **Que número veste** : m. à m. « *quelle taille habillez-vous ?* » La traduction suivant le contexte : *quelle est votre encolure ?*

8. **Apertado** : m. à m. « *serré* ».

9. **O senhor** : *vous*. Lorsque l'on ne connaît pas bien la personne, *vous* se traduit par : **o senhor** *(monsieur)*, **a senhora** *(madame)*, **os senhores** *(messieurs)*, **as senhoras** *(mesdames)* suivant le cas + verbe 3e pers. sg. ou pl. (voir note 3, 1-3).

10. **Ter dificuldade em** : *avoir des difficultés à*. Notez le changement de préposition, introduisant le complément.

11. **Abotoá-lo** = **abotoar** + **o** : lors de l'enclise du pron. **o** après un inf. le pron. prend la forme **lo, la, los, las**, et le **r** de l'inf. disparaît. Le **a** qui précède, s'écrit **á**, le **e**, **ê**.

12. **Só** + **tem** (**só** + verbe) : *ne ... que*. **Só** : *seulement*.

13. **Variadíssimo** : sup. absolu de **variado** = **muito variado**.

14. **São de** : *sont en*. Notez l'emploi de la prép. **de** devant compl. indiquant la matière. *Être* se traduit alors par **ser**.

15. **As de** : *celles de*. Notez l'emploi de l'article défini, avec une valeur de démonstratif devant **de** ou **que**.

16. **Mais nada** : *rien de plus*. Notez la place de **mais** *(plus)*, généralement mis avant le nom ou l'indéfini.

17. **Calças** (toujours au pluriel) : *le pantalon*.

18. **Experimentá-las** : **experimentar** : *esayer* (chaussures, vêtements tout faits...) ; **provar** : *essayer, faire des essayages* (pour un vêtement en cours de fabrication).

14 — La mode au masculin
4. ENVIRONNEMENT

VESTIR : Os longos trabalhos do linho que acompanharam os portugueses ao longo dos séculos deixaram profundos traços na língua. É um trabalho monótono que parece não ter fim.

Depois da cultura, e reduzidas as fibras a uma linha, é necessário « dobá-las » numa máquina que não cessa de girar. Andar numa dobadoira é não poder estar quieto ou parar, movido por urgentes necessidades. Antes, quando fiada, a linha fora recolhida num « sarilho », não sem sucessivas interrupções e cortes que a todo o momento é necessário emendar. É um sarilho corresponde à intrincada tarefa que é a de criar um fio contínuo de linho.

Para mais tarde, passar ao tecido, torna-se necessário « urdir uma trama », entretecendo os fios. Urdir uma trama ou urdir uma teia são hábitos de políticos e de aranhas, ambos com as mesmas intenções : caçar incautos, que, se não conseguem escapar a tempo, têm futuro bem duvidoso.

Roby Amorim. *Elucidário de conhecimentos quase inúteis.*

HABILLER : Le long travail du lin qui a accompagné la vie des Portugais tout au long des siècles a laissé de profondes marques dans la langue. C'est un travail monotone qui paraît ne jamais finir.

Après l'avoir cultivé et avoir réduit les fibres à un fil, il faut le dévider sur une machine qui n'arrête pas de tourner. « Tourner comme un dévidoir », c'est être affairé, ne pas pouvoir rester en place ou s'arrêter, poussé par des impératifs urgents. Auparavant, au moment du filage, le fil avait été enroulé sur une bobine où il s'embrouillait et se cassait constamment et il fallait sans cesse réparer. « C'est une embrouille », situation du fil sur cette bobine, donne l'idée de la tâche compliquée qu'est celle de faire un fil de lin continu.

Pour le transformer plus tard en tissu, il faut ourdir une trame en entrecroisant les fils. « Ourdir une trame » ou « tisser une toile » (ourdir une intrigue ou tramer un complot) sont des habitudes d'hommes politiques ou d'araignées, tous deux ayant les mêmes intentions : prendre au piège les imprudents dont l'avenir est compromis s'ils n'arrivent pas à s'échapper à temps.

14 — Moda masculina
5. ENVIRONNEMENT - LE BRÉSIL

O CARIOCA E A ROUPA

Entre meus conterrâneos, os econômicos mineiros, é um motivo de orgulho, de ampla e sorridente satisfação, confessar que uma gravata custou muito mais barato do que parece. No Rio é exatamente o contrário, o sentimento de exaltação interior nasce quando se pode dar para a gravata um preço alto que surpreenda o interlocutor. Não conheço outra cidade, em que a roupa tenha tanta importância como aqui no Rio. O carioca é duma ironia corrosiva para homens, instituições, e idéias graves... Excetua-se a roupa ; a roupa é sagrada... A roupa, o problema de vestir-se, o preço e a aparência do seu vestuário transforma o sorriso zombeteiro do carioca numa expressão soturna e sofredora. É o seu ponto fraco, uma zona que resiste à sua ironia, e pode torná-lo infeliz.

Diante dum carioca típico, alegre, com respostas humorísticas para tudo, experimentem, no momento exato de sua « rigolade », colocar em dúvida a qualidade de sua roupa ou de sua elegância... ele perderá instantaneamente o rebolado.

Paulo Mendes Campos in *O Cego de Ipanema*. Rio, 1961.

LE CARIOCA ET LES VÊTEMENTS

Chez mes compatriotes, les économes Mineiros[1], c'est un motif de fierté, de vaste et souriante satisfaction, d'avouer qu'une cravate a coûté moins cher qu'elle n'en a l'air. À Rio, c'est exactement le contraire : un sentiment d'exaltation intérieur naît quand on peut donner à la cravate un prix élevé qui surprenne l'interlocuteur. Je ne connais pas d'autre ville où les vêtements aient autant d'importance qu'ici à Rio. Le Carioca est d'une ironie corrosive en ce qui concerne les hommes, les institutions et les idées graves. Mais pas pour les vêtements ; les vêtements sont sacrés... Les vêtements, le problème de l'habillement, le prix et l'apparence vestimentaires transforment le sourire moqueur du Carioca en une expression de tristesse et de douleur. C'est son point faible, une zone qui résiste à son sens de l'ironie et peut le rendre malheureux.

Avec un Carioca typique, joyeux, aux répliques pleines d'humour sur tout, essayez, au moment exact de sa « rigolade », d'émettre une réserve sur la qualité de ses vêtements ou de son élégance... Il perdra immédiatement son humour.

1. Mineiro : habitant de l'État du Minas Gerais.

14 La mode au masculin
6. PHRASES TYPES

1. Je voudrais faire faire un costume de ville.
2. Je voudrais un pantalon étroit, avec un revers en bas.
3. Ce blouson en cuir me plaît ; je vais en demander le prix.
4. Où puis-je faire laver ces chemises ?
5. Vous pouvez les faire laver à la laverie.
6. Ce costume a besoin d'être nettoyé.
7. Il y a un pressing au fond de la rue.
8. Voulez-vous bien recoudre le bouton du col ?
9. Les bottes me font mal.
10. Elles me serrent sur le dessus du pied.
11. J'aimerais une paire de chaussures en cuir, avec des semelles en caoutchouc.
12. Nous avons plusieurs modèles au choix.
13. Nous avons aussi des chaussures en vernis.
14. Je n'arrive même pas à chausser ces chaussures avec un chausse-pied.
15. Attendez un peu ; je vais chercher la taille au-dessus.
16. J'ai l'habitude d'aller pieds nus sur la plage.
17. Cette cravate est un cadeau. Au cas où elle ne plairait pas, pourrai-je l'échanger ?
18. Je suis plus à l'aise en sandales.

---

1. Queria mandar fazer un fato de passeio.
2. Desejava as calças estreitas e com dobra.
3. Aquele blusão de couro agrada-me. Vou perguntar quanto custa.
4. Onde posso mandar lavar estas camisas ?
5. Pode mandá-las lavar na lavandaria.
6. Este fato precisa de ser limpo.
7. Há uma tinturaria ao fundo da rua.
8. Não se importa de me pregar o botão do colarinho ?
9. As botas magoam-me.
10. Apertam-me no peito do pé.
11. Queria um par de sapatos de cabedal, com sola de borracha.
12. Temos vários modelos à escolha.
13. Também temos sapatos de verniz.
14. Nem com uma calçadeira consigo calçar estes sapatos.
15. Espere um momento, vou buscar o número acima.
16. Na praia ando sempre descalço.
17. Esta gravata é para oferecer. Caso não agrade posso vir trocá-la ?
18. Sinto-me mais à vontade quando ando de sandálias.

14 Moda masculina

7. VOCABULAIRE

a loja, *la boutique*
a montra, (B) a vitrina, *la vitrine*
a camisa, *la chemise*
em saldo, *en solde*
servir para, *servir à*
servir a alguém, *convenir à quelqu'un* (taille)
engordar, *grossir*
apertar, *serrer*
largo, *large*
o colarinho, *le col*
folgado, *large, à l'aise*
abotoar, *boutonner*
a risca, *la raie*
às riscas, *à rayures*
liso, *lisse, uni*
o quadrado, *le carré*
aos quadrados, *à carreaux*
o algodão, *le coton*
o linho, *le lin*
amarrotar-se, *se froisser*
a seda, *la soie*

o artigo, *l'article*
as peúgas, (B) a meia curta, o soquete, *les chaussettes*
as cuecas, *le slip, la culotte*
a camisola interior, (B) a camiseta, *le maillot de corps*
o pijama, *le pyjama*
a gravata, *la cravate*
as calças, *le pantalon*
o casaco, *la veste*
o fato, (B) o terno, *le costume*
em conta, *prix avantageux*
a lã, *la laine*
a prova, *l'essai*
o gabinete de provas, *la cabine d'essayage*
o fundo, *le fond*
encarregar-se, *se charger*
logo à tarde, *dans l'après-midi*
buscar, *chercher*
ali, *là, là-bas*

VOCABULAIRE COMPLÉMENTAIRE

o alfaiate, *le tailleur*
a algibeira, o bolso, *la poche*
o atacador, *le lacet*
o boné, *la casquette*
a bota, *la bottine*
o botão, *le bouton*
o botão de punho, *le bouton de manchette*
a calçadeira, *le chausse-pied*
o calçado, *la chaussure*
os calções, *les caleçons*
o colete, *le gilet*
o conserto, *la réparation*
o engraxador, *le cireur*
a gabardina, *la gabardine*
o guarda-chuva, *le parapluie*

o impermeável, *l'imperméable*
o laço, *le nœud papillon*
a lapela, *le revers* (veste)
o roupão, *la robe de chambre*
o sapateiro, *le cordonnier*
o sobretudo, *le pardessus*
os suspensórios, *les bretelles*
o tacão, o salto, *le talon*
o vendedor, *le vendeur*
a vendedora, *la vendeuse*
calçar, *chausser*
consertar, *arranger*
descalçar, *déchausser*
engraxar, *cirer*
passar a ferro, engomar, *repasser*

14 — La mode au masculin

8. EXERCICES

A. Traduire
1. Voici notre ami. Il a une chemise à manches courtes.
2. J'ai des difficultés à mettre ces chaussures.
3. Je n'aime pas porter des bottes en caoutchouc.
4. Voilà de beaux costumes dans cette vitrine.
5. J'ai acheté deux chemises blanches. J'ai besoin d'en acheter encore une autre à rayures.

B. Remplacer les mots soulignés par un pron. pers. compl. en faisant les modifications qui s'imposent, ou en donnant plusieurs solutions s'il y a lieu.
1. Engordei. Não consigo abotoar <u>o casaco</u>.
2. Posso fazer <u>um fato</u> em três dias.
3. Não te mexas tanto ; podes partir <u>o espelho</u>.

C. Utiliser *ser* ou *estar*, selon les cas, en employant la forme qui convient.
1. Mandei limpar o meu fato ; ..... como novo.
2. A camisa que traz hoje, já ..... velha.
3. Este rapaz ..... muito novo.
4. Cortei as mangas da camisa ; agora ..... curtas.
5. O meu alfaiate ..... velho. Já tem 70 anos.
6. No Inverno os dias ..... curtos.

CORRIGÉ

A.
1. Aqui está o nosso amigo. Traz uma camisa de manga curta.
2. Tenho dificuldade em calçar estes sapatos.
3. Não gosto de andar de botas de borracha.
4. Ali naquela montra há fatos bonitos.
5. Comprei duas camisas brancas ; preciso de mais uma às riscas.

B.
1. Engordei. Não consigo abotoá-lo.
   Não o consigo abotoar.
2. Posso fazê-lo em três dias.
3. Não te mexas tanto ; podes parti-lo.

C.
1. Mandei limpar o fato ; está como novo.
2. A camisa que traz hoje, já está velha.
3. Este rapaz é muito novo.
4. Cortei as mangas ; agora estão curtas.
5. O meu alfaiate é velho ; já tem 70 anos.
6. No Inverno, os dias são curtos.

15 — Autómoveis de aluguer sem condutor

1. DIÁLOGO

C : cliente   E : empregado

C — Queria alugar um carro sem condutor.
E — Por[1] quanto tempo[2]? Sabe que o período mínimo de aluguer é de uma dia, não sabe?
C — Vou alugar por[1] mais tempo. Quais[3] são as condições?
E — A gasolina é sempre por conta[4] do alugador. Nós[5] responsabilizamo-nos pelo[6] óleo, lubrificação e assistência.
C — E os preços do aluguer?
E — Os preços variam conforme o carro, mas incluem seguro de responsabilidade civil[3] ilimitada, sendo no entanto da responsabilidade do cliente os prejuízos causados no veículo alugado.
C — Não se pode fazer um seguro contra acidentes pessoais?
E — Por[1] uma pequena importância diária, pode fazer um seguro para[7] protecção dos passageiros.
C — E o pagamento?
E — O custo estimado do aluguer é pago[8] na altura da entrega do veículo.
C — Quer dizer que há um valor mínimo que é preciso pagar?
E — Exactamente. O acerto de contas será feito[9] quando o senhor[10] entregar[11] o carro.
C — Que carros é que têm disponíveis[3]?
E — O senhor quer um carro de quantos lugares[2]?
C — Convinha-me um carro de cinco lugares com quatro portas. Quanto me vai custar?
E — Depende da fórmula escolhida.
C — Tenho de pagar[12] uma taxa diária, mais a quilometragem?
E — Oferecemos aos nossos clientes a oportunidade de fazerem[13] quantos quilómetros quiserem[14] por um preço fixo.
C — Com a quilometragem ilimitada, a taxa diária é mais cara?
E — É. Mas só poderá optar[15] por[6] essa modalidade, se for[16] um aluguer superior a três dias.
C — É mesmo essa fórmula que me interessa. Quando é que me podem entregar o carro?
E — Estará à porta do hotel dentro de meia hora. Não se importa de me mostrar a carta de condução e de preencher este impresso?
C — Os senhores[10] aceitam cartões de crédito, suponho[17].

15 — Location de voiture sans chauffeur
2. DIALOGUE

C : client   E : employé

- C — Je voudrais louer une voiture sans chauffeur.
- E — Pour combien de temps ? Vous savez que la période minimale est d'une journée, n'est-ce pas ?
- C — Je la louerai plus longtemps. Quelles sont vos conditions ?
- E — L'essence est toujours à la charge de celui qui loue ; nous, nous prenons en charge l'huile, le graissage et l'entretien.
- C — Et quel est le prix de la location ?
- E — Les prix varient selon le type de voiture, mais ils comprennent l'assurance avec responsabilité civile illimitée ; cependant, les dommages causés au véhicule sont à la charge du client.
- C — Ne peut-on prendre une assurance pour les accidents corporels ?
- E — Pour une somme modique et journalière, nous offrons une assurance pour chaque passager et le remboursement des frais médicaux.
- C — Quant au paiement ?
- E — Le coût de la location convenu, est payé au moment de la remise du véhicule.
- C — C'est-à-dire qu'il faut payer une somme minimale ?
- E — C'est ça. Les comptes seront arrêtés quand vous rendrez le véhicule.
- C — De quel type de voiture disposez-vous en ce moment ?
- E — Vous voulez une voiture de combien de places ?
- C — Une voiture à cinq places et quatre portes. Combien cela me coûtera-t-il ?
- E — Cela dépend de la formule choisie.
- C — Me faut-il payer une taxe journalière et le kilométrage en plus ?
- E — Oui, mais nous offrons aussi à nos clients la possibilité de faire autant de km qu'ils le veulent pour un prix forfaitaire.
- C — Avec un kilométrage illimité, le prix à la journée revient plus cher ?
- E — Oui. Mais vous ne pouvez choisir cette modalité que pour une location supérieure à trois jours.
- C — C'est bien cette formule qui m'intéresse. Quand pouvez-vous me donner la voiture ?
- E — Elle sera devant l'hôtel dans une demi-heure. Pouvez-vous me montrer votre permis de conduire et remplir cet imprimé.
- C — Acceptez-vous les cartes de crédit ?

15 — Automóveis de aluguer sem condutor

3. REMARQUES

1. **Por** : ici *pour*. Indique une durée approximative. **Pelas seis horas** : *vers six heures*.

2. **Quanto tempo ?** : *combien de temps ?* Notez la construction : **quanto**, interrogatif indéfini + un nom est un adjectif ; il s'accorde avec ce nom : **quantos dias** : *combien de jours* ; **quantas horas** : *combien d'heures*.

3. **Quais** : *quels, quelles* ; pl. de **qual**. Rappel : pluriel mots terminés par ~l : **al**, **ais** ; **ul**, **uis** ; **el** atone, **eis** (**disponível**, **diponíveis**) ; **el** tonique, **éis** (**papel** = **papéis**) ; **il** atone, **eis** (**útil**, **úteis**) ; **il** tonique, **is** (**civil**, **civis**) ; **ol** (**sol**, **sóis**).

4. **Por conta** : *pour le compte de*. **Por** : *en faveur de*.

5. **Nós** : le pronom sujet est exprimé pour marquer une insistance ; cela doit être pris en compte dans la traduction : *nous, nous prenons en charge*.

6. **Nós responsabilizamo-nos pelo** : attention au régime du verbe **responsabilizar-se por** (**por** : ici *en ce qui concerne*…).

7. **Para protecção** : *pour la protection*. **Para** + un substantif ou un infinitif = *pour* (le but). **Trabalho para comer** : *je travaille pour manger*.

8. **Pago** : part. passé irr. de **pagar**. Il existe aussi part. passé régulier (**pagado**), généralement employé avec **ter** (*avoir*), alors que le part. passé irr. s'emploie avec **ser** ou **estar**, et **ficar** (*être*). Toutefois, pour **pagar** (*payer*), **ganhar** (*gagner*), **gastar** (*dépenser*), le part. pas. irr. (**ganho**, **gasto**) tend à être employé uniformément avec tous les auxiliaires.

9. **Feito** : participe passé irrégulier de **fazer** (*faire*).

10. **O senhor** : cf. note 16, 5-3.

11. **Quando o senhor entregar** : *quand vous rendrez*. Fut. subj. employé après **quando**, a valeur de futur hypothétique.

12. **Tenho de pagar** : *je dois payer*. **Ter de** + inf. = obligation.

13. **De fazerem** : infinitif personnel, 3e pers. pl., dont le sujet est **os clientes**.

14. **Quantos quilómetros quiserem** : *autant de kilomètres que vous voudrez*. Futur du subj. de **querer** (*vouloir*) pour indiquer l'hypothèse.

15. **Optar por uma coisa** : *choisir qqch., opter pour qqch.*

16. **Se for** : *si c'est*. Fut. subj. du verbe **ser** (*être*).

17. **Suponho** : 1re pers. sg. prés. ind. de **supor** (*supposer*), composé du verbe **pôr** (*poser*).

15 — Location de voiture sans chauffeur
4. ENVIRONNEMENT

ENTRADAS NA CIDADE : O PANDEMÓNIO

Quem mora fora do Porto pode talvez gabar-se de maior sossego. Mas se trabalha no Porto, não escapa aos engarrafamentos matinais, nas entradas da cidade. Neste aspecto, nem sequer há zonas melhores do que outras, já que todas congestionam na hora fatal de ir para o emprego.

Há alguns anos, quem vivia em Gaia, podia gabar-se de dispor dos melhores acessos ao Porto. Hoje, porém, a auto-estrada tornou-se talvez a mais congestionada das vias de entrada na cidade. O « stress » dos condutores atinge aqui níveis maiores do que noutros locais, justamente por se tratar de uma auto-estrada, onde é suposto circular-se com rapidez. Talvez por isso, há quem utilize a faixa lateral, arriscando um encontro com as brigadas da Guarda Nacional Republicana (GNR).

Quem conhece melhor o terreno aventura-se em percursos alternativos, que nem sempre significam poupança de tempo.

José Alberto Lemos, in *Público*, 14 de Abril de 1990.

ENTRÉES DANS LA VILLE : L'ENFER

Celui qui réside en dehors de Porto peut se flatter peut-être de jouir de plus de calme. Mais s'il travaille à Porto, il n'échappe pas aux embouteillages matinaux aux entrées de la ville. De ce point de vue, il n'y a même pas de zones meilleures que d'autres, dans la mesure où toutes se congestionnent à l'heure fatale où le travail commence.

Il y a quelques années, celui qui vivait à Gaia[1] pouvait se vanter d'avoir le meilleur accès à Porto. Aujourd'hui, pourtant, l'autoroute est peut-être devenue la plus congestionnée de toutes les voies d'accès à la ville. Le stress des chauffeurs atteint ici des niveaux plus élevés qu'ailleurs, justement parce qu'il s'agit d'une autoroute où l'on est censé circuler rapidement. C'est peut-être pourquoi certains utilisent la bande d'arrêt d'urgence, en prenant le risque de tomber sur les brigades de la GNR. Celui qui connaît mieux le terrain s'aventure sur des parcours de rechange, qui ne signifient pas pour autant une économie de temps.

---

1. Vila Nova de Gaia : ville en face de Porto, de l'autre côté du Douro, où se trouvent les entrepôts de vin de Porto.

15 — Autómoveis de aluguer sem condutor
5. ENVIRONNEMENT - LE BRÉSIL

CONSELHOS

Eis alguns conselhos de técnicos do Departamento Nacional de Estradas de Rodagem (DNER), para mulheres que vão viajar, dirigindo automóvel. Antes de viajar, nenhuma motorista esquece, além da bagagem, o seu estojo ou bolsa de maquilagem. Deve providenciar também algumas ferramentas essenciais para um conserto rápido : chave de roda, chave de parafuso, alicate. É necessário ainda, para uma viagem segura, a revisão do carro, principalmente dos freios, pneus, direção, amortecedores e sistemas de alimentação e de eletricidade.

PARE UM POUCO : Para quem dirige sozinha, etapas de 200 quilômetros, em rodovia asfaltada, em bom estado de conservação, são um limite razoável. A cada 200 quilômetros, ou depois de duas horas ao volante, a motorista, deve parar um pouco, nem que seja para esticar as pernas e evitar cãimbras.

Preocupe-se em parar num ponto adequado, evitando locais ermos, sobretudo à noite. É necessário tomar precaução ; os assaltantes podem surgir em qualquer lugar. Um posto de gasolina, com bar e restaurante, onde haja parada de ônibus e outros automóveis, é o mais recomendável.

In, *Globo*, 17 de Abril de 1988.

CONSEILS

Voici quelques conseils de techniciens du DNER aux femmes qui se préparent à voyager au volant d'une voiture. Avant de voyager, aucune conductrice n'oublie, à part ses bagages, sa trousse ou son sac de maquillage. Elle doit s'assurer aussi qu'elle a quelques outils essentiels à une réparation rapide : clef à béquille pour les roues, tournevis et pinces. Il faut encore, pour voyager avec plus de sécurité, faire procéder à une révision de la voiture, notamment des freins, des pneus, de la direction, des amortisseurs et des systèmes d'alimentation et d'électricité.

ARRÊTEZ-VOUS UN PEU. Pour qui conduit seul, des étapes de 200 km sur des routes goudronnées, en bon état, constituent une limite raisonnable. Tous les 200 km ou après 2 heures au volant, la conductrice doit s'arrêter un peu, ne serait-ce que pour se dégourdir (étendre) les jambes et éviter les crampes.

Prenez le soin de vous arrêter à un endroit propice, en évitant les endroits déserts, surtout la nuit. Il faut prendre des précautions ; les agresseurs peuvent surgir n'importe où. Une station-service, avec bar et restaurant, et où s'arrêtent autocars et voitures, est plus particulièrement recommandée.

15 — Location de voiture sans chauffeur
6. PHRASES TYPES

1. Quand vous arriverez, vous pourrez louer une voiture à l'aéroport.
2. Il y a des agences de location de voitures dans tous les aéroports, et même dans certaines gares.
3. Cela vous reviendra moins cher, si vous louez la voiture pendant une semaine.
4. La voiture est remise avec le réservoir plein.
5. On fera les comptes quand vous rendrez la voiture.
6. L'assurance est obligatoire pendant la durée de la location.
7. Le prix de l'assurance n'est pas compris dans la location.
8. Le contrat est fait en deux exemplaires.
9. Vous gardez le double et nous, nous conservons l'original.
10. Votre permis de conduire est périmé.
11. Nous ne sommes pas responsables des infractions au code de la route.
12. Les amendes sont à la charge de celui qui loue !
13. Quand vous rendrez la voiture, vous n'êtes pas obligé de la ramener à l'agence.
14. Vous pouvez la laisser devant l'hôtel. Nous nous chargeons d'aller la chercher.

---

1. Quando chegar, pode alugar um carro no aeroporto.
2. Em todos os aeroportos, e até em algumas estações há agências de aluguer de automóveis.
3. Fica-lhe mais barato, se alugar o automóvel por uma semana.
4. O carro é entregue com o depósito cheio.
5. Quando devolver o carro, acertam-se as contas.
6. O seguro é obrigatório, durante o período de aluguer.
7. O preço do seguro não está incluído no aluguer.
8. O contrato é feito em dois exemplares.
9. O senhor fica com o duplicado, e nós conservamos o original.
10. A sua carta de condução está caducada (fora de prazo).
11. Não nos responsabilizamos pelas infracções ao código da estrada.
12. As multas são por conta do alugador.
13. Quando devolver o carro, não é obrigatório trazê-lo aqui à agência.
14. Pode deixá-lo à porta do hotel. Nós encarregamo-nos de o ir buscar (ou de ir buscá-lo).

15 — Autómoveis de aluguer sem condutor

7. VOCABULAIRE

- alugar, *louer*
- o condutor, (B) o motorista, *le chauffeur*
- o aluguer, *la location*
- a conta de, *le compte*
- por conta, *pour le compte de*
- o alugador, *le loueur*
- responsabilizar-se, *avoir la charge de*
- incluir, *inclure*
- o seguro, *l'assurance*
- a responsabilidade, *la responsabilité*
- a lubrificação, *le graissage*
- a assistência, *l'entretien*
- o preço, *le prix*
- no entanto, *cependant*
- o prejuízo, *le préjudice*
- pessoal, *personnel*
- a importância, *l'importance, la somme*
- oferecer, *offrir*
- médico, a, *médical(e)*
- o pagamento, *le paiement*
- o custo, *le prix, le coût*
- na altura, *au moment où*
- o valor, *la valeur*
- o acerto, *le calcul*
- disponível, *disponible*
- a marca, *la marque*
- a cilindrada, *la cilindrée*
- convir, *convenir*
- a porta, *la portière, la porte*
- depender, *dépendre*
- a taxa, *la taxe, le prix*
- supor, *supposer*
- optar, *choisir*
- importar-se, *ne pas se soucier*
- mostrar, *montrer*
- a carta de condução, (B) a carteira de motorista, *le permis de conduire*
- preencher, *remplir*
- aceitar, *accepter*
- o impresso, *l'imprimé*
- o cartão de crédito, *la carte de crédit*

VOCABULAIRE COMPLÉMENTAIRE

- o amortecedor, *l'amortisseur*
- o automobilista, *l'automobiliste*
- a avaria, *la panne*
- a câmara de ar, *la chambre à air*
- a chave, *la clé*
- a chave inglesa, *la clé anglaise*
- a chave de parafusos; *le tournevis*
- o cinzeiro, *le cendrier*
- a direcção, *la direction*
- o eixo, *l'axe*
- o guarda-lamas, *le garde-boue*
- a marcha atrás, *la marche arrière*
- o pára-brisas, *le pare-brise*
- o pára-choques, *le pare-chocs*
- o pedal, *la pédale*
- o porta-bagagens, *le porte-bagages*
- a roda sobressalente, (B) o estepe, o pneu sobressalente, *la roue de secours*
- o tejadilho, *le toit*
- o tubo de escape, *le tuyau d'échappement*
- perigoso, a, *dangereux (se)*
- vazio, a, *vide*
- aquecer, *chauffer*
- arrancar, *démarrer*
- atropelar, *renverser*
- conduzir, *conduire*
- furar, *crever*
- rebentar, *éclater*
- remendar, *réparer*
- verificar, *vérifier*

15. Location de voiture sans chauffeur

8. EXERCICES

A. Traduire
1. Nous allons à l'agence pour louer une voiture.
2. Nous pensons la louer pour une semaine.
3. Combien de places disponibles y a-t-il dans cette voiture ?
4. Nous ne sommes pas responsables des accidents.
5. Ce document est pour vous.
6. Combien de marques de voitures avez-vous ?

B. Mettre au pluriel, les phrases suivantes
1. Este carro é confortável.
2. Qual é o preço do impermeável.
3. Tenho um cartão de crédito internacional.
4. É muito útil quando viajo.
5. Preencha este papel azul.
6. O militar ia à frente e o civil atrás.

C. Compléter les phrases avec les verbes indiqués entre parenthèses
1. (querer) Se o senhor ..., entregamos o carro no hotel.
2. (poder) Quando ....., iremos alugar um carro.
3. (necessitar) Podes ficar com o carro, quantos dias ....
4. (vir) Se (eu) ..... cedo, vou contigo à agência.

CORRIGÉ

A.
1. Vamos à agência para alugar (ou alugarmos) um carro.
2. Pensamos alugá-lo por uma semana.
3. Quantos lugares disponíveis tem este carro ?
4. Não nos responsabilizamos pelos acidentes.
5. Este documento é para o senhor.
6. Quantas marcas de carro tem ?

B.
1. Estes carros são confortáveis.
2. Quais são os preços dos impermeáveis ?
3. Temos cartões de crédito internacionais.
4. São úteis quanto viajamos.
5. Preencham estes papéis azuis.
6. Os militares iam à frente e os civis atrás.

C.
1. Se o senhor quiser, entregamos o carro no hotel.
2. Quando (nós) pudermos, iremos alugar um carro.
3. Podes ficar com este carro quantos dias necessitares.
4. Se eu vier cedo, vou contigo à agência.

16 — No mercado da Ribeira[1]

1. DIÁLOGO

A : António   M : Manuela

M — Vem[2] comigo à praça[3]. Preciso de alguém que me ajude[4] a trazer as compras.

A — Só vou[5] contigo, se fores[5] ao Mercado da Ribeira ; é muito animado e muito bem abastecido.

M — O melhor é[6] tu ires[7] comprar a fruta e os legumes, enquanto[8] eu vou ao[9] peixe[10] e à carne[10].

A — Que fruta[10] queres ?

M — Compra dois quilos de maçãs, um quilo de pêras, um ananás e meia-dúzia de bananas, não muito maduras.

A — Não queres laranjas ?

M — Só[11] se forem sumarentas. As últimas que comprei eram muito secas.

A — É verdade. A época das laranjas já passou.

M — Traz antes[12] umas[13] cerejas e umas nêsperas.

A — Não te esqueças[14], prometeste-me lulas recheadas.

M — Isso fica para amanhã. Levam[15] muito tempo a arranjar. Hoje faço atum ou carapaus.

A — Porque é que não fazes linguado ?

M — Depende... Se não for demasiado caro...

A — Que carne vais comprar ?

M — Costeletas de vitela, lombo de vaca e miolos. As crianças adoram miolos como ovos.

A — E se fizesses[16] hoje uma carne de porco à alentejana[17] para os nossos amigos ?

M — Nesse caso tenho de comprar carne de porco, amêijoas e coentros.

A — Não me disseste que legumes querias.

M — Fiz uma lista e tu meteste-a no bolso.

A — Tens razão. Deixa ver : feijão verde, batatas, nabos, couves, um ramo de salsa, hortelã, tomates e uma alface[18].

M — Não compres as batatas. Como no domingo vamos a Mafra[19], podemos comprá-las pelo caminho. Há sempre camponeses a vendê-las[20] à beira da estrada. Costumam ser mais baratas.

A — Encontramo-nos à porta da Avenida 24 de Julho[21]. Vê se não te demoras, hoje há muita gente.

M — Quem chegar primeiro, espera. Se fosses[16] simpático, compravas um ramo de flores.

A — Estamos na Primavera ; é a estação das flores.

16 Au marché de la Ribeira
2. DIALOGUE

A : Antoine   M : Manuela

M — Viens avec moi au marché. J'ai besoin de quelqu'un pour m'aider à porter les achats.
A — Je ne t'accompagne que si tu vas au marché de la Ribeira ; il est très animé et très bien approvisionné.
M — Le mieux, c'est que tu ailles acheter les légumes et les fruits, pendant que moi je vais chercher le poisson et la viande.
A — Qu'est-ce que tu veux comme fruits ?
M — Achète deux kilos de pommes, un kilo de poires, un ananas et une demi-douzaine de bananes, pas trop mûres.
A — Tu ne veux pas d'oranges ?
M — Seulement si elles sont juteuses. Les dernières que j'ai achetées étaient très sèches.
A — C'est vrai. La saison des oranges est déjà finie.
M — Apporte plutôt des cerises et des nèfles.
A — N'oublie pas les encornets. Tu as promis de me faire des encornets farcis.
M — Ce sera pour demain. C'est très long à préparer. Aujourd'hui je ferai du thon ou des épinoches.
A — Pourquoi ne fais-tu pas de soles ?
M — Cela dépend. Si elles ne sont pas trop chères...
A — Quelle viande vas-tu acheter ?
M — Des côtes de veau, du filet de bœuf, et de la cervelle. Les enfants adorent la cervelle aux œufs.
A — Et si tu faisais aujourd'hui de la viande de porc à l'alentejana, pour nos amis ?
M — Dans ce cas, il faut que j'achète de la viande de porc, des palourdes et de la coriandre.
A — Tu ne m'as pas dit ce que tu voulais comme légumes ?
M — J'ai fait une liste et tu l'as mise dans ta poche.
A — Tu as raison. Voyons : haricots verts, pommes de terre, navets, choux, un bouquet de persil, menthe, tomates et laitue.
M — N'achète pas les pommes de terre. Comme dimanche nous allons à Mafra, nous en achèterons en route ; il y a toujours des paysans qui en vendent au bord de la route. Habituellement, elles y sont moins chères.
A — Nous nous retrouverons devant la porte de l'Avenue 24-Juillet. Essaye de ne pas être trop longue ; il y a aujourd'hui beaucoup de monde.
M — Celui qui arrivera le premier attendra. Si tu étais gentil, tu m'achèterais un bouquet de fleurs.
A — C'est le printemps et le printemps est la saison des fleurs.

16 — No mercado da Ribeira

3. REMARQUES

1. **A Ribeira** : endroit de Lisbonne, situé près du Tage, où se trouve un marché important. **A ribeira** : *la rivière*, (B) *le ruisseau, la rive*.
2. **Vem** : *viens* ; impératif 2e pers. sg. de **vir** *(venir)*.
3. **A praça** : *le marché* (= **o mercado**) ; a aussi le sens de *la place (un lieu)* ; **a Praça do Comércio** : *la place du Commerce*.
4. **Alguém que me ajude** : *quelqu'un qui puisse m'aider* = *quelqu'un pour m'aider* ; le subj. employé dans prop. relative indique une action hypothétique. Concordance des temps, note 8, 5-3.
5. **Se fores** : *si tu vas* ; fut. subj. 2e pers. sg. de **ir**.
6. **O melhor é tu ires** : m. à m. « *le mieux c'est toi d'aller* » : *il vaut mieux que tu ailles*. Notez l'absence de **de** devant infinitif qui suit expression verbale (adj. + **é**, ou **é** + adj. + inf.).
7. **Ires** : infinitif pers. 2e pers. du sg. de **ir** *(aller)*.
8. **Enquanto** : *pendant que*. Attention : **enquanto eu vou** : *pendant que je vais* (*que* n'est pas traduit en portugais).
9. **Vou ao peixe** : m. à m. « *je vais au poisson* » : *je vais chez le poissonnier*. **Ir a** peut avoir le sens de *aller chez*. **Vou ao médico** : *je vais chez le médecin*.
10. **Peixe, carne** : *le poisson, la viande*. Collectifs.
11. **Só** : ici *seulement*. Peut avoir aussi le sens de *ne ... que* : **só vou contigo** : *je n'irai avec toi que...*
12. **Antes** : ici *plutôt*. A aussi le sens de *avant*.
13. **Umas** : *quelques* (note 3, 8-3).
14. **Não te esqueças** : *n'oublie pas* ; l'impératif négatif = **não** + le subj. présent du verbe à la personne qui convient.
15. **Levar** : sens général : *emporter, emmener*. Ici **levam tempo** : *ils mettent (prennent) du temps*.
16. **Se fizesses** : *si tu faisais* ; imp. subj. 2e pers. sg. de **fazer**. Concordance prop. conditionnelles (note 17, 13-3).
17. **Carne de porco à alentejana** : plat typique de l'Alentejo, province au sud du Tage.
18. **A alface** : *la laitue*. Les mots commençant par **al** sont généralement des mots d'origine arabe. C'est le cas ici.
19. **Mafra** : localité à 43 km au nord de Lisbonne, où se trouve le plus vaste monastère de la péninsule Ibérique, construit de 1717 à 1730, sous Jean V (1707-1750).
20. **A vendê-las** : m. à m. « *en train de les vendre* ». Forme progressive.
21. **Avenida 24 de Julho** : en souvenir du 24 juillet 1833, date à laquelle les Libéraux ont occupé Lisbonne pendant la guerre civile contre les Absolutistes (1831-1834).

16 Au marché de la Ribeira
4. ENVIRONNEMENT

NO MERCADO DA RIBEIRA

— Que tal irmos tomar o pequeno almoço à Ribeira Nova ?
— Acho óptimo. Aliás, quando estou de piquete, costumo ir comer qualquer coisa.
— Onde, à Ribeira ?
— Não. Ao « La Gare ».
— Onde é isso ?
— Ao pé da estação do Rossio.
— E está lá muita gente, a esta hora ?
— Muita gente. Pessoas que vão para o trabalho e outras que vêm do trabalho. Músicos de « cabarets », prostitutas, motoristas de táxi, jornalistas...
— Não. A Ribeira é melhor. Já lá foi alguma vez ?
— Algumas vezes. Também gosto de lá ir.
Entraram pela porta da Avenida 24 de Julho. Havia algazarra e muitos cheiros. Homens transportavam hortaliças, frutas e criação para carroças e camionetas. Flores e um odor a carne fresca. Peixe e uma discussão entre dois fiscais. Um « afasta, afasta, qu'isto é pesado » dois, três, quatro, cinco encontrões, e o café negro, forte, com aguardente e canela.
— Isto dava uma crónica.

Baptista-Bastos. *O secreto adeus*.

AU MARCHÉ DE LA RIBEIRA

— Si nous allions prendre le petit déjeuner à Ribeira Nova ?
— Je trouve ça très bien. D'ailleurs, quand je suis de service, j'ai l'habitude d'aller manger quelque chose.
— Où, à Ribeira ?
— Non. Au café « La Gare ».
— Où est-ce ?
— Près de la gare du Rossio.
— Et il y a beaucoup de gens à cette heure-ci ?
— Oui. Des gens qui vont au travail et d'autres qui reviennent du travail. Des musiciens de cabarets, des prostituées, des chauffeurs de taxi, des journalistes...
— Non. La Ribeira, c'est mieux. Y êtes-vous déjà allé ?
— Quelques fois. J'aime aussi y aller.
Ils entrèrent par la porte de l'avenue du 24-Juillet. Il y avait beaucoup de bruit et d'odeurs. Des hommes transportaient des primeurs, des fruits et de la volaille vers les charrettes et les camionnettes. Des fleurs et une odeur de viande fraîche. Du poisson et une discussion entre deux contrôleurs. Un « éloignez-vous, éloignez-vous, c'est lourd », deux, trois, quatre, cinq bousculades, et le café noir, fort, avec de l'eau-de-vie et de la cannelle.
— Quel beau sujet de chronique !

16 — No mercado da Ribeira

5. ENVIRONNEMENT - LE BRÉSIL

O MERCADO DE MANAUS

Ir ao mercado em Manaus, é uma festa. Referimo-nos ao Mercado Municipal com amontoado de lojas à sua volta, e a praia, quando o rio está seco. É todo um complexo que gira em torno da bela construção de ferro « art-nouveau », importada da Europa e que vem servindo de entreposto de alimentos e especiarias desde o início do século. Na ala central do prédio, pode-se encontrar legumes e verduras, desde os tomates e as couves até o exótico jambu, tão necessário ao tacacá e ao pato no tucupi. Frutas variando das laranjas, melancias e melões, às bananas gigantescas e aos tucumans, sorvas, graviolas, abacaxis e ananases, muito doces... Existem também as barracas das farinhas... e as barracas de especiarias, com objetos mágicos e filtros amorosos a serem empregados nos batuques. Atraem o turista as vistosas cestas e os balaios, as peneiras e os chapéus tecidos de palha, de vime e outras fibras de floresta. É possível, às vezes, encontrar alguma cerâmica do alto rio Negro, autênticas peças do artesanato indígena. Na ala reservada ao pescado, vê-se uma grande variedade de peixes da Amazônia, indo das pequenas sardinhas aos gigantescos pirarucus, ou tucunarés.

LE MARCHÉ DE MANAUS

Aller au marché à Manaus, c'est une fête. Nous parlons du Marché municipal, avec ses boutiques tout autour, et sa plage, quand le fleuve est à sec. C'est tout un ensemble qui entoure la belle construction de fer, style « art-nouveau », importée d'Europe et qui sert d'entrepôt pour les aliments et les épices depuis le début du siècle. Dans l'allée centrale du bâtiment, on peut trouver des légumes secs et des légumes verts, des tomates et des choux jusqu'à l'exotique pomme d'eau, indispensable pour préparer un bon tacaca[1] ou un bon canard au tucupi[2]. Des fruits, oranges, pastèques et melons, aussi bien que bananes géantes, tucumans[3], sorbes, anones et ananas[4], très sucrés. Il y a aussi les stands des farines... et les stands des épices, avec des objets magiques et des philtres d'amour, employés dans les fêtes (**batuque** : *tambours*). Le touriste est attiré par les grands et les petits paniers, les tamis et les chapeaux, tressés de paille, d'osier et autres fibres de la forêt. Il est possible, parfois, de trouver des poteries du haut Rio Negro, pièces authentiques de l'artisanat indigène. Dans l'allée réservée au poisson, on peut voir une grande variété de poissons amazoniens, allant des petites sardines aux gigantesques pirarucus et aux tucunarés.

1. Mets indien. 2. Jus aigre de manioc. 3. Nom indien de palmiers. 4. Abacaxis, ananás : deux variétés d'ananas.

16 — Au marché de la Ribeira
6. PHRASES TYPES

1. Pesez deux kilos de viande pour cuire à l'étouffée.
2. Je voudrais deux cents grammes de viande hachée.
3. Donnez-moi une viande bien tendre.
4. Celle que j'ai achetée l'autre jour était dure.
5. Je voudrais un kilo de viande à rôtir.
6. Est-ce que cette viande est bonne pour un pot-au-feu ?
7. Coupez-moi des tranches de morue.
8. N'oublie pas de faire tremper la morue.
9. Ce poisson n'est pas frais.
10. Je voudrais un poisson avec peu d'arêtes.
11. Pouvez-vous me préparer ce poisson ?
12. Donnez-moi une livre de champignons.
13. Mettez-moi une botte de cresson.
14. Donnez-moi deux tranches de jambon cru et trois rondelles de saucisson.
15. Vous pouvez tout mettre dans un seul paquet.
16. Combien coûte le « chouriço » ?
17. Combien coûtent les œufs ?
18. Où as-tu acheté ces beaux fruits ?
19. Là-bas, à l'étalage, près de l'entrée.

---

1. Pese-me dois quilos de carne para estufar.
2. Queria duzentos gramas de carne picada.
3. Dê-me carne tenra.
4. A que comprei há dias era dura.
5. Queria um quilo de carne para assar.
6. Esta carne é boa para cozer ?
7. Corte-me o bacalhau às postas.
8. Não se esqueça de pôr o bacalhau de molho.
9. Este peixe não está fresco.
10. Queria um peixe com poucas espinhas.
11. Não se importa de me amanhar o peixe ?
12. Arranje-me meio quilo de cogumelos.
13. Ponha aí um molho de agriões.
14. Dê-me duas fatias de presunto, e três rodelas de paio.
15. Pode embrulhar tudo junto.
16. A como é o chouriço ?
17. Quanto custam os ovos ?
18. Onde compraste essa bela fruta ?
19. Ali, naquela banca, perto da entrada.

16 — No mercado da Ribeira

7. VOCABULAIRE

vir, *venir*
ajudar, *aider*
trazer, *apporter, porter*
as compras, *les achats*
a fruta, *les fruits*
o peixe, *le poisson*
a carne, *la viande*
a maçã, *la pomme*
a pêra, *la poire*
meia-dúzia, *une demi-douzaine*
maduro, a, *mûr(e)*
a laranja, *l'orange*
sumarento, a, *juteux, se*
a época, *la saison, l'époque*
a cereja, *la cerise*
a lula, *l'encornet*
prometer, *promettre*
levar tempo, *prendre du temps*
arranjar, *préparer*
o atum, *le thon*
o carapau, *l'épinoche*
o linguado, *la sole*
a costela, *la côtelette*
a vitela, *le veau*
o lombo, *le filet*
o lombo de vaca, *le filet de bœuf*
os miolos, *la cervelle*
a criança, *l'enfant*
o ovo, *l'œuf*
a carne de porco, *la viande de porc*
a amêijoa, *la palourde*
o coentro, *la coriandre*
a lista, *la liste*
meter, *mettre, introduire*
o feijão verde, *le haricot vert*
a batata, *la pomme de terre*
o nabo, *le navet*
a couve, *le choux*
o ramo, *le bouquet*
a salsa, *le persil*
a hortelã, *la menthe*
a tomate, *la tomate*
a alface, *la laitue*
Domingo, *dimanche*
vender, *vendre*
o camponês, *le paysan*
à beira de, *au bord de*
barato, a, *pas cher, bon marché*
encontrar-se, *se trouver*
Julho, *juillet*
demorar, *s'attarder*
esperar, *attendre*
a estação, *la saison*
a flor, *la fleur*

VOCABULAIRE COMPLÉMENTAIRE

o alho, *l'ail*
a cebola, *l'oignon*
a cenoura, *la carotte*
a hortaliça, *les primeurs*
o bacalhau, *la morue*
a pescada, *le colin, le merlan*
o polvo, *le pouple*
a sardinha, *le poisson*
o marisco, *les fruits de mer*
o berbigão, *la coque*
o camarão, *la crevette*
a lagosta, *la langouste*
o lagostim, *la langoustine*
o mexilhão, *la moule*
o talho, *la boucherie*
o borrego, *l'agneau*
o cabrito, *le chevreau*
o carneiro, *le mouton*
o chouriço, *sorte de saucisson*
o fiambre, (B) o presunto, *le jambon blanc*
o fígado, *le foie*
o frango, *le poulet*
o paio, *gros saucisson*
o presunto, *le jambon cru*
a salsicha, *la saucisse*

16 — Au marché de la Ribeira

8. EXERCICES

A. Imaginez que vous vous adressez à plusieurs personnes
1. Vem comigo à praça ! 2. Ajuda-me a levar as compras !
3. Vai comprar a fruta e traz cerejas !
4. Não te esqueças das lulas ! 5. Faz linguado grelhado !

B. Complétez suivant le modèle :
Preciso de alguém que me ajude

1. (acompanhar-me) Preciso de alguém que . . . .
2. (trazer) Preciso de alguém que . . . . . as compras.
3. (ir) Preciso de alguém que . . . . . comigo.
4. (estar) Preciso de alguém que . . . . . livre.
5. (querer) Preciso de alguém que . . . . . trabalhar.

C. Complétez suivant le modèle :
O melhor é tu ires com ele.

1. (vir) O melhor é eles . . . . . cedo.
2. (comprar) O melhor é ele . . . . . a fruta.
3. (fazer) O melhor é nós . . . . . a viagem juntos.
4. (trazer) O melhor é eu . . . . . o vinho.

D. Traduire
1. Si tu vas chez le médecin, n'oublie pas l'argent.
2. Si j'avais le temps, j'irais avec toi au marché.
3. Si la viande n'est pas trop chère, j'en achèterai 1 kilo.

CORRIGÉ

A.
1. Venham comigo à praça.
2. Ajudem-me a levar as compras.
3. Vão comprar a fruta e tragam cerejas.
4. Não se esqueçam das lulas.
5. Façam linguado grelhado.

B.
1. Preciso de alguém que me acompanhe.
2. Preciso de alguém que traga as compras.
3. Preciso de alguém que vá comigo.
4. Preciso de alguém que esteja livre.
5. Preciso de alguém que queira trabalhar.

C.
1. O melhor é eles virem cedo.
2. O melhor é ele comprar a fruta.
3. O melhor é nós fazermos a viagem juntos.
4. O melhor é eu trazer o vinho.

D.
1. Se fores ao médico, não te esqueças do dinheiro.
2. Se eu tivesse tempo, ia (iria) ao mercado contigo.
3. Se a carne não for muito cara, compro (comprarei) 1 quilo.

17 — Na feira da Ladra[1]

1. DIÁLOGO

    M : Manuel   N : Nuno

M — Estás a brincar[2] comigo[3] ! Tu, um Alfacinha[4] e não conhecias a Feira da Ladra ! Custa-me[5] a acreditar.

N — Nunca cá tinha vindo mas sei que foi um mercado lisboeta medieval. Admite-se que é anterior à data da constituição da Monarquia Portuguesa[6].

M — Parece que no século dezasseis[7], a Feira se realizava uma só vez por semana e já era muito concorrida.

N — Os momentos altos de negócios coincidiam com o Natal e a Páscoa e com a partida das caravelas[8] para a Índia[9].

M — E era conhecida pela Feira do Rossio[10].

N — Mas os tempos mudaram e com eles mudou-se a Feira, os seus objectos e os seus clientes.

M — Sabendo tu tanta coisa sobre a Feira da Ladra, espanta-me que nunca tenhas tido vontade de cá vir.

N — É verdade. Foi preciso que tu me trouxesses ! Sabes muito bem que as antiguidades e as velharias nunca me interessaram muito... e além disso a multidão põe-me nervoso.

M — Estás a exagerar.

N — Turistas, forasteiros[11] e lisboetas não te parece gente a mais ?

M — Eu sempre que venho a Lisboa, nunca deixo de vir à Feira da Ladra. Ando sempre à procura de objectos antigos.

N — Olha, ali há roupa velha e talheres de prata ! Foi alguém que vendeu a herança da avó !

M — É possível ! Mas no meio de tanta coisa sem valor, não é impossível encontrar alguns objectos raros. Não estás a ver ali uma imagem ? Parece talha dourada.

N — Há feirantes que nem tenda têm. Ali há panos estendidos no chão com toda a espécie[12] de coisas.

M — Anda daí comigo. Vi uns castiçais de estanho muito bonitos.

N — Vais comprá-los ?

M — Se o preço não for demasiado elevado.

N — Sempre ouvi dizer que nas feiras se regateavam os preços.

M — Às vezes resulta. É por isso que os feirantes pedem sempre mais. Já sabem que o freguês vai discutir o preço.

17. Au marché aux Puces
2. DIALOGUE

       M : Manuel   N : Nuno

M — Tu plaisantes ! Toi un vieux Lisboète, et tu ne connaissais pas le marché aux Puces ! J'ai du mal à le croire.

N — Je n'y étais jamais venu, mais je sais que c'est un marché de Lisbonne remontant au Moyen Âge. On admet qu'il est antérieur à la naissance de la monarchie portugaise.

M — Il semble qu'au XVIe siècle, cette foire n'avait lieu qu'une seule fois par semaine, et qu'elle était déjà très fréquentée.

N — Les affaires battaient leur plein à Noël, à Pâques et au moment des départs des caravelles pour l'Inde.

M — Et elle était connue sous le nom de la Foire du Rossio.

N — Mais les temps ont changé, et avec eux, le lieu de la foire, ainsi que ses marchandises et sa clientèle.

M — Dire que tu sais tant de choses sur notre marché aux Puces ; il est étonnant que tu n'aies jamais eu envie d'y venir.

N — C'est vrai. Il a fallu que tu m'y mènes. Tu sais très bien que les antiquités et la brocante ne m'ont jamais beaucoup intéressé... Et, en outre, la foule me rend nerveux !

M — Tu exagères !

N — Les touristes, les étrangers et les Lisboètes, cela ne te paraît pas trop ?

M — Moi, chaque fois que je viens à Lisbonne, je ne manque jamais le marché aux Puces. Je cherche toujours des objets anciens.

N — Regarde. Là, il y a de vieux vêtements et des couverts en argent. Quelqu'un a dû vendre l'héritage de sa grand-mère !

M — C'est possible. Mais au milieu de tant de choses sans valeur, il n'est pas impossible de trouver quelques objets rares. Ne vois-tu pas là-bas une statuette. On dirait du bois doré sculpté.

N — Il y a des marchands qui n'ont même pas d'étal. Il y a des toiles étendues par terre, avec toute sorte de choses.

M — Viens avec moi ! J'ai vu de très beaux bougeoirs en étain.

N — Tu vas les acheter ?

M — Si le prix n'est pas trop élevé.

N — J'ai toujours entendu dire que l'on marchandait dans les foires.

M — Cela est parfois efficace. C'est pourquoi les marchands demandent toujours plus. Ils savent d'avance que le client va discuter le prix

17 — Na feira da Ladra [1]

3. REMARQUES

1. **A ladra** : *la voleuse* : fém. de **o ladrão** *(le voleur)*. Foire de la Voleuse, équivalent du marché aux Puces à Paris.
2. **Brincar** : *jouer, plaisanter*. Ne pas confondre avec **jogar** : *jouer* (jeu de hasard ou d'équipe : **jogar à bola** : *jouer au ballon*). **Tocar piano** : *jouer du piano* (Note 11, 9-3).
3. **Comigo** : *avec moi* : contraction de **com** *(avec)* + **me** *(moi)*.
4. **Alfacinha** : (« mangeur de laitue » **alface** = *laitue*), surnom donné aux habitants de Lisbonne. Les habitants de Porto sont appelés **tripeiros** : *(mangeurs de tripes* (**tripas**).
5. **Custa-me a acreditar** : *cela me coûte de croire*.
6. **Monarquia Portuguesa** : *la monarchie portugaise* est née en 1139 lorsque Afonso Henriques a été nommé roi (**Afonso I**), après sa victoire sur les Maures à Ourique. Avec lui commence la dynastie de Bourgogne (jusqu'en 1383) car il était fils du comte de Bourgogne auquel le comté de Portugal avait été confié en 1095 par Alphonse VI, roi de León.
7. **Século dezasseis** : m. à m. *« le siècle seize »* : *le seizième siècle*. Les nombres ordinaux fran. se traduisent par les ordinaux port. jusqu'à 10, puis par les cardinaux. Ils se placent après le nom : **Afonso primeiro** *(Alphonse Ier)*, mais **Luís onze** *(Louis XI)* ; **século segundo** : *deuxième siècle*, mais **século dezasseis.**
8. **As caravelas** : *les caravelles*. Petits bateaux rapides, à voiles triangulaires latines utilisés par les Portugais pour la découverte des côtes d'Afrique (jusqu'au cap Bojador, 1434) ; **as naus** *(les nefs)*, plus lourdes et plus grandes, ont été construites (XVe siècle) pour le transport des marchandises.
9. **A partida para a Índia** : *le départ pour les Indes*. La recherche de la Route des épices des Indes a commencé dès 1415, lors de la prise de Ceuta, et a été à l'origine de la découverte de la côte d'Afrique et du Brésil par les Portugais. Ce n'est qu'en 1497 que Vasco de Gama (1469-1524) double le cap de Bonne-Espérance (découvert en 1487 par Bartolomeu Dias), et découvre la Route des Indes où il arrive en 1498.
10. **Rossio** : place au cœur de Lisbonne (entre la Baixa et la place des Restauradores). La Foire qui s'y tenait a lieu maintenant au **Campo de Santa Clara**, près de **Santa Engrácia**, les mardis et samedis de 10 h à 18 h (**Feira da Ladra**).
11. **Forasteiro** : *étranger à la région* ; **estrangeiro** : *étranger au pays*.
12. **Toda a espécie** : *toute espèce*. Notez l'emploi de l'art. déf. entre **toda** et le nom. Pas au Brésil : **Toda espécie.**

17 Au marché aux Puces
4. ENVIRONNEMENT - PORTUGAL

As feiras portuguesas nasceram, na sua grande maioria, na Idade Média e realizam-se nas principais cidades e vilas. Locais de troca de mercadorias (produtos agrícolas, gado, artesanato, ferramentas, etc.), realizavam-se na altura de romarias ou festas religiosas (Páscoa, S. João, Pentecostes, etc.). Ainda numerosas, são, segundo a tradição ou a importância, semanais ou anuais. Permitem que se descubra o artesanato português, rico e sempre vivo (também se pode comprar nas lojas turísticas) : barros do Norte ou do Alentejo, cerâmicas de Aveiro, Alcobaça ou Coimbra, cobre do Algarve, rendas e bordados do Norte ou da Madeira, tapetes de Arraiolos, mantas da Estremadura, cestaria do Alentejo ou do Algarve, etc.

Barcelos (Minho) (às quintas feiras). Uma das feiras-mercados mais importantes do Norte : madeira esculpida, bordados e rendas, louça de barro, bonecos e galos, cestos, gado. Tem um brilho especial na Festa das Cruzes (2-3 de Maio) que, como ela, remonta ao ano 1504.

Golegã (Ribatejo) : Feira de S. Martinho (11 de novembro), apresentação dos mais belos cavalos portugueses.

Évora (Alentejo) : Feira de São João (24-30 de Junho) : barros, queijos, objectos de cortiça, peles de carneiro, etc.

Les foires portugaises sont nées pour la plupart au Moyen Âge ; elles se tiennent dans les principales villes ou bourgades. Lieux d'échanges de marchandises (produits agricoles, bétail, artisanat, outils, etc.), elles suivaient souvent les fêtes religieuses (Pâques, Saint-Jean, Pentecôte, etc.). Encore nombreuses, elles sont, selon la tradition et leur importance, hebdomadaires ou annuelles. Elles permettent de découvrir l'artisanat portugais, riche et bien vivant (on peut en acheter aussi dans les magasins touristiques) : poteries du Nord ou de l'Alentejo, céramiques d'Aveiro, Alcobaça ou Coimbra, cuivres de l'Algarve, dentelles et broderies du Nord ou de Madère, tapis d'Arraiolos et couvertures d'Estrémadure, vannerie d'Alentejo et d'Algarve, etc.

Barcelos (Minho) (le jeudi). L'une des foires-marchés les plus importantes du nord : bois sculptés, broderies et dentelles, poteries, santons (coqs), vannerie, bétail, etc. Elle a un éclat tout particulier lors de la fête des Croix (2-3 mai) qui remonte, comme elle, à 1504.

Golegã (Ribatejo) : Foire de la Saint-Martin (11 novembre). Présentation des plus beaux chevaux portugais.

Évora (Alentejo) : Foire de la Saint-Jean (24-30 juin) : poteries, fromages, objets de liège, peaux de moutons, etc.

17 Na feira da Ladra
5. ENVIRONNEMENT - LE BRÉSIL

Na feira de Caruaru
faz gosto a gente ver
de tudo que há no mundo
nela tem para vender...

                            Luís Gonzaga (disque).

Esta canção do nordeste, muito popular, põe em evidência a importância das feiras nas regiões agrícolas, e isto em todo o Brasil. A feira de Caruaru (134 km de Recife), pitoresca, é muito procurada (4as feiras e sábados das 5 h às 19 h). Bem abastecida de produtos agrícolas, tem uma importante seção de artesanato : barros e bonecos (fabricados na região, contam a vida rural do NE), bordados, redes... Repentistas improvisam nas ruas. A feira (2as feiras) de Feira de Santana (116 km de Salvador), grande atração na região, é uma extraordinaria feira de gado, com rodeos e o respectivo artesanato de couro (acessórios para o vaqueiro, roupa, etc.).

Todas as grandes cidades possuem uma *feira de artesanato* que se realiza aos domingos (sobretudo de manhã) no centro : Belo Horizonte, Rio, S. Paulo, Porto-Alegre. Pode-se adquirir artesanato local, inclusive de outras regiões : objetos de couro, de madeira (jacarandá), de pedra sabão, pedras preciosas ou semi-preciosas, fósseis, borboletas, pinturas « naifs » em madeira ou couro, rendas, pratas, cerâmicas, artigos ligados aos cultos afro-brasileiros, etc.

La foire de Caruaru
Fait plaisir à voir
Tout ce qui existe dans le monde,
Elle peut le vendre.

Cette chanson du Nordeste, très populaire, met en évidence l'importance des foires dans les régions agricoles, et cela dans tout le Brésil. La foire de Caruaru (134 km de Recife), pittoresque, est très recherchée (mercredi et samedi de 5 h à 19 h). Bien approvisionnée en produits agricoles, elle a un secteur d'artisanat très important : poteries, santons (fabriqués localement, ils retracent la vie rurale du N.-E.), broderies, hamacs... Des chanteurs populaires improvisent dans les rues. La foire (lundis) de Feira de Santana (116 km de Salvador), grande attraction de la région, est un extraordinaire marché aux bestiaux, avec ses rodéos et son artisanat du cuir (vêtements, accessoires pour le vacher, etc.).

Toutes les grandes villes ont une *foire de l'artisanat* le dimanche (matin surtout) dans le centre : Belo Horizonte, Rio, São Paulo, Porto Alegre... On peut y acheter des objets d'artisanat local aussi bien que d'autres régions : objets en cuir, bois (jacarandá) ou pierre-savon, pierres précieuses et semi-précieuses, fossiles, papillons, peintures naïves sur bois ou sur cuir, dentelles, argenterie, céramiques, articles liés aux cultes afro-brésiliens.

17 Au marché aux Puces
6. PHRASES TYPES

1. Où est-ce que je peux trouver des objets anciens ?
2. Vous trouverez toutes sortes d'antiquités au marché aux Puces.
3. Pouvez-vous me montrer d'autres bagues ?
4. Combien coûte ce tapis ?
5. Combien coûtent ces estampes ?
6. Combien cela fait-il ?
7. Est-ce que je peux laisser des arrhes ?
8. Si vous prenez les couverts, je vous fais une réduction sur les tableaux.
9. Le cadre est très cher ; je ne le prends que si vous me faites une réduction.
10. Je n'aime pas marchander, mais je reconnais que c'est parfois nécessaire.
11. Je vais jeter un coup d'œil ; il est possible que je trouve quelque chose qui me plaise.
12. C'est une statue religieuse du XVIIIe siècle.
13. Il y a là des meubles très anciens qui ont été restaurés.
14. Ce chandelier, c'est pour offrir ?

---

1. Onde é que posso encontrar objectos antigos ?
2. Encontra toda a espécie de antiguidades na Feira da Ladra.
3. Pode mostrar-me outros anéis ?
4. Quanto custa este tapete ?
5. A como são as estampas ?
6. Quanto é tudo ?
7. Posso deixar um sinal ?
8. Se levar os talheres, faço-lhe um desconto nos quadros.
9. A moldura é muito cara. Só a levo, se me fizer um desconto.
10. Não gosto nada de regatear os preços, mas reconheço que às vezes é preciso.
11. Vou dar uma vista de olhos, pode ser que haja alguma coisa que me agrade.
12. É uma imagem religiosa do século XVIII (dezoito).
13. Ali há móveis muito antigos que foram restaurados.
14. O castiçal é para oferecer ?

17 — Na feira da Ladra

7. VOCABULAIRE

a feira, *la foire*
brincar, *plaisanter*
custar, *avoir du mal à*
acreditar, *croire*
o mercado, *le marché*
admitir, *admettre*
anterior, *antérieur*
a data, *la date*
a constituição, *la constitution*
a monarquia, *la monarchie*
parecer, *sembler, paraître*
o século, *le siècle*
dezasseis, (B) dezesseis, *seize*
concorrido, *fréquenté*
os negócios, *les affaires*
o Natal, *Noël*
a Páscoa, *Pâques*
mudar-se, *changer (déménager)*
espantar-se, *s'étonner*
a vontade, *l'envie*
a velharia, *la vieillerie*

a multidão, *la foule*
o forasteiro, *l'étranger (à la région)*
reparar, *remarquer*
andar à procura de, *chercher*
o talher, *le couvert*
a prata, *l'argent (métal)*
a herança, *l'héritage*
o valor, *la valeur*
a talha dourada, *la sculpture sur bois doré à la feuille d'or*
o feirante, *le forain*
a tenda, *la tente*
o pano, *l'étoffe*
estender, *étendre*
o castiçal, *le chandelier*
o estanho, *l'étain*
regatear, *marchander*
o freguês, *le client*
o boneco, *le santon*
o desconto, *la remise*

VOCABULAIRE COMPLÉMENTAIRE

admirar-se com + nom, *s'étonner de + nom*
o anel, *la bague*
antigo, *ancien*
a antiguidade, *l'antiquité*
barato, *bon marché*
a barraca, *un stand (recouvert d'une bâche)*
os brincos, *les boucles d'oreilles*
o cliente, *le client*
o colar, *le collier*
o couro, *le cuir*
devolver, *rendre*
o ébano, *l'ébène*
embrulhar, *envelopper*
o ferro forjado, *le fer forgé*

o jacarandá, *le palissandre*
as jóias, *les bijoux*
a louça, *la vaisselle*
a louça de barro, *la poterie*
o ouro, *l'or*
a madeira, *le bois*
a madrepérola, *la nacre*
o marfim, *l'ivoire*
mostrar, *montrer*
o mostruário, *l'étalage*
os móveis, *les meubles*
movimentado, *mouvementé*
a novidade, *la nouveauté*
o vendedor ambulante, *le vendeur ambulant*

17 — Au marché aux Puces
8. EXERCICES

A. Remplacer le pron. pers. *me* (1ʳᵉ pers.) par le pronom de la 3ᵉ pers. qui convient : *lhe, se, o(s), a(s)*

1. Custa-me a acreditar.
2. Foi preciso que tu me trouxesses.
3. As velharias nunca me interessaram.
4. Espanta-me que nunca tenhas tido vontade de cá vir.
5. Fizeram-me um desconto.
6. A multidão põe-me nervoso.

B. Remplacer les mots soulignés par le pronom personnel correspondant

1. Vais comprar os castiçais.
2. Vais vender os tapetes.
3. Vou discutir o preço.
4. Vi alguns castiçais.

C. Traduire les phrases suivantes

1. Le tableau coûte mille francs.
2. J'ai du mal à trouver ça beau.
3. Tu es toujours en train de plaisanter.
4. Les enfants jouent dans la rue.
5. Il joue très bien du violon.
6. Nous jouons aux échecs.

CORRIGÉ

A.
1. Custa-lhe a acreditar.
2. Foi preciso que o trouxesses.
3. As velharias nunca lhe interessaram.
4. Espanta-se que nunca tenhas tido vontade de cá vir.
5. Fizeram-lhe um desconto.
6. A multidão põe-no nervoso.

B.
1. Vais comprá-los.
2. Vais vendê-los.
3. Vou discuti-lo.
4. Vi-os.

C.
1. O quadro custa mil francos.
2. Custa-me achar isto bonito.
3. Estás sempre a brincar.
4. As crianças brincam na rua.
5. Ele toca muito bem violino.
6. Nós jogamos xadrês.

18 — Um desafio de futebol

1. DIÁLOGO

M : Manuel   N : Nuno

M — Nunca pensei que houvesse[1] tanta gente[2] no[3] estádio !
N — Foi por isso que comprei os[3] bilhetes há oito dias. A esta hora, quem quiser[4] ver o jogo terá de recorrer ao mercado negro, e pagar muito mais.
M — Mas o estádio enche-se sempre assim ?
N — Quando há um desafio decisivo como este, o estádio fica a abarrotar. Quem ganhar[4], ganha o[3] campeonato. Ou o Benfica[5], ou o Porto[5].
M — Olha a quantidade de bandeiras vermelhas e azuis. Tanto entusiasmo[2] por[6] um desafio de futebol. É incrível !
N — É uma maneira de as[7] pessoas esquecerem os seus problemas.
M — Nunca ouvi tantas palmas, nem tantos assobios[2].
N — Parece que é a primeira vez que vens ao futebol. Enquanto os adeptos de uma equipa aplaudem, os outros assobiam.
M — Os jogadores já estão a entrar em campo.
N — Reparaste no[3] relvado ? Parece um tapete.
M — O árbitro chamou os capitães[8] das duas equipas e agora atira uma moeda ao ar para decidir quem vai dar o pontapé[9] de saída.
N — A equipa visitada joga contra o vento.
M — Os jogadores estão nos seus lugares e o juiz da partida está a olhar para o cronómetro.
N — Já apitou. Começou o jogo.
M — Que bonita jogada[10] ! Por enquanto, as duas equipas estão a jogar taco-a-taco.
N — Até agora, nenhuma teve uma oportunidade de golo.
M — É verdade. As defesas[11] têm conseguido[12] neutralizar os avançados.
N — Olha, a primeira grande defesa do guarda-redes visitante.
M — A bola ia entrando[13], mas foi desviada para[14] canto.
N — Viste aquele[15] remate ? Saiu muito por alto.
M — Viste como o número 9 fintou o defesa[11] e atirou para fora do alcance do guarda-redes ? Que grande golo !

.... multidão : Gôooooooooolo ! ....[16]

N — A vantagem é pequena. Os outros ainda podem empatar.
M — Mas tu não torces pelo mesmo clube.
N — Pois não ! Mas joguei no Totobola[17] e apostei numa vitória da tua equipa. Joga em casa.

144

18 — Un match de football
2. DIALOGUE

M : Manuel N : Nuno

M — Je n'aurais jamais imaginé qu'il pourrait y avoir tant de gens dans ce stade !
N — C'est pour cela que j'ai acheté les billets, il y a huit jours. À cette heure-ci, celui qui voudra voir le match devra avoir recours au marché noir et... payer plus cher !
M — Mais le stade se remplit-il toujours ainsi ?
N — Quand il y a un match décisif comme celui-ci, le stade est plein à craquer. Celui qui gagnera, remportera le championnat : Benfica ou Porto.
M — Regarde tous ces drapeaux rouges et bleus. Tant d'enthousiasme pour un match de foot ! C'est incroyable !
N — C'est une façon pour les gens d'oublier leurs soucis.
M — Je n'ai jamais entendu tant d'applaudissements, ni de sifflements.
N — On dirait que c'est la première fois que tu viens à un match de foot. Tandis que les supporters d'une équipe applaudissent, les autres sifflent.
M — Ça y est, les joueurs entrent sur le terrain.
N — Tu as remarqué la pelouse ? On dirait un tapis.
M — L'arbitre a appelé les capitaines des deux équipes et maintenant il décide à pile ou face de qui donnera le coup d'envoi.
N — L'équipe qui reçoit joue contre le vent.
M — Les joueurs se mettent en place et l'arbitre regarde son chronomètre.
N — Ça y est, il a sifflé. Le match a commencé.
M — Quel beau jeu ! Pour le moment, les deux équipes se tiennent (m. à m. : jouent coup par coup).
N — Jusqu'à maintenant, aucune des deux n'a eu l'occasion de marquer un but.
M — C'est vrai, jusqu'à présent la défense a réussi à neutraliser les avants.
N — Regarde, c'est le premier bel arrêt du gardien de but des visiteurs.
M — Le ballon a failli entrer, mais il a été mis en corner.
N — Tu as vu ce coup ? Il est passé trop haut.
M — Tu as vu cette feinte du numéro 9 sur le défenseur ? Il a mis le ballon hors de portée du gardien de but. Quel beau but !

.... La foule : Buuuuuuuut ! ....

N — L'avantage est mince. Les autres peuvent encore faire match nul.
M — Mais tu n'es pas supporter de ce club, toi.
N — Non, mais j'ai joué au loto sportif et j'ai parié sur la victoire de ton équipe. Elle joue sur son terrain.

18 Um desafio de futebol

3. REMARQUES

1. **Houvesse** : *qu'il y eût* ; imparf. subj. 3ᵉ pers. sg. de **haver** *(avoir)*. Concordance des temps, (cf. note 8, 5-3).
2. **Tanta gente** : *tant de gens*. **Gente** : *les gens,* fém. sg : collectif. **Tanta** + nom : *tant de* + nom. Accord, (cf. note 17, 8-3).
3. **No estádio** : *dans ce stade* (cf. note 14, 5-3).
4. **Quem quiser** : *celui qui voudra*. **Quem** non précédé d'un antécédant = *celui qui*. **Quiser** : fut. subj. (cf. note 9, 7-3).
5. **O Benfica** : nom d'un des clubs de foot les plus célèbres du Portugal. Il porte le nom d'un quartier de Lisbonne : **Benfica** *(« bien placée »)*, où il a son stade, le plus grand du pays (120 000 places).
6. **Entusiasmo por** : *enthousiasme pour* (**por** : *en faveur de*).
7. **Uma maneira de as pessoas esquecerem** : *une façon pour que les gens oublient*. La contraction de **de** et l'art. **a** est impossible ici : le nom qu'il introduit **(pessoas)** est sujet de **esquecerem** (inf. pers.) dans proposition à l'inf., et non compl. du nom précédent. On pourrait dire : **as maneiras das pessoas são...** : *les manières des personnes sont...*
8. **Os capitães** : *les capitaines* ; pl. de **o capitão** (cf. note 4, 8-3).
9. **O pontapé** : m. à m. *« la pointe du pied »* : *le coup de pied,* ou le coup donné au foot avec la pointe du pied. Synonyme de **xuto** (de l'anglais *to shoot* = *donner un coup de pied*). L'un des groupes de rock le plus célèbre du Portugal s'appelle **Xutos e Pontapés.**
10. **A jogada** : *le jeu, un beau coup au jeu*. Formé de **jogo** + suffixe **ada** *(un coup de)*. **Uma faca** *(un couteau)* : **uma facada** : *un coup de couteau*.
11. **As defesas** : *la défense, la ligne de défense*. Mais **o defesa** : *le défenseur (de la ligne de défense)*.
12. **Têm conseguido neutralizar** : *ont réussi à neutraliser*. Passé comp. de **conseguir** *(réussir à)*. Notez la construction de ce verbe. Emploi du passé composé (cf. note 16, 4-3).
13. **Ia entrando** : *était sur le point d'entrer, a failli entrer*.
14. **Para** + nom : *vers* + nom (direction vers). Ne pas confondre avec *vers,* approximation. **Pelas oito horas** : *vers 8 heures*.
15. **Aquele remate** : *ce coup* ; **aquele** a ici une valeur emphatique.
16. **Gôooooolo** : cri caractéristique du commentateur de radio pour annoncer un but.
17. **Totobola** : sorte de Loto sportif. Les paris sur les matchs de foot, au Portugal, ont été créés il y a plus de trente ans.

18 — Un match de football
4. ENVIRONNEMENT

NENETTE OU O « FOOT-BALL » FEMININO

Vieram a Lisboa dois « onze » femininos, o que, apesar da aritmética, fazia mais de vinte e duas jogadoras, porque também havia várias suplentes. Na « gare », dizem que foi uma enchente de alto lá com ela, tendo também comparecido um piquete de infantaria da Guarda por causa das dúvidas. Apesar disto, os conquistadores desportivos executaram à risca o seu programa de recepção que excedeu todas as expectativas. E como seria caso virgem em Portugal ter a Guarda de intervir aonde não havia alteração de ordem pública e apenas ardentes beijos e abraços à portuguesíssima, a infantaria conservou-se durante aqueles momentos psicológicos debaixo de forma, a pé firme, dando assim um grande exemplo de disciplina, sobretudo aos estrangeiros. A verdade é que nesse dia o nosso temperamento ardente de meridionais tinha mobilizado ali para a estação a fina flor de exuberância nacional com todos os seus gestos e os mais adequados para receber raparigas desacompanhadas. Foi em cheio !

Perguntei a uma delas a impressão que tinha tido com aquela recepção.

— « Oh, lá lá !... ce qu'ils sont pressés, vos compatriotes »

Almada Negreiros in « Diário de Lisboa » (6.8.1923).

NENETTE OU LE « FOOTBALL » FÉMININ

Deux « onze » féminins sont venus à Lisbonne, ce qui, n'en déplaise à l'arithmétique, faisait plus de 22 joueuses, car il y avait aussi plusieurs suppléantes. Dans la « gare », ce fut, dit-on, une marée humaine des plus impressionnantes ; un piquet d'infanterie de la Garde Républicaine était aussi venu, en cas d'incidents. Malgré tout, les conquérants sportifs exécutèrent point par point leur programme d'accueil, qui dépassa toutes les espérances. Et comme cela aurait été une première au Portugal de voir la garde intervenir là où il n'y avait pas de trouble de l'ordre public et seulement d'ardents baisers et accolades portugaisissimes, l'infanterie resta en corps constitué, de pied ferme, pendant ces moments psychologiques, donnant ainsi un grand exemple de discipline, surtout aux étrangers. En réalité, ce jour-là, notre tempérament ardent de méridionaux avait mobilisé à la gare la fine fleur de l'exubérance nationale, avec tous ses gestes, et les plus appropriés, pour accueillir des jeunes filles, sans compagnie. Ce fut très réussi !

J'ai demandé à l'une d'elles son impression devant un tel accueil :

— Oh, lá lá !... ce qu'ils sont pressés, vos compatriotes !

18 — Um desafio de futebol
5. ENVIRONNEMENT - LE BRÉSIL

FUTEBOL DE RUA

« Pelada » é o futebol de terreno baldio. Mas existe um tipo de futebol ainda mais rudimentar. É o futebol de rua. Perto do futebol de rua qualquer « pelada » é luxo e qualquer terreno baldio é o Maracanã... Não sei se alguém, algum dia, botou num papel as regras de rua. Elas seriam :

Da bola : A bola pode ser qualquer coisa remotamente esférica. Até uma bola de futebol serve. No desespero, usa-se qualquer coisa que role, como uma pedra, uma lata vazia ou a merendeira do seu irmão menor que sairá correndo para se queixar em casa. No caso de usar pedra... recomenda-se jogar de sapatos. De preferência os novos, do colégio... Também é permitido o uso de frutas ou legumes (...).

Das goleiras : As goleiras podem ser feitas com o que estiver à mão. Tijolos, paralelipípedos, camisas emboladas, os livros da escola, a merendeira do seu irmão menor... a distância regulamentar entre uma goleira e a outra dependerá da discussão entre jogadores. Às vezes a discussão demora tanto que quando a distância fica acertada está na hora de ir jantar.

Do campo : O mais comum é jogar-se só no meio da rua.

Luis Fernando Veríssimo, in *O Rei do Rock*, Porto Alegre, 78

LE FOOTBALL DE RUE

La **pelada** est le foot de terrain vague. Mais il existe un type de foot encore plus rudimentaire. C'est le foot de rue. À côté de n'importe quel foot de rue, la **pelada** est un luxe et tout terrain vague est le Maracanã[1]... Je ne sais pas si quelqu'un a jamais jeté sur le papier les règles du football de rue. Cela pourrait être :

Le ballon : Le ballon peut être n'importe quoi de vaguement sphérique. Même un ballon de foot peut servir. Dans les cas désespérés, on peut utiliser tout ce qui roule : une pierre, une boîte de conserve vide ou le panier du goûter de votre petit frère qui partira en courant se plaindre à la maison. Si vous utilisez une pierre... il est recommandé de jouer avec des chaussures. De préférence les neuves, celles du collège. L'usage de fruits ou de légumes est aussi permis...

Les buts : Les buts peuvent se délimiter avec ce qui tombe sous la main : briques, pavés, chemises roulées, livres de classe, le panier du goûter du petit frère... La distance réglementaire entre 2 buts dépendra de la discussion entre les joueurs. Cette discussion dure parfois tellement qu'il est l'heure d'aller dîner quand elle est fixée.

Le terrain : Le plus courant, c'est de jouer au milieu de la rue.

---

1. Le plus grand stade du monde (170 000 places), Rio.

18 — Un match de football
6. PHRASES TYPES

1. Le stade a 100 000 places.
2. Le stade est archicomble.
3. Ne poussez pas !
4. Moi, je ne vais jamais assister à un match de foot. J'en écoute toujours la retransmission en direct à la radio.
5. As-tu l'habitude de jouer au Loto sportif ?
6. Cette semaine je n'ai pas encore rempli mon bulletin.
7. Combien de résultats justes as-tu trouvés ?
8. Je n'ai trouvé que sept résultats justes.
9. Le match a déjà commencé.
10. Il manque cinq minutes pour la fin de la première mi-temps.
11. Le match est déjà fini.
12. Cette année, trois clubs montent en première division.
13. Je parie que Benfica va gagner.
14. Le joueur est hors jeu et l'arbitre ne l'a pas vu.
15. Le ballon a frôlé le montant.
16. C'est le premier du classement contre le dernier.
17. Les éliminatoires de la coupe du Portugal commencent dimanche prochain.
18. Les équipes ont fait match nul, à deux partout.

---

1. O estádio tem lotação para cem mil pessoas.
2. O estádio está superlotado (abarrotado).
3. Não empurrem !
4. Eu nunca vou ao futebol ; oiço sempre o relato pela rádio.
5. Costumas jogar no Totobola ?
6. Esta semana ainda não preenchi o boletim.
7. Em quantos resultados acertaste ?
8. Só acertei em sete resultados.
9. O jogo já começou.
10. Faltam cinco minutos para acabar a primeira parte.
11. O desafio (o jogo) já acabou.
12. Este ano sobem três clubes à primeira divisão.
13. Aposto que o Benfica vai ganhar.
14. O jogador está fora de jogo e o árbitro não viu.
15. A bola passou a rasar a trave.
16. É o primeiro contra o último.
17. As eliminatórias da Taça de Portugal começam no domingo.
18. As equipas empataram a dois golos.

18 — Um desafio de futebol

7. VOCABULAIRE

o estádio, *le stade*
o jogo, *le match*
recorrer, *recourir, avoir recours*
o mercado negro, *le marché noir*
encher-se, *se remplir*
o desafio = o jogo, *le match*
abarrotar, *remplir à craquer*
ganhar, *gagner*
o campeonato, *le championnat*
a quantidade, *la quantité*
a bandeira, *le drapeau*
incrível, *incroyable*
vermelho, *rouge*
azul, *bleu*
as palmas, *les applaudissements*
o assobio, *les sifflets, le sifflement*
o adepto, *l'adepte*
aplaudir, *applaudir*
assobiar, *siffler*
(B) o gol (pl. : goles ou gois), *le but*
(B) o goleiro, *le gardien de but*

(B) a equipe, o time, *l'équipe*
o jogador, *le joueur*
o campo, *le terrain*
o relvado, *la pelouse*
o árbitro, *l'arbitre*
o capitão, *le capitaine*
atirar, *jeter, lancer*
a moeda, *la pièce de monnaie*
o juiz, *le juge*
a partida, *la partie*
conseguir, *réussir*
a defesa, *la défense*
o defesa, *le défenseur*
o avançado, *l'avant*
desperdiçar, *rater*
desviar, *dévier*
falhar, *manquer*
fintar, *faire une feinte, feinter*
torcer, *être supporter de*
apostar, *parier*

VOCABULAIRE COMPLÉMENTAIRE

o andebol, *le handball*
o atletismo, *l'athlétisme*
o basquetebol, *le basket*
a bicicleta, *la bicyclette*
o bilhar, *le billard*
o ciclismo, *le cyclisme*
o corredor, *le coureur*
correr, *courir*
a corrida, *la course*
a corrida de automóveis, *la course automobile*
a derrota, *la défaite*
derrotar, *mettre en déroute*
empatar, *faire match nul, égaliser*
fazer desporto, *faire du sport*
fazer ginástica, *faire de la gymnastique*
o futebolista, *le footballeur*

o ginásio, *le gymnase*
o hóquei em campo, *hockey sur gazon*
o hóquei em patins, *le hockey sur patins*
a maratona, *le marathon*
nadar, *nager*
a natação, *la natation*
perder, *perdre*
a piscina, *la piscine*
a prancha à vela, *la planche à voile*
praticar desporto, *faire du sport*
o ténis, (B) tênis, *le tennis*
a vela, *la voile*
o veleiro, *le voilier*
a volta a Portugal, *le tour du Portugal*

18 — Un match de football

8. EXERCICES

A. Compléter les phrases suivant le modèle :
(Nunca pensei que houvesse tanta gente)
1. (Ficar) Nunca pensei que .... tanta gente de fora.
2. (Estar) Nunca pensei que as pessoas .... tão entusiasmadas.
3. (Jogar) Nunca pensei que as equipas .... tão mal.
4. (Dar) Nunca pensei que eles .... tanto dinheiro.
5. (Encher-se) Nunca pensei que o estádio ..... tão rapidamente.
6. (Trazer) Nunca pensei que a equipa visitante .... tantos adeptos.

B. Compléter les phrases suivant le modèle :
(Quem quiser ver o jogo terá de comprar bilhetes)
1. (Vir) Quem .... ao jogo, terá de chegar cedo.
2. (Ir) Quem .... ao desafio, não poderá ir de carro.
3. (Ter) Só quem .... já bilhetes, poderá entrar.
4. (Acertar) Quem .... em treze resultados ganhará muito.

C. Compléter avec *tanto(s), tanta(s), tão*
1. Não vás .... depressa, ainda temos .... tempo.
2. Há .... gente no estádio.
3. Os espectadores aplaudem com .... entusiasmo.
4. O estádio está .... cheio. Há .... pessoas de pé.

D. Traduire
1. Le match a terminé vers sept heures.
2. Ils sont partis vers Lisbonne en chantant.

CORRIGÉ

A.
1. Nunca pensei que ficasse tanta gente de fora.
2. Nunca pensei que as pessoas estivessem tão entusiasmadas.
3. Nunca pensei que as equipas jogassem tão mal.
4. Nunca pensei que eles dessem tanto dinheiro.
5. Nunca pensei que o estádio se enchesse tão rapidamente.
6. Nunca pensei que a equipa visitante trouxesse tantos adeptos.

B.
1. Quem vier ao jogo, terá de chegar cedo.
2. Quem for ao desafio, não poderá ir de carro.
3. Só quem tiver já bilhetes, poderá entrar.
4. Quem acertar em treze resultados ganhará muito.

C.
1. Não vás tão depressa, ainda temos tanto tempo.
2. Há tanta gente no estádio.
3. Os espectadores aplaudem com tanto entusiasmo.
4. O estádio está tão cheio. Há tantas pessoas de pé.

D.
1. O desafio acabou pelas sete horas.
2. Eles partiram para Lisboa a cantar.

19 A visita do médico
1. DIÁLOGO

A : António   Ma : Manuela   Md : Médico

A — Não me sinto[1] nada bem.
Ma — Ontem à noite, notei que estavas com[2] mau aspecto. Mas não te disse nada para não te assustar.
A — Sei que não deste por[3] isso, mas um mal-estar no estômago não me deixou dormir.
Ma — Porque é que não me acordaste ? Tinha-te feito um chá.
A — Pensei que fosse uma indisposição passageira. Mas hoje dói-me[4] muito a cabeça e estou com frio[2].
Ma — Tens a testa a arder.
A — É capaz de ser uma gripe.
Ma — Uma gripe no Verão ! O melhor é chamar o médico. Mais vale prevenir do que[5] remediar.
A — Telefona para casa do Dr. Nogueira[6]. A esta hora não está no consultório. Começa as consultas mais tarde...

. . . .

Md — Então como vai o nosso doente ?
Ma — Nada bem senhor Doutor[6]. Pus-lhe agora mesmo o termómetro e está com[2] quarenta graus de febre.
Md — De que se queixa ?
A — Estou com[2] uma dor de cabeça e sinto arrepios.
Md — (auscultando-o :) Respire fundo. Deixe ver a língua. Diga-me uma coisa : ontem o senhor passou o dia na praia ?
A — Na praia propriamente dita, não. Demos um passeio de barco.
Md — O senhor andou com a cabeça ao sol, apanhou uma insolação. Para a próxima vez, não deixe de levar um chapéu.
A — É grave, senhor doutor ?
Md — Não, não é, mas tem de ter cuidado. Vou receitar-lhe uns comprimidos. Deve tomar dois, de duas em duas horas. Convém beber muitos líquidos.
A — Vou ter de ficar muitos dias de cama, senhor doutor[6] ?
Md — Verá que dentro de uma hora a febre vai baixar e amanhã já estará completamente bom.
Ma — O meu marido pode comer de tudo, senhor doutor ?
Md — Hoje, é melhor dar-lhe uma refeição ligeira. Amanhã já pode comer o que lhe apetecer[4].
Ma — Fiquei tão assustada. Não me agradava[4] nada vê-lo a dar entrada no hospital. Vou já à farmácia aviar a receita.

19. La visite du médecin
2. DIALOGUE

A : António   Ma : Manuela   Md : Médico

A — Je ne me sens pas bien du tout.
Ma — Hier soir, j'ai remarqué que tu avais mauvaise mine, mais je ne t'ai rien dit pour ne pas t'inquiéter.
A — Je sais que tu ne t'en es pas rendu compte, mais une gêne à l'estomac m'a empêché de dormir.
Ma — Pourquoi ne m'as-tu pas réveillée ? Je t'aurais préparé un thé.
A — J'ai pensé que c'était une indisposition passagère. Mais aujourd'hui j'ai très mal à la tête et j'ai froid.
Ma — Tu as le front brûlant.
A — C'est probablement une grippe.
Ma — Une grippe en été ! Il vaut mieux appeler le médecin. Mieux vaut prévenir que guérir.
A — Téléphone chez le docteur Nogueira. À cette heure-ci, il n'est pas dans son cabinet (de consultations). Il commence ses consultations plus tard.

....

A — Alors, comment va notre malade ?
Ma — Pas très bien, docteur. Je viens de lui prendre la température. Il a quarante.
Md — Qu'est-ce qui ne va pas ?
A — J'ai très mal à la tête et j'ai des frissons.
Md — (l'auscultant :) Respirez fort. Montrez-moi votre langue. Dites-moi donc, vous avez passé la journée d'hier à la plage ?
A — Sur la plage, pas vraiment. Nous avons fait une promenade en bateau.
Md — Vous êtes resté la tête au soleil. Vous avez attrapé une insolation. La prochaine fois, n'oubliez pas de prendre un chapeau.
A — C'est grave, docteur ?
Md — Mais non, mais vous devez faire attention. Je vais vous prescrire des comprimés. Vous en prendrez deux toutes les deux heures. Il faut boire beaucoup de liquides.
A — Faut-il que je garde le lit plusieurs jours, docteur ?
Md — Vous verrez que, dans une heure, votre fièvre baissera et demain vous serez guéri.
Ma — Mon mari peut manger de tout, docteur ?
Md — Aujourd'hui, il vaut mieux qu'il prenne un repas léger. Et demain, il pourra manger ce qu'il voudra.
Ma — J'ai eu si peur. L'idée de le voir rentrer à l'hôpital ne me plaisait pas du tout. Je vais tout de suite à la pharmacie porter l'ordonnance.

19 — A visita do médico

3. REMARQUES

1. **Não me sinto** : *je ne me sens pas* : 1re pers. sg. prés. ind. de **sentir**. Même irrégularité que **servir** *(servir),* **vestir** *(vêtir),* **preferir** *(préférer).*
2. **Estavas com mau aspecto** : m. à m. « *tu avais mauvais aspect* » : *tu avais mauvaise mine).* **Estar com** : *avoir, éprouver une sensation passagère* ; **estou com sede** : *j'ai soif.*
3. **Não deste por** *(tu ne t'es pas rendu compte).* **Deste** : 2e pers. sg. du prét. irr. de **dar** *(donner).* Notez : **dar por** : *se rendre compte* ; **dar com** : *rencontrer* ; **dar para** : *donner sur.*
4. **Dói-me a cabeça** : m. à m. « *la tête me fait mal* » : *j'ai mal à la tête.* Prés. ind. 3e pers. sg. de **doer** *(avoir mal à).* Notez : la construction du verbe, toujours à la 3e pers. (sg. ou pl.) : **Doem-lhe os pés** (m. à m. « *les pieds lui font mal* » : *il a mal aux pieds).* Le pron. pers. ind. désigne la personne qui a mal ; le verbe s'accorde avec le complément fran. du verbe *(a mal).* Même construct. : **apetecer** *(avoir envie de* : cf. note 17, 1-3) et **agradar** *(aimer, apprécier).* **Agradam-lhe as rosas** : *il aime les roses.*
5. **Mais vale prevenir do que remediar** : m. à m. « *il vaut plus prévenir que remédier* : *il vaut mieux prévenir que guérir.* Comparatif de supériorité **(mais... que)** et comp. d'infériorité **(menos... que)** : **do que** introduit obligatoirement le 2e terme s'il contient un verbe exprimé ; l'emploi de **do** est facultatif si le verbe est s.-ent. : **Pedro é mais inteligente do que João** ou **mais inteligente que João** (s.-ent. *est intelligent).* Comp. d'égalité : **tão... como** : *aussi... que* (cf. note 22, 8-3). Notez : **curar, sarar** : *guérir.*
6. **Dr. Nogueira** : *Dr Nogueira* : **Dr.** (abréviation de **doutor** : *docteur)* signifie que la personne à laquelle on s'adresse est licenciée de l'Université ou a un titre universitaire équivalent (lettres, droit, économie, médecine). Il est toujours mentionné (Portugal, Espagne ou Italie où ce titre est très apprécié) lorsque l'on s'adresse à une personne qui le possède et avec qui on n'a pas d'intimité. Dans le libellé d'une adresse il est précisé en abrégé devant le nom de famille ; il est écrit en entier **(doutor)**, seulement si la personne est titulaire d'un doctorat d'État, et précédé de **professor** si celle-ci est titulaire d'une chaire à l'Université. Notez : **doutor** n'est pas synonyme de **médico** : *médecin* ; **vou ao médico** : *je vais chez le docteur.* Ce titre de **doutor** n'est pas employé pour les ingénieurs, les architectes, etc. On leur dit : **Senhor engenheiro X** (abréviation : **Sr. Eng.),** ou **senhor arquitecto X** (abréviation **Sr. arq. to.)** = *Monsieur l'ingénieur X, l'architecte X).*

19 — La visite du médecin
4. ENVIRONNEMENT

ADÁGIO : Um dia frio outro quente, logo o homem é doente.

MEDICINA POPULAR

Constipação : ferve-se alecrim com vinho, bebendo depois essa mistura.

Inchaços : apanhar malvas e secá-las à sombra. Ferver as malvas, colocando depois esta mistura por cima da parte inchada.

Estômago : apanhar flor de borragem e secá-la à sombra. Fazer um chá [1] e bebê-lo.

ANEDOTA

Um lavrador [2] entrou na mercearia da aldeia e pediu presunto. Quando lho deram, cheirou-o e disse :
— Este presunto não está bom.
— Ora essa, está bom sim senhor. Disse. Pois fique sabendo que acabámos de o curar [3] na semana passa.
— Acabaram de o curar [1] ? Pois então teve uma recaída.

ADAGE : Un jour froid, un jour chaud, l'homme tombe malade.

MÉDECINE POPULAIRE

Rhume : Faire bouillir du romarin avec du vin, puis boire ce mélange.
Enflures : Cueillir des mauves et les faire sécher à l'ombre. Faire bouillir ces mauves, et mettre ensuite cette préparation sur la partie enflée.
Estomac : Cueillir des fleurs de bourrache et les faire sécher à l'ombre. En faire une infusion et la boire.

ANECDOTE

Un paysan entra dans l'épicerie du village et demanda du jambon cru fumé. Quand on le lui donna, il le sentit et dit :
— Ce jambon n'est pas bon.
— Allons donc, mais bien sûr qu'il est bon, dit-il. Eh, bien sachez qu'il vient d'être traité (fumé), la semaine dernière.
— Vous venez de le traiter (soigner) ? Alors il a eu une rechute.

---

1. **O chá** : *le thé, l'infusion* (**um chá de tília** : *une infusion de tilleul*. **Um chá com limão** *(un thé avec une rondelle de citron)* ; **um chá de limão** : *une infusion faite avec du citron*.
2. **O lavrador** (**lavrar** : *labourer*) : *un paysan*. En Alentejo et dans le Ribatejo : *un grand propriétaire terrien*.
3. **Curar** : *guérir* ; *fumer, boucaner, affiner* : *affiner un fromage* ; *fumer le jambon*.

19 — A visita do médico
5. ENVIRONNEMENT - LE BRÉSIL

CARAS NOVAS

O Rio já é a capital mundial da operação plástica. Não param de chegar estrangeiros para ver, não o Pão de Açúcar mas o Pitanguy. Quem não consegue reserva com o Pitanguy recorre a outros restauradores brasileiros, com menos nome mas igualmente competentes...

Os responsáveis pelo turismo podiam montar um balcão no aeroporto — Plasti - service, Reserva de Cirurgião — para receber os visitantes que chegam tapando o rosto e pedindo informações. E também podiam oferecer alguns planos para incentivar a circulação do turista e dos seus dólares depois da operação. O chamado pacote turístico. Por ex. : Plano 1 : nariz ou rugas, visita ao Corcovado, almoço na Barra, tarde livre, jantar com « show »...

O cirurgião plástico, injustamente chamado de gigolô da vaidade, desempenha uma função social importante. Os eventuais exageros não são culpa sua. São os clientes que insistem.

— Minha senhora, é impossível esticar a sua pele ainda mais. Já lhe operei 17 vezes. Não tenho mais o que puxar.

— Desta vez quero que você me tire esta covinha do queixo.

Resolvidos pequenos impasses, só temos que nos orgulhar com o sucesso dos nossos cirurgiões plásticos. Ele afeta até nossa balança de pagamento.

D'après Luís Fernando Verissimo, « *Amor brasileiro* », 1977.

VISAGES NEUFS

Rio est déjà la capitale mondiale de la chirurgie plastique. Les étrangers ne cessent d'y arriver, non pour voir le Pain de Sucre, mais Pitanguy. Celui qui ne peut réserver chez Pitanguy a recours à d'autres plasticiens brésiliens moins renommés, mais également compétents.

Les responsables du tourisme pourraient ouvrir un comptoir à l'aéroport — Plasti-Service, Location de Chirurgiens — pour recevoir les visiteurs qui arrivent pour demander des renseignements en cachant leur visage. Ils pourraient aussi proposer des programmes pour promouvoir la circulation des touristes et de leurs dollars, après l'opération. Les fameuses mesures touristiques... Par exemple, programme n° 1 : nez, ou rides, visite au Corcovado, déjeuner à Barra, après-midi libre, dîner avec show... Le chirurgien esthétique, injustement appelé « gigolo de la vanité », joue un rôle social important. Il n'est pas responsable des éventuelles exagérations. Ce sont les clients qui insistent.

— Madame, on peut ne plus tirer votre peau. Je l'ai déjà fait 17 fois. Je n'ai plus rien à tirer.

— Cette fois-ci, je veux que vous m'enleviez cette fossette au menton.

Une fois résolues certaines petites complications, nous ne pouvons qu'être fiers du succès de nos chirurgiens esthétiques. Il influence même notre balance des paiements.

19 La visite du médecin
6. PHRASES TYPES

1. Avez-vous quelque chose contre la grippe ?
2. J'ai des vertiges ; j'ai l'impression que je vais m'évanouir.
3. Avez-vous des comprimés contre la migraine ?
4. Docteur, j'ai eu très mal à la tête dernièrement.
5. Demain, il faut que j'aille chez le médecin.
6. J'ai pris un rendez-vous pour une consultation à trois heures.
7. Je tousse. Je voudrais un sirop.
8. Je me suis enrhumé.
9. J'ai mal au ventre ; je suis constipé.
10. La blessure est presque guérie.
11. Tu as de la chance ; tu n'as pas de blessures.
12. Elle, elle a été gravement blessée.
13. J'ai une brûlure au pied.
14. Tu t'es cassé la jambe ?
15. Je me suis fait une coupure à la main.
16. Tu t'es coupé ?
17. Je me suis coupé quand j'épluchais des pommes de terre.
18. Il s'est fait opérer à la gorge.
19. En descendant l'escalier, je me suis fait une entorse.

---

1. Tem alguma coisa contra a gripe ?
2. Sinto tonturas. Tenho a impressão de que vou desmaiar.
3. Tem comprimidos para as enxaquecas ?
4. Senhor doutor, ultimamente tem-me doído muito a cabeça.
5. Amanhã tenho que ir ao médico.
6. Tenho consulta marcada para as três horas.
7. Estou com (tenho) tosse, queria um xarope.
8. Apanhei uma constipação.
9. Dói-me a barriga ; estou com prisão de ventre.
10. A ferida está quase sarada.
11. Estás com sorte, não tens nenhum ferimento.
12. Ela ficou gravemente ferida.
13. Tenho uma queimadura num pé.
14. Partiste a perna ?
15. Tenho um golpe na mão.
16. Cortaste-te ?
17. Cortei-me quando estava a descascar batatas.
18. Ele foi operado à garganta.
19. Ao descer as escadas, torci um pé.

19 — A visita do médico

7. VOCABULAIRE

- a visita, *la visite*
- o médico, *le médecin*
- sentir, *sentir*
- o aspecto, *l'aspect*
- assustar, *effrayer*
- dar por isso, *s'en rendre compte*
- o mal-estar, *le malaise*
- o estômago, *l'estomac*
- o chá de lúcia-lima, *la tisane de verveine* (o chá : *le thé*)
- doer, *faire mal, avoir mal*
- o consultório, *le cabinet de consultation*
- a consulta, *la consultation*
- o doente, *le malade*
- a febre, *la fièvre*
- queixar, *plaindre*
- a dor de cabeça, *le mal de tête*
- o arrepio, *le frisson*
- auscultar, *ausculter*
- a língua, *la langue*
- o passeio, *la promenade*
- o barco, *le bateau*
- o chapéu, *le chapeau*
- ter cuidado, *faire attention*
- o cuidado, *l'attention, le soin*
- a receita, *l'ordonnance*
- o comprimido, *le comprimé*
- convir, *convenir*
- a cama, *le lit*
- baixar, *descendre*
- o caldo, *le bouillon*
- a galinha, *la poule*
- o legume, *le légume*
- cozer, *cuire*
- agradar, *plaire à*
- a farmácia, *la pharmacie*
- aviar uma receita, *exécuter une ordonnance*

VOCABULAIRE COMPLÉMENTAIRE

- o adesivo, *le sparadrap*
- adoecer, *tomber malade*
- a água oxigenada, *l'eau oxygénée*
- a agulha, *l'aiguille*
- o álcool, *l'alcool*
- o algodão, *le coton*
- a articulação, *l'articulation*
- o conta-gotas, *le compte-gouttes*
- a constipação, *le rhume*
- o cotovelo, *le coude*
- dor de cotovelo, *la jalousie*
- falar pelos cotovelos, *parler trop*
- curar, sarar, *guérir*
- a drageia, *la dragée*
- a enxaqueca, *la migraine*
- a ferida, o ferimento, *la blessure*
- ferir, *blesser*
- a urgência, *l'urgence*
- a ficha, *la fiche*
- a injecção, *la piqûre*
- inscrever-se, *s'inscrire*
- ir ao médico, *aller chez le médecin*
- o joelho, *le genou*
- a ligadura, *le bandage*
- o medicamento, o remédio, *le médicament*
- o ombro, *l'épaule*
- a pastilha, *la pastille*
- o penso, *le pansement*
- a pílula, *la pilule*
- a pinça, *la pince*
- a pomada, *la pommade*
- a prisão de ventre, *la constipation*
- o supositório, *le suppositoire*
- a tintura de iodo, *la teinture d'iode.*
- o tratamento, *le traitement*

19. La visite du médecin

8. EXERCICES

A. Compléter les phrases en employant les verbes indiqués au présent de l'indicatif

1. (Sentir-se) : hoje eu .... muito bem.
2. (Sentir-se) : ele .... mal.
3. (Preferir) : ela .... chá, mas eu .... café.
4. (Servir) : eu não .... as refeições no quarto.
5. (Servir) : nós .... o almoço às treze horas.
6. (Vestir) : hoje eu .... uma camisa azul e tu .... uma camisa verde.

B. Transformer suivant le modèle

a) Tenho dores de cabeça — dói-me a cabeça.

1. Eles têm dores de estômago.
2. Tu tens dores de garganta.
3. Ela tem dores no braço.

b) Tenho tosse — estou com tosse.

1. Nós temos frio.
2. Ele tem sede.
3. Tu tens febre.

C. Traduire

1. Nous avons envie de boire une tisane.
2. Ce traitement ne me plaît pas.

CORRIGÉ

A.
1. Hoje eu sinto-me muito bem.
2. Ele sente-se mal.
3. Ela prefere chá, mas eu prefiro café.
4. Eu não sirvo as refeições no quarto.
5. Nós servimos o almoço às treze horas.
6. Hoje eu visto uma camisa azul, e tu vestes uma camisa verde.

B. a)
1. Dói-lhes o estômago.
2. Dói-te a garganta.
3. Dói-lhe o braço.

b)
1. Nós estamos com frio.
2. Ela está com sede.
3. Tu estás com febre.

C.
1. Apetece-nos beber chá.
2. Este tratamento não me agrada.

20 Museus

1. DIÁLOGO

E : Edson (brasileiro)   M : Manuel (português)

E — Gostava de visitar os Museus de Lisboa. Mas eu não sei por onde começar. Você quer me ajudar[1] ?

M — No teu lugar, começaria pelo Museu de Arte Antiga. Trata-se de um dos principais museus da Europa para o estudo da pintura dos séculos XV e XVI[2].

E — Conheço muito pouco a pintura européia[3].

M — Para além da profusão de quadros flamengos, holandeses, franceses, ingleses[4], italianos e espanhóis, estão lá expostas[5] duas obras que por si só justificam uma visita.

E — Não sabia. Vale mesmo a pena ?

M — Nunca ouviste falar nos[6] painéis de Nuno Gonçalves[7] ? Uma obra-prima[8] da pintura primitiva portuguesa.

E — Já vi reproduções em manuais de história, salvo erro.

M — É um retábulo constituído por seis painéis e onde estão representadas todas as figuras[9] dos Descobrimentos.

E — E onde está o Infante D. Henrique[10].

M — Afinal tu conhecias.

E — Não conhecia muito bem. E a outra obra qual é ?

M — A Tentação de Santo[11] Antão de Hyeronimus Bosch.

E — Adoro Bosch. Este quadro é muito famoso.

M — Também lá vais encontrar biombos japoneses do século XVI, cujo[12] tema central é a chegada dos portugueses ao Japão, vista pelos naturais (1542).

E — E no museu, não tem outro tipo de objetos[13] ?

M — Sim. Objectos[13] de vidro e porcelana orientais e europeus, tapeçarias, colchas e móveis portugueses muito raros, e uma bela colecção de ourivesaria.

E — Você está me entusiasmando. Me falaram também do Museu Gulbenkian. O nome não é muito português, pois não ?

M — Não. Calouste Gulbenkian era arménio. Foi um multimilionário do petróleo que viveu muitos anos em Portugal onde morreu em 1955.

E — Foi por isso que deram seu nome ao Museu ?

M — De modo nenhum. Como reconhecimento para com o país que o acolheu durante a 2ª guerra mundial, ele legou a Portugal parte da sua imensa fortuna para constituir uma Fundação.

20 Musées
2. DIALOGUE

E : Edson (Brésilien)   M : Manuel (Portugais)

E — J'aimerais visiter les musées de Lisbonne. Mais je ne sais pas par où commencer. Veux-tu m'aider ?

M — À ta place, je commencerais par le musée d'Art Ancien. Il s'agit d'un des principaux musées d'Europe pour la peinture des XVe et XVIe siècles.

E — Je connais très peu la peinture européenne.

M — Outre la profusion de tableaux flamands, hollandais, français, anglais, italiens et espagnols, on peut y voir deux œuvres qui, à elles seules, justifient une visite.

E — Je ne savais pas. Cela vaut vraiment la peine ?

M — Tu n'as jamais entendu parler des panneaux de Nuno Gonçalves ? Un chef-d'œuvre de la peinture primitive portugaise.

E — J'en ai déjà vu des reproductions dans des manuels d'histoire, si je ne me trompe.

M — C'est un retable constitué de six panneaux où figurent tous les personnages des découvertes.

E — Et où se trouve l'Infant Henri le Navigateur ?

M — En fin de compte, tu le connaissais.

E — Je ne le connaissais pas très bien. Et l'autre œuvre, c'est laquelle ?

M — La Tentation de saint Antoine de Jérôme Bosch.

E — J'adore Bosch et ce tableau est très connu.

M — Tu vas aussi y trouver des paravents japonais du XVIe siècle dont le thème central est l'arrivée des Portugais au Japon, vue par les indigènes.

E — Et dans ce Musée, il n'y a rien d'autre ?

M — Si. Des objets en verre et en porcelaine, orientaux et européens, des tapisseries, des tentures et des meubles portugais très rares ainsi qu'une belle collection d'orfèvrerie.

E — Tu piques ma curiosité. On m'a aussi parlé du musée Gulbenkian. Ce nom n'est pas très portugais, n'est-ce pas ?

M — Non. Calouste Gulbenkian était arménien. C'était un multimillionnaire du pétrole qui a vécu de nombreuses années au Portugal où il est décédé en 1955.

E — C'est pour cela que l'on a donné son nom au musée ?

M — Pas du tout. Reconnaissant envers le pays qui l'a accueilli pendant la 2e Guerre mondiale, il a légué au Portugal une partie de son immense fortune pour créer une Fondation.

20 Museus

3. REMARQUES

1. **Você quer me ajudar** (B) : **Quer ajudar-me** (P).
2. **Séculos XV e XVI** (XVe et XVIe siècles) : cf. note 7, 17-3.
3. **Européia** (B) : **Europeia** (P) : *européenne* (féminin de **europeu**). Adj. masc. en : **eu** = fém. **éia** (B), **eia** (P).
4. **Ingleses** : *anglais* : pluriel de **inglês**. Notez : disparition de l'accent au pluriel des noms de nationalité terminés par **ês** : **francês** (sg.), **franceses** (pl.) : *français*, etc.
5. **Expostas** : *exposées* : part. passé. irr. de **expor** (*exposer*).
6. **Falar nos painéis** : *parler des panneaux.*
7. **Nuno Gonçalves** : peintre portugais, nommé peintre du roi Alphonse V en 1450. On lui attribue le monumental polyptyque découvert dans l'église de Saint-Vincent-hors-les-murs, qui se trouve aujourd'hui au musée d'Art Ancien.
8. **Obra-prima** : m. à m. « *œuvre-première* » (*chef-d'œuvre*). Pl. : **obras-primas**. Notez : pluriel des mots composés : les deux au pluriel si l'on a deux noms : **a couve-flor** (*le chou-fleur*), **couves-flores**, ou nom + adj. : **obras-primas** ou adj. + nom : **as primas-donas** ; seul le nom est au pluriel si l'on a : verbe + nom sg. : **o guarda-chuva** (*le parapluie*), **os guarda-chuvas** ; mais **o guarda-redes** (*gardien de but*), **os guarda-redes**.
9. **As figuras** : ici, *les personnages* (*figures*), souvent *les silhouettes*. Notez : *la figure* (*visage*) : **a cara, o rosto**.
10. **O Infante D. Henrique** : *l'infant Dom Henri*, surnommé *Le Navigateur* (**O Navegador**) (1394-1460). Il était l'un des fils célèbres de Jean Ier de Portugal (1385-1433). Il participa à la conquête de Ceuta (1415) qui marqua le début de l'expansion portugaise dans le monde, dont il sera l'âme. Dès 1417, il réunit à Sagres des savants (marins, mathématiciens, savants, carthographes) qui renouvelleront l'art de la navigation. On lui doit la découverte de Madère (1419-1420), des Açores (1431), l'exploration de la côte du Maroc (le cap Bojador, limite du monde connu alors, est doublé en 1434), des îles du Cap-Vert (1444) et d'une partie du golfe de Guinée.
11. **Santo Antão** : *saint Antoine*, mais **São Pedro**, *saint Pierre*. **Santo** (*saint*) : devant voyelle mais **são** devant consonne.
12. **Os biombos cujo tema é** : *les paravents dont le thème est*. Notez : **cujo(s), cuja(s)** (*dont le(s), la*) ne peut s'employer que si *dont* est compl. d'un nom précédé de *le, la les*. Il s'accorde avec le nom qui le suit : **a rua cujas casas vejo** (*la rue dont je vois les maisons*), mais **a rua de que falo** (*la rue dont je parle*).
13. **Objetos** (B) : **objectos** (P) : *objets*.

20 Musées
4. ENVIRONNEMENT - PORTUGAL

Existem muitos museus em Lisboa, vários em Coimbra e no Porto, e pelo menos um em cada uma das outras cidades (abertos das 10 às 17 horas). Destacamos alguns museus de Lisboa :

Centro de Arte Moderna : Colecção representativa de escultura e pintura portuguesas deste século.

Museu Calouste Gulbenkian : Colecção de arte egípcia, islâmica, oriental e europeia da antiguidade ao século 19. Mobiliário, tapetes, tecidos, livros, pintura.

Museu da Cidade (Palácio Pimenta) : Evolução de Lisboa até a implantação da República (1910). Documentos, gravuras, maquetas (« Lisboa antes do terramoto de 1755 »), belos azulejos.

Museu de Etnologia : Povos e culturas dos 5 continentes. Rica e completa colecção de etnografia portuguesa e africana.

Museu da Marinha : Cartografia, colecção de miniaturas de barcos, pinturas, objectos ligados à Marinha portuguesa (3 astrolábios do séc. XIII). Secção de aviação naval.

Museu Nacional da Arte Antiga : Arte portuguesa e estrangeira do séc.XII ao princípio do séc.XIX.

Museu Nacional do Azulejo (Convento da Madre de Deus) : Colecção de azulejos portugueses e estrangeiros do séc. XV até à actualidade.

Il existe de nombreux musées à Lisbonne, plusieurs à Coimbra et à Porto, et au moins un dans chacune des autres villes (ouverts de 10 h à 17 h). Nous retenons ces quelques musées de Lisbonne :

Centre d'Art Moderne : Collection représentative des sculptures et peintures portugaises de notre siècle.

Musée Calouste Gulbenkian : Collection d'art égyptien, islamique, oriental et européen, de l'antiquité au XIXe siècle. Mobilier, tapis, tissus, livres, peintures.

Musée de la Ville (Palais Pimenta) : Évolution de Lisbonne jusqu'à l'implantation de la République (1910). Documents, gravures, maquettes (« Lisbonne avant le tremblement de terre de 1755 »), de beaux azulejos (carreaux de faïence).

Musée d'Ethnologie : Peuples et cultures des 5 continents. Collection riche et complète d'ethnographie portugaise et africaine.

Musée de la Marine : Cartographie, collection de bateaux miniaturisés, peintures, objets liés à la Marine portugaise (3 astrolabes du XIIIe siècle). Section d'hydravions.

Musée National d'Art ancien : Art portugais et étranger du XIIe au début du XIXe siècle.

Musée National des « azulejos » (Couvent de la Mère de Dieu) : Collection d'azulejos portugais et étrangers du XVe siècle jusqu'à nos jours.

Museus

5. ENVIRONNEMENT - LE BRÉSIL

Existem numerosos museus nas capitais dos Estados, nomeadamente no Rio de Janeiro (uns 30), São Paulo, Recife, etc.

BAHIA. SALVADOR : Museu de Arte Sacra (Mosteiro de Santa Tereza, séc. XVII), possui uma das mais ricas coleções de arte sacra do Brasil (1 500 obras), muitíssimo bem apresentada.

MINAS GERAIS. BELO HORIZONTE : Museu de Mineralogia : bela coleção de pedras preciosas e semi-preciosas.

OURO PRETO : Museu de Mineralogia da Escola das Minas No antigo Palácio dos Governadores (1741), tem a 2ª mais bela coleção de mineralogia du mundo. A Escola das Minas foi fundada no séc. XIX pelo francês Henri Gorceix.

Museu da Inconfidência, no antigo Palácio Municipal (séc. XVIII), apresenta a história política e cultural da Inconfidência (1° movimento independentista, 1877) e do Estado.

PERNAMBUCO. RECIFE : Museu do Açúcar, bem organizado e didático, mostra a evolução das técnicas de produção do açúcar do séc. XVI até hoje (fotografias, instrumentos, etc.).

RIO DE JANEIRO : Museu Nacional (Quinta da Boa Vista, doada em 1808 a D. João VI, onde a família imperial residiu até 1889) — a mais rica coleção científica do Brasil no âmbito da zoologia, mineralogia, etnologia, arqueologia brasileira, etc.

SÃO PAULO : Museu de Arte Moderna, fundado em 1948.

Il existe de très nombreux musées dans les capitales d'État, notamment à Rio de Janeiro (30 environ), São Paulo, Recife, etc.

BAHIA. SALVADOR : Musée d'Art Sacré (Monastère de Sainte-Thérèse, XVIIe s.), possède une des plus riches collections d'art sacré du Brésil (1 500 pièces), très bien présentée.

MINAS GERAIS. BELO HORIZONTE : Musée de Minéralogie, belle collection de pierres précieuses et semi-précieuses.

OURO PRETO : Musée de Minéralogie de l'École des Mines, dans l'ancien palais des Gouverneurs (1741) a la 2e plus belle collection minéralogique du monde. L'École des Mines a été fondée au XXe s. par le Français Henri Gorceix.

Musée de l'Inconfidência, dans l'ancien Palais Municipal (XVIIIe s.), présente l'histoire politique et culturelle de l'« Inconfidência » (1er mouvement indépandantiste, 1788) et de l'État.

PERNAMBOUC. RECIFE : Musée du Sucre, bien organisé et didactique, montre l'évolution des techniques de production du sucre du XVIe s. jusqu'à nos jours (photos, instruments...).

RIO DE JANEIRO : Musée National (Quinta da Boa Vista, donnée à Jean VI en 1808, où la famille impériale résida jusqu'en 1889). La plus riche collection scientifique du Brésil dans le domaine de la zoologie, de la minéralogie, de l'ethnologie, de l'archéologie brésilienne, etc.

SÃO PAULO : Musée d'Art Moderne, fondé en 1948.

20   Musées

6. PHRASES TYPES

1. À quelle heure ouvre le musée ?
2. Heures d'ouverture : de dix heures à dix-sept heures.
3. Le musée ferme une fois par semaine, le lundi.
4. Entrée gratuite le dimanche et les jours fériés.
5. Il y a des prix réduits pour étudiants et groupes.
6. L'église est fermée pour travaux.
7. Il y a une visite guidée du musée.
8. Il est interdit de prendre des photos dans la salle d'exposition.
9. Cette chapelle a été restaurée il y a plus de cent ans.
10. À l'entrée on vend des cartes postales avec des reproductions des tableaux exposés.
11. As-tu déjà vu la dernière expostion de céramique ?
12. Il y avait des faïences portugaises anciennes, des porcelaines chinoises et même des poteries.
13. Je n'aime pas l'affiche de l'exposition.
14. Le catalogue est très bien fait.
15. Je n'aime pas beaucoup la peinture contemporaine.
16. Je préfère l'art de la Renaissance.
17. La lumière manque dans cette salle.
18. Le tableau est mal éclairé.

---

1. A que horas abre o Museu ?
2. Horário de abertura : das dez às dezassete horas.
3. O Museu fecha uma vez por semana, às segundas-feiras.
4. Entrada gratuita aos domingos e feriados.
5. Há preços reduzidos para estudantes e grupos.
6. A igreja está fechada para obras.
7. Há uma visita guiada do Museu.
8. É proibido tirar fotografias na sala de exposições.
9. Esta capela foi restaurada há mais de cem anos.
10. À entrada, vendem postais com reproduções dos quadros expostos.
11. Já viste a última exposição de cerâmica ?
12. Havia faianças portuguesas antigas, porcelanas chinesas e até louça de barro.
13. Não gosto do cartaz da exposição.
14. O catálogo está muito bem feito.
15. Não gosto muito da pintura contemporânea.
16. Prefiro a arte do Renascimento.
17. Nesta sala falta luz.
18. O quadro está mal iluminado.

20 Museus

7. VOCABULAIRE

o museu, *le musée*
ajudar, *aider*
tratar-se de, *s'agir de*
a pintura, *la peinture*
europeu, *européen*
o pintor, *le peintre*
flamengo, *flamand*
holandês, *hollandais*
espanhol, *espagnol*
exposto, *exposé*
justificar, *justifier*
ouvir, *entendre*
o painel, *le panneau*
a obra-prima, *le chef-d'œuvre*
o manual, *le manuel*
salvo erro, *sauf erreur*
o retábulo, *le retable*
a figura, *le personnage*
os Descobrimentos, *les Découvertes*

a tentação, *la tentation*
famoso, *célèbre*
o biombo, *le paravent*
o tema, *le thème*
os naturais, *les indigènes*
o objecto, *l'objet*
o vidro, *le verre*
a porcelana, *la porcelaine*
a tapeçaria, *la tapisserie*
a colcha, *la courtepointe, le couvre-lit.*
o móvel, *le meuble*
a colecção, *la collection* (P)
a ourivesaria, *l'orfèvrerie*
arménio, *arménien*
o reconhecimento, *la reconnaissance*
acolher, *accueillir*
legar, *léguer*
a fundação, *la fondation*

VOCABULAIRE COMPLÉMENTAIRE

a abadia, *l'abbaye*
o adro, *le parvis*
a aguarela, (B) a aquarela, *l'aquarelle*
o altar, *l'autel*
a arquitectura, *l'architecture*
as artes plásticas, *les arts plastiques*
o baixo-relevo, *le bas-relief*
o barroco, *le baroque*
a basílica, *la basilique*
o campanário, *le clocher*
a capela, *la chapelle*
a coluna, *la colonne*
o convento, *le couvent*
desenhar, *dessiner*
o desenho, *le dessin*
o esboço, *l'ébauche*
o escultor, *le sculpteur*

esculpir, *sculpter*
expor, *exposer*
a exposição, *l'exposition*
a galeria, *la galerie*
o gótico, *le gothique*
o mosaico, *le mosaïque*
a ogiva, *l'ogive*
o pilar, *le pilier*
a pintura a óleo, *la peinture à l'huile*
o plano, *le plan*
a planta, *le plant (ville)*
o pórtico, *le portail*
o românico, *le roman*
o santuário, *le sanctuaire*
os sinos, *les cloches*
valioso, *précieux*
o vitral, *le vitrail*

20 Musées
8. EXERCICES

A. Mettre au pluriel
1. O pintor é holandês e o escultor é inglês.
2. O quadro é espanhol.
3. Este painel é do século XV ; é uma obra-prima.
4. A colecção estava dispersa.
5. O vitral é azul.

B. Compléter avec *que, quem, o qual, cujo(s), cuja(s), como*
1. O pintor com ..... falei estava contente com a exposição.
2. Vi tudo o .... queria.
3. Viste a maneira .... ele pinta.
4. Gostei dos quadros .... vi.
5. Os escultores ..... esculturas estão expostas já morreram.
6. Conheço o artista .... pintou este quadro.
7. Já li o livro sobre .... escreveste a crítica.
8. Está ali o pintor .... nome desconhecias.

C. Traduire
1. J'ai déjà visité cette église dont tu parles.
2. J'ai aimé la façon dont il a présenté son œuvre.
3. Il aime ce musée dont les jardins donnent sur la mer.
4. As-tu visité ce couvent dans la chapelle duquel il y a des tableaux du XVIe siècle ?

CORRIGÉ

A.
1. Os pintores são holandeses e os escultores são ingleses.
2. Os quadros são espanhóis.
3. Estes painéis são do século XV ; são obras-primas.
4. As colecções estavam dispersas.
5. Os vitrais são azuis.

B.
1. O pintor com quem falei estava contente com a exposição.
2. Vi tudo o que queria.
3. Viste a maneira como ele pinta ?
4. Gostei dos quadros que vi.
5. Os escultores cujas esculturas estão expostas já morreram.
6. Conheço o artista que pintou este quadro.
7. Já li o livro sobre o qual escreveste a crítica.
8. Está ali o pintor cujo nome desconhecias.

C.
1. Já visitei a igreja de que falas.
2. Gostei da maneira como ele apresentou a sua obra.
3. Ele gosta do museu cujos jardins dão para o mar.
4. Visitaste o convento em cuja capela há quadros muito bonitos do século XVI ?

21. Vamos à tourada

1. DIÁLOGO

M : Manuel (Português)   E : Edson (Brasileiro)

M — E se fôssemos domingo à tourada[1] ?
E — Onde ? Cá em Lisboa ?
M — Sim, na praça de touros[2] do Campo Pequeno[3].
E — Pessoalmente[4], acho a idéia[5] bacana[6], mas não creio que minha mulher seja da mesma opinião.
M — Mas porquê ?
E — Ela acha que a corrida[1] é um espectáculo bárbaro !
M — Confesso que isso nunca me passou pela cabeça. Sempre pensei que, para quem vem de fora, as corridas de touros constituem o espectáculo mais[7] original.
E — Original ? Mas em Espanha e em alguns países da América Latina também tem[8] corridas de touros.
M — Pois há[8]. Mas em Portugal, tanto na lide a pé como[9] na corrida à antiga portuguesa, nunca se mata o touro.
E — São os vossos brandos costumes[10]... ! Mas então como é a corrida à antiga portuguesa ?
M — É a cavalo. Os cavaleiros, envergando trajes nobres[11] do século XVIII, procuram cravar no cachaço do touro um determinado número de farpas[12].
E — Imagino que os cavalos devem estar muito bem treinados.
M — É um exercício que obriga o cavalo a artísticas evoluções em todo o espaço da arena[2]. E depois ainda há os forcados.
E — Forcados ?
M — São os elementos mais[7] temerários de todo o elenco ; enfrentam o touro na chamada « pega de caras ».
E — E conseguem dominar o bicho ?
M — Nem sempre. O que aumenta a emoção do espectador !
E — Quer dizer que a festa nem sempre acaba em bem.
M — Quando o touro é mais astuto do que o homem, é a colhida, por vezes fatal.
E — Mesmo assim os forcados arriscam a vida ?
M — Raramente. A maior parte das vezes só apanham pancada. Eles nunca pegam os touros em pontas[13]. São os toureiros que em geral, sofrem colhidas graves.
E — Estou morto por assistir a uma corrida de touros.
M — É um espectáculo que impressiona tanto pela ousadia do toureiro, como por todo o ritual da festa : as cortesias[14], a música, etc.

21 Allons à la corrida
2. DIALOGUE

M : Manuel (Portugais)   E : Edson (Brésilien)

M — Et si nous allions dimanche à la corrida ?
E — Où ? Ici à Lisbonne ?
M — Oui. Dans les arènes du Campo Pequeno.
E — Personnellement, je trouve l'idée formidable, mais je ne pense pas que ma femme soit du même avis.
M — Ah, bon ! Pourquoi ?
E — Elle trouve que la corrida est un spectacle barbare.
M — J'avoue que cela ne m'est jamais passé par la tête. J'ai toujours cru que pour celui qui vient de l'étranger les corridas constituent un spectacle des plus originaux.
E — Original ? Mais en Espagne et dans quelques pays de l'Amérique latine, il y a aussi des corridas.
M — Oui, bien sûr. Mais au Portugal, aussi bien dans le combat à pied que dans la corrida portugaise à l'ancienne, on ne tue jamais le taureau.
E — C'est la marque de votre douceur naturelle... Mais comment se déroule donc la corrida à l'ancienne portugaise ?
M — C'est à cheval. Les cavaliers, arborant des costumes nobles du XVIIIe siècle, essaient de planter dans le cou du taureau un certain nombre de banderilles.
E — Je suppose que les chevaux doivent être très bien entraînés.
M — C'est un exercice qui oblige le cheval à des évolutions artistiques dans toute l'arène... et ensuite, il y a encore les **forcados**.
E — Les **forcados** ?
M — Ce sont les éléments les plus téméraires du groupe au programme : se présentant face au taureau, ils essaient de le dominer dans la phase dite « frontale ».
E — Et ils parviennent à maîtriser la bête ?
M — Pas toujours. Ce qui fait monter la tension parmi les spectateurs.
E — Cela veut dire que la fête ne se termine pas toujours bien.
M — Quand le taureau est plus rusé que l'homme, c'est l'accident parfois fatal.
E — Et les **forcados** risquent quand même leur vie ?
M — Rarement. La plupart du temps, tout se limite à des coups. Ils n'affrontent jamais un taureau dont les cornes sont à nu. Généralement, ce sont les toreros qui subissent les accrochages les plus durs.
E — Je meurs d'envie d'assister à une corrida.
M — C'est un spectacle qui impressionne autant par l'audace du torero que par tout le rituel de la fête : la parade, la musique, etc.

21 — Vamos à tourada

3. REMARQUES

1. **A tourada** : *la course de taureaux, la corrida*. **A corrida** (de **correr** : *courir*), désigne toute sorte de courses : **uma corrida de carros** : *une course de voitures*.

2. **A praça de touros** : m. à m. « *la place de taureaux* » : *les arènes*. **A arena** : *l'arène* (le centre des arènes, couvert de sable, où se passe le combat). **A areia** : *le sable* (plage).

3. **Campo Pequeno** : m. à m. « *le Petit Champ* », avenue au N-E de Lisbonne, prolongeant l'Avenida da República. Des arènes (8 500 places), de style mauresque, y ont été construites au XIXᵉ siècle.

4. **Pessoalmente** : *personnellement*. Formation des adverbes de manière : adj. fém. + **mente** ; **rico** *(riche)*, **ricamente** : *richement*.

5. **A idéia** (B) : **a ideia** (P) : *l'idée*.

6. **Bacana** : expr. brésilienne familière, un peu passée de mode (inv.) : *formidable*. C'est au niveau du langage familier, très créatif, que se creuse l'écart avec la norme du Portugal.

7. **O espectáculo mais original** : *le spectacle le plus original*. Mais, **esse espectáculo, o mais original de todos** : *ce spectacle, le plus original de tous*. Notez : absence du déf. **o(s), a(s)** devant l'adj. au superlatif, s'il se rapporte à un nom lui-même précédé de l'art. déf.

8. **Tem** (B) : *il y a*. (**Ter** : *avoir*.) **Há** : *il y a* (P) : (**haver** : *avoir*).

9. **Tanto na lide... como na corrida** : *autant dans le combat... que dans la corrida...* Comparatif d'égalité = **tanto** (+ nom ou verbe)... **Como** (+ nom ou verbe) : **tanto bebe como come** *(il boit autant qu'il mange)*, mais **tão** (+ adj.)... **como** (+ adj.). **É tão linda como rica** *(elle est aussi belle que riche)*.

10. **Brandos costumes** : m. à m. « *les douces coutumes, mœurs* » : *le caractère doux*. Les Portugais ont la réputation d'être aimables, doux, non violents. Notez : **o costume** : *la coutume*. **Costumar** : *avoir l'habitude de*. *Le costume* : **o fato, o traje**. (B) **O terno**.

11. **Trajes nobres** : *des costumes nobles*. Les cavaliers toréent en costume de marquis du XVIIIᵉ s., en souvenir du marquis de Marialva (1713-1793), mort en toréant.

12. **As farpas** : *les banderilles*. C'est aussi le titre d'un ouvrage très critique sur la société portugaise du XIXᵉ siècle de Eça de Queiroz (1845-1900) et de Ramalho Ortigão (1847-1915).

13. **Em pontas** : m. à m. « *avec les pointes = les cornes à nu* ». Lors des corridas portugaises (cavaliers et **forcados**), les pointes des cornes sont protégées par un étui en cuir.

14. **As cortesias** : m. à m. « *les politesses* » : *la parade de présentation*, avant le début des combats.

21 Allons à la corrida

4. ENVIRONNEMENT

TOURADAS

Não se sabe de quando datam as primeiras touradas realizadas em Portugal, mas a primeira praça de touros só foi construída pelo rei D. Sebastião, em Lisboa (Xabregas) em 1578. No fim do século XVIII, devido à morte de um nobre numa tourada, espectáculo aristocrático, D. João VI proibiu que os nobres toureassem os touros em pontas, e que se matasse o bicho. Todas estas alterações se mantêm : touros embolados lidados pelos cavaleiros, trajados à maneira dos nobres do século XVIII e ausência de touros de morte.

Os primeiros toureiros profissionais surgiram em 1831, data da inauguração da praça de touros do Campo de Santana. Destruída em 1889, foi substituída 3 anos mais tarde, pela actual praça de touros do Campo Pequeno.

Hoje em dia, em Portugal, as touradas apresentam um aspecto misto : 3 ou 4 touros são lidados a cavalo, terminando a lide com a « pega » ; e 3 ou 4 outros são toureados a pé, em pontas, à maneira espanhola, por matadores que simulam a morte do animal. Os touros são recolhidos após a faena com a ajuda dos cabrestos e de campinos.

Uma ou duas vezes na temporada, pode-se assistir a uma corrida de gala à antiga portuguesa. Consiste esta numa primeira parte de « cortesias » em que os participantes fazem a sua entrada em coches dos séculos XVII e XVIII.

LES COURSES DE TAUREAUX

On ne sait pas de quand datent les premières courses de taureaux réalisées au Portugal, mais les premières arènes ne furent construites par le roi Sébastien, à Lisbonne, qu'en 1578. À la fin du XVIIIe siècle, à cause de la mort d'un noble au cours d'une corrida, spectacle aristocratique, le roi Jean VI interdit que les taureaux soient toréés à cornes nues par les nobles et qu'il y ait mise à mort. Toutes ces modifications subsistent : cornes emboulées des taureaux lors du travail des cavaliers, (vêtus du costume des nobles du XVIIIe siècle) et absence de mise à mort.

Les premiers *toreros* professionnels ont fait leur apparition en 1831, date de l'inauguration des arènes de Campo de Santana. Détruites en 1889, elles furent remplacées 3 ans plus tard par les actuelles arènes de Campo Pequeno.

Aujourd'hui, au Portugal, les courses de taureaux sont mixtes : 3 ou 4 taureaux sont travaillés à cheval et le combat se termine par « la prise par les cornes » et 3 ou 4 sont combattus à cornes nues, à l'espagnole, par des *matadores* qui simulent la mise à mort de l'animal. À la fin du combat, les taureaux sortent encadrés par des vaches et des gardians.

Une ou deux fois par saison, on peut assister à une corrida de gala à l'ancienne. Celle-ci commence par un défilé de présentation, dit « de courtoisie » où les participants font leur entrée dans des carosses des XVIIe et XVIIIe siècles.

21 — Vamos à tourada
5. ENVIRONNEMENT - LE BRÉSIL

BUMBA-MEU-BOI (interjeição **bumba**, utilizada pelos vaqueiros para instigar os bois) é uma festa alegre e colorida que data do século XVIII. Realizava-se uma vez por ano, entre os meados de Novembro e a noite dos Reis (6 de Janeiro) e fazia parte do ciclo das festas do Natal. Ela sobrevive em espectáculos folclóricos e por vezes nos cortejos carnavalescos. Nascida nos engenhos de açúcar da costa, criou raízes no sertão, região de gado, onde tomou as formas que hoje se lhe conhecem, antes de se implantar no Norte (Maranhão e Pará). Tratava-se de autos, meio-tradicionais, meio-improvisados, críticos, humorísticos e até cómicos, representados, cantados e dançados pelos trabalhadores diante do dono da plantação. A história conta o roubo de um boi (animal mitológico) que morre e que ressuscita. O animal, feito de uma armação coberta com panos, escondendo o homem que lhe dá vida, dança sozinho ou com 2 ou 3 vaqueiros nordestinos. Vão à frente dum cortejo de animais e personagens europeus (Damas e Galantes do séc. 18, Arlequins...) e locais (urubus, empregados de fazendas, artesãos, pessoas importantes). É evidente a origem européia destas festas ; lembram festividades espanholas e portuguesas dos séc. XVI e XVII, em que um boi de vime dançava na multidão (Reis, Corpo-de-Deus).

Le **BUMBA-MEU-BOI** (interjection **bumba**, *cogne*, utilisée par les vachers pour exciter le bœuf) est une fête joyeuse et colorée, remontant au XVIIIᵉ siècle. Elle avait lieu une fois l'an entre la mi-novembre et la nuit des Rois (6 janvier) et appartenait au cycle des fêtes de Noël. Elle survit dans les spectacles folkloriques et parfois dans les défilés du Carnaval. Née dans les plantations de canne à sucre de la côte, elle s'est enracinée dans l'intérieur, région de bétail, où elle a pris les formes connues aujourd'hui, avant de s'implanter dans le Nord (Maranhão, Pará). Il s'agissait de saynètes, mi-traditionnelles, mi-improvisées, critiques et humoristiques, voire comiques, jouées, chantées et dansées par les travailleurs devant le maître de la plantation. L'histoire raconte le vol d'un bœuf (animal mythologique) qui meurt, puis ressuscite. La bête, faite d'une armature recouverte d'un drap, sous lequel se trouve l'homme qui l'anime, danse seule ou avec 2 ou 3 vachers nordestins. Ils sont suivis d'un cortège d'animaux et de personnages européens (dames et galants du XVIIIᵉ siècle, Arlequins...) et locaux (charognards, employés des propriétés, artisans, notables, etc.). L'origine européenne de ces fêtes est évidente ; elles évoquent des fêtes espagnoles et portugaises des XVIᵉ et XVIIᵉ siècles où un bœuf en osier dansait dans la foule (Rois, Fête-Dieu).

21 — Allons à la corrida
6. PHRASES TYPES

1. Aujourd'hui il y a une corrida en nocturne.
2. Je préfère les corridas l'après-midi.
3. Elles sont plus colorées sous le soleil.
4. Les taureaux sont particulièrement sauvages.
5. Le torero a été attrapé par le taureau et emporté à l'infirmerie.
6. Le taureau a sauté par-dessus la barrière de protection.
7. J'ai déjà acheté les billets pour la corrida.
8. Quels billets as-tu achetés ?
9. J'ai loué une loge.
10. Il n'y a presque plus de places libres.
11. Il n'a que des billets pour les gradins au soleil. Il n'y en a plus à l'ombre.
12. Ma place se trouve au quatrième rang de la 2e travée.
13. Tout le monde s'est levé pour applaudir le cavalier quand celui-ci a fait le tour de l'arène.
14. Le cheval a failli être attrapé.
15. Heureusement, les cornes du taureau sont mouchetées.
16. J'ai aimé la façon dont le torero a posé les banderilles.

---

1. Hoje há uma tourada nocturna.
2. Prefiro as touradas à tarde.
3. O sol dá-lhes colorido.
4. Os touros são muito bravos.
5. O toureiro foi colhido pelo touro e levado para a enfermaria.
6. O touro saltou a trincheira.
7. Já comprei os bilhetes para a corrida.
8. Que bilhetes compraste ?
9. Comprei um camarote.
10. A lotação da praça está quase esgotada.
11. Só há bilhetes de sol. Não há mais bilhetes de sombra.
12. O meu lugar é na quarta fila do sector dois.
13. Todos se levantaram para aplaudir o cavaleiro quando este deu a volta à arena.
14. O cavalo ia sendo colhido.
15. Felizmente que o touro tinha os chifres embolados.
16. Gostei da maneira como o toureiro cravou as bandarilhas.

21 Vamos à tourada

7. VOCABULAIRE

a tourada, a corrida, *la corrida, la course de taureaux*
a praça de touros, *les arènes*
bacana (B), *formidable*
constituir, *constituer*
a lide, *le combat, la lutte*
o touro, *le taureau*
antiga, *ancienne*
matar, *tuer*
brando, *doux, tendu*
os costumes, *les mœurs*
o cavalo, *le cheval*
o cavaleiro, *le cavalier*
envergar, *vêtir, enfiler*
o traje, o trajo, *l'habit*
nobre, *noble*
o século, *le siècle*
procurar, *essayer*
cravar, *planter, enfoncer*
o cachaço, *le collet*
as farpas, *les banderilles*
a evolução, l'évolution
o espaço, *l'espace*

a arena, *l'arène* (le centre)
o forcado, *celui qui saisit le taureau à bras-le-corps*
o elemento, *l'élément*
temerário, *téméraire*
o elenco, *liste des intervenants*
enfrentar, *affronter*
dominar, *maîtriser*
o bicho, *l'animal*
a festa, *la fête*
a emoção, *l'émotion*
o espectáculo, *le spectacle* ; (B) o espetáculo
astuto, *rusé*
a colhida, *prise d'un torero par un taureau*
arriscar, *risquer*
a pancada, *le coup*
o toureiro, *le torero*
a coragem, *le courage*
a ousadia, *l'audace*
a música, *la musique*

VOCABULAIRE COMPLÉMENTAIRE

o aficionado, *l'amateur* (pour les corridas)
a banda de música, *l'orchestre*
o barrete, *le bonnet* (long avec pompon). Enfiar o barrete (populaire), *se faire berner.*
o campino, *gardien de taureaux* (terme du Ribatejo)
a capa, *la cape* ; capear, *faire des jeux de cape*
o curro, *l'ensemble des taureaux du programme d'une corrida. Lieu de l'arène où on les garde.*
a espada, *l'épée*. Espetar, *enfoncer l'épée*
a ferra, *la ferrade* : l'acte de marquer au fer rouge le sigle du propriétaire sur la croupe droite du taureau.

o ganadeiro, *le propriétaire d'un élevage de taureaux.*
a ganaderia, *ensemble des taureaux d'un même propriétaire.*
pegar, *prendre*. A pega, *prise du taureau à bras-le-corps pour l'immobiliser.* A pega de caras, *prise du taureau par les cornes* ; a pega de cernelha, *prise du taureau par les épaules pour lui faire baisser la tête et le maîtriser.*
tentar, *essayer, éprouver.* A tenta, *corrida qui a lieu après la ferrade et permet d'apprécier les qualités de jeunes taureaux* (o novilho).
o traje de luzes, *le costume de lumière.*

21 Allons à la corrida

8. EXERCICES

A. Écrire les adverbes de manière correspondants aux adjectifs suivants

bárbaro	original	antigo
nobre	artístico	simples
hábil	triste	lenta

B. Compléter avec *tão... como, tanto... como*

1. Gostei .... do cavalo .... do cavaleiro.
2. O cavalo é .... elegante .... o cavaleiro.
3. Este touro é imprevisível : ...... pode fugir ...... atacar.
4. Às vezes o touro é ...... astuto ...... o homem.

C. Traduire

1. C'est le spectacle le plus joli de tous.
2. Il est plus animé que celui que j'ai vu hier.
3. Ce spectacle est le plus joli de tous.
4. Ce spectacle est aussi coloré qu'animé.
5. J'aime autant les corridas que les courses de voitures.

CORRIGÉ

A.

barbaramente	originalmente	antigamente
nobremente	artisticamente	simplesmente
habilmente	tristemente	lentamente

B.
1. Gostei tanto do cavalo como do cavaleiro.
2. O cavalo é tão elegante como o cavaleiro.
3. Este touro é imprevisível : tanto pode fugir como atacar.
4. Às vezes o touro é tão astuto como o homem.

C.
1. É o espectáculo mais bonito de todos.
2. É mais animado do que aquele (o) que vi ontem.
3. Este espectáculo é o mais bonito de todos.
4. Este espectáculo é tão colorido como animado.
5. Gosto tanto de touradas como de corridas de automóvel.

22   Falando de jornais

1. DIÁLOGO

A : Alvaro   R : Rui

A — Hoje resolveste[1] comprar todos os matutinos de Lisboa ?
R — Repara que não estão aí[2] todos. Ainda faltam[3] alguns.
A — Eu só costumo[1] comprar um jornal da tarde. Diz o mesmo que o jornal da manhã e assim já fico com uma ideia do que se passa por[4] cá[5] e por[4] esse mundo fora[6].
R — Raramente trazem um artigo de fundo e, em alguns casos, não fazem mais do que reproduzir comunicados das agências.
A — Tens razão. Acontece[7] lermos[8] exactamente a mesma notícia, redigida da mesma maneira em jornais diferentes.
R — Só leio[9] os jornais da manhã. Nunca compro vespertinos.
A — Olha para este aqui[2]. Estás a ver a primeira página ? Um grande título para chamar a atenção e depois nada.
R — É o que se chama a imprensa sansacionalista.
A — « Com papas e bolos se enganam os tolos... »[10].
R — Há gostos para tudo, e nem toda a gente pensa como tu[11].
A — É verdade : há os que gostam de se informar e aqueles que gostam de se divertir sem pensar...
R — É talvez por isso[5] que prefiro os jornais desportivos.
A — A escolha é difícil. Há tantos.
R — Sabes que « A Bola » é um dos jornais mais vendido em Portugal, senão o mais vendido ?
A — Não me estás a dar novidade nenhuma.
R — Cá por mim[5], prefiro os semanários. É uma boa maneira de ter leitura e palavras cruzadas para os fins de semana.
A — Aí há também uma grande escolha. E todas as tendências estão representadas : da esquerda à extrema direita.
R — A informação é variada e trazem sempre muitos artigos de análise política e económica.
A — Alguns anúncios também são bastante divertidos. Presta atenção[12] : « Cavalheiro, 33 anos, separado, vivendo só, deseja conhecer senhora ou menina, 23-35 anos, para amizade e logo se verá. Resposta ao... ».
R — Hoje o « Diário de Notícias » traz muitos anúncios de compra e venda de andares. Estás interessado ?
A — Não. Vê antes na página dos espectáculos se há alguma peça de teatro que valha a pena. Que queres ver ?
E — Sei lá[5] ! Qualquer coisa, desde que seja bom.

22 — À propos des journaux
2. DIALOGUE

A : Alvaro   R : Rui

A — Alors, tu as décidé aujourd'hui d'acheter tous les quotidiens du matin de Lisbonne ?

R — Je te ferais remarquer qu'il n'y sont pas tous. Il en manque encore quelques-uns.

A — Moi, d'habitude, je n'achète qu'un seul journal du soir. Il dit la même chose que le journal du matin et j'ai donc une idée de ce qui se passe ici et dans le monde entier.

R — Il est rare qu'on y trouve un article de fond ; dans certains cas, ils ne font que reproduire des communiqués d'agence.

A — Tu as raison. Il nous arrive de lire exactement la même nouvelle, rédigée de la même façon, dans des journaux différents.

R — Moi, je ne lis que les journaux du matin. Je n'achète jamais ceux du soir.

A — Regarde celui-ci. Tu vois la première page : un grand titre pour attirer l'attention du lecteur et ensuite... le vide.

R — C'est ce que l'on appelle la presse à sensation.

A — Ce sont des attrape-nigauds.

R — Il y a des goûts pour tout, et tout le monde ne pense pas comme toi.

A — C'est vrai. Il y a ceux qui aiment s'informer et ceux qui aiment s'amuser, sans réfléchir.

R — C'est peut-être pour cela que je préfère les journaux sportifs.

A — Le choix est difficile. Il y en a tellement !

R — Sais-tu que *A Bola* (« Le Ballon ») est l'un des journaux les plus vendus au Portugal, si ce n'est le plus vendu ?

A — Tu ne m'apprends rien.

R — Pour ma part, je préfère les hebdomadaires. C'est une bonne façon d'avoir de quoi lire et des mots croisés pour les fins de semaine.

A — Là aussi, il y a un grand choix et toutes les tendances y sont représentées, de la gauche à l'extrême-droite.

R — L'information y est variée et il y a toujours beaucoup d'articles d'analyse politique et économique.

A — Certaines petites annonces sont aussi très amusantes. Écoute : « Monsieur, 33 ans, séparé, seul, désire connaître dame ou demoiselle 23-35 ans, pour liens d'amitié, et suite à voir. Réponse à... ».

R — Aujourd'hui le *Diário de Notícias* publie de nombreuses annonces d'achat et de vente d'appartements. Ça t'intéresse ?

A — Non. Regarde plutôt la page des spectacles pour voir s'il y a une pièce de théâtre qui vaille la peine. Que veux-tu voir ?

R — Cela m'est égal ! N'importe quoi pourvu qu'il soit bon.

22 Falando de jornais

3. REMARQUES

1. **Resolveste comprar** : *tu as décidé d'acheter*. **Resolveste** : 2e pers. sg. prét. de **resolver** : *résoudre de, décider de*. Notez la construction, comme pour **costumo comprar** : *j'ai l'habitude d'acheter*.

2. **Aí** : *là*. Adv. de lieu. Rappel : **aqui** *(ici)*, **aí** *(là)*, **ali** *(là-bas)*. Les démonstratifs leur sont logiquement associés : **aqui, este** *(ce... ci, mon)* ; **aí, esse** *(ce, ... là, ton)* : **ali, aquele** *(ce... là, son)*. Ne pas confondre avec **ai** (le cri de douleur, *aïe !*).

3. **Faltam alguns** : m. à m. « *quelques-uns manquent* » : *il en manque quelques-uns*. **Faltar** *(manquer, être absent)* ; **a falta** : *le manque, l'absence* ; **fazer falta** : *manquer, faire défaut*. Mais **o erro** : *la faute, l'erreur*. **Dar um erro** : *faire une faute*.

4. **Por** : *par, dans* (lieu dans lequel on circule). **Por cá** : *par ici*. **Passa pela rua** : *il passe dans la rue*.

5. **Cá** : *aqui* : *ici*. S'oppose à **lá** = **ali** *(là-bas)*. Ces adverbes de lieu peuvent être emphatiques et sont alors délicats à traduire. **Cá** souligne ce qui se rapporte au locuteur (**Cá por mim** : *pour moi, en ce qui me concerne*) ; **lá** souligne ce qui se rapporte à l'interlocuteur, ou ce qui est loin au sens propre ou figuré (**lá isso é verdade** : *ce que tu (vous) dis (dites) est vrai* : *c'est vrai* ; **sei lá** : *que sais-je ?*

6. **Fora** : *dehors* (opposé à **dentro** : *dedans*). **Estou fora** : *je suis dehors*. **Estou fora de mim** : *je suis hors de moi*. Il peut être emphatique et indiquer un mouvement, un éloignement (**por esse mundo fora** : *de par le monde*) ou un déroulement dans le temps (**pelos anos fora** : *pendant ces années passées* ou *à venir*).

7. **Acontece** : de **acontecer** + inf. : verbe impers. : *il arrive* (par hasard) *de* + inf. **Um acontecimento** : *un événement*. **Sucede** (de **suceder**) + inf. : *il arrive de* + inf. *(il se passe)*. Ne pas confondre avec **chegar** : *arriver, venir* ; **a chegada** : *l'arrivée*. **Chega hoje** : *il arrive aujourd'hui*.

8. **Lermos** : inf. pers. de **ler**. **Acontece lermos** : *il nous arrive de lire*.

9. **Leio** : *je lis* : 1re pers. sg. prés. ind. de **ler** *(lire)*.

10. **Com papas e bolos se enganam os tolos** : dicton : m. à m. « *avec de la bouillie et des gâteaux, on trompe les imbéciles* ».

11. **Pensa como tu** : *il pense comme toi*. Lorsque *moi, toi,* etc., sont sujets d'un verbe sous-ent., ils se traduisent par les pron. suj. : **eu, tu,** etc.

12. **Prestar atenção** : *faire attention*. Notez trad. de *faire*. **Dar um passo, um passeio** : *faire un pas, une promenade*.

22 — À propos des journaux
4. ENVIRONNEMENT

É em 1641 que se publicam em Portugal as primeiras notícias, mas a história da informação só começa verdadeiramente em Agosto de 1715, data da edição regular da Gazeta de Lisboa que publicava « notícias sobre o estado do mundo ». A primeira lei da imprensa é de 1821 ; 5 anos depois, multiplicaram-se as publicações periódicas — informativas e doutrinárias — onde eram também debatidas ideias políticas. Portugal dispôs, em alternância, quer da liberdade de imprensa sem restrições ou atenuada, quer da « censura » ou « exame prévio » (28 de Maio de 1926 até à Revolução dos Cravos, 25 de Abril de 1974). A Lei da Imprensa de 26.02.1975 define a liberdade reencontrada. A imprensa goza hoje em dia duma liberdade autêntica e o país dispõe duma ampla escolha de publicações (quotidianas, semanais, mensais, etc.) representando as mais diversas correntes de opinião.

Jornais da manhã : *o Comércio do Porto* (Porto 1855), *Diário de Notícias* (Lisboa 1864), *Jornal de Notícias* (Porto 1888), *O Dia* (Lisboa 1975), *Correio da Manhã* (Lisboa 1980), *Público* (Lisboa-Porto 1990).

Vespertinos : *A Capital* (Lisboa 1968). *Diário Popular* (Lisboa 1942).

Semanários : *Expresso* (Lisboa 1973), *O Jornal* (Lisboa 1984), *Sábado* (Lisboa 1988).

La plus ancienne publication de « nouvelles » remonte, au Portugal, à 1641, mais l'histoire de l'information ne commence vraiment qu'en août 1715, date de l'édition régulière de la Gazette de Lisbonne qui publiait des « nouvelles de l'état du monde ». La 1re loi sur la presse est de 1821 ; 5 ans après, se multiplièrent les publications périodiques, informatives et doctrinaires, débattant également des idées politiques. Le Portugal, en alternance, connut soit une liberté de presse sans restriction ou atténuée, soit la censure ou « l'examen préalable » (du 28 mai 1926 à la révolution des Œillets du 25 avril 1974). La loi sur la presse du 26.02.1975 définit la liberté retrouvée. La presse jouit aujourd'hui d'une authentique liberté et le pays dispose d'un ample choix de publications (quotidiennes, hebdomadaires, mensuelles, etc.) représentant les courants d'opinion les plus divers.

Quotidiens du matin : *Comércio do Porto* (Porto 1855), *Diário de Notícias* (Lisbonne 1864), *Jornal de Notícias* (Porto 1888), *O Dia* (Lisbonne 1975), *Correio da Manhã* (Lisbonne 1980), *Público* (Lisbonne-Porto 1990) etc.

Quotidiens du soir : *Diário Popular* (Lisbonne 1942), *A Capital* (Lisbonne 1968).

Hebdomadaires : *Expresso* (Lisbonne 1973), *O Jornal* (Lisbonne 1975), *Sábado* (Lisbonne 1988) etc.

22 — Falando de jornais
5. ENVIRONNEMENT - LE BRÉSIL

BRASIL : O 1° Jornal foi publicado em 1808 pelo governo português exilado no Rio. Hoje existem uns 1 600 títulos. Cada Estado dispõe de vários jornais, mas a maior parte da difusão (92 % dos exemplares vendidos, 80 % dos títulos) é feita nos do Sul e do Sudeste, os mais alfabetizados onde alguns atingem uma tiragem de mais de 100 000 exemplares.

São Paulo : *Estado de São Paulo, Folha de São Paulo*.
Rio de Janeiro : *Jornal do Brasil, O Globo*.

Alguns semanários têm difusão nacional : *Veja e Isto é*, reputados pelas suas análises econômicas ; Manchete, muito ilustrado. A imprensa, após um período de rigorosa censura (1964-1976), passou a gozar hoje de uma liberdade total.

ÁFRICA : Os países de África, independentes desde 1975, possuem, por assim dizer, uma imprensa diária estatal. Angola : *Jornal de Angola* ; Cabo Verde : *Voz di Povo* (tri-semanal) : Guiné Bissau : *Nô Pintcha* (idem) ; Moçambique : *O Notícias* (Maputo), *Diário de Moçambique* (Beira) ; S. Tomé : *Revolução*. Estes jornais são pouco difundidos no estrangeiro. Alguns, publicados em Lisboa, facilitam o acesso à informação : *África* (semanário) ; *África hoje* e *África Notícias* (mensais) ; *Angolê* (revista angolana mensal publicada em Lisboa desde 1990).

BRÉSIL : Le 1er journal fut publié en 1808 par le gouvernement portugais en exil à Rio. Il existe aujourd'hui environ 1 600 titres. Chaque État dispose de plusieurs journaux, mais la majeure partie de la diffusion (92 % des exemplaires vendus, 80 % des titres) se fait dans les États du Sud et du Sudeste, les plus alphabétisés, où quelques journaux tirent à plus de 100 000 exemplaires.

São Paulo : *Estado de São Paulo, Folha de São Paulo*.
Rio de Janeiro : *Jornal do Brasil, O Globo*.

Quelques hebdomadaires ont une diffusion nationale : *Veja* et *Isto é* réputés pour leurs études économiques, *Manchete*, très illustré. Après une période de censure sévère (1964-1976), la presse jouit actuellement d'une grande liberté.

AFRIQUE : Les pays d'Afrique, indépendants depuis 1975, ont une presse quotidienne pour ainsi dire d'État. Angola : *Jornal de Angola*. Cap-Vert : *Voz di Povo* (3 par semaine) ; Guinée Bissau : *Nô Pintcha* (idem) ; Mozambique : *O Notícias* (Maputo) ; *Diário de Moçambique* (Beira) ; S. Tomé et Principe : *Revolução*. Ces journaux sont peu diffusés à l'étranger. Quelques-uns, publiés, à Lisbonne, rendent l'information plus accessible : *África* (hebdomadaire), *África Hoje* et *África Notícias* (mensuels) ; *Angolê* (revue angolaise mensuelle, publiée à Lisbonne depuis 1990).

22   À propos des journaux
6. PHRASES TYPES

1. Quel journal as-tu l'habitude de lire ?
2. J'achète tous les jours le journal dans ce kiosque.
3. As-tu lu aujourd'hui le « Diário Popular » ?
4. Le vendeur ambulant annonce à la criée les journaux qui viennent de sortir.
5. Aujourd'hui il n'y a pas de journaux ; hier c'était un jour férié.
6. Je lis toujours les suppléments littéraires.
7. Le « Diários de Notícias » a un supplément sportif.
8. Je ne lis jamais les annonces.
9. C'est par une annonce que j'ai trouvé un appartement.
10. J'aime beaucoup les mots croisés et les bandes dessinées.
11. Quand je pars en vacances, je prends toujours un abonnement de trois mois à un hebdomadaire.
12. Tu ne lis jamais des revues de mode ?
13. Je suis abonnée à une revue d'informatique.
14. Le prix des journaux a augmenté.
15. Le journaliste n'est sans doute pas responsable de cette erreur de date ; ce doit être une coquille.
16. Il y a un point de vente de journaux au coin de la rue.

---

1. Que jornal costumas ler ?
2. Compro todos os dias o jornal naquele quiosque.
3. Leste hoje o « Diário Popular » ?
4. O ardina anda a apregoar os jornais que acabaram de sair.
5. Hoje não há jornais ; ontem foi feriado.
6. Leio sempre os suplementos literários.
7. O « Diário de Notícias » traz um suplemento desportivo.
8. Nunca leio os anúncios (B : os classificados).
9. Foi através de um anúncios que arranjei casa.
10. Gosto muito de palavras cruzadas e de banda desenhada (B : quadrinhos).
11. Quando vou de férias, faço sempre a assinatura de um semanário por três meses.
12. Nunca lês revistas de moda ?
13. Sou assinante de uma revista de informática.
14. Os jornais subiram de preço.
15. Este erro na data não deve ser da responsabilidade do jornalista. Deve ser uma gralha.
16. Há uma banca de jornais à esquina da rua.

22 Falando de jornais

7. VOCABULAIRE

falar, *parler*
o jornal, *le journal*
resolver, *résoudre, décider*
o matutino, *le journal du matin*
reparar em, *remarquer qqch.*
faltar, *manquer*
a manhã, *le matin*
o artigo de fundo, *l'éditorial*
o caso, *le cas*
o vespertino, *le journal du soir*
reproduzir, *reproduire*
o comunicado, *le communiqué*
a notícia, *la nouvelle*
redigir, *rédiger*
o título, *le titre*
o leitor, *le lecteur*
a imprensa, *la presse*
sensacionalista, *à sensation*
as papas, *la bouillie*
o bolo, *le gâteau*
tolo, *idiot*
o gosto, *le goût*

informar, *renseigner*
divertir, *amuser, divertir*
a novidade, *la nouveauté*
o semanário, *l'hebdomadaire*
desportivo, *sportif*
a escolha, *le choix*
a tendência, *la tendance*
a esquerda, *la gauche*
a extrema direita, *l'extrême droite*
o anúncio, *l'annonce*
prestar atenção, *faire attention*
o cavalheiro, *l'homme, le monsieur*
a amizade, *l'amitié*
a compra, *l'achat*
a venda, *la vente*
a página, *la page*
o filme, *le film*
o género, *le genre*
a peça de teatro, *la pièce de théâtre*
valer, *valoir*

VOCABULAIRE COMPLÉMENTAIRE

o ardina, *le vendeur de journaux ambulant* (uniquement, P)
o artigo, *l'article*
o assinante, *l'abonné*
a assinatura, *l'abonnement*
o autor, *l'auteur*
a banca, *le point de vente*
a banda desenhada, *la bande dessinée,* (B) os quadrinhos
o boletim meteorológico, *le bulletin météorologique*
a capa, *la couverture*
a coluna, *la colonne*
a composição, *la composition*
a concepção gráfica, *la conception graphique*
o conselho editorial, *le conseil de rédaction*
o correspondente, *le correspondant*

dar um erro, *faire une erreur*
o diário, *le quotidien*
difundir, *diffuser, répandre*
a difusão, *la diffusion*
a divulgação, *la divulgation*
a edição, *l'édition*
o editorial, *l'éditorial*
a fotografia, *la photo*
a gralha, *la coquille*
a ilustração, *l'illustration*
o jornalista, *le journaliste*
a letra de imprensa, *le caractère d'imprimerie*
a linha, *la ligne*
o pregão, *la criée*
a publicidade, *la publicité*
a revista, *la revue, le magazine*
o sumário, *la table des matères*
a tinta, *l'encre*
o tipógrafo, *le typographe*

22 — À propos des journaux

8. EXERCICES

A. Compléter les phrases suivantes en employant le verbe indiqué à l'infinitif personnel

1. (ler) : Este jornal é para tu ....
2. (fazer) : Estas palavras cruzadas são para vocês ....
3. (corrigir) : Este artigo é para eles ....
4. (deitar fora) : Estes jornais são para eu ....
5. (enviar) : O telegrama é para nós ....
6. (levar) : Esta revista é para ela ....

B. Remplacer les mots soulignés par le démonstratif qui convient

1. Dá-me os jornais que estão aí
2. As revistas aqui são tuas.
3. Os livros que estão ali são dele.

C. Traduire

1. Il m'arrive de ne pas savoir très bien où je suis.
2. Les illustrations font défaut dans ce journal.
3. Il arrive demain à huit heures.
4. Il écrit sans faire de fautes.
5. Ce n'est pas comme moi. Je dois faire très attention.

CORRIGÉ

A.
1. Este jornal é para tu leres.
2. Estas palavras cruzadas são para vocês fazerem.
3. Este artigo é para eles corrigirem.
4. Estes jornais são para eu deitar fora. (B : jogar fora).
5. O telegrama é para nós enviarmos.
6. Esta revista é para ela levar.

B.
1. Dá-me esses jornais que estão aí.
2. Estas revistas aqui são tuas.
3. Aqueles livros que estão ali são dele.

C.
1. Acontece-me não saber muito bem onde estou.
2. Neste jornal fazem falta as ilustrações
3. Ele chega amanhã às oito horas.
4. Ele escreve sem dar erros.
5. Não é como eu. Tenho que prestar muita atenção.

23 — Monumentos de Lisboa
1. DIÁLOGO

L : Laura   I : Isabel

I — Estás disposta¹ a mostrar-me os monumentos de Lisboa ?
L — O que é prometido¹, é devido.
I — Por onde começamos ? Pelo Castelo de São Jorge² ?
L — Podemos começar pela Igreja da Sé³ que fica perto. Com o que nela subsiste de arte românica em transição para o gótico, é um dos monumentos religiosos de visita obrigatória.
I — Quando é que foi construída¹ ?
L — No século XII. Mas os terramotos e os restauros alteraram-lhe⁴ a traça inicial.
I — E há lá muito para ver ?
L — Estou a lembrar-me do claustro do século XIV, dos órgãos do século XVIII e de um presépio famoso⁵. E a poucos passos da Sé (Catedral) está a igreja de Santo António (da Sé)⁶.
I — Mas que Santo António ?
L — De Lisboa para os portugueses e de Pádua para os italianos. Nasceu em Lisboa e morreu em Pádua onde está sepultado.
I — Dizem que é um santo muito casamenteiro.
L — Recebe o culto das jovens casadoiras à procura de noivo. No dia 13 de Junho, dia de Santo António, que é o padroeiro de Lisboa, há grandes festejos populares⁷. É feriado municipal.
I — E a seguir onde é que me levas ?
L — À Igreja de São Vicente de Fora⁸. É a esta igreja que está ligada¹ á lenda que deu origem às Armas da Cidade. Reza⁹ a tradição que quando os restos de São Vicente foram trazidos do Cabo Sacro¹⁰ para Lisboa, em 1173, dois corvos pousaram sobre a embarcação, não mais a deixando até ao momento de aportar em Lisboa.
I — Já ouvi qualquer coisa sobre a Igreja de Santa Engrácia.
L — É uma bela igreja barroca¹¹. Iniciada no século XVII, só foi concluída¹ em 1966. Este facto deu origem a um dito aplicado a qualquer trabalho que nunca mais tem fim : « Parecem as obras de Santa Engrácia ».
I — Estou farta de ouvir isso.
L — Depois podemos ir ao Convento da Madre de Deus¹², um belo exemplo de arquitectura manuelina¹², tal como os Jerónimos e a Torre de Belém. Um dos painéis de azulejos¹³ mais notáveis no Convento é o Panorama de Lisboa, antes do Terramoto de 1755.

23 — Les monuments de Lisbonne
2. DIALOGUE

L : Laura   I : Isabel

I — Es-tu décidée à me montrer les monuments de Lisbonne ?
l — Chose promise, chose due.
I — Par où commençons-nous ? Par le château Saint-Georges ?
L — Nous pouvons commencer par la cathédrale qui est tout près. Avec ce qui y reste d'art roman, déjà en transition vers le gothique, c'est l'un des monuments religieux dont la visite est obligatoire.
I — Quand fut-elle construite ?
L — Au XIIe. Mais les tremblements de terre et les restaurations en ont modifié le plan initial.
I — Est-ce qu'il y a beaucoup de choses à voir ?
L — Je me souviens du cloître du XIVe siècle, de l'orgue du XVIIIe et d'une crèche célèbre. Et, à quelques pas de la cathédrale, il y a l'église Saint-Antoine.
I — Mais quel saint Antoine ?
L — Celui de Lisbonne pour les Portugais ou de Padoue pour les Italiens. Il est né à Lisbonne et il est mort à Padoue où il est enterré.
I — On dit que c'est un saint « marieur ».
L — Il reçoit les prières des jeunes filles à marier, à la recherche d'un mari. Le 13 juin, jour de la Saint-Antoine, le saint patron de Lisbonne, il y a de grandes fêtes populaires. C'est le jour férié municipal.
I — Et ensuite où m'emmènes-tu ?
L — À l'église de Saint-Vincent-hors-les-murs. C'est à cette église que se rattache la légende des Armes de la Ville. La tradition veut que, quand les restes de saint Vincent ont été ramenés du Cap Sacré à Lisbonne, en 1173, deux corbeaux se sont posés sur l'embarcation, et ne l'ont plus quittée jusqu'à son arrivée dans le port de Lisbonne.
I — J'ai déjà entendu parler de l'église Santa Engrácia.
L — C'est une belle église baroque. Commencée au XVIIe siècle, elle n'a été achevée qu'en 1966. Cette lenteur est à l'origine d'un dicton qui s'applique à tout ce qui n'a pas de fin : « C'est comme qui dirait les travaux de Santa Engrácia. »
I — Je l'entends sans arrêt.
L — Ensuite, nous pourrons aller au couvent de la Mère de Dieu, un bel exemple d'architecture manuéline, tout comme les Hyéronimites et la tour de Belém. Parmi les fresques d'azulejos de ce couvent, il faut signaler celui du panorama de Lisbonne, avant le tremblement de terre de 1755.

23 — Monumentos de Lisboa
3. REMARQUES

1. **Estás disposta : disposta :** pp. passé irr. de **dispor :** *disposer = tu es disposée.* **É prometido :** *est promis.* Être + part. passé (voir note 5, 9-3).

2. **O castelo de São Jorge :** *le château fort de Saint-Georges :* forteresse médiévale dont il ne reste que des murailles (restaurées vers 1940), construite sur une colline où se trouvent l'**Alfama** et la **Mouraria**, quartiers d'origine arabe.

3. **A Sé :** *la cathédrale :* monument roman, commencé en 1147, après la reconquête de la ville sur les Arabes ; elle a souffert des tremblements de terre de 1344 (reconstruction du cloître gothique) et de 1755 (destruction de la lanterne romane).

4. **Alteraram-lhe a traça :** m. à m. « *lui ont altéré le plan* » : *ont altéré son plan.* Notez l'emploi du pr. ind. **lhe(s)** *(lui, leur),* évoquant le possesseur, à la place du possessif.

5. **Um presépio famoso :** *une crèche célèbre.* Cette importante crèche, en terre cuite, est de Machado de Castro (1731-1832).

6. **Igreja de Santo António da Sé :** petite église, près de la cathédrale, élevée au XVIIIe siècle à l'endroit où est né, en 1195, saint Antoine. La statue du saint, plus connu sous le nom de saint Antoine de Padoue (ville où il est mort le 13 juin 1231) sort en procession dans l'Alfama, le 13 juin.

7. **Os festejos populares :** *les fêtes populaires.* Les fêtes de Lisbonne ont lieu du 13 au 29 juin, au moment des fêtes de saint Antoine (saint patron de la ville), saint Jean (24 juin) et saint Pierre (29 juin) : rues décorées, marches populaires et bals. Vente d'œillets en papier, fleurs typiques (Voir la révolution des Œillets du 25 avril 1974).

8. **São Vicente de Fora :** *Saint-Vincent-hors-les-murs :* église baroque du XVIIe siècle construite par l'Italien Terzi, pour le compte de Philippe II d'Espagne, aussi roi du Portugal.

9. **Reza a tradição :** *dit la tradition.* **Rezar :** *prier.*

10. **Cabo Sacro :** auj. **Cabo S. Vicente** au S.-O. du Portugal.

11. **Santa Engrácia :** église commencée en 1682. Auj. panthéon.

12. **A arte manuelina :** l'art manuelin ; il se développe sous le règne de D. Manuel (1495-1521), l'apogée du Portugal. Cet art original, s'inspirant souvent des Découvertes Maritimes orne de nombreux monuments, entre autres : l'église **Madre de Deus** (cloître, portail), le monastère des **Jerónimos** (1496-1522), le plus important, la tour de **Belém** (1515-1521), le plus tardif.

13. **Os azulejos** (d'origine arabe) : *les carreaux de faïence,* le plus souvent bleus, sont caractéristiques de l'art décoratif portugais du XVe au XXe siècles (surtout aux XVIe, XVIIe, XVIIIe siècles).

23 — Les monuments de Lisbonne
4. ENVIRONNEMENT

O Tejo é mais belo que o rio que corre pela minha aldeia, / Mas o Tejo não é mais belo que o rio que corre pela minha aldeia, / Porque o Tejo não é o rio que corre pela minha aldeia, / O Tejo tem grandes navios / E navega nele ainda... / A memoria das naus. / ... Pelo Tejo vai-se para o Mundo. / Para além do Tejo há a América.

Quem, melhor do que Alberto Caeiro (heterónimo de Fernando Pessoa), poderia evocar o Tejo, esse rio majestoso, coração e bolsa de Lisboa desde a tomada de Ceuta (1415) e dos Descobrimentos (África, Oriente, América, 1415-1550).

Embora hoje em dia lhe volte as costas, Lisboa, grande capital europeia dos séculos XVI-XVII, soube homenageá-lo ao deixar ao longo da sua margem os mais belos monumentos manuelinos, civis ou religiosos : O **Mosteiro dos Jerónimos** (1496-1515), o **Convento da Madre de Deus** (1505), a **Conceição Velha**, a **Ermida de São Jerónimo do Restelo** (1509), edificada no local onde se diziam as missas antes da partida das naus e a elegante torre de Belém (1515-1521). O rei D. Manuel (1495-1521), o Venturoso, mandou construir o seu palácio (arrasado em 1755), junto ao rio, no Terreiro do Paço (hoje Praça do Comércio).

Le Tage est plus beau que le fleuve qui coule dans mon village, / Mais le Tage n'est pas plus beau que le fleuve qui coule dans mon village / Parce que le Tage n'est pas le fleuve qui coule dans mon village, ... / Le Tage a de grands navires / et sur ses eaux vogue encore, ... / La mémoire des caravelles. / ... Par le Tage on s'en va vers le Monde. / Au-delà du Tage, il y a l'Amérique.

Qui mieux qu'Alberto Caeiro (hétéronyme de Fernando Pessoa) pouvait évoquer le Tage, ce fleuve majestueux, le cœur et l'âme de Lisbonne, depuis la prise de Ceuta (1415) et les Grandes Découvertes (Afrique, Orient et Amérique, 1415-1550).

Bien que la ville lui tourne le dos aujourd'hui, Lisbonne, grande capitale européenne des XVIe et XVIIe siècles, a su lui rendre hommage en laissant le long de la rive ses plus beaux monuments manuelins, civils ou religieux : le **Monastère des Hiéronymites** (1496-1515), le **Couvent de la Mère de Dieu** (1505), l'**Église de la Conception Vieille**, la tour de l'**Ermitage du Restelo** (1509), édifiée à l'endroit où étaient dites les messes avant le départ des nefs et l'élégante **Tour de Belém** (1515-1521). Le roi D. Manuel (1495-1521), Le Fortuné, fit construire son palais (détruit en 1577) près du fleuve, sur la place du Palais (aujourd'hui du Commerce).

23 Monumentos de Lisboa

5. ENVIRONNEMENT

Lisboa com suas casas, de várias cores...

Álvaro de Campos (Fernando Pessoa)

O ocre, o verde e o rosa das casas que inspiraram o pintor Carlos Botelho (1899-1978) dão a Lisboa o seu encanto. Alegram os bairros antigos de **Alfama** e da **Mouraria** no sopé do **Castelo de São Jorge**, O **Bairro Alto** (séc. XVI e XVII), na colina oposta e a **Baixa** comercial reconstruída pelo Marquês de Pombal, após o terramoto de 1755. Há quem veja aí a influência do barroco italiano que marcou o séc. XVIII e inspirou a arquitectura de muitas igrejas (**S. Vicente de Fora, Basílica da Estrela**), monumentos civis (**Aqueduto das Águas Livres**) e palácios reais ou privados (os Palácios de **Belém, Foz, Fronteira**). Os edifícios do séc. XIX são mais austeros (**Palácio da Ajuda, teatro D. Maria**, as estações de **Santa Apolónia** e do **Rossio**). Estas cores não foram esquecidas nem pelos bairros dos anos 40 (Norte, Leste, Oeste), nem pelos edifícios dos anos 80 (Amoreiras). E espalhados pela cidade, fontes monumentais, jardins...

Vou-me até à Outra Banda
no barquinho da carreira...
Adeus, Tejo ! Adeus, Lisboa !
Adeus, Ribeira das Naus !

Antonio Gedeão.

Lisbonne avec ses maisons, de toutes les couleurs...

Les ocres, les verts et les roses des maisons qui ont inspiré le peintre Carlos Botelho (1899-1978), donnent son charme à Lisbonne. Elles égayent les quartiers anciens de **Alfama** et **da Mouraria** au pied du **Château Saint-Georges**, le « Quartier Haut » (XVIe et XVIIe siècles) sur la colline opposée, la **Baixa** (ville basse) commerçante, reconstruite par le marquis de Pombal, après le tremblement de terre de 1755. On veut parfois y voir l'influence du baroque italien qui a marqué le XVIIIe et inspiré l'architecture de nombreuses églises (**Saint-Vincent-Hors-les-Murs ; Basilique de l'Étoile**), de monuments civils (l'**Aqueduc des Eaux Vives**) et des palais royaux ou particuliers (palais de Belém, Foz, Fronteira). Les édifices du XIXe siècle sont plus austères (palais da Ajuda, théâtre D. Maria, les gares de Santa Apolónia et du Rossio). Ces couleurs n'ont été oubliées ni par les quartiers des années 40 (Nord, Est, Ouest), ni par les édifices des années 1980 (Amoreiras). Et partout éparpillés dans la ville, fontaines monumentales, jardins...

Je m'en vais sur l'autre rive
par le bateau-bus
Adieu, Oh Tage ! Adieu, Lisbonne !
Adieu, quai des Caravelles.

23 Les monuments de Lisbonne
6. PHRASES TYPES

1. Du belvédère du château Saint-Georges on a une très belle vue panoramique sur la ville, le fleuve et le pont qui relie Lisbonne à l'autre rive. On aperçoit même la mer.
2. Pouvez-vous me montrer sur ce plan de Lisbonne, où se trouve le « Terreiro do Paço » (la place du Palais) ?
3. Le « Terreiro do Paço » s'appelle aujourd'hui place du Commerce ; il donne sur le Tage.
4. Sur cette place, il y avait le Palais Royal qui lui a donné son nom.
5. Comment y va-t-on ? Peut-on y aller en métro ?
6. Non. Le métro ne va qu'à la place du Rossio. Mais vous pouvez y aller en autobus ou à pied.
7. D'ici ce n'est pas très loin. Continuez tout droit.
8. La Rue do Ouro (de l'or) et la rue Augusta (Auguste) mènent toutes deux au Terreiro do Paço.
9. Si vous voulez, vous pouvez aussi aller voir la place du Pelourinho (Pilori) ; c'est là que se trouve la mairie.
10. Cela vaut-il la peine de visiter les quartiers anciens, tout près ?
11. J'aime beaucoup les vieilles fontaines de Lisbonne.

---

1. Do miradoiro do Castelo de São Jorge, desfruta-se um belo panorama da cidade, do rio e da ponte que liga Lisboa à Outra Banda. Até se vê o mar.
2. Pode indicar-me aqui nesta planta de Lisboa onde fica o Terreiro do Paço ?
3. O Terreiro do Paço chama-se hoje praça do Comércio. Dá para o rio Tejo.
4. Nesta praça havia o Paço (Palácio real) que lhe deu o nome.
5. Como é que se vai para lá ? Pode-se ir de metro ? (B) metrô.
6. Não. O metro só vai até à praça do Rossio, mas pode ir de autocarro ou a pé.
7. Daqui não é muito longe. Vá, (siga) sempre em frente.
8. Tanto a rua do Ouro como a rua Augusta, vão dar ao Terreiro do Paço.
9. Se quiser também pode ir visitar o Largo do Pelourinho. É lá que fica a Câmara Municipal.
10. Acha que valerá a pena visitar os bairros antigos aqui perto ?
11. Gosto muito dos velhos chafarizes de Lisboa.

23 Monumentos de Lisboa

7. VOCABULAIRE

o monumento, *le monument*
disposto, *disposé*
até a, *jusqu'à*
o prazer, *le plaisir*
o castelo, *le château fort*
a igreja, *l'église*
a sé, *la cathédrale*
a arte, *l'art*
românico, *roman*
gótico, *gothique*
obrigatório, *obligatoire*
o terramoto, *le tremblement de terre*
o restauro, *la restauration*
alterar, *modifier*
a traça, *le tracé, le plan*
o estilo, *le style*
o claustro, *le cloître*
o órgão, *l'orgue*
o presépio, *la crèche*
sepultar, *enterrer*
casamenteiro, *marieur*
o culto, *le culte*
casadoiro, *à marier*
á procura, *à la recherche*
notável, *remarquable*

o noivo, *le fiancé*
o padroeiro, *le saint patron*
o festejo, *la fête*
o feriado, *le jour férié*
a seguir, *ensuite, après*
ligar, *lier*
a origem, *l'origine*
a lenda, *la légende* (histoire)
a cidade, *la ville*
rezar, *prier, raconter* (ici)
os restos, *la dépouille*
o corvo, *le corbeau*
pousar, *poser*
a embarcação, *l'embarcation*
aportar, *arriver, entrer dans un port*
o barroco, *le baroque*
o povo, *le peuple*
criar, *élever*
a construção, *la construction*
as obras, *les travaux*
saboroso, *savoureux*
demorado, *lent, qui tarde*
estar farto, *en avoir assez*
manuelino, *manuélin*
o azulejo, *le carreau de faïence*

VOCABULAIRE COMPLÉMENTAIRE

o altar, *l'autel*
o aqueduto, *l'aqueduc*
o arco, *l'arc, l'arche*
a basílica, *la basilique*
a câmara municipal, *la mairie* ; (B) a prefeitura
o candieiro, *le réverbère, la lampe* ; (B) o revérbero, o lampião de rua
a capela, *la chapelle*
o casamento, *le mariage*
o castelo, *le château fort*
o chafariz, *la fontaine*
a coluna, *la colonne*
o coro, *le chœur*
dar para, *donner sur*
dar a, *mener à*
a fachada, *la façade*
a fonte, *la fontaine*
o largo, *la place* (petite)

luxuoso, *luxueux*
a mesquita, *la mosquée*
o miradouro, *le belvédère*
o mosteiro, *le monastère*
a nave, *la nef*
o paço, *le palais royal*
o palacete, *le manoir*
o palácio, *le palais*
o pátio, *la cour*
o pavilhão, *le pavillon*
o pelourinho, *le pilori*
o pilar, *le pilier*
a plano, *le plan* (projet)
o planta, *le plan* (arch.)
a praça, *la place* (grande)
a sacristia, *la sacristie*
o templo, *le temple*
a torre, *la tour*

23 — Les monuments de Lisbonne

8. EXERCICES

A. Mettre au pluriel les mots soulignés, en faisant les transformations qui s'imposent

1. <u>É</u> <u>uma</u> festa muito popular que se realiza em Junho.
2. <u>Este</u> painel é notável.
3. <u>O</u> azulejo da parede é azul.
4. <u>O</u> corvo pousou sobre <u>a</u> embarcação.
5. Não sei <u>qual</u> é <u>a</u> origem desta lenda.

B. Compléter les phrases avec les verbes mis entre parenthèses, au temps et au mode qui conviennent

1. (Estar). Se vocês não . . . . cansados, poderemos ir à Sé.
2. (Querer). Se tu . . . . , iremos a pé.
3. (Importar-se). Se eles não . . . . , poderemos levá-los.
4. (Trazer). Se ele . . . . o carro, daremos uma volta maior.
5. (Poder). Se eles . . . . , também vêm connosco.
6. (Ir). Se nós . . . . , eles também vão.

C. Compléter les phrases suivantes avec les prépositions *por*, *em*, en faisant les contractions nécessaires

1. Tenho dificuldade . . . . ler o que está escrito.
2. Podemos ir . . . . esta rua.
3. Não queres começar a visita . . . . convento ?
4. Tenho muito prazer . . . . acompanhar-te.
5. Vamos . . . . aqui ?
6. Vamos antes . . . . praça.

CORRIGÉ

A.
1. São festas muito populares que se realizam em Junho.
2. Estes painéis são notáveis.
3. Os azulejos da parede são azuis.
4. Os corvos pousaram sobre as embarcações.
5. Não sei quais são as origens desta lenda.

B.
1. Se vocês não estiverem cansados, poderemos ir à Sé.
2. Se tu quiseres, iremos a pé.
3. Se eles não se importarem, poderemos levá-los.
4. Se ele trouxer o carro, daremos uma volta maior.
5. Se eles puderem, também vêm connosco. (B : conosco).
6. Se nós formos, eles também vão.

C.
1. Tenho dificuldade em ler o que está ecrito.
2. Podemos ir por esta rua.
3. Não queres começar a visita pelo convento ?
4. Tenho muito prazer em acompanhar-te.
5. Vamos por aqui ?
6. Vamos antes pela praça.

24 — Fados e guitarradas

1. DIALOGUE

M : Manuel   N : Nuno   H : Helena

M — Hoje à noite vou aos fados[1] e quero que vocês venham[2] comigo.

N — Já estava admirado[3] que ainda não nos tivesses feito[4] esta proposta.

H — Eu já estava à espera. Ele não pode passar sem[5] os fados.

M — É inadmissível estarem em Lisboa e não irem[6] ouvir tocar guitarra[7] e cantar a tradicional canção lisboeta.

N — Não me digas que vais lá por nossa causa[8]. Não acredito. Vá[9], confessa que não gostas de ir sozinho. O que tu queres é companhia.

M — Não digas isso. É verdade que adoro ir a uma casa de fados, mas gosto de partilhar esse prazer com os amigos. O ambiente... as luzes que se apagam, o projector que ilumina a fadista...

N — O silêncio que se faz quando soam os primeiros acordes plangentes das guitarras...

M — Estavas a dizer mal, mas afinal o fado também te inspira!

H — Pelos vistos[10], não és o único entusiasta. Há mais quem seja atraído pelo[11] vestido escuro e pelo imprescindível xaile negro das fadistas.

N — Vocês já repararam que o fado só se canta à noite?

H — E as casas de fado são quase todas ou em Alfama[12] ou no Bairro Alto[13]. Porque será[14]?

M — Porque são talvez[15] os bairros mais populares de Lisboa e o fado é uma canção popular. Se calhar até nasceu por lá.

N — Não se sabe bem. Há quem diga que veio do Brasil ou de Angola, trazido pelos[11] escravos.

H — Mas não se tem a certeza.

M — O que eu sei é que o fado é uma canção sentimental e nostálgica. O passado, as tragédias, os amores infelizes. A saudade[16]...

H — Lá está ele! Se continuas assim, ainda me fazes chorar.

M — Estás a brincar, mas o fado às vezes comove-me.

H — Deixa lá. Logo à noite havemos de afogar[17] essa tristeza nuns copitos.

24 Fados et accords de guitares
2. DIALOGUE

M : Manuel   N : Nuno   H : Helena

M — Ce soir, je vais dans une maison de *fado* et je veux que vous veniez avec moi.
N — Ça m'étonnait que tu ne nous aies pas encore fait cette proposition.
N — Je m'y attendais. Il ne peut pas se passer de fado, lui.
M — Il n'est pas permis d'être à Lisbonne et de ne pas aller écouter de la guitare et chanter la traditionnelle chanson de Lisbonne.
N — Ne me dis pas que c'est pour nous que tu y vas. Je ne le croirais pas. Allons, avoue que tu n'aimes pas y aller seul. Ce que tu veux, c'est avoir de la compagnie.
M — Ne dis pas ça. C'est vrai que j'adore aller dans une maison de fado, mais j'aime partager ce plaisir avec les amis. L'atmosphère, les lumières qui s'éteignent, le projecteur qui éclaire la chanteuse...
N — Le silence qui tombe quand se font entendre les premiers accords plaintifs des guitares...
M — Tu te moquais, mais finalement le fado t'inspire aussi !
H — Apparemment tu n'es pas le seul amateur. Il y en a d'autres qui sont attirés par la robe sombre et l'inévitable châle noir des chanteuses de fado !
N — Avez-vous déjà remarqué que le fado ne se chante que le soir ?
H — Et les maisons de fado se trouvent toutes, soit dans l'Alfama, soit dans le Bairro Alto (le Haut Quartier). Pourquoi donc ?
M — Parce que ce sont peut-être les quartiers les plus populaires de Lisbonne, et le fado est une chanson populaire. Peut-être même y est-il né.
N — On ne sait pas trop. On dit qu'il est venu du Brésil ou de l'Angola, apporté par les esclaves.
M — Mais on n'en est pas sûr. Ce que je sais, c'est que le fado est une chanson sentimentale et nostalgique. Le passé, les tragédies, les amours malheureuses. La nostalgie... !
H — Et c'est reparti ! Continue comme ça et tu vas me faire pleurer.
M — Tu plaisantes. Mais le fado, parfois, m'émeut.
H — T'en fais pas ! Ce soir, nous noierons ta tristesse dans quelques verres.

24 Fados e guitarradas

3. REMARQUES

1. **Vou aos fados** : m. à m. *« je vais aux fados »* : j'irai dans une maison de fado. Cf. : **ir ao médico** : *aller chez le médecin*.
2. **Venham** : *ils viennent* : 3ᵉ pers. pl. prés. subj. de venir. Le subjonctif est obligatoire dans une prop. compl. introduite par un verbe de volonté, conseil, doute, souhait, etc. + **que**. Concordance, (voir note 8, 5-3).
3. **Estava admirado** : m. à m. *« j'étais étonné »* : je m'étonnais. Notez : **admirar** : *étonner* ; **admirar-se de** + inf. (ou **que** + subj.) : *s'étonner de* + inf. ou *que* + subj.
4. **Tivesses feito** : *qu'il eût fait, qu'il ait fait* = plus-que-parf. du subj. de **fazer** *(faire)* : composé de **tivesse** (imparf. subj. de **ter** : *avoir*) + **feito** (part. pas. irr. de **fazer**). Le pl.-que-parf. subj. : dans subord. au subj. indique l'antériorité par rapport à l'action principale (exprimée au passé ou conditionnel).
5. **Passar sem** : m. à m. *« passer sans »* : se dispenser de.
6. **É inadmissível estarem, irem** : *il est inadmissible d'être, d'aller*. **Estarem, irem** : inf. pers. 3ᵉ pers. pl. **estar** et ir.
7. **Tocar guitarra** : *jouer de la guitare* (à douze cordes) ; **tocar viola** : *jouer de la guitare* (à six cordes) : *jouer*.
8. **Por nossa causa** : m. à m. *« par notre faute »* : à cause de nous. Notez **por** : valeur causale : *pour, à cause de*. **Por** + inf. : *parce que*. **Por ser caro...** : *parce que c'est cher...*
9. **Vá, confessa** : *allons, avoue*. **Vá** (*va*, subj. prés. irr. de **ir** : *aller*). Ici tournure idiomatique.
10. **Pelos vistos** : *por os vistos* : m. à m. *« à cause de ce qui est vu »* = apparemment.
11. **Há mais quem seja atraído pelo...** : m. à m. *« il y en a un autre qui est attiré par...* 1) **quem** *(qui)*, pron. relatif sujet, représentant 1 personne (notes 15 et 16, 10-3) ; 2) **Ser** + part. passé = forme passive (note 5, 9-3) ; 3) **seja** : subj. prés. de **ser** = subj. dans relative = hypothèse.
12. **Alfama** = *al-hamam* (arabe) : *les bains* (note 18, 16-3).
13. **Bairro Alto** : quartier du XVIIᵉ siècle, sur la colline, en face du château Saint-Georges (nombreuses maisons de fado).
14. **Porque será ?** : *Pourquoi est-ce ?* **Será**, fut. ind. de **ser**, indique la probabilité (traduit par prés. ind.). **Porque ?** : *pourquoi ?* Il s'écrit **porquê ?**, s'il est employé seul.
15. **São talvez** : *sont peut-être*, mais **talvez sejam**. Notez : **Talvez** + verbe subj., ou verbe ind. + **talvez**.
16. **A saudade** *(le spleen, la nostalgie, la mélancolie)*. Ce sentiment est un thème constant dans la poésie portugaise.
17. **Havemos de afogar** : *nous noierons*. **Haver** + **de** + inf. = intention.

24 Fados et accords de guitares
4. ENVIRONNEMENT

Falar do canto em Portugal, é evocar o fado, embora a música popular seja mais rica e variada.

O **fado de Lisboa** nasceu, em meados do século 19, nos bairros populares de Alfama e Mouraria ; depois, com o regresso da família real do Brasil, por influência do Infante D. Miguel (rei 1828-1834) e da Corte, o fado aristocratiza-se. Canta com um estilo que lhe é próprio, por vezes dramático, a dureza da vida (amores contrariados, separação, saudade, Lisboa...). Sentimental, malandro, por vezes « engagé », pode ser lento e triste **(fado-canção)** ou rápido **(fado-corrido)**... Cantado por um ou uma fadista é acompanhado à **guitarra** (12 cordas metálicas) e à **viola** (6 cordas). Não se pode confundir com o **fado de Coimbra**, posterior, mais literário, mais elaborado, cantado pelos estudantes, por vezes sob a janela da amada (serenata), e com acordes diferentes.

Há quem lhe atribua origens árabes. Mas é mais plausível que os marinheiros tenham trazido do Brasil melopeias sensuais e sentimentais, antepassadas do fado, nascidas no século XVIII, provavelmente a partir do **lundum**, canto-dança de Angola, levado pelos escravos no século XVI, ou da **modinha**, canção sentimental, acompanhada a cravo ou à guitarra, importada da Europa no século XVII.

Parler de chant au Portugal, c'est évoquer le fado, même si la musique populaire est plus riche et diversifiée.

Le **fado de Lisbonne** est né, au milieu du XIXe siècle dans les quartiers populaires d'Alfama et Mouraria, puis, au retour de la famille royale du Brésil, avec D. Miguel (roi 1828-1834) et sa cour, il s'« aristocratise ». Il chante, avec des accents très particuliers, souvent dramatiques, la dureté de la vie (amours contrariées, séparation, nostalgie, Lisbonne). Sentimental, espiègle, parfois engagé, il peut être lent et grave **(fado-canção)**, ou rapide **(fado corrido)**... Chanté par un ou une **fadista**, il est accompagné d'au moins 2 guitares : la guitare portugaise **(a guitarra)**, à 12 cordes métalliques, et la guitare à 6 cordes **(a viola)**. On ne peut le confondre avec le **fado de Coimbra**, postérieur, plus littéraire, plus raffiné, chanté par les étudiants, parfois sous les fenêtres d'une belle (sérénade), sur des accords différents.

Certains attribuent au fado une origine arabe. Il est plus vraisemblable que les marins aient rapporté du Brésil des mélopées sensuelles et sentimentales, ancêtres du fado, nées au XVIIIe siècle, sans doute à partir du **lundum**, chant-danse d'Angola arrivé au XVIe siècle avec les esclaves, ou de la **modinha**, chanson sentimentale, accompagnée au clavecin ou à la guitare, importée d'Europe au XVIIe siècle.

24 Fados e guitarradas

5. ENVIRONNEMENT

Os intérpretes : Alguns fadistas marcaram o fado com a sua personalidade : *Maria Severa*, filha do povo, nascida no bairro da Madragoa (morta em 1846), cujos amores com o Conde de Vimioso ainda são cantados, ou *Hilário* (1864-1896), estudante de medicina, inspirador dum fado que se tornou um clássico do repertório coimbrão (Fado Hilário) e mais recentemente *Alfredo Marceneiro*.

Cantores contemporâneos como *Carlos do Carmo, Maria Teresa de Noronha, Amália Rodrigues*, e muitos outros, continuaram a dar brilho a este tipo de expressão artística, considerado hoje a canção nacional.

Fado Hilário

1. A minha capa velhinha
   Da cor da noite escura,
   Nela quero amortalhar-me,
   Quando for para a sepultura.

2. A minha capa ondulante
   Feita de negro tecido,
   Não é capa de estudante,
   É mortalha de um vencido.

3. Eu quero que o meu caixão
   Tenha uma forma bizarra,
   A forma dum coração,
   A forma duma guitarra.

Les interprètes : Certains *fadistas* ont marqué le *fado* de leur personnalité : *Maria Severa*, fille du peuple née dans la Madragoa (morte en 1846) dont les amours avec le Conte de Vimioso sont encore chantées, ou *Hilário* (1864-1896), étudiant en médecine qui a inspiré un fado devenu un classique du répertoire de Coimbra (le fado Hilário), et plus récemment *Alfredo Marceneiro*.

Des chanteurs contemporains, *Carlos do Carmo, Maria Teresa de Noronha, Amália Rodrigues,* et bien d'autres ont continué à donner de l'éclat à ce type d'expression artistique, considéré maintenant comme national.

Fado Hilário

1. Ma chère vieille cape
   De la couleur de la nuit noire.
   Je veux en faire mon linceul
   Quand j'irai dans ma sépulture.

2. Ma cape ondulante
   Faite de drap noir
   N'est pas une cape d'étudiant
   C'est le linceul d'un vaincu.

3. Je veux que mon cercueil
   Ait une forme étrange,
   La forme d'un cœur,
   La forme d'une guitare [1]

Chanté par António MENANO,
in, *Fado de Coimbra*, disque Ministério da Cultura.

---

1. Guitare (12 cordes métalliques) de création portugaise, d'inspiration arabe ou anglaise, destinée à remplacer le clavecin. Elle s'est jointe à la guitare (6 cordes) d'origine française ou italienne, substitut du luth aux XIV-XVe siècles.

24 — Fados et accords de guitares
6. PHRASES TYPES

1. Je voudrais aller dans une maison de fado où il serait possible de dîner.
2. En général, les maisons de fado servent plutôt des soupers que des dîners.
3. À quelle heure commence le spectacle ?
4. Les chanteurs de fado ont l'habitude de commencer à chanter tard et le spectacle se prolonge souvent jusqu'au petit matin.
5. Y a-t-il aussi des danses folkloriques dans les maisons de fado ?
6. Les maisons de fado typiques ne présentent pas ce type de spectacles, bien que quelques-unes le fassent.
7. Sommes-nous bien sur le chemin de la maison de fado ?
8. Non. Vous êtes sur le mauvais chemin.
9. Vous devez revenir sur vos pas jusqu'au coin de la rue et ensuite vous tournez à gauche.
10. Ici, on ne voit pas bien. Je voudrais une table mieux placée.
11. On a éteint les lumières. On commence à accorder les guitares. Silence.
12. As-tu l'habitude de sortir beaucoup ?
13. Pas beaucoup. Je vais au cinéma une ou deux fois par mois.
14. Aujourd'hui, nous allons au théâtre, la pièce est très bonne.

---

1. Queria ir a uma casa de fados que servisse jantares.
2. Em geral, as casas de fados só servem ceias, não servem jantares.
3. A que horas começa o espectáculo ?
4. Os fadistas costumam começar a cantar tarde e o espectáculo prolonga-se, muitas vezes, até de madrugada.
5. Também há danças folclóricas nas casas de fado ?
6. As casas típicas de fados não apresentam esse tipo de espectáculo, embora algumas o façam.
7. Por aqui vamos bem para a casa de fados ?
8. Por aqui vão mal.
9. Têm que voltar atrás até à esquina e depois, cortam à esquerda.
10. Daqui não se vê bem. Queria uma mesa mais bem situada.
11. Apagaram as luzes. Já estão a afinar as guitarras. Silêncio.
12. Costumas sair muito ?
13. Nem por isso. Vou ao cinema uma ou duas vezes por mês.
14. Hoje vamos ao teatro. A peça é muito boa.

24 — Fados e guitarradas

7. VOCABULAIRE

as guitarradas, *un concert de guitares portugaises*
admirar, *étonner*
a proposta, *la proposition*
tocar (guitarra), *jouer de*
cantar, *chanter*
a canção, *la chanson*
confessar, *avouer*
a companhia, *la compagnie*
adorar, *adorer*
partilhar, *partager*
o prazer, *le plaisir*
o ambiente, *l'atmosphère*
iluminar, *éclairer*
o silêncio, *le silence*
o projector, *le projecteur* (B) o projetor
soar, *résonner*
o acorde, *l'accord* (musique)
plangente, *plaintif*
a guitarra, *la guitare portugaise*
atrair, *attirer*
escuro, *sombre*
imprescindível, *inévitable* (B) *indispensable*
o xaile, *le châle*
o fadista, *le chanteur de fado*
nascer, *naître*
o escravo, *l'esclave*
o passado, *le passé*
os amores, *les amours*
a tragédia, *la tragédie*
infeliz, *malheureux*
a saudade, *la nostalgie*
chorar, *pleurer*
comover, *émouvoir*
afogar, *noyer*
a tristeza, *la tristesse*
o copito, *le petit verre*

VOCABULAIRE COMPLÉMENTAIRE

o ballet, *le ballet* (B) o balé
o barítono, *le baryton*
o/a cançonetista, *le chanteur, la chanteuse* (B) o (a) cantor(a)
o cantador, *le chanteur*
a cantadeira, *la chanteuse*
o cântico, *le cantique*
o canto, *le chant*
o canto coral, *le chant choral*
o clarinete, *la clarinette*
o concerto, *le concert*
o coro, *le chœur*
o cravo, *le clavecin*
a flauta, *la flûte*
o instrumento de música, *l'intrument de musique*
o intervalo, *l'entracte*
a música de câmara, *la musique de chambre*
a música clássica, sinfónica, *la musique classique, symphonique*
o oboé, *le hautbois*
a ópera, *l'opéra*
a opereta, *l'opérette*
o orfeão, *l'orphéon*
o órgão, *l'orgue*
a orquestra, *l'orchestre*
a peça de teatro, *la pièce de théâtre*
o piano, *le piano*
recitar, *réciter*
a sinfonia, *la symphonie*
o/a solista, *le, la soliste*
o/a soprano, *le, la soprano*
o tambor, *le tambour*
o tenor, *le ténor*
o trombone, *le trombone*
a viola, *la guitare*
o rabecão, *la contrebasse*
o violino, *le violon*

24 — Fados et accords de guitares

8. EXERCICES

A. Compléter suivant le modèle :
Já estava admirado que ainda não nos tivesses feito essa proposta

1. (Dizer). Já estava admirado que ainda não nos .... o que sabias.
2. (trazer). Já estava surpreendido que ele ainda não lhes .... os bilhetes.
3. (Escrever). Já estava admirado que eles ainda não lhe ....
4. (Pagar). Já estava surpreendido que eles ainda não nos ....

B. Compléter les phrases en utilisant le verbe entre parenthèses au mode et au temps voulus

1. (Ir). Talvez eu .... contigo.
2. (Vir). Se calhar eles também ....
3. (Convidar-me). Talvez eles ....
4. (Chegar). Ele .... talvez às dez horas.
5. (Conhecer). Se calhar tu ainda não .... esta canção.

C. Traduire

1. Il est inadmissible qu'ils passent par Lisbonne et qu'ils ne viennent pas me rendre une visite. Pourquoi ?
2. Sont-ils tous venus ?
3. Quand ils viendront, nous irons écouter des fados.
4. Pourquoi ne veux-tu pas venir avec nous ?

CORRIGÉ

A.
1. Já estava admirado que ainda não nos tivesses dito o que sabias.
2. Já estava surpreendido que ele ainda não lhes tivesse trazido os bilhetes.
3. Já estava admirado que eles ainda não lhe tivessem escrito.
4. Já estava surpreendido que eles ainda não nos tivessem pago.

B.
1. Talvez eu vá contigo.
2. Se calhar eles também vêm.
3. Talvez eles me convidem.
4. Ele chega talvez às dez horas.
5. Se calhar tu ainda não conheces esta canção.

C.
1. É inadmissível eles passarem por Lisboa e não me visitarem. Porquê ?
2. Será que eles vieram todos ?
3. Quando eles vierem, havemos de ir aos fados.
4. Porque é que não queres vir connosco ? (B : conosco).

25 Festas populares

1. DIÁLOGO

M : Manuel   H : Helena   Ma : Márcia (Brasileira)

M — Tenho saudades[1] do tempo em que a vida nocturna em Lisboa era animada.

H — Mas as pessoas continuam a sair à noite.

M — Pois é, mas para se fecharem em bares e boites... Os cafés foram desaparecendo[2].

H — É verdade. Ainda me[3] lembro de ver os cafés da Baixa cheios de gente até bastante tarde.

Ma — Nesta cidade nunca há vida à noite ?

M — Se gostas de festa, tens de vir cá em Junho. A cidade acorda para festejar os Santos Populares.

Ma — Santo António, São João e São Pedro[4], não é ?

M — Os arraiais[5] e os bailes de rua multiplicam-se quase por[6] toda a cidade.

H — Pensava que os festejos só tivessem lugar em Alfama.

M — É lá, de facto, que os festejos ganham a sua expressão mais rica. Armam-se[7] artísticos altares[8] a Santo António, e improvisam-se pequenos restaurantes que servem, de preferência, sardinha assada[9]. Todo o bairro é transformado num grande arraial : balões, ornamentações de papel colorido, charangas, vasos com manjericos às janelas[10].

H — E vendem-se cravos[11] de papel com engraçadas quadras populares[12].

Ma — São festas em que o religioso se mistura com o pagão.

M — É isso mesmo. E como sempre, o maior divertimento acaba por ser comer e beber. Aliás, é o que se verifica sempre em todas as festas populares e romarias[13].

H — Também há o desfile das marchas[14] populares, na Avenida da Liberdade. É uma velha tradição !

M — Cada bairro lisboeta concorre com uma marcha e a melhor ganha o concurso. Durante estes dias de Junho, Lisboa é, com efeito, uma cidade diferente, com mais bulício e alegria.

Ma — Tal e qual como no Rio, no período do Carnaval. Niguém trabalha e todo mundo se diverte. Cada escola de samba, não só rivaliza nas fantasias[15], mas também nas canções.

H — Cá é diferente. Toda a gente trabalha durante o dia ; a festa é só à noite.

25 Fêtes populaires
2. DIALOGUE

M : Manuel   H : Helena   Ma : Márcia (Brésilienne)

M — L'époque où la vie nocturne de Lisbonne était animée me manque.
H — Pourtant les gens continuent à sortir le soir.
M — C'est sûr ! Mais c'est pour s'enfermer dans les bars, dans des boîtes... Les cafés ont peu à peu disparu.
H — C'est vrai. Je me souviens encore des cafés de la Baixa pleins de monde, très tard dans la nuit.
Ma — Mais dans cette ville, n'y a-t-il jamais de vie nocturne ?
M — Si tu aimes la fête, il te faut venir au mois de juin. La ville se réveille pour fêter les Saints Populaires.
Ma — Saint Antoine, saint Jean et saint Pierre, n'est-ce pas ?
M — Les lieux des réjouissances et les bals de rues se multiplient dans presque toute la ville.
H — Je croyais que tout se passait à Alfama.
M — C'est en effet là que les festivités connaissent leur plus riche expression. On y dresse d'artistiques autels à saint Antoine et on y improvise de petits restaurants qui servent surtout des sardines grillées. Tout le quartier devient un lieu de fête : lampions, décorations de papiers de couleur, petits orchestres, pots de basilic aux fenêtres...
H — Et on vend des œillets de papier portant d'amusants quatrains populaires...
Ma — Ces fêtes mélangent le religieux et le païen.
M — Ce que tu dis est vrai. Et comme d'habitude le grand plaisir finit par être celui de manger et de boire. D'ailleurs, c'est ce qui se passe toujours dans toutes les fêtes populaires et les fêtes votives.
H — Il y a aussi le défilé des marches populaires dans l'avenue de la Liberté. C'est une vieille tradition.
M — Chaque quartier de Lisbonne présente un groupe et le meilleur gagne le concours. Pendant ces journées de juin, Lisbonne est en effet une autre ville, avec plus de vie et de joie.
Ma — Tout à fait comme à Rio, pendant la période du Carnaval... Personne ne travaille et tout le monde s'amuse. Chaque école de samba, non seulement rivalise pour les costumes, mais aussi pour les chansons.
H — Ici, c'est différent. Tout le monde travaille pendant la journée ; la fête, c'est seulement la nuit.

25 — Festas populares

3. REMARQUES

1. **Tenho saudades** : m. à m. « *j'ai des nostalgies* » : *je regrette*.
2. **Foram desaparescendo** : *ont disparu peu à peu*. **Foram** : 3ᵉ pers. plur. prét. de **Ir** *(aller)*. **Ir** + gérondif en **ndo** (seul possible) : indique une action se déroulant progressivement.
3. **Ainda me lembro** : *je me souviens encore*. Place du pron. **me**. Au Portugal, l'enclise du pr. pers. compl. peut ne pas se faire dans les prop. princ. ou ind. affirmatives, si devant verbe on a : un adverbe **(ainda)**, un pro. sujet exprimé : (P) **Eu me lembro** *(moi, je me souviens)*, mais **Lembro-me** *(je me souviens)*.
4. **Santo António, São Jão, São Pedro** : note 7, 23-3.
5. **Os arraiais** : *les fêtes en plein air* (sg. : **o arraial**).
6. **Por toda a cidade** : *dans toute la ville*. **Por** *(par, dans)* indique un éparpillement, mouvement à l'intérieur d'un lieu.
7. **Armam-se** : *on dresse*. **Armar** : *armer, dresser, monter* ; **armar a tenda** : *monter la tente*.
8. **Os altares** : *les autels* (religieux) (sg. : **o altar**). **Armam-se os altares** : *on dresse les autels*. **On** : cf. notes 4 et 6, 9-3.
9. **A sardinha assada** : *la sardine grillée* (alimentation traditionnelle sur la côte). Les **sardinhadas** *(repas de sardines grillées)*, sont l'occasion d'agréables réunions en plein air. Les conserveries de poisson, notamment de sardines, sont importantes au Portugal (Algarve, Sétubal, Matosinho...).
10. **Os manjericos às janelas** : *les basilics aux fenêtres*. Des pots de basilic, plante traditionnelle du Sud, ornent souvent les fenêtres dans les quartiers populaires de Lisbonne.
11. **Os cravos** : *les œillets*. Notez : **O cravo** : *le clou*. Il y a beaucoup d'œillets au Portugal, au printemps. C'est une fleur familière, devenue symbole national, depuis que les soldats en ont orné leurs fusils, lors de la révolution du 25 avril 1974.
12. **Cravos de papel com quadras populares** : les œillets en papier, vendus lors des fêtes du mois de juin, offrent dans leur cœur des quatrains populaires parlant d'amour ou d'humour. L'art du papier découpé et colorié est très utilisé pour décorer rues et maisons, lors des fêtes populaires.
13. **A romaria** : fête votive du Nord du pays, à la fois religieuse (messe et procession avec la statue du saint honoré) et profane (pétards, défilé, repas, foire, bals, etc.).
14. **A marcha** : groupe populaire qui défile lors des fêtes de Lisbonne, au rythme d'une marche dont il compose ou fait composer les paroles et la musique.
15. **A fantasia** : *la fantaisie*. Au Brésil, désigne les *déguisements* de carnaval, qui sont très variés et souvent luxueux.

25 Fêtes populaires
4. ENVIRONNEMENT

As festas populares são numerosas : algumas, **profanas**, são sobrevivências pré-cristãs, como as festas de *máscaras* entre o Natal e a Epifânia (Trás-os-Montes), os festejos carnavalescos (Loulé), ou as festas ligadas aos ritos agrários : as festas da Primavera — *as Maias* no Alentejo, as das ceifas (a festa dos Tabuleiros em Tomar) e as das vindimas (Palmela-Setúbal). Em muitas localidades, realizam-se, sobretudo no Verão, festividades **religiosas** em honra do Santo Padroeiro ; duram vários dias e aliam devoções (missa, procissão, novenas) com os divertimentos populares (bailes, cortejos alegóricos, grupos folclóricos, corridas de touros, foguetes, fogos de artifício, ornamentações multicores nas ruas). Estas festas, chamadas *romarias* no Norte, são muito concorridas (Viana do Castelo).

Dias feriados. Dias santos : Sexta-feira Santa, Páscoa, Corpo-de-Deus, Assunção de N. Senhora (15 de Agosto), dia de Todos-os-Santos (1° de Nov.), Imaculada Conceição (8 de Dez.-dia da mãe), Natal (25 de Dez.) ; *feriados civis* : dia de Ano Novo, 25 de Abril (Revolução de 1974), 1° de Maio (festa do trabalho), 10 de Junho (feriado nacional : morte do poeta Luís de Camões, 1524-1580), 5 de Outubro (proclamação da República, 1910), 1° Dez. (Restauração da independência em 1640).

Les fêtes populaires sont très nombreuses : certaines **profanes,** sont des survivances préchrétiennes, telles que les fêtes des *masques* entre Noël et l'épiphanie (Trás-os-Montes), les fêtes très anciennes du Carnaval (Loulé) ou celles liées aux rites agraires : les fêtes du Printemps — les *Maias* en Alentejo, celles des moissons (la fête des pains à Tomar) ou celles des vendanges (Palmela-Setúbal). De très nombreuses fêtes **religieuses** qui ont lieu surtout en été, honorent le saint patron de la localité : elles durent plusieurs jours et allient les dévotions (messe, procession, neuvaines) aux réjouissances profanes (bals, défilés allégoriques, groupes folkloriques, courses de taureaux, pétards, feux d'artifice, rues décorées de guirlandes multicolores. Ces fêtes, appelées *romarias* dans le Nord, sont très suivies (Viana do Castelo).

Jours fériés et chômés : fêtes catholiques : Vendredi Saint, Pâques, Fête-Dieu, Assomption (15 août), Toussaint (1er nov.), Immaculée Conception (8 déc. = fête des mères), Noël (25 déc.) ; *fêtes civiles :* Jour de l'An, 25 avril (Révolution de 1974), 1er Mai (fête du travail), 10 juin (fête nationale : mort du poète Luís de Camões, 1524-1580), 5 oct. (proclamation de la République, 1910), 1er déc. (Restauration de l'indépendance, 1640).

25 — Festas populares
5. ENVIRONNEMENT - LE BRÉSIL

As festas brasileiras populares têm quase todas um fundamento religioso, ligado ao Catolicismo ou aos cultos afro-brasileiros. *O Carnaval* é o acontecimento mais importante do ano. Embora seja festejado por todo o Brasil, os mais conhecidos são o de Rio (preparado durante todo o ano nas escolas de samba), o de Salvador (mais popular) e do Recife onde *o frêvo* substitui *o samba*. Entre as festas religiosas, citemos as festas de S. António, S. João, e S. Pedro (fogo de artifício, foguetes) e a *festa de Iemanjá*, deusa africana do mar (na noite do 31 de Dez. no Rio e no dia 2 de fev. em Salvador, os fiéis levam para a praia, iluminada de velas, oferendas que são atiradas ao mar, à meia-noite, — Rio e Salvador —), sem esquecer o *Bumba-meu-boi* (Maio-Junho) do Nordeste e do Maranhão. Agosto é o mês do turismo.

Dias santos : Reis (6 jan.), Endoenças, Paixão, Aleluia, Páscoa, Ascenção e Pentecostes (maio), Corpo-de-Deus, S. António, S. João e S. Pedro e Assunção (15 ag.), Natal (25 dez.).

Feriados civis : Ano Bom, Carnaval (4 dias e noites antes da 4ª feira de Cinzas) ; 21 de Abril, Tiradentes (morte de José Francisco Xavier, um dos heróis da Independência ; 7 de Set. (Independência, 1822) ; 15 Nov. (Proclamação da República, 1889) ; 31 Dez. (S. Silvestre).

Les fêtes brésiliennes populaires ont preque toutes un fond religieux, lié au catholicisme ou aux cultes afro-brésiliens. *Le Carnaval* est la plus importante de l'année. Bien que fêté dans tout le Brésil, les plus connus sont ceux de Rio (préparé toute l'année dans les écoles de samba), de Salvador (plus populaire) et Recife où le *frêvo* remplace la *samba*. Parmi les fêtes religieuses, citons les fêtes de la Saint-Antoine, de la Saint-Jean et de Saint-Pierre (feux d'artifices, pétards) et la *fête de Yémanjá*, déesse africaine de la mer (dans la nuit du 31 déc., les fidèles apportent sur les plages illuminées de bougies, des offrandes qui sont jetées à la mer à minuit — Rio, Salvador), sans oublier le *Bumba-meu-boi* (mai-juin) du Nordeste et du Maranhão. Le mois d'août est le mois du tourisme.

Jours chômés. Fêtes religieuses : Epiphanie (6 janv.), jeudi, vendr. et sam. saints, Pâques, Ascension et Pentecôte (mai), Fête-Dieu, fêtes de la Saint-Antoine, de la Saint-Jean et de Saint-Pierre, Assomption (15 août).

Fêtes civiles : Nouvel An, Carnaval (4 jours et nuits avant le mer. des Cendres), 21 avril (Tiradentes, mort de José da Silva Xavier, l'un des héros de l'Indépendance), 1er mai, 3 sept. (Indépendance, 1822), 15 nov. (proclamation de la République, 1889), 31 déc.

25. Fêtes populaires
6. PHRASES TYPES

1. Vas-tu au bal ce soir ?
2. Non, je vais plutôt voir le défilé de présentation des marches populaires.
3. Les rues sont très bien décorées.
4. Les illuminations sont plus belles que celles de l'an dernier.
5. Aujourd'hui, c'est un jour de congé municipal. Tout est fermé.
6. C'est le jour de la Saint-Antoine, le saint patron de Lisbonne.
7. Tu m'as promis de m'emmener à la « Baixa ».
8. Ne veux-tu pas venir avec moi à Alfama ?
9. J'ai envie d'aller à la fête.
10. J'aimerais aller danser.
11. Et si nous mangions des beignets ?
12. Ici, cela sent la sardine grillée.
13. Bois une bière. Il fait si chaud !
14. J'aimerais connaître les fêtes du Nord.
15. Les pétards ne m'ont pas laissé dormir.
16. Cette année la procession a changé d'itinéraire, mais elle part de l'église à la même heure.
17. Les enfants sont allés au manège.
18. C'est une fête très fréquentée. Il y a beaucoup de monde qui vient des environs.

---

1. Vais ao baile logo à noite ?
2. Não. Vou antes ao desfile das marchas populares.
3. As ruas estão muito bem engalanadas.
4. As iluminações são mais bonitas do que as do ano passado.
5. Hoje é feriado municipal. Está tudo fechado.
6. É dia de Santo António, o padroeiro de Lisboa.
7. Prometeste que me levavas à Baixa.
8. Não queres vir comigo a Alfama ?
9. Apetece-me ir à festa.
10. Gostava de ir dançar.
11. E se comêssemos umas farturas ?
12. Aqui cheira a sardinhas assadas.
13. Bebe uma cerveja. Está tanto calor !
14. Gostava de conhecer as romarias do Norte.
15. Os foguetes não me deixaram dormir.
16. Este ano, a procissão mudou de itinerário, mas sai da igreja à mesma hora.
17. As crianças foram andar de carrocel.
18. É uma festa muito concorrida. Vem muita gente das redondezas.

25 — Festas populares
7. VOCABULAIRE

a vida, *la vie*
nocturno, *nocturne*
animado, *animé*
o bar, *le bar*
desaparecer, *disparaître*
lembrar-se de, *se souvenir de*
querer, *vouloir*
bastante, *assez (de)*
tarde, *tard*
a noite, *la nuit*
junho, *juin*
o arraial, *le campement, la fête*
o baile, *le bal*
o santo, *le saint*
multiplicar-se, *se multiplier*
armar, *monter, armer*
o altar, *l'autel*
a preferência, *la préférence*
a sardinha, *la sardine*
assar, *rôtir*
o balão, *le ballon*
a ornamentação, *le décor*
o papel, *le papier*
colorido, *coloré*
a charanga, *la fanfarre*
o vaso, *le vase*
o manjerico, *le basilic*
o cravo, *l'œillet*

engraçado, *amusant*
a quadra, *le quatrain*
religioso, *religieux*
misturar-se, *se mélanger*
pagão, pagã, *païen, païenne*
o espírito, *l'esprit*
a diversão, *la diversion*
encontrar, *trouver*
o desejo, *le désir*
comer, *manger*
beber, *boire*
verificar, *vérifier*
a romaria, *la fête votive*
o desfile, *le défilé*
a marcha, *la marche*
velho, *vieux*
a tradição, *la tradition*
concorrer, *affluer*
o concurso, *le concours*
o bulício, *l'effervescence*
a alegria, *la joie*
trabalhar, *travailler*
a escola, *l'école*
o samba, *la samba*
rivalizar, *rivaliser*
a fantasia, *le déguisement*
a competição, *la compétition*

VOCABULAIRE COMPLÉMENTAIRE

os arrabaldes, *les faubourgs* ;
  (B) os subúrbios
os arredores, *les environs*
bailar, dançar, *danser*
a banda, *la fanfarre*
o carro alegórico, *le char allégorique*
celebrar, *fêter*
o cheiro a/de, *l'odeur de*
cheirar a, *sentir qqch.*
o clero, *le clergé*
o corridinho, *danse* (Algarve)
enfeitar, *décorer*
o enfeite, *le décor, l'ornement*
engalanar, *décorer*
os encontrões, *la bousculade* ;
  (B) os empurrões

a ermida, *l'ermitage*
o fandango, *le fandango*
as farturas, *les beignets* ; (B) os sonhos
o foguete, *le pétard, fusée*
o itinerário, *l'itinéraire*
o menino do coro, *l'enfant de chœur*
o padre, *le curé*
a paróquia, *la paroisse*
a oração, *la prière*
o rancho folclórico, *le groupe folklorique*
as redondezas, *les alentours*
o ruído, *le bruit*
a vela, o círio, *la cierge, la bougie*
o vira, *le vira* (danse)

25 Fêtes populaires

8. EXERCICES

A. Mettre au pluriel

1. Há um arraial muito animado.
2. A ornamentação do altar é bonita.
3. O rapaz leva um balão na mão.
4. É uma canção tradicional.

B. Mettre le verbe au présent de l'indicatif

1. As iluminações foram-se apagando.
2. A multidão foi chegando.
3. Fomos andando.

C. Traduire

1. Je ne me souviens pas si tu es venue avec moi au bal de l'année dernière.
2. Je me souviens très bien. Tu es venu me chercher chez moi.
3. C'est vrai. Je me rappelle. Je t'ai attendue pendant une heure dans le jardin.
4. Quand je suis arrivé chez toi, tu n'étais pas encore prête.
5. D'ici on voit tout le quartier.
6. Ici on vend des fleurs et des cierges.
7. La foule se promenait dans les rues.

CORRIGÉ

A.
1. Há arraiais muito animados.
2. As ornamentações dos altares são bonitas.
3. Os rapazes levam balões nas mãos.
4. São canções tradicionais.

B.
1. As iluminações vão-se apagando.
2. A multidão vai chegando.
3. Vamos andando.

C.
1. Não me lembro se vieste comigo ao baile do ano passado.
2. Lembro-me muito bem. Vieste buscar-me a minha casa.
3. É verdade. Estou a lembrar-me. Esperei por ti durante uma hora no jardim.
4. Quando cheguei a tua casa, tu ainda não estavas pronta.
5. Daqui vê-se o bairro todo.
6. Aqui vendem-se flores e velas.
7. A multidão passeava pelas ruas.

26   A televisão
1. DIÁLOGO

        Ma : marido   Mu : mulher

Mu — Não te importas de[1] ligar[2] a televisão ?
Ma — Mas a televisão está ligada desde que cheguei a casa.
Mu — Como não ouvia nada, pensei que a tivesses desligado.
Ma — Baixei-lhe[3] o som. É por isso que não ouves nada. Estão a dar um programa de rock.
Mu — Já deve ter acabado. Põe um bocadinho mais alto, quero ouvir o noticiário e o boletim meteorológico para saber se o tempo amanhã já está melhor.
Ma — Eu ouvi as notícias no carro, enquanto vinha para casa.
Mu — Há alguma coisa de jeito[4], esta noite, na televisão ?
Ma — Não tinhas dito que querias ir ao cinema ?
Mu — Tinha, mas como o tempo está mau, prefiro ficar em casa.
Ma — Até calha bem[5]. Há um debate na televisão que é capaz de ser interessante.
Mu — Tens aí[6] o programa ?
Ma — Tenho. No primeiro canal, depois do Telejornal, há a inevitável telenovela brasileira. Já começo a ficar farto...
Mu — Eu acho-a divertida. Sempre ouvimos falar português.
Ma — Tens razão nesse[7] ponto. São raros os programas em português, tanto mais que as séries e os filmes estrangeiros nunca são dobrados.
Mu — A intenção é boa... é uma maneira de nos ajudarem[8] a aprofundar o conhecimento das línguas estrangeiras !
Ma — Isso é verdade. Enquanto lemos as legendas, vamos tentando[9] compreender o que dizem.
Mu — A mim, o que mais me desagrada[10] na televisão é a publicidade.
Ma — Ora essa ! Donde é que querias[11] que viessem[12] as receitas ?
Mu — Mas nós não pagamos uma taxa ?
Ma — O dinheiro da taxa não chega. A publicidade é necessária.
Mu — É pena só termos dois canais.
Ma — Há quem consiga[13] apanhar emissões estrangeiras.
Mu — Mas são precisas antenas especiais e sai[14] muito dispendioso.
Ma — Antenas parabólicas, creio eu. Em Lisboa vêem-se e muitas.
Mu — Não te faz diferença mudar[15] de canal ? Podes perfeitamente gravar o teu debate. Eu, depois de um dia de trabalho, prefiro um programa mais ligeiro.

26 La télévision
2. DIALOGUE

M : mari   F : femme

F — Pourrais-tu allumer la télé ?
M — Mais la télévision est allumée depuis que je suis arrivé à la maison.
F — Comme je n'entendais rien, j'ai cru que tu l'avais éteinte.
M — J'ai baissé le son. C'est pour ça que tu n'entends rien. Il y a un programme de rock.
F — Il doit déjà être terminé. Monte un peu le son. Je veux écouter les informations et la météo pour savoir si demain le temps sera meilleur.
M — Moi, j'ai entendu les informations dans la voiture, pendant que je revenais à la maison.
F — Qu'y a-t-il d'intéressant ce soir à la télé ?
M — N'avais-tu pas dit que tu voulais aller au cinéma ?
F — Je voulais y aller, mais comme il fait mauvais, je préfère rester à la maison.
M — Cela tombe bien. Il y a un débat à la télévision qui peut être intéressant.
F — Tu as le programme ?
M — Oui. Sur la 1re chaîne, après le journal, il y a l'inévitable feuilleton brésilien. Je commence à en avoir marre.
F — Moi, je le trouve amusant. Au moins on y entend parler portugais.
M — Sur ce point, tu as raison, d'autant que les programmes en portugais sont rares et les feuilletons et les films étrangers ne sont jamais doublés.
F — L'intention est bonne... C'est une manière de nous aider à approfondir notre connaissance des langues étrangères !
M — Ce que tu dis est vrai. Tout en lisant les sous-titres, on essaie de comprendre ce qui se dit.
F — Quant à moi, ce qui me déplaît le plus à la télé, c'est la publicité.
M — Elle est bonne ! Et d'où voudrais-tu que viennent les recettes ?
F — Mais, nous ne payons pas une redevance ?
M — L'argent de la redevance ne suffit pas ; la publicité est nécessaire.
F — L'ennui, c'est que nous n'avons que deux chaînes.
M — Il y en a qui arrivent à capter des émissions étrangères.
F — C'est vrai, mais il faut des antennes spéciales et cela revient très cher.
M — Des antennes paraboliques, je crois. À Lisbonne on en voit déjà beaucoup.
F — Tu pourrais changer de chaîne, s'il te plaît ? Tu peux très bien enregistrer ton débat. Moi, après une journée de travail, je préfère un programme plus léger.

26 A televisão
3. REMARQUES

1. **Não te importas** : m. à m. « *cela n'a pas d'importance pour toi* » : *cela ne te dérange pas, ne te gêne pas.* **Importar** : *avoir de l'importance.* **Não me importa** : *cela n'a pas d'importance pour moi ; cela ne me fait rien ; cela ne me dérange pas.*
2. **Ligar** : *lier, brancher, établir le contact, faire attention.* **Ligar a televisão** : *brancher, allumer la télévision* ; **ligar (o telefone)** : *faire un appel, établir une communication* (leçon 11) ; **não liguei a** : *je n'ai pas fait attention à* (note 10, 13-3) ; mais **ligar o fogão (eléctrico)** : *allumer le réchaud (électrique)* **acender o fogão a gás** : *allumer le réchaud (à gaz).* Contraires : **ligar, desligar** : *débrancher, mettre fin à une communication, éteindre* ; **acender** : *allumer,* **apagar** : *éteindre.* **A ligação** : *la liaison, le contact, l'appel téléphonique.*
3. **Baixei-lhe o som** : m. à m. « *je lui ai baissé le son* » : *j'en ai baissé le son ; j'ai baissé le son.* Notez l'emploi pléonastique de **lhe**, évoqué par le pr. de rappel **en**, ou pas traduit ici (voir par ailleurs, note 4, 23-3).
4. **Coisa de jeito** : *qqch. de valable.* **O jeito** : *l'habileté.* **Tenho jeito para o desenho** : *j'ai des aptitudes pour le dessin.* **Dei um jeito e magoei-me** : *j'ai fait un faux mouvement et je me suis fait mal.* **Deu um jeito para me ajudar** (familier) *il m'a donné un coup de pouce pour m'aider.* Mot-clef de la langue parlée au Brésil : « *truc, combine* ».
5. **Calha bem** : *cela tombe bien* (expression familière).
6. **Tens aí ?** : m. à m. « *as-tu près de toi ?* » : *as-tu ?* Notez l'emploi d'insistance de **aí** : adverbe de lieu désignant ce qui est près de l'interlocuteur.
7. **Tens razão nesse ponto** : *tu as raison sur ce point : sur le point dont tu parles :* **esse** désigne l'interlocuteur.
8. **Ajudarem** : inf. pers. 3ᵉ pers. pl. de **ajudar** *(aider).*
9. **Vamos tentando** + inf. : *nous essayons de* + inf. Rappel : **Ir** + gérondif **ndo** : voir note 18, 5-3.
10. **O que me desagrada** : *ce qui me déplaît* (cf. construction de **agradar** *(plaire),* **doer** *(avoir mal)* : in note 4, 19-3.
11. **Querias** : *tu voudrais :* imp. ind. de **querer** : conditionnel.
12. **Viessem** : 3ᵉ pers. pl. imp. subj. irr. de **vir** *(venir).*
13. **Há quem consiga captar** : *il y en a qui arrivent à capter.* **Consiga** : prés. subj. irr. 3ᵉ pers. sg. de **conseguir** + inf. : *parvenir, arriver à.*
14. **Sai dispendioso** : *revient cher.* **Sair** : *sortir, revenir.*
15. **Não te faz diferença mudar** : **não te importas de mudar** : *cela ne te gêne pas de changer.*

26 La télévision
4. ENVIRONNEMENT

A televisão portuguesa dispõe de dois canais nacionais.
Parte dum programa português : 27.04.90

RTP 1

- 9.01 Bom Dia.
- 10.00 Às dez : informação, formação, variedades.
- 12.05 Fera radical. Telenovela brasileira. Rede Globo. (170 episódios, 91°).
- 13.00 Jornal.
- 13.30 Un anjo na terra (39°).
- 14.15 Vila Faia. Telenovela portuguesa. (Reposição, 99° ép.).
- 15.05 O Mundo animal (inglês).
- 15.45 Desporto.
- 17.30 Programa infantil, passatempos.
- 19.30 Telejornal.
- 20.20 Vale Tudo. Telenovela brasileira TV Globo (99° ép.).
- 23.30 24 horas (jornal).

RTP 2

- 14.02 Telemercado.
- 14.30 Primeiro Jornal.
- 14.45 Espaço Infantil-Crianças do outros países.
- 14.55 Filhos e Filhas. Telenovela australiana, 2ª sé. (456°).
- 15.20 Agora, escolha ! (Miss Marple, os Vencedores).
- 16.50 Os Centuriões. Desenhos animados de ficção científica.
- 17.15 Madeira, Funchal. Turismo.
- 18.40 O meu pé de laranja lima. Telenovela brasileira. TV Bandeirante.
- 19.15 Espaço infantil.
- 21.00 Jornal das nove.
- 21.55 Hora da verdade, reportagem : guerra em Moçambique.
- 23.20 Universidade aberta.

La télévision portugaise dispose de 2 chaînes nationales.
Extrait d'un programme portugais : 27.04.90

RTP 1

- 9.01 Bonjour.
- 10.00 À dix heures ; informations, formation, variétés.
- 12.05 Une vraie tigresse. Feuilleton brésilien. TV Globo (170 épisodes. 91ᵉ).
- 13.00 Journal.
- 13.30 Un ange sur la terre.
- 14.15 Vila Faia. Feuilleton portugais. Rediffusion. 99ᵉ ép.
- 15.05 Le Monde animal (anglais).
- 15.45 Sports.
- 17.30 Programme pour enfants, divertissements.
- 19.00 Téléjournal.
- 20.20 Tout est bon. Feuilleton brésilien . TV Globo.
- 23.30 24 heures (journal).

RTP 2

- 14.02 Télémarché.
- 14.30 Premier journal.
- 14.45 Programme pour enfants. Enfants du monde.
- 14.55 Fils et Filles. Feuilletons australien. 2ᵉ série (456ᵉ).
- 15.20 À vous de choisir ! (Miss Marple. Les Invincibles).
- 16.50 Les Centurions : dessins animés de fiction scientifique.
- 17.15 Madère, Funchal. Tourisme.
- 18.40 Mon bel oranger. Feuilleton brésilien. TV Bandeirante.
- 19.15 Programme pour enfants.
- 21.00 Journal de 9 heures.
- 21.55 L'heure de vérité. Reportage : la guerre au Mozambique.
- 23.20 L'Université ouverte.

26 — A televisão

5. ENVIRONNEMENT - LE BRÉSIL

« No quarto do hotel, ligo a televisão, que é a cores. O programa é uma telenovela retransmitida do Rio. Penso no grande impacto que tais programas podem representar para a formação deste povo (da Amazônia) tão distante do resto do Brasil, com seus valores próprios e antigas tradições, como uma nação diferente... A influência de uma só programação retransmitida para todo o país já se vem fazendo sentir há muito tempo em outras regiões distantes do centro. Será talvez um factor de integração... Mas como reagirá a ela esta longínqua e inexpugnável Amazônia ? »

F. Sabino, *O Encontro das águas*, Rio, 1976.

No Brasil existem 7 canais ; um só é do Estado : TVE (Televisão Educativa), ligada ao Ministério da Educação, que difunde programas educativos em todo o país das 7 h. às 23/24 h. (canal 1 no Rio, 2 em São Paulo). A TV GLOBO (sede no Rio), é privada como a maior parte das outras. Ela só, como a TVE, difunde programas nacionais. É a 4ª televisão mundial. Produz telenovelas muito apreciadas que têm projeção mundial. Vimos algumas em França (*A Escrava Isaura*). Citemos também : a TV MANCHETE (Rio), a TV BANDEIRANTE (São Paulo).

Dans la chambre d'hôtel, j'allume la télévision ; elle est en couleurs. Le programme retransmet un feuilleton de Rio. Je pense au profond impact que de tels programmes peuvent avoir sur la formation de ce peuple (Amazonie), si éloigné du reste du pays, avec ses valeurs propres, ses coutumes particulières et ses anciennes traditions, comme si c'était une autre nation... L'influence d'une seule programmation retransmise sur tout le pays se fait déjà sentir depuis longtemps sur d'autres régions éloignées du centre. Ce sera peut-être un nouveau facteur d'intégration. Mais comment cette lointaine et inexpugnable Amazonie réagira-t-elle ?

La télévision brésilienne dispose de 7 chaînes. Une seule est une TV d'État : TVE (Télévision éducative), liée au ministère de l'Éducation, qui diffuse des programmes éducatifs de 7 h à 23-24 heures sur tout le pays (chaîne 1 à Rio, 2 à São Paulo). La TV GLOBO (siège à Rio) est privée, comme la plupart des TV brésiliennes. Elle seule, avec la TVE, a des programmes nationaux. C'est la 4ᵉ TV au monde. Elle produit des feuilletons très appréciés qui ont une diffusion mondiale. Quelques-uns ont été projetés en France (*L'Esclave Isaura*). Citons d'autres chaînes : la TV MANCHETE (Rio), la TV BANDEIRANTE (São Paulo).

26 La télévision
6. PHRASES TYPES

1. Comment allume-t-on la télévision ?
2. J'ai acheté un nouveau poste de télévision.
3. Qu'y a-t-il à la télévision ?
4. Quel programme préfères-tu ?
5. J'aime beaucoup ce concours où l'on gagne des voitures.
6. À quelle heure commence l'émission ?
7. On donne toujours le bulletin météorologique après le journal.
8. Combien coûte une télévision en couleurs ?
9. Combien payes-tu pour la redevance ?
10. Je n'ai pas vu le dernier épisode du feuilleton.
11. Je n'arrive pas à régler le son.
12. L'image n'est pas très nette.
13. Elle n'aime que les programmes de variété.
14. Le journal a été interrompu pour donner de la publicité.
15. Le débat va être transmis en direct.

---

1. Como é que se liga a televisão ?
2. Comprei um televisor novo.
3. O que é que está a dar na televisão ?
4. De que programma é que gostas mais ?
5. Gosto muito daquele concurso em que se ganham automóveis.
6. A que horas começa a emissão ?
7. Depois do telejornal dão sempre o boletim meteorológico.
8. Quanto custa uma televisão a cores ?
9. Quanto pagas de taxa ?
10. Não vi o último episódio da telenovela.
11. Não consigo regular o som.
12. A imagem está pouco nítida.
13. Ela só gosta de programas de variedades.
14. Interromperam o noticiário para darem publicidade.
15. Vão transmitir o debate em directo.

26 — A televisão

7. VOCABULAIRE

a televisão, *la télévision*
o marido, *le mari*
a mulher, *la femme*
importar, *déranger*
ligar, *brancher*
desde que, *dès que, depuis que*
ouvir, *entendre*
nada, *rien*
desligar, *débrancher*
baixar, *baisser*
o som, *le son*
pôr mais alto, *monter le son*
um bocadinho, *un petit peu*
o noticiário, *le journal télévisé*
o boletim metereológico, *le buletin météorologique*
enquanto, *pendant (que)*
calhar, *venir à propos, convenir*
o debate, *le débat*
capaz, *capable*
interessante, *intéressant(e)*
mau, *mauvais*
o canal, *la chaîne*
inevitável, *inévitable*
a telenovela, *le feuilleton*
dobrar, *doubler*
as legendas, *les sous-titres*
tentar, *essayer*
desagradar, *déplaire*
a receita, *la recette*
a taxa, *la redevance*
mudar, *changer*
gravar, *enregistrer*
ligeiro, *léger*

VOCABULAIRE COMPLÉMENTAIRE

o actor, *l'acteur* (B) o ator
a actriz, *l'actrice* (B) a atriz
a antena, *l'antenne*
o apresentador, *le présentateur*
o/a artista, *l'artiste*
o argumento, *le scénario*
a comédia, *la comédie*
o drama, *le drame*
o espectador, *le spectateur*
o locutor, *le présentateur*
a ópera, *l'opéra*
a opereta, *l'opérette*
o palco, *la scène*
o papel, *le rôle*
o tele-espectador, *le téléspectateur*

26 La télévision
8. EXERCICES

A. Remplacer les mots soulignés par les pronoms personnels correspondants

1. O que é que desagrada <u>ao João e ao Pedro</u> ?
2. Esta situação desagrada <u>à Maria</u>.
3. Isto desagrada <u>ao António e a mim</u>.

B. Compléter avec les verbes entre parenthèses aux formes adéquates

1. Há quem (ver) todos os programas.
2. Há quem (ouvir) rádio durante todo o dia.
3. Há quem (precisar) de uma antena especial.
4. Há quem (ter) várias televisões.

C. Compléter avec les participes passés des verbes indiqués

1. A televisão está (ligar).
2. O fogão está (acender).
3. O rádio está (apagar).
4. A televisão está (pagar).

CORRIGÉ

A.
1. O que é que lhes desagrada ?
2. Esta situação desagrada-lhe.
3. Isto desagrada-nos.

B.
1. Há quem veja todos os programas.
2. Há quem oiça (ouça) rádio durante todo o dia.
3. Há quem precise de uma antena especial.
4. Há quem tenha várias televisões

C.
1. A televisão está ligada.
2. O fogão está aceso.
3. O rádio está apagado.
4. A televisão está paga.

27 Emprego : precisa-se
1. DIÁLOGO

P : Paulo   G : Gonçalo

P — Disseram-me que andavas à procura[1] de emprego.
G — Ando. Resolvi[2] interromper os estudos.
P — Olha que fazes mal. Tens sido[3] um óptimo aluno.
G — É verdade. Nunca perdi um ano, mas torna-se cada vez mais difícil entrar[4] para a Universidade.
P — Um emprego não é assim tão fácil de[5] arranjar, sobretudo quando se não têm habilitações. O que pretendes fazer ?
G — Para te dizer a verdade, nem eu próprio sei. Só sei que não quero continuar a ser um encargo para os meus pais.
P — Como é que tens feito[3] ? Tens respondido[3] a anúncios ?
G — Respondi a alguns, mas até agora não consegui nada. As respostas são sempre : ou sou muito novo e não tenho experiência ou então, não sirvo, não sei porquê.
P — Estás disposto[6] a ser operário ?
G — O quê ? Servente de pedreiro, carpinteiro, aprendiz... ?
P — Talvez seja mais fácil encontrar[4] qualquer coisa nesse campo.
G — Um trabalho manual ? Nem[7] pensar ! Sou muito desajeitado[6]. Sou incapaz[6] de pregar um prego !
P — Não te agradava ser vendedor ?
G — Empregado de balcão ?
P — Sim, ou vendedor de apartamentos ou de enciclopédias.
G — Tu conheces-me. Sabes muito bem que sou um pouco tímido.
P — Porque é que não concorres para escriturário ? Li no jornal que tinham aberto concurso para a Câmara Municipal.
G — Oito horas sentado a[8] uma secretária[9] !
P — E motorista de táxi[10] ? Parece que dá dinheiro.
G — Deus me livre ! Ter que transportar toda a espécie de gente. E pode ser perigoso. Já tem acontecido[3] a alguns motoristas serem atacados pelos próprios[11] clientes.
P — Mas afinal o que é que tu queres ?
G — Eu só pretendo um bom emprego !
P — Já percebi. Um bom ordenado e nada para fazer !
G — Estás enganado. Não é bem assim.
P — Olha, meu caro[12], ouve o meu conselho : « faz um pequeno esforço e tira um curso. Com uma boa formação, tê-lo-ás[13], esse bom emprego ! ».

27 — À la recherche d'un emploi
2. DIALOGUE

P : Paulo   G : Gonçalo

P — On m'a dit que tu étais à la recherche d'un emploi.
G — Oui. J'ai décidé d'arrêter mes études.
P — Eh bien, tu as tort. Tu as toujours été un excellent élève.
G — C'est vrai, je n'ai jamais redoublé, mais il est de plus en plus difficile d'entrer à l'université.
P — Un emploi, ce n'est pas si facile que ça à trouver, surtout quand on n'a pas de diplômes. Qu'est-ce que tu veux faire ?
G — À dire vrai, je ne le sais pas moi-même. Tout ce que je sais, c'est que je ne veux pas continuer à être à la charge de mes parents.
P — Comment as-tu fait ? As-tu répondu à des petites annonces ?
G — J'ai répondu à quelques-unes, mais jusqu'à maintenant je n'ai rien. Les réponses sont toujours les mêmes : ou je suis trop jeune, et n'ai pas d'expérience, ou alors je ne conviens pas, je ne comprends pas très bien.
P — Es-tu disposé à devenir ouvrier ?
G — Quoi, manœuvre, charpentier, apprenti... ?
P — Peut-être serait-il plus facile de trouver quelque chose dans ce domaine.
G — Un travail manuel ? Il n'en est même pas question. Je suis très maladroit. Je suis incapable de planter un clou !
P — Et vendeur, ça ne te plairait pas ?
G — Vendeur, derrière un comptoir ?
P — Oui, ou vendeur d'appartements ou d'encyclopédies.
G — Tu me connais. Tu sais très bien que je suis un peu timide.
P — Pourquoi ne te présentes-tu pas à un concours d'employé de bureau ? J'ai lu dans le journal que l'on avait ouvert un concours pour la mairie.
G — 8 heures derrière un bureau !
P — Et chauffeur de taxi ? Il paraît que cela rapporte.
G — Pas question ! Devoir transporter toute sorte de gens. Et cela peut être dangereux. Il est déjà arrivé à des chauffeurs d'être attaqués par leurs propres clients.
P — Mais enfin, qu'est-ce que tu veux ?
G — Je veux seulement trouver un bon emploi !
P — J'ai enfin compris. Un salaire et rien à faire.
G — Tu te trompes. Ce n'est pas tout à fait ça.
P — Écoute, mon cher ! Voici mon conseil. Fais un petit effort et obtiens un diplôme. Avec une bonne formation, tu l'auras, ce bon emploi.

27 Emprego : precisa-se
3. REMARQUES

1. **Andavas à procura** : *tu étais à la recherche*. **Andar** : *marcher*. Ici semi-auxiliaire : équivalent de *être*.

2. **Resolvi interromper** : *j'ai décieé d'interrompre*.

3. **Tens sido** : *tu as été*. Passé composé de **ser** *(être)*. Le pas. comp. ne traduit le pas. comp. français que s'il s'agit d'une action passée qui dure, se prolonge jusqu'au présent, ou se répète (cf. note 16, 4-3).

4. **Torna-se difícil entrar** : *cela devient difficile d'entrer*. Rappel : on ne traduit pas *de* précédant un infinitif, sujet réel d'un verbe ou d'une expression verbale.

5. **Um emprego não é tão fácil de arranjar** : *un emploi n'est pas si facile à trouver*. **Arranjar** est précédé de la préposition **de**, parce que le verbe est le compl. de l'adj. **fácil de** *(facile à)*. C'est **um emprego** qui est sujet de **é fácil de**. Par contre : **Não é fácil arranjar um emprego** : *Ce n'est pas facile de trouver un emploi*. Cette fois-ci **arranjar um emprego** est sujet de l'expression verbale **é fácil** *(c'est facile de...)*.

6. **Estás disposto** : *es-tu disposé à*. **Disposto** : part. passé irr. de **dispor a** *(disposer à)*. Être + part. pas. : cf. note 5, 9-3.

7. **Nem pensar** : *il ne faut pas même y penser*. **Nem** + verbe = abréviation de **Nem... sequer** : *ne... pas même*.

8. **Sentado a** : *assis à, assis devant*.

9. **Uma secretária** : *un secrétaire* (meuble). **A secretária** : *la secrétaire*, **o secretário** *(le secrétaire)*. **A secretaria (da Universidade)** : *le secrétariat (de l'Université)* ; **o secretariado** : *le secrétariat*.

10. **O táxi** : le **x** se prononce **cs** (**sexo, tórax**). Autres prononciations possibles : **x** = **ch** (**caixa**) ; = **ss** (**próximo, trouxe**) ; = **z** (**exame, exercito**) ; = **eis** (**experiência**).

11. **Os próprios clientes** : *les clients eux-mêmes*. **Próprio,** placé devant le nom signifie : *même (moi-même, toi-même,* etc., suivant le cas). Il signifie aussi *propre* (qui appartient en propre). **Os meus próprios meios** : *mes propres moyens*.

12. **Meu caro** : *mon cher*. L'art. déf. **o(s), a(s)** ne s'emploie pas avant le possessif, placé devant une apostrophe.

13. **Tê-lo-ás** : *tu l'auras* = **Terá** (fut. ind. de **ter**) + **o** (pron.). Notez la place du pron. pers. au futur ind. : dans les cas où il se place après le verbe (cf. note 16, 1-3), le pronom se met entre l'infinitif (**ter**) et la désinence (**a**) du futur, si le verbe est au futur. Au contact avec **r**, le pron. prend la forme **lo(s), la(s)** : **ter** + **o** + **a** = **tê-lo-á**. Tombé en désuétude dans la langue parlée au Brésil.

27 — À la recherche d'un emploi
4. ENVIRONNEMENT

AS ECONOMIAS PESSOAIS

Não gostando do trabalho que fazia, ele resolveu desempregar-se. Pensou : « Passo aqui o dia quase todo, para ganhar dinheiro, para comprar as coisas de que preciso. Se eu deixar de trabalhar terei tempo para fazer, eu próprio, as coisas de que preciso. Cultivarei batatas e hortaliças, farei a minha roupa. Precisarei de pouco dinheiro. E ainda terei tempo para gozar a vida, para ver o mar e ouvir os pássaros, para não fazer nada, para ser eu ».

Se bem pensou, melhor o fez. Desempregou-se e cumpriu o restante programa. Mas as alterações imprevisíveis aconteceram : o tempo que ele gastava a fazer as coisas de que precisava era muito mais do que o tempo que ele outrora gastava no emprego. Às dez da noite ainda estava a lavar a loiça, depois de ter comido quase sem prazer, depois de ter cozinhado o jantar, depois de ter morto a galinha e apanhado as couves, enquanto que dantes largava o trabalho às seis e o jantar num restaurante fazia parte do lazer, ou do divertimento. Não lhe sobrava o tempo para ser ele próprio. Começou a pensar que se enganara, mas como ? Seria o infindável tempo no emprego uma poupança ? Uma poupança de quê ?

Maria Isabel Barreno, *Contos analógicos*, Lisboa.

LES ÉCONOMIES PERSONNELLES

N'aimant pas le travail qu'il faisait, il décida de quitter son emploi. Il pensa : « Je passe ici presque toute ma journée, pour gagner de l'argent, pour acheter ce dont j'ai besoin. Si j'arrête mon travail j'aurai le temps de faire, moi-même, ce dont j'ai besoin. Je cultiverai mes pommes de terre et mes légumes, je ferai mes vêtements. J'aurai besoin de peu d'argent. Et, de plus, j'aurai le temps de profiter de la vie, de voir la mer et d'écouter les petits oiseaux, de ne rien faire, d'être moi-même. »

Sitôt dit, sitôt fait. Il quitta son emploi et réalisa le reste de son programme. Mais les imprévus survinrent : le temps passé à faire les choses dont il avait besoin était plus long que le temps passé à son travail. À 10 heures, il n'avait toujours pas fini de laver la vaisselle, après avoir mangé sans plaisir, après avoir préparé son dîner, après avoir tué la poule et cueilli les choux, alors qu'avant il quittait son travail à 6 heures et que le dîner au restaurant faisait partie de ses loisirs ou divertissements. Il ne lui restait plus de temps pour être lui-même. Il commença à penser qu'il s'était trompé, mais comment ? Le temps interminable passé à son travail serait-il une économie. Une économie de quoi ?

27 — Emprego : precisa-se
5. ENVIRONNEMENT - LE BRÉSIL

CLASSIFICADOS ; in *GLOBO*, Domingo 17 de Abril de 1988.

VOCÊ TEM ATÉ QUARTA FEIRA PARA RESPONDER A ESTE ANÚNCIO OU A VIDA INTEIRA PARA SE ARREPENDER. O mercado de planos de saúde é por demais conhecido. Nossa intenção é criar algo que motive o elemento de venda a participar de um novo sistema a ser iniciado a partir de Maio 1988 usufruindo das seguintes vantagens : 1) participação nos lucros da empresa ; 2) excelente comissionamento de acidente ; 3) vale refeição ; 4) vale transporte ; 5) plantões nas nossas filiais e empresas ; 6) ótimo ambiente de trabalho. PEDIMOS : boa aparência, facilidade de expressão, comunicação, vontade de progredir, experiência de 1-2 anos, referências. Comparecer com documentos com Sr. X.

AUXILIAR TÉCNICO DE MANUTENÇÃO. Exigido curso de mecânico industrial, ministrado pelo SENAI ou equilavente, desde que reconhecido pelo MEC, sendo desejável formação de nível médio técnico, com experiência mínima de 5 anos em função de supervisão e liderança de equipe, de pelo menos 50 pessoas, atuando na área de manutenção hidráulica e mecânica. É imprescindível conhecimentos em sistemas hidráulicos, bombas, motores, etc. Fornecemos alimentação abaixo custo, plano médico e dental a toda a família... enviar curriculum vitae.

PETITES ANNONCES CLASSÉES ; *GLOBO*. Dimanche, 17 avril 1988.

VOUS AVEZ JUSQU'À MERCREDI POUR RÉPONDRE À CETTE ANNONCE OU LA VIE ENTIÈRE POUR LE REGRETTER. Le marché de programmes d'assistance médico-sociale est plus que connu. Notre intention est de créer les conditions d'une meilleure participation à un nouveau système qui débutera en mai 1988 et incluera les avantages suivants : 1) participation aux bénéfices de l'entreprise ; 2) excellente couverture en cas d'accidents ; 3) chèques repas ; 4) bons de transports ; 5) stages dans nos filiales et entreprises ; 6) très bonne ambiance de travail. DEMANDONS : bonne présentation, facilité d'expression, de communication, volonté de promotion, expérience de 1-2 ans, références. Se présenter avec documents à M. X.

TECHNICIEN AUXILIAIRE DE MAINTENANCE. Exigeons diplôme de mécanicien industriel, délivré par la SENAI ou équivalent, si reconnu par le ministère de l'Éducation et de la Culture, avec formation de technicien de niveau moyen, et 5 ans d'expérience minimum dans des fonctions de contrôle et direction d'une équipe de 50 personnes au moins dans le domaine de la maintenance hydraulique et mécanique. Connaissances des systèmes hydrauliques, pompes et moteurs, indispensables. Fournissons : alimentation à prix réduits, assistance médicale et dentaire pour toute la famille... Envoyer curriculum vitae.

27 À la recherche d'un emploi
6. PHRASES TYPES

1. Mon horaire de travail est réduit.
2. Je travaille de 9 à 13 h.
3. Je ne travaille jamais le week-end.
4. À Noël j'ai cinq jours de congé.
5. Ils travaillent par roulement.
6. Ils se reposent deux jours par semaine.
7. Les ouvriers sont en grève.
8. Ils veulent une augmentation de salaire.
9. Tous les syndicats les appuient.
10. L'entreprise a nommé un délégué pour résoudre le conflit.
11. Je n'ai pas droit aux allocations familiales.
12. J'ai un contrat à terme.
13. Mon emploi n'offre pas de garanties.
14. Les années de service comptent pour la retraite.
15. Il reçoit une pension de vieillesse.
16. Ce matin, je n'ai pas entendu la sirène de l'usine.

---

1. O meu horário de trabalho é reduzido.
2. Trabalho das 9 às 13 horas.
3. Nunca trabalho aos fins de semana.
4. Pelo Natal tenho cinco dias de licença.
5. Eles trabalham por turnos.
6. Descansam dois dias por semana.
7. Os operários estão em greve.
8. Querem um aumento de salário.
9. Todos os sindicatos os apoiam.
10. A empresa nomeou um delegado para resolver o conflito.
11. Não tenho direito ao abono de família. (B) Salário-família.
12. Tenho um contrato a prazo.
13. O meu emprego não oferece garantias.
14. Os anos de serviço contam para a reforma.
15. Ele recebe uma pensão de velhice.
16. Hoje de manhã não ouvi a sereia da fábrica.

27 Emprego : precisa-se

7. VOCABULAIRE

andar à procura, *être à la recherche*
o emprego, *l'emploi*
resolver, *décider, résoudre*
interromper, *interrompre*
os estudos, *les études*
optimo, *très bon, excellent* (B) ótimo
o aluno, *l'élève, l'étudiant*
tornar-se, *devenir*
entrar, *entrer*
a universidade, *l'université*
arranjar, *trouver*
o encargo, *la charge*
os pais, *les parents* (père et mère)
a habilitação, *l'aptitude, les diplômes*
novo, *jeune*
perceber, *comprendre*
o operário, *l'ouvrier*
o servente de pedreiro, *l'aide-maçon*
o carpinteiro, *le charpentier*
o aprendiz, *l'apprenti*
o campo, *le domaine*
o trabalho, *le travail*

desajeitado, *maladroit*
pregar, *clouer, enfoncer*
o prego, *le clou*
o trabalhador agrícola, *l'ouvrier agricole*
o vendedor, o empregado de balcão, *le vendeur* (B) o balconista
o balcão, *le comptoir*
o escriturário, *le commis aux écritures*
a Câmara Municipal, *la mairie*
a secretária, *le bureau* (meuble)
a secretária, *la secrétaire* (employée)
o dinheiro, *l'argent*
conduzir, *conduire*
perigoso, *dangereux*
acontecer, *arriver* (un événement)
o ordenado, *le salaire*
enganar, *tromper*
caro, *cher*
o conselho, *le conseil*
o esforço, *l'effort*

VOCABULAIRE COMPLÉMENTAIRE

o economista, *l'économiste*
o desempregado, *le chômeur*
o desemprego, *le chômage*
a empresa, *l'entreprise*
o engenheiro, *l'ingénieur*
o escritório, *le bureau* (pièce)
a fábrica, *l'usine*

a firma, *l'entreprise*
o funcionário, *le fonctionnaire*
o industrial, *l'industriel*
o investigador, *le chercheur*
o patrão, *le patron*
a oficina, *l'atelier*

27 — À la recherche d'un emploi

8. EXERCICES

A. Remplacer les mots soulignés par le pronom personnel correspondant

1. Terás um bom emprego.
2. Responderás os director.
3. Não perderás o emprego.

B. Compléter avec les prépositions adéquates, éventuellement en faisant les contractions nécessaires

1. Arranjei um emprego ..... o centro ..... a cidade.
2. Ontem cheguei tarde .... o escritório.
3. Ele conseguiu entrar .... a Universidade.
4. Não estou disposto .... ser pedreiro.
5. Quando entrei .... a fábrica já eram dez horas.

C. Traduisez

1. Mon père veut que je devienne avocat.
2. Il est au chômage depuis deux ans.
3. Il cherche un emploi bien rémunéré.
4. Il a été licencié sans raison.

CORRIGÉ

A.
1. Tê-lo-ás
2. Responder-lhe-ás
3. Não o perderás

B.
1. Arranjei um emprego no centro da cidade.
2. Ontem cheguei tarde ao escritório.
3. Ele conseguiu entrar para a Universidade.
4. Não estou disposto a ser pedreiro.
5. Quando entrei na fábrica já eram dez horas.

C.
1. O meu pai quer que eu seja advogado.
2. Ele está desempregado (no desemprego) há dois anos.
3. Ele anda à procura de um emprego bem remunerado (pago).
4. Ele foi despedido sem razão.

28 — Na agência de viagens

1. DIÁLOGO

Em : Empregada   Cl : Cliente

Em — Muito bom dia. Tenha a bondade de esperar um momento. Já o vou atender [1].

....

Temos aqui uma excursão interessante e barata.

Cl — Qual é o itinerário ?

Em — A partida é às 7 h da manhã. Faremos [2] uma paragem em Tomar [3] para uma visita com guia ao Convento de Cristo.

Cl — Depois, a viagem prossegue até à Batalha [4]... e Alcobaça [5] onde visitaremos o Mosteiro de Santa Maria e os túmulos de D. Pedro e D. Inês de Castro [6].

Em — Mas o senhor já conhece ? Esta sugestão não o entusiasma.

Cl — Ó minha senhora, eu conheço essa volta de cor e salteado [7]. Não me interessa partir de manhã e regressar à noite.

Em — O senhor não me disse de quanto tempo dispunha [8].

Cl — Tenho três semanas de licença.

Em — Prefere a praia ou a campo ?

Cl — Nem eu sei. Por um lado, precisava de um lugar aprazível onde pudesse [9] descansar, mas por outro lado aborrece-me ficar sempre no mesmo sítio.

Em — Nesse caso porque não experimenta as pousadas ?

Cl — As pousadas ?

Em — Não me diga que não conhece. São estabelecimentos hoteleiros construídos pelo Estado, instalados em edifícios históricos, castelos, palácios e conventos, ou edificados especialmente para esse fim.

Cl — Já ouvi falar, mas nunca estive hospedado em nenhuma.

Em — Além disso, estão situadas em locais pitorescos e às vezes, até em zonas afastadas das habituais regiões turísticas.

Cl — Parece-me uma boa maneira de conhecer o país.

Em — Mas atenção, a estadia é limitada : não pode ficar mais de três dias.

Cl — Sinto que vou passar [2] três semanas em cheio. Será [2] que vou [2] ter tempo de as visitar todas ?

Em — Vai [2] ser difícil. Tem que fazer uma escolha e reservar com antecedência. Há uma grande procura. Pode começar pelo norte e depois vir por aí abaixo até ao Algarve.

Cl — Fique descansada que, se não for agora, um dia hei-de visitá-las todas.

28 À l'agence de voyage
2. DIALOGUE

Em : Employée   Cl : Client

Em — Bonjour. Vous voulez bien attendre un moment, s'il vous plaît.

. . . .
Voici une excursion intéressante et bon marché.
Cl — Quel est l'itinéraire ?
Em — Le départ est à 7 heures du matin. Nous ferons un arrêt à Tomar pour une visite guidée du couvent du Christ.
Cl — Puis le voyage continue jusqu'à Batalha... et Alcobaça où nous visiterons le monastère de Santa Maria et les tombeaux de Dom Pedro et de Dona Inês de Castro.
Em — Mais vous connaissez déjà ? Cette suggestion ne vous emballe pas.
Cl — Vous savez, madame, je connais ce parcours par cœur... Partir le matin et rentrer le soir ne m'intéresse pas.
Em — Vous ne m'avez pas dit de combien de temps vous disposiez.
Cl — J'ai trois semaines de congé.
Em — Vous préférez la plage ou la campagne ?
Cl — Je ne le sais pas moi-même. D'un côté, j'aurais besoin d'un endroit tranquille où je pourrais me reposer, mais par ailleurs cela m'ennuie de rester toujours au même endroit.
Em — Dans ce cas, pourquoi ne pas essayer les « auberges d'État ».
Cl — Les « auberges d'État » ?
Em — Ne me dites pas que vous ne connaissez pas. Ce sont des établissements hôteliers, construits par l'État, installés dans des bâtiments historiques (châteaux forts, châteaux et couvents) ou spécialement construits à cet effet.
Cl — J'en ai déjà entendu parler, mais je n'y ai jamais logé.
Em — De plus, elles se trouvent dans des endroits pittoresques et parfois même dans des zones éloignées des régions touristiques habituelles.
Cl — C'est une bonne façon, me semble-t-il, de connaître le pays.
Em — Mais attention, la durée du séjour y est limitée ; vous ne pouvez pas y rester plus de 3 jours.
Cl — Je sens que je vais passer trois semaines bien remplies. Aurai-je vraiment le temps de toutes les visiter ?
Em — Cela sera difficile. Il faut faire votre choix et réserver à l'avance ; elles sont très demandées. Vous pouvez commencer par le Nord et descendre jusqu'en Algarve.
Cl — Soyez tranquille, je les visiterai toutes un jour.

28 — Na agência de viagens

3. REMARQUES

1. **Já o vou atender** : *Je m'occupe de vous tout de suite*. Notez : l'adv. **já** en tête de phrase empêche l'enclise du pro. **o** (cf. note 3, 25-3). **Atender o cliente** : *servir le client, s'occuper du client*. **Atender o telefone** (voir note 3, 11-3).

2. **Faremos** : 1re pers. pl. fut. ind. irr. de **fazer** : *faire, nous ferons*. Ce futur, moins employé au Portugal qu'au Brésil, indique qu'une action se fera plus tard. Plusieurs façons d'exprimer le futur : a) dans les prés. ind. ou principales : 1) périphrase **ir** + inf. = futur dont la réalisation est immédiate (**vou atender** : *je vais servir*) ; 2) prés. ind. + ou sans adv. de temps : (fréquent) futur dont la réalisation est sûre et proche (**parto amanhã** : *Je partirai demain*) ; 3) **haver de** + inf. : futur d'obligation (**hei-de visitá-las** : *je les visiterai, je dois les visiter*) ; 4) futur indicatif : plus neutre = événement à venir (**faremos uma paragem** : *nous nous arrêterons*). Il indique aussi la probabilité, surtout dans une interrogative (**Será que vou ter tempo ?** : *Est-ce que je vais avoir le temps*). b) dans les prop. subordonnées : 1) fut. subj. après **se** *(si)*, **onde** *(où)*, **quando** *(quand)* ; relatifs, **quem** *(qui)*, **que** *(que, qui)* ; 2) subj. prés. dans sub. conj. complétive par **que**, *et dans relative pour exprimer une réalisation probable* (**quero que venha** : *je veux qu'il vienne*) : **há quem consiga** : *il y en a à qui réussissent*.

3. **Tomar** : ville à quelque 120 km au N.-E. de Lisbonne, principal siège des Templiers. Beau couvent des XIIe-XVIe siècles.

4. **Batalha** : localité à 110 km au N. de Lisbonne. Le superbe monastère (XIVe-XVe siècles) de Santa Maria y a été érigé près d'Aljubarrota où Jean d'Avis (Jean Ier) vainquit les Espagnols en août 1383 et préserva l'indépendance du pays.

5. **Alcobaça** : ville à 15 km au N. de Batalha, construite dans une région très fertile, autour d'un très important couvent cistercien (fondé en 1152). La magnifique église romano-gothique abrite les tombeaux de D. Pedro e Inês de Castro.

6. **D. Pedro e Inês de Castro** : leurs amours et la mort d'Inês (1355), assassinée sur l'ordre du roi Alphonse IV, ont inspiré la pièce de Montherlant : « *la Reine morte* ».

7. **De cor e salteado** : m. à m. « *par cœur et sauté* » : *dans tous les sens*. (B) **De cor, de cabeça**.

8. **Dispunha** : *disposait* : imp. ind. irr. 3e p. sg. de **dispor**.

9. **Onde pudesse** : *où il pourrait*. Le subj. après **onde** *(où)* indique une réalisation hypothétique (Concord. : note 8, 5-3).

28 — À l'agence de voyage
4. ENVIRONNEMENT

Viajar só é o supremo ideal do português. Pois se até para ir de Lisboa a Pedrouços há indivíduos que se dão ao incomódo de espreitar todos os compartimentos de um comboio com a família atrás, para encontrarem um que não tenha ninguém !

É, porém, bom dizer que o expediente de estender a bagagem sobre os bancos, já não dá resultado. E depois corre-se o risco que nos suceda o mesmo que sucedeu a um explorador do tal processo. Espalhava ele malas e embrulhos e via afastarem-se os passageiros. Qual não foi o seu espanto quando um retardatário entrou, afastou uma das malas, e sentou-se.

— Essa mala é de um passageiro que acaba de sair, insinua.
— Estão tomados todos os lugares ?
— Todos.
— Nesse caso, o revisor me arranjará outro.

E acomodou-se. Apita o condutor, silva a locomotiva, a máquina arranca e o trem põe-se a caminho. Eis que, repentinamente, o recém-chegado agarra na mala, que arredara ao entrar para se sentar, e, veloz como um raio, atira-a pela portinhola ao meio do cais.

— O que faz o senhor ? grita o outro.
— O que faço ? Deixo a mala ao pobre passageiro que, ao que vejo, perdeu o comboio !

Lino de Assunção (século XIX).

Voyager seul est l'idéal suprême du Portugais. Et quand on pense que même pour aller de Lisbonne à Pedrouços il y a des gens qui, suivis de leur famille, se donnent le mal d'inspecter tous les compartiments pour en trouver un vide !

Il convient cependant de signaler que la ruse qui consiste à mettre des bagages sur les banquettes ne donne plus de résultats. Et puis on court le risque qu'il arrive ce qui est arrivé à un habitué de ce procédé. Il étalait partout ses valises et ses paquets et voyait tous les passagers s'éloigner. Quelle ne fut pas sa stupeur quand un retardataire entra, écarta l'une des valises et s'assit.

— Cette valise appartient à un voyageur qui vient de sortir, insinue-t-il.
— Toutes les places sont occupées ?
— Toutes.
— Dans ce cas, le contrôleur m'en trouvera une autre.

Et il s'installa. Le machiniste donne le signal du départ, la locomotive siffle, la machine démarre, et le convoi se met en route. Et voilà que, brusquement, le nouvel arrivé saisit la valise qu'il avait écartée en s'asseyant, et, rapide comme l'éclair, la jette par la portière au milieu du quai.

— Que faites-vous, monsieur ? crie l'autre.
— Ce que je fais ? Je laisse la valise à ce pauvre passager qui a, semble-t-il, raté le train.

28 Na agência de viagens
5. ENVIRONNEMENT - LE BRÉSIL

ESTRANHA PASSAGEIRA

— O senhor sabe ? É a primeira vez que eu viajo de avião. Estou com zero hora de vôo — e riu nervosinha, coitada. Depois pediu que eu me sentasse ao seu lado, pois me achava muito calmo. Lá se ia a oportunidade de ler o romance policial que eu comprara no aeroporto. Suspirei e fiz o bacano respondendo que estava às suas ordens.

Madama entrou no avião sobraçando um monte de embrulhos. Gorda como era, custou a se encaixar na poltrona e arrumar todos aqueles pacotes. Depois não sabia como amarrar o cinto e eu tive que realizar essa operação em sua farta cintura.

Os outros passageiros estavam já se divertindo às minhas custas, a zombar do meu embaraço.

O comandante já esquentara os motores e a aeronave estava parada, esperando ordens para ganhar a pista de decolagem.

Madama olhou pela janela (ela pedira para ficar do lado da janela para ver a paisagem) e gritou :

— Puxa vida ! Olha lá embaixo... Como nós estamos voando alto, moço. Olha só... o pessoal lá embaixo até parece formiga.

Suspirei e lasquei :

— Minha senhora, aquilo são formigas mesmo. O avião ainda não levantou vôo.

Stanislaw Ponte Preta.

ÉTRANGE PASSAGÈRE

— Vous savez ? C'est la première fois que je voyage en avion. J'ai 0 heure de vol — et, la pauvre, elle rit nerveusement. Ensuite elle me demanda de m'asseoir près d'elle, car elle me trouvait très calme. Et voilà que s'envolait l'occasion de lire le roman policier que j'avais acheté à l'aéroport. Je soupirai et, chic type, répondis que j'étais à son service.

La dame entra dans l'avion, avec une montagne de paquets sous les bras. Grosse comme elle l'était, il lui fut difficile de s'encastrer dans son fauteuil et de ranger tous ses paquets. Ensuite elle ne savait pas comment attacher sa ceinture et je dus réaliser cette opération sur sa taille épaisse.

Les autres passagers se divertissaient à mes dépens, et se moquaient de ma gêne. Le commandant avait déjà fait chauffer les moteurs et l'aéronef, arrêté, attendait l'ordre de gagner la piste de décollage. la dame regarda par la fenêtre (elle avait demandé à se mettre près de la fenêtre pour voir le paysage) et s'écria :

— Ça alors ! Regardez en bas. Comme nous volons haut, jeune homme. Regardez seulement... les gens à terre ressemblent à des fourmis.

Je poussai un soupir et je lâchai :

— Madame, ce sont vraiment des fourmis. L'avion n'a pas encore décollé.

28 — À l'agence de voyage
6. PHRASES TYPES

1. Où se trouve l'hôtel ?
2. L'hôtel est dans une région montagneuse.
3. Je n'ai pas encore fait de projet pour les vacances.
4. Nous non plus, nous n'avons pas fait de projet.
5. Les repas sont-ils compris dans le prix du voyage ?
6. Je voudrais que vous me donniez un renseignement.
7. Êtes-vous intéressé par nos voyages ?
8. Faites-vous des réductions pour les enfants ?
9. On s'occupe de vous, madame ?
10. Je suis ici depuis une demi-heure et personne ne s'est occupé de moi.
11. Attendez un moment, je vais répondre au téléphone.
12. Cette année, nous allons à l'étranger.
13. Où vas-tu pendant l'été ?
14. Je ne sais pas encore. Je resterai sans doute à Lisbonne.
15. Sur le chemin de la pension, nous avons assisté à un accident.
16. Nous pourrons (nous pouvons) manger en route.

---

1. Onde é que fica o hotel ?
2. O hotel fica numa zona montanhosa.
3. Ainda não tenho planos para as férias.
4. Nós também ainda não fizemos planos.
5. As refeições estão incluídas no preço da viagem ?
6. Queria que me desse uma informação.
7. O senhor está interessado nas nossas viagens ?
8. Fazem reduções para crianças ?
9. Já está atendida, minha senhora ?
10. Estou aqui há meia hora e ninguém me atendeu.
11. Espere um momento, vou atender o telefone.
12. Este ano vamos ao estrangeiro.
13. Para onde é que vais no Verão ?
14. Ainda não sei. Provavelmente fico em Lisboa.
15. Quando íamos a caminho da pensão, assistimos a um accidente.
16. Podemos comer no caminho.

28 — Na agência de viagens

7. VOCABULAIRE

a agência, *l'agence*
a viagem, *le voyage*
a bondade, *la bonté*
esperar, *attendre*
atender, *servir, s'occuper de*
a excursão, *l'excursion, le voyage organisé*
barato, *bon marché*
a partida, *le départ*
o itinerário, *l'itinéraire*
a paragem, (B) a parada, *l'arrêt*
o/a guia, *le guide*
prosseguir, *poursuivre*
visitar, *visiter*
o mosteiro, *le monastère*
o túmulo, *le tombeau*
conhecer, *connaître*
entusiasmar, *emballer*
a sugestão, *la suggestion*
de cor e salteado, *par cœur*
aliás, *d'ailleurs*
regressar, *rentrer*
dispor, *disposer*
a licença, *le congé*
a noite, *la nuit*
preferir, *préférer*

o campo, *la campagne*
saber, *savoir*
por um lado, *d'un côté*
o lugar, *l'endroit*
aprazível, *agréable*
descansar, *se reposer*
aborrecer-se, *s'ennuyer*
o sítio, *l'endroit*
a pousada, *l'auberge*
o estabelecimento, *l'établissement*
hoteleiro, *hôtelier*
o Estado, *l'État*
o edifício, *l'édifice, le bâtiment*
o castelo, *le château*
o palácio, *le palais*
o convento, *le couvent*
edificar, *édifier*
hospedar, *héberger*
o local, *l'endroit*
afastado, *éloigné*
a maneira, *la façon*
o país, *le pays*
a estadia, *le séjour*
com antecedência, *d'avance*
a procura, *la demande*

VOCABULAIRE COMPLÉMENTAIRE

o aluguer, *la location, le loyer*
apear-se, *descendre* (d'un moyen de transport)
descer, *descendre*
a estalagem, *l'auberge*
o folheto, *le dépliant*
as informações, *les renseignements*
passar a noite, pernoitar, *passer la nuit*

pensão completa, *pension complète*
meia pensão, *demi-pension*
o parque de campismo, *le terrain de camping*
o prospecto, *le prospectus*
a pousada de juventude, *l'auberge de jeunesse*

28 — À l'agence de voyage
8. EXERCICES

A. Complétez avec les verbes entre parenthèses au futur de l'indicatif

1. Eu (fazer) uma paragem em Tomar e (visitar) o convento.

2. Remplacez *eu* par *eles*, *tu*, *ela*.
   Et faites les modifications qui s'imposent.

B. Um dia hei-de visitar esse museu.

Réécrire la phrase ci-dessus : à la 2e personne du singulier
à la 1re personne du pluriel
à la 3e personne du pluriel.

C. Traduisez

1. Je veux que tu viennes avec moi.
2. Qui veut venir, devra payer.

CORRIGÉ

A. 1. Eu farei uma paragem em Tomar e visitarei o convento.

2. Eles farão ...... e visitarão ......
   Tu farás ...... e visitarás ......
   Ela fará ...... e visitará ......

B. 1. Um dia hás-de visitar esse museu.
2. Um dia havemos de visitar esse museu.
3. Um dia hão-de visitar esse museu.

C. 1. Quero que venhas comigo.
2. Quem quiser vir, terá de pagar (tem de pagar).

29. Uma visita a Coimbra

1. DIÁLOGO

M : Manuel   L : Laura

M — Quando estás em Coimbra pareces outra.

L — É natural. Foi aqui que estudei e esse tempo nunca mais o esquecerei. Só tenho boas recordações.

M — És uma sentimental. Dir-se-ia[1] que, para ti, só o passado conta.

L — Não é nada disso. Lembra-te de que fui estudante numa cidade cheia de tradições.

M — Oh! As velhas tradições já desapareceram.

L — Estás muito enganado. A praxe[2] está a voltar e vêem-se cada vez mais estudantes de capa e batina[3].

M — E os rasgões[4] nas capas ainda indicam as paixões pelas tricanas[5] ?

L — Lá estás tu a brincar. Sabes muito bem que são coisas de há muitos, muitos anos ; já fazem parte da lenda.

M — E as serenatas ?

L — O fado de Coimbra continua bem vivo, assim como as Repúblicas[6] e a Queima das Fitas[7].

M — Não queres ir ao Choupal[8] e ao Penedo da Saudade[9] ?

L — Não. Prefiro ir á Universidade.

M — É uma das mais antigas da Europa[10].

L — Sinto orgulho em ter tirado aqui o curso. Uma Universidade fundada en 1290 por D. Dinis[11].

M — O Rei poeta. Lembras-te daquela cantiga de amigo[12] que começa assim : « Ai, flores, ai flores do verde pino... » ?

L — Sabes que a Porta Férrea[13] era o lugar das antigas cerimónias de iniciação dos caloiros, no primeiro dia de aulas ?

M — Coitados dos estudantes[14] ! Sofriam cada uma !

L — E foi no adro da Sé Velha[15] que D. João I foi aclamado rei, após as Cortes de 1385.

M — Esqueceste-te de Camões[16]. Também foi estudante em Coimbra.

L — E as margens do Mondego abrigaram os amores de Inês de Castro e de D. Pedro e assistiram ao seu trágico desenlace.

M — É verdade. Foi na Quinta das Lágrimas que Inês de Castro foi assassinada.

L — Tem cuidado, não vás por aí. É a calçada do Quebra-Costas !

29 Une visite à Coimbra
2. DIALOGUE

M : Manuel   L : Laura

M — Quand tu es à Coimbra, tu es différente.
L — C'est naturel. C'est ici que j'ai étudié et cette époque-là, je ne l'oublierai jamais. Je n'en ai que de bons souvenirs.
M — Tu es une sentimentale. On dirait que seul le passé compte pour toi.
L — Il n'en est rien. Rappelle-toi que j'ai été étudiante dans une ville riche en traditions.
M — Oh ! Les vieilles traditions ont disparu.
L — Tu te trompes. Les traditions estudiantines sont en train de revenir, et l'on voit de plus en plus d'étudiants avec leur cape et leur redingote.
M — Et les capes déchirées indiquent-elles toujours les passions pour les « *tricanas* » ?
L — Tu prends tout à la légère ! Tu sais très bien que ce sont des choses très, très anciennes. Elles sont entrées dans la légende.
M — Et les sérénades ?
L — Le fado de Coimbra est toujours bien vivant, ainsi que les « Républiques » et « la Fête des rubans ».
M — Ne veux-tu pas aller faire un tour au « Choupal » et au « Penedo da Saudade » (le rocher de la nostalgie) ?
L — Non. Je préfère aller à l'Université.
M — C'est l'une des plus anciennes d'Europe.
L — Je suis fière d'y avoir fait mes études. Une université fondée en 1290, par D. Dinis.
M — Le Roi-Poète. Tu te souviens de cette « chanson d'ami » qui commence ainsi : « Aïe fleurs, aïe fleurs du pin vert... » ?
L — Sais-tu que la Porta Férrea (porte de fer) était autrefois le lieu des cérémonies de bizutage des nouveaux étudiants, le premier jour des cours ?
M — Malheureux étudiants ! Ils en voyaient de toutes les couleurs !
L — Et c'est sur le parvis de la vieille Cathédrale que Jean Ier a été acclamé roi, après les Assemblées de 1385.
M — Tu as oublié Camões. Lui aussi a été étudiant à Coimbra.
L — Et les rives du Mondego ont abrité les amours d'Inês de Castro et de D. Pedro et ont assisté à leur fin tragique.
M — C'est vrai. C'est dans la « Villa des Larmes » qu'Inês de Castro a été assassinée.
L — Eh ! attention ! Ne passe pas par là-bas ! C'est la rue Casse-Cou.

29 — Uma visita a Coimbra

3. REMARQUES

1. **Dir-se-ia** : *on dirait*. Notez : 1) *on* (sujet non identifiable), traduit ici par verbe pron. 3ᵉ pers. sg. (notes 4, 6, 9-3) ; 2) place du pron. compl. au conditionnel. Dans les cas où le pron. compl. se place après le verbe (note 16, 1-3), il se met, si verbe au conditionnel, comme au fut. ind. entre infinitif (**ver** : *voir*) ou radical du fut. si irr. (**dizer** : *dire* ; **dir** : rad. fut. irr.) et désinence du cond. **ver-se-ia** *(on verrait)* ; mais **vê-lo-ia** *(il la verrait)*.
2. **A praxe** : *règles de vie, l'étiquette*. **A praxe académica** : *règles de la vie estudiantine*, établies par les étudiants.
3. **Capa e batina** : les étudiants de Coimbra portaient et portent encore une *redingote* noire et une grande *cape* noire.
4. **Os rasgões** : *les déchirures* (**rasgar** : *déchirer*). Selon la légende, chaque déchirure marque une déception sentimentale.
5. **As tricanas** : femmes du peuple de Coimbra qui lavaient le linge des étudiants et cuisinaient pour eux.
6. **As Repúblicas** : *les Républiques* : organisations communautaires de 15 ou 20 étudiants, mettant en commun leur argent (géré à tour de rôle par l'un d'entre eux), pour louer un appartement, payer une employée et les repas (se visitent).
7. **A Queima das Fitas** : fête qui a lieu en mai, à la fin de l'année scolaire. Les étudiants qui terminent leurs études et vont être « docteurs » brûlent (**queimar** : *brûler*), *les rubans* (**fitas**) aux couleurs de leur spécialité (bleu : lettres, etc.).
8. **O Choupal** : de **o choupo** : *le peuplier*. Vaste *peupleraie* au bord du fleuve Mondego, lieu de promenade traditionnel.
9. **O Penedo da Saudade** : *le Rocher de la Nostalgie*. Jardin où des poèmes, écrits par d'anciens étudiants devenus célèbres, sont gravés sur les pierres. (Belle vue sur le Mondego).
10. L'Université, installée à Coimbra en 1308, est aussi ancienne que celles de Paris (Sorbonne), Salamanque et Bologne.
11. **D. Dinis** (1261-1325) : roi en 1279. A organisé la marine, le commerce, l'université et laissé 138 compositions poétiques.
12. **Cantiga de amigo** : « *chanson d'ami* » : plus ancienne forme de la poésie lyrique port. où des femmes chantent l'ami absent.
13. **A Porta Férrea** (1634) : donne accès à l'université.
14. **Coitados dos estudantes** : m. à m. « *malheureux des étudiants* ».
15. **Sé Velha** : *l'ancienne cathédrale*, romane (1139-1180).
16. **Luís de Camões** (1524 ou 1525-1580) : poète de la Renaissance. Son célèbre poème « Os Lusíadas » (*Chant des Luses*, nom latin des Portugais) chante l'épopée portugaise sur les mers. La fête nationale est célébrée le 10 juin, jour de sa mort.

29 — Une visite à Coimbra
4. ENVIRONNEMENT

> *Vão as serenas águas*
> *do Mondego descendo*
> *mansamente, que até o mar não param ;*
>
> Luís de Camões

Coimbra, cidade-museu (80 000 h.) é a capital da Beira Litoral, transição entre o Norte e o Sul, de clima agradável (atlântico húmido). Está situada na fértil planície aluvial do Mondego, a 45 km do mar, no sopé da vertente da meseta ibérica central. Esta região, habitada desde os tempos mais remotos, foi valorizada pelos Romanos, como provam as ruínas de Conimbriga, a 15 km ao Sul de Coimbra, então chamada Aeminium. Coimbra, pátria de Luís de Camões, foi a primeira capital histórica e literária do país : o Rei D. Dinis (1261-1325), o Rei poeta recebia na Corte os trovadores provençais.

Foi durante muito tempo um centro de comércio importante, mas a sua fama deve-se sobretudo à Universidade (cerca de 20 000 estudantes). Só depois dos anos 60, para além da indústria de cerâmica tradicional é que se desenvolve um sector industrial variado : têxteis ; (malhas, lanifícios) ; agro-alimentares (bolachas, óleos, sabões) ; cadeias de montagem automóvel e uma fábrica de material fotográfico.

> *Elles coulent, sereines, les eaux*
> *Du Mondego et descendent,*
> *Paisibles, jusqu'à la mer, sans s'arrêter ;*

Coimbra, ville-musée (80 000 h.), est la capitale de la Beira littorale, transition entre le nord et le sud, au climat agréable (atlantique humide). Elle se trouve dans la riche plaine alluviale du Mondego, à 45 km de la mer, juste au pied de la retombée du plateau ibérique central. Cette région, habitée de tous temps, a été mise en valeur par les Romains comme le prouvent les ruines de Conimbriga à 15 km au sud de Coimbra, appelée alors Aeminium. Coimbra, patrie de Luís de Camões, fut la première capitale, historique et littéraire du pays : le roi D. Dinis (1261-1325), le roi poète accueillait à la cour les troubadours provençaux.

Elle a longtemps été un centre commercial important, mais son rayonnement est surtout dû à son université (20 000 étudiants environ). Ce n'est que depuis les années 1960 que, en plus des industries de la céramique traditionnelle, se développe un secteur industriel varié : textiles (bonneterie et lainages) ; agro-alimentaire (biscuiteries, huileries, savonneries), chaînes de montage automobile et usine de matériel photographique.

29 — Uma visita à Coimbra
5. ENVIRONNEMENT

A UNIVERSIDADE DE COIMBRA, uma das mais antigas da Europa com Paris, Bolonha e Salamanca, remonta a 1290, altura em que, por diploma régio, D. Dinis determinou a abertura, em Lisboa, dos primeiros Estudos Gerais Portugueses. Em 1308, estes são transferidos para Coimbra. Trinta anos mais tarde, Afonso IV transferiu-os para Lisboa, antes de instalá-los novamente em Coimbra em 1354. A Universidade foi definitivamente instalada em Coimbra em 1573 por D. João III no antigo Paço Real. Na mesma época foi também criada uma vasta rede de colégios, ligados a ordens religiosas, dos quais o mais célebre foi o das Artes. Funcionavam como centro de ensino preparatório para a entrada na Universidade. Os Jesuítas que a dirigiram, de 1555 até à sua expulsão pelo Marquês de Pombal em 1772, construíram uma bela e rica biblioteca barroca entre 1716-1726.

Muitos estudantes vindos da Europa e do Brasil formaram-se em Coimbra. O velho Paço de Alcáçova, praça forte medieval que domina a cidade, continua ainda hoje a ser o centro da Cidade Universitária (ampliada em 1950-1955). O relógio da sua torre « A Cabra » regulava a vida dos estudantes e acabou por se tornar o « ex-libris » de Coimbra.

L'UNIVERSITÉ DE COIMBRA, l'une des plus anciennes d'Europe, avec Paris, Bologne et Salamanque, remonte à 1290, date à laquelle, par édit royal, D. Dinis décida de l'ouverture à Lisbonne du premier centre d'Études Générales Portugaises. En 1308, celui-ci fut transféré à Coimbra. 30 ans plus tard Alphonse IV le retransféra à Lisbonne avant de le reinstaller à Coimbra en 1354. L'université a été définitivement fixée à Coimbra en 1573 par Jean III, dans l'ancien palais royal. À la même époque, fut créé un vaste réseau de collèges, liés à des ordres religieux et dont le plus célèbre fut celui des Arts. C'étaient de vrais centres de préparation à l'entrée à l'université. Les Jésuites qui l'ont dirigée de 1555 à 1772, date de leur expulsion par le marquis de Pombal, ont construit une belle et riche bibliothèque baroque (1716-1726).

De nombreux étudiants venus d'Europe et du Brésil se sont formés à Coimbra. Le vieux palais royal d'Alcáçova, place forte médiévale qui domine la ville, est aujourd'hui encore le centre de la Cité Universitaire (agrandie de 1950 à 1955). L'horloge de son clocher, « la Chèvre », réglait la vie des étudiants et finit par devenir le symbole de Coimbra.

29 — Une visite à Coimbra
6. PHRASES TYPES

1. J'ai fait des études supérieures à Coimbra.
2. Moi, j'ai étudié à l'université de Lisbonne.
3. Je suis en première année de la faculté des lettres.
4. Quelle école fréquentes-tu ?
5. Demain j'ai un examen.
6. Il faut que je révise mes cours.
7. J'ai eu une bonne note à l'examen.
8. Les étudiants de Coimbra gardent toujours leurs traditions.
9. Je dois me préparer pour l'examen de sciences naturelles.
10. L'année où j'ai été bizuth j'ai beaucoup souffert.
11. Coimbra est une ville très ancienne.
12. La ville a été un des principaux centres de la Renaissance.
13. As-tu déjà visité la bibliothèque de l'université.
14. Pas encore ? À ne pas manquer.

---

1. Tirei o curso em Coimbra.
2. Eu estudei na Universidade de Lisboa.
3. Ando no primeiro ano da faculdade de letras.
4. Que escola frequentas ?
5. Amanhã tenho um exame.
6. Tenho de rever as minhas aulas.
7. Tive uma boa nota no exame.
8. Os estudantes de Coimbra ainda mantêm as tradições.
9. Tenho de me preparar para o exame de ciências naturais.
10. No ano em que fui caloiro sofri muito.
11. Coimbra é uma cidade muito antiga.
12. A cidade foi um dos principais centros do Renascimento.
13. Já visitaste a biblioteca da Universidade ?
14. Ainda não ? Não percas.

29 — Uma visita a Coimbra

7. VOCABULAIRE

- a recordação, *le souvenir*
- o passado, *le passé*
- a praxe, *la coutume, l'usage*
- o rasgão, *la déchirure*
- a paixão, *la passion*
- brincar, *plaisanter*
- a lenda, *la légende*
- a serenata, *la sérénade*
- o orgulho, *la fierté*
- o rei, *le roi*
- o pino (ancien), *le pin*
- férrea, *de fer*
- o caloiro ; (B) o calouro, o bicho, *le bizuth*
- a aula, *la classe*
- sofrer, *souffrir*
- o adro, *le parvis*
- aclamar, *aclamer*
- o/a estudante, *l'étudiant(e)*
- as Cortes, *les Assemblées, les Cortés*
- a margem, *la rive*
- abrigar, *abriter*
- o desenlace, *le dénouement*
- a quinta, *la villa, le domaine*
- a lágrima, *la larme*
- ter cuidado, *faire attention*
- quebrar, *briser*
- as costas, *le dos*

VOCABULAIRE COMPLÉMENTAIRE

- os arredores, *la banlieue*
- o bosque, *le bois*
- o centro, *le centre*
- a cidade, *la ville*
- a escada, *l'escalier*
- a fonte, *la fontaine*
- a mata, *le bois, la forêt*
- a paisagem, *le paysage*
- o parque, *le parc*
- a periferia, *la périphérie*
- o pinhal, *la pinède*
- a rainha, *la reine*
- os subúrbios, *la banlieue*

29 — Une visite à Coimbra

8. EXERCICES

A. Mettez au pluriel

1. O estudante fez um rasgão na capa.
2. A cidade mantém uma tradição secular.
3. Ele tem uma boa recordação dos tempos de estudante.

B. Remplacez les mots soulignés par les pronoms personnels correspondants

1. O professor falará <u>aos alunos</u>.
2. O estudante fará <u>exame</u> amanhã.
3. Darei <u>um livro</u> <u>ao meu filho</u>.

C. Traduisez

1. C'est ici que je t'ai connu.
2. C'est ici à Coimbra que Camões a étudié.
3. On dirait que, pour lui, il n'y a que le présent qui compte.

CORRIGÉ

A.
1. Os estudantes fizeram rasgões nas capas.
2. As cidades mantêm tradições seculares.
3. Eles têm boas recordações dos tempos de estudantes.

B.
1. O professor falar-lhes-á.
2. O estudante fá-lo-á amanhã.
3. Dar-lho-ei.

C.
1. Foi aqui que te conheci.
2. Foi aqui em Coimbra que Camões estudou.
3. Dir-se-ia que para ele, só o presente conta.

30 No Porto
1. DIÁLOGO

A : António   M : Manuel

A — Já que[1] estamos no[2] Porto[3], vamos beber um cálice de Porto.

M — E até podemos ir visitar as caves de Vila Nova de Gaia[4], na margem esquerda do Douro.

A — Tu és doido ! Passar pela ponte D. Luís[5] agora ? Atravessar or rio na hora de ponta ?

M — É pena. Da ponte, a vista deve ser magnífica ! Vamos então ao Solar do Vinho do Porto[6] ? É no Centro.

A — Foi o vinho que deu o nome a cidade, não foi ?

M — Que disparate ! É o contrário ; é a cidade que dá o nome ao vinho. Desde os tempos mais remotos, esta cidade, no coração duma região muito activa, tem sido um importante centro de comércio e o Douro abrigava dois portos : um, o mais importante, chamado Portus (em latim : o Porto) na margem direita, o outro, Cale, em frente, onde fica hoje Vila Nova de Gaia. Porto e Cale estão mesmo na origem da palavra Portugal[7].

. . . .

A — Tantas garrafas e tantas marcas ! Já reparaste que há uma nítida predominância de marcas inglesas !

M — É muito simples[8]. Há muito que comerciantes ingleses se instalaram no norte de Portugal, e o tratado de Methuen em 1703[9] deu-lhes o monopólio do comércio do vinho do Porto. Foi proveitoso para o Porto ; a cidade cresceu e os seus numerosos monumentos barrocos desta época[10].

A — Deixa-te de[11] histórias, e vamos beber. Que me aconselhas ?

M — À hora do aperitivo é melhor pedir um porto branco seco. O porto doce costuma beber-se à sobremesa ou então com uma fatia dum bom queijo da Serra.

A — O vinho que é exportado sai de Vila Nova de Gaia ?

M — Antigamente sim. Agora acabou. Como a região passou a ser também muito industrial, foi construído o porto de Leixões[12], hoje um dos mais importante da Península Ibérica.

A — E Matosinhos[13] não é também um porto ?

M — É, mas é essencialmente um porto de pesca.

A — Olha, e se fôssemos pescar no domingo ?

30 — Un voyage à Porto
2. DIALOGUE

A : Antoine   M : Manuel

A — Puisque nous sommes à Porto, pourquoi ne pas aller déguster un petit porto ?
M — Nous pouvons même aller visiter les caves de Vila Nova de Gaia, sur la rive gauche du Douro.
A — Tu es fou ! Passer sur le pont D. Luís maintenant ? Traverser le fleuve à l'heure de pointe ?
M — C'est bien dommage ! Du pont la vue doit être magnifique ! Dans ce cas, allons au *Solar* du vin de Porto : c'est dans le centre.
A — C'est le vin qui a donné son nom à la ville, n'est-ce pas ?
M — Quelle sottise ! C'est le contraire ; c'est la ville qui donne son nom au vin. Depuis les temps les plus reculés, cette ville, au cœur d'une région très active, a été un important centre de commerce. Le Douro abritait deux ports : l'un, le plus important, appelé Portus (le Port, en latin) sur la rive droite ; l'autre, Cale, en face où se trouve aujourd'hui Vila Nova de Gaia. Porte et Cale sont à l'origine même du mot Portugal.

. . . .

A — Tant de bouteilles et tant de marques ! Est-ce que tu as remarqué qu'il y a une nette prédominance des marques anglaises ?
M — C'est simple. Il y a longtemps que les marchands anglais se sont installés dans le nord du Portugal, et le traité de Methuen en 1703 leur a donné le monopole du commerce du vin de Porto. Ce fut profitable pour Porto ; la ville s'est développée et ses nombreux monuments baroques datent de cette époque..
A — Arrête tes histoires, et allons boire ! Qu'est-ce que tu me conseilles ?
M — À l'heure de l'apéritif, il vaut mieux demander un porto blanc sec. Le porto doux se boit d'habitude au dessert ou pour accompagner un morceau de bon fromage da Serra.
A — Le vin qui est exporté part de Vila Nova de Gaia ?
M — Jadis, oui. Plus maintenant. La région étant devenue aussi très industrielle, on a construit le port de Leixões. C'est aujourd'hui l'un des plus importants de la péninsule Ibérique.
A — Et Matosinhos, n'est-ce pas également un port ?
M — Si, mais c'est essentiellement un port de pêche.
A — Tiens, si nous allions à la pêche, dimanche ?

30 No Porto
3. REMARQUES

1. **Já que** : *puisque*. Notez : **já** : *déjà, bientôt, tout de suite* ; **já não** : *ne plus*.
2. **No Porto** (= em + o Porto) : *à Porto*. L'art. déf. précède les noms de ville (ou région) dont le nom a un sens commun.
3. **O Porto** : *Porto* (ville : + de 380 000 h. ; agglomération ; 800 000 h.). 2e ville du pays ; 1er centre industriel.
4. **Vila Nova de Gaia** (Cale des Romains) : plus de 30 000 h. Ville très active (céramiques, verreries et savonneries), où se trouvent les entrepôts du vin de Porto (près de 80).
5. **A ponte D. Luís I** : Pont métallique à deux tabliers, pour voitures et piétons, construit (1880-1886) sur les plans d'Eiffel. Il porte le nom du roi Luís I (1861-1889) qui essaya d'industrialiser le pays et abolit l'esclavage dans les colonies portugaises. De ce pont, on aperçoit, en amont, le pont métallique de D. Maria Pia, d'une seule arche (pour le train), construit par Eiffel (1877-1879).
6. **O Solar** : *le manoir*. Maison ancienne, souvent décorée d'un blason, ayant appartenu à une famille noble.
7. **Portugal** : en 1095, le roi de Léon, maître des terres entre le Minho et le Douro, donne en dot à sa fille Tareja *(Thérèse),* qui épouse le comte Henri de Bourgogne, le domaine de Portus et Cale, appelé alors comté Portucale. Leur fils, Afonso Henriques, le roi Afonso I, donnera à son avènement en 1139, ce nom (Portucale, Portugal) au royaume qui va jusqu'à Coimbra.
8. **Simples** : *simple*. Les mots terminés par **s** atone, n'ont pas de pluriel. Sg. : **uma obra simples** *(une œuvre simple)* ; pl. : **obras simples**. Mais **um português**, pl. **portugueses**.
9. **Tratado de Methuen** (1703) : traité obligeant les Portugais à acheter les textiles anglais, mais privilégiant les vins du Douro sur le marché britannique.
10. **Os monumentos datam desta época** : exceptés qq. monuments romans (Cathédrale) ou le palais de la Bourse (XIXe s., salon mauresque), la plupart des monuments, construits ou décorés au XVIIIe, sont baroques : La tour des Clérigos, bâtie par l'Italien Nazzoni ; l'intérieur de l'église São Francisco).
11. **Deixa-te** : *arrête* **(deixar** : *laisser,* **deixar de** : *ne pas manquer de ;* **deixar-se de** : *cesser, arrêter).*
12. **Leixões** : port artificiel, créé en 1932 près de Matosinhos, très important, entouré d'une active zone industrielle.
13. **Matosinhos** : ville industrielle (texiles, métallurgies, chantiers navals), 8 km au nord de Porto ; important port de pêche (35 % du total) et conserveries de sardines (30 % du total).

30 Un voyage à Porto
4. ENVIRONNEMENT

Porto, austera cidade de granito, dominando um rio escarpado junto à foz, é a capital industrial do Norte, a região mais povoada de Portugal (Minho, Douro Litoral) e a mais activa (agricultura, pesca, artesanato variado). Diz o adágio : « Coimbra canta, Braga reza, o Porto trabalha. » Orgulhosa da sua história, a cidade viu nascer o Infante D. Henrique, o Navegador, e foi nos seus estaleiros que se contruiram os seus barcos ; foi dali que partiram marinheiros, soldados e colonos. Reza a lenda que os seus habitantes fizeram o sacrifício de dar a carne aos marinheiros, guardando para si as tripas (1415) ; daí, a alcunha de tripeiros.

No século XVIII estabeleceu novas modalidades de comércio (vinhos e tecidos) com a Inglaterra, que estão na origem da prosperidade da região.

No século XIX, aberta às ideia e às inovações, desenvolve a indústria e participa nas lutas liberais (1820, 1828, 1834).

Apesar duma forte emigração, o ritmo da actividade industrial nunca baixou. A entrada de Portugal para a CEE obrigou à modernização das empresas, dando novo impulso ao seu desenvolvimento.

Porto, austère ville de granit, dominant un Douro très encaissé à son embouchure, est la capitale industrielle du Nord, la région la plus peuplée du Portugal (Minho, Douro littoral) et la plus productive (agriculture, pêche, artisanat varié). L'adage dit : « Coimbra chante, Braga prie, Porto travaille. » Elle est très fière de son histoire car elle a vu naître Henri le Navigateur et c'est dans ses chantiers navals que furent construits les bateaux ; c'est aussi de là que partirent des marins, des soldats et des colons. La légende veut que ses habitants aient fait le sacrifice de donner la viande aux marins, ne gardant pour eux que les tripes ce qui leur valut le surnom de « Tripiers ».

Au XVIIIe s., Porto établit avec l'Angleterre de nouvelles modalités de commerce (vins, tissus) qui sont d'ailleurs à l'origine de la prospérité de la région.

Au XIXe s., ouverte aux idées novatrices, elle développe son industrie et participe aux luttes libérales (1820, 1828, 1834).

Malgré une forte émigration, le rythme de l'activité industrielle n'a jamais faibli. L'entrée du Portugal dans la CEE l'a obligé à moderniser ses entreprises et à donner un nouveau souffle à son développement.

30 No Porto
5. ENVIRONNEMENT

PORT WINE. *O Douro é um rio de vinho*
que tem a foz em Liverpool e em Londres
e em Nova-York e no Rio e em Buenos-Aires :
quando chega ao mar vai nos navios,
cria seus lodos em garrafeiras velhas,
desemboca nos clubes e nos « bars ».

Joaquim Namorado, *A poesia necessária*, 1966.

O Porto deve a sua fama internacional, desde o século XVIII, ao vinho que exporta e ao qual, abusivamente, deu o nome. Na verdade, este vinho é produzido nas margens abruptas e soalheiras do Douro, a 100 km, para o interior — Alto Douro —, (zona de Pinhão, demarcada em 1756). Antigamente transportado nos típicos barcos « rabelos », envelhece em frente do Porto, nas 80 caves de Vila Nova de Gaia, onde é engarrafado. A maior parte das marcas têm nomes ingleses.

Portugal produz uma grande variedade de vinhos ; é o 7° produtor mundial : exporta vinhos verdes (tintos ou brancos) do Minho, vinhos maduros do Dão, vinhos « rosés », menos tradicionais. Outros vinhos de grande qualidade são menos conhecidos no estrangeiro — vinho da Bairrada (Coimbra), Colares e Bucelas (Lisboa), Setúbal, Alentejo (Borba e Reguengos) — e pouco exportados.

Le Douro est un fleuve de vin
dont l'embouchure est à Liverpool et à Londres
et à New York et à Rio et à Buenos Aires :
quand il arrive à la mer, il s'en va sur les navires,
dépose sa lie dans de vieilles bouteilles,
débouche dans les clubs et dans les bars.

Porto doit sa renommée internationale, dès le XVIIIe s., au vin qu'elle exporte et auquel elle donne abusivement son nom. Ce vin est en effet produit sur les rives abruptes et ensoleillées du Douro (Alto Douro), à 100 km à l'intérieur (zone de Pinhão, démarquée en 1756). Transporté autrefois sur les pittoresques bateaux « rabelos », il vieillit, en face de Porto, dans les 80 chais de Vila Nova de Gaia, où il est mis en bouteille. Les marques ont presque toutes un nom anglais.

Le Portugal a une grande variété de vins ; il est le 7e producteur mondial : il exporte des vins verts (rouges ou blancs) du Minho, des vins du Dão, des vins rosés, moins traditionnels. Les autres vins de grande qualité sont moins connus à l'étranger — vin de Bairrada (Coimbra), Colares et Bucelas (Lisbonne), de Setúbal, de l'Alentejo (Borba et Reguengos) — et peu exportés.

30 Un voyage à Porto
6. PHRASES TYPES

1. Je voudrais un bon Porto sec.
2. Apportez-moi un vin rouge âgé.
3. Le vin rouge doit se servir chambré.
4. Avec le poisson, je préfère un vin vert blanc.
5. Cette bouteille a beaucoup de dépôt (lie).
6. Je voudrais un café et une eau-de-vie.
7. Une demi-bouteille de vin mousseux, s'il vous plaît.
8. D'habitude, le vin de la maison est bon.
9. Le tire-bouchon est dans le tiroir.
10. Ouvre donc cette bouteille !
11. Ce vin est aigre.
12. Le vin rosé aussi accompagne bien un repas léger.
13. Une carafe de vin blanc, bien frais !
14. Cette année, le vin est exceptionnel.
15. La récolte d'il y a deux ans était meilleure.
16. Le vin de cette région est très alcoolisé. Il titre 12 degrés.

---

1. Queria um bom Porto seco.
2. Traga-me um vinho tinto velho.
3. O vinho tinto deve servir-se à temperatura ambiente.
4. Com o peixe, prefiro um vinho verde branco.
5. Esta garrafa tem muito pé.
6. Queria um café e um bagaço.
7. Meia garrafa de espumante, se faz favor.
8. O vinho da casa costuma ser bom.
9. O saca-rolhas está dentro da gaveta.
10. Abre a garrafa !
11. Este vinho está azedo.
12. O vinho rosé também é bom para acompanhar uma refeição ligeira.
13. Um jarro de vinho branco, bem fresco !
14. Este ano, o vinho é excepcional.
15. A colheita de há dois anos foi melhor.
16. O vinho desta região é muito forte. Tem 12 graus.

30 No Porto

7. VOCABULAIRE

o cálice, *le verre à pied*
o solar, *le manoir*
a cave, *la cave*
dentro, *dedans*
ser preciso, *falloir*
atravessar, *traverser*
a hora de ponta, *l'heure de pointe*
ter pena, *regretter*
a vista, *la vue*
a ponte, *le pont*
bonito(a), *joli(e)*
escarpado, *raide*
o disparate, *la sottise, l'étourderie*
remoto, *reculé, ancien*
o porto, *le port*
a origem, *l'origine*
a garrafa, *la bouteille*
a marca, *la marque*

nítida, *nette*
o comerciante, *le commerçant*
o tratado, *le traité*
proveitoso, *profitable*
crescer, *croître*
a maioria, *la majorité*
datar, *dater*
aconselhar, *conseiller*
branco, *blanc*
seco, *sec*
doce, *doux, sucré*
costuma beber-se, *se boit d'habitude*
a sobremesa, *le dessert*
a fatia, *la tranche*
a pesca, *la pêche*
pescar, *pêcher.*

VOCABULAIRE COMPLÉMENTAIRE

o aperitivo, *l'apéritif*
à sua saúde, *à votre santé*
bêbado/bêbedo, *ivre*
beber de um trago/gole, *boire d'un trait*
o cacho de uvas, *la grappe de raisins*
o cacho de bananas, *le régime de bananes*
a cepa, *le cep*
o digestivo, *le digestif*
embriagar-se, *s'enivrer*
engolir, *avaler*

o espumante, *le vin mousseux*
estar a cair de bêbado, *être ivre mort*
estar com um grão na asa (fam.), *être un peu ivre*
estar com os copos, *avoir un verre dans le nez*
matar a sede, *se désaltérer*
a parra, *la feuille de vigne*
a pipa, *le tonneau*
o tonel, *le tonneau*
a vinha, *la vigne*

30 — Un voyage à Porto

8. EXERCICES

A. Compléter avec les prépositions adéquates

1. Amanhã vou .... Porto.
2. Esta semana fico .... Lisboa.
3. O vinho .... Madeira também é bom.
4. .... Paris, também podes comprar vinho .... Porto.

B. Compléter selon le modèle :
É melhor nós bebermos este vinho

1. É melhor tu (ficar) aqui.
2. É melhor eles (trazer) o carro.
3. É melhor eu não (ir) contigo.
4. É melhor ele (vir) cedo.

C. Modèle : Que tal irmos ao café ?
E se fôssemos ao café ?

Continuer :

1. Que tal bebermos um copo ?
2. Que tal atravessarmos a ponte ?
3. Que tal darmos um passeio ?
4. Que tal trazermos umas garrafas ?

CORRIGÉ

A.
1. Amanhã vou ao Porto.
2. Esta semana fico em Lisboa.
3. O vinho da Madeira também é bom.
4. Em Paris, também podes comprar vinho do Porto.

B.
1. É melhor tu ficares aqui.
2. É melhor eles trazerem o carro.
3. É melhor eu não ir contigo.
4. É melhor ele vir cedo.

C.
1. E se bebêssemos um copo ?
2. E se atravessássemos a ponte ?
3. E se déssemos um passeio ?
4. E se trouxéssemos umas garrafas ?

31. Um passeio a Évora
1. DIÁLOGO

M : Manuel   L : Laura

L — Se soubesse[1] que estava tanto calor, não tinha vindo[2]. Não imaginava que estivesse[3] um dia tão quente.

M — Mas o Alentejo, em pleno Verão, é sempre muito quente.

L — Quem me dera[4] estar à beira-mar !

M — Há piscinas à entrada de Évora. Se quiseres[1], podemos lá ir tomar um banho. Queres ?

L — Claro que quero. Isso nem se pergunta.

M — Lá mais para o fim da tarde, vamos tomar qualquer coisa ao centro, à Praça do Geraldo.

L — Foi Geraldo Sem Pavor que conquistou Évora aos Mouros[5].

M — É uma das cidades de mais rico passado histórico ! Não é sem razão que lhe chamam a cidade-museu.

L — Olha, já se vêem as muralhas[6].

M — São muralhas de diferentes épocas : romanas, godas, medievais.

L — Não existem vestígios árabes ?

M — Não, não há quase nada da ocupação árabe[7].

L — Mas permanecem belas ruínas romanas : as muralhas e também o Templo de Diana[8].

M — Também se podem ver muitos elementos decorativos da arte mourisca no Paço de D. Manuel[9] e nas janelas manuelinas[10] dos palacetes espalhados pela cidade.

L — Que igreja é aquela, lá no alto ?

M — É a Sé[11], um imponente monumento romano-gótico erigido após a Reconquista do Alentejo[12].

L — Olha como é bonita a Sé com o casario todo à volta e a planície a perder de vista. A cidade tem sabido manter as suas características porque é proibido construir intra-muros edifícios que lhe alterem a traça.

M — Évora desempenhou sempre um papel importante na vida política, artística e espiritual do país. Havia mesmo uma Universidade[13] cujo[14] edifício ainda se pode visitar.

L — Mas a Universidade ainda existe.

M — A universidade de que[15] falas foi criada em 1979 e funciona no mesmo lugar. A outra foi fundada pelos Jesuítas no século XVI e foi extinta no século XVIII.

L — Não há indústrias ?

M — Évora foi sempre um centro de comércio agrícola e as suas actividades industriais estão ligadas à criação de gado e às produções da região, como a lã e a cortiça. Também há artesanato. Vais poder comprar muitas coisas para a nossa casa.

31 Une promenade à Évora
2. DIALOGUE

M : Manuel   L : Laura

L — Si j'avais su qu'il ferait si chaud, je ne serais pas venus ! J'étais loin de supposer que la journée pouvait être si chaude.
M — Mais l'Alentejo est toujours très chaud en plein été.
L — Ah ! si je pouvais être au bord de la mer !
M — Il y a des piscines, à l'entrée d'Évora. Si tu veux, nous pouvons aller y prendre un bain. Tu veux ?
L — Bien sûr, que je veux ! Cela ne se demande pas.
M — Vers la fin de l'après-midi nous irons prendre quelque chose, dans le centre sur la place Geraldo.
L — C'est Gérard Sans Peur, celui qui a pris Évora aux Maures. C'est une ville au très riche passé historique.
M — Ce n'est pas sans raison qu'on l'appelle la ville-musée.
L — Regarde, on aperçoit déjà les murailles.
M — Ce sont des murailles de différentes époques : romaines, gothiques, et médiévales.
L — Des vestiges arabes, il n'y en a pas ?
M — Non. Il n'y a pratiquement rien de l'occupation arabe.
L — Mais il reste de belles ruines romaines : les murailles et aussi le temple de Diane.
M — On peut aussi voir de nombreux éléments décoratifs mauresques dans le palais de D. Manuel et aux fenêtres manuélines des riches demeures parsemées dans la ville.
L — Et cette église là-haut, c'est laquelle ?
M — C'est la cathédrale, un imposant monument romano-gothique, érigé après la reconquête de l'Alentejo.
L — Que c'est beau : la cathédrale, les maisons blanches tout autour et la plaine à perte de vue. La ville a su préserver ses caractéristiques : il est interdit de construire intra-muros des édifices pouvant en altérer le tracé primitif.
M — Évora a toujours joué un rôle important dans la vie politique, artistique et spirituelle du pays. Elle a même eu une université dont les bâtiments peuvent encore être visités.
L — Mais l'université existe encore.
M — L'université dont tu parles a été ouverte en 1979 et elle fonctionne au même endroit. L'autre a été fondée par les Jésuites au XVIe siècle et a été fermée au XVIIIe siècle.
L — Des industries, il n'y en a pas ?
M — Évora a toujours été un centre de commerce agricole et ses activités industrielles sont liées à l'élevage et aux productions de la région comme la laine et le liège. Il y a aussi de l'artisanat. Tu vas pouvoir acheter beaucoup de choses pour la maison.

31 Um passeio a Évora
3. REMARQUES

1. **Se soubesse** : *se* + imp. subj. irr. de **saber** : irréel du passé ; ici = pl.-que-parf. subj. (**se tivesse sabido** : *si j'avais su*).
2. **Tinha vindo** : pl.-que-parf. ind. de **vir** : conditionnel passé = *je serais venu*. Noter : **vindo** : *venant* ou *venu*.
3. **Estivesse** : subj. imp. irr. 3ᵉ pers. sg. de **estar**, *être*.
4. **Quem me dera** : *si je pouvais...* : m. à m. « *qui m'aurait donné* » (**dera**) : pl.-que-parf. irr. de **dar** = **tinha dado**).
5. **Os Mouros** : *les Maures*. Évora a été reprise aux Maures en 1165 par Gérard dit Gérard-sans-Peur.
6. **Já se vêem as muralhas** : *on voit déjà les murailles*, m. à m. « *les murailles se voient déjà* ». Noter trad. de *on* lorsque le verbe dont le sujet est *on* est accompagné d'un compl. dir.
7. **A ocupação árabe** : *l'occupation arabe* dura de 715 à 1165.
8. **O Templo de Diana** : temple romain du début du IIIᵉ siècle, dédié à la déesse Diane.
9. **Os Paços de D. Manuel** : *le palais de D. Manuel*. Ce palais, fondé par le roi Afonso V (1438-1481), construit par Jean II (1481-1495), a été agrandi par D. Manuel. Noter : **paço** : *palais royal* ; **palácio** : *palais* ; **palacete** : *petit palais*.
10. **As janelas manuelinas** : *les fenêtres manuélines*. Évora a été souvent capitale du royaume, notamment sous D. Manuel (1495-1521). De nombreux palais y ont été alors édifiés et décorés selon un style baptisé « art manuélin » au XIXᵉ siècle. Leurs fenêtres, géminées ou non, sont surmontées d'arcs surbaissés, outrepassés ou en accolade et décorées de motifs floraux, fruits, cordages, etc.
11. **A Sé** : *la cathédrale*. Cathédrale gothique du XIIIᵉ siècle.
12. **O Alentejo** (além Tejo = *au-delà du Tage*) : province au sud du Tage. La reconquête s'est terminée au Portugal en 1249.
13. **A Universidade** : le collège du Saint-Esprit, fondé en 1551 par Jean III (1502-1557) a été confié en 1553 aux Jésuites. Ils le transformèrent en université, fermée en 1759, lors de l'expulsion des Jésuites par Pombal, et rouverte en 1979.
14. **Cujo edifício se pode visitar** : *dont on peut visiter l'édifice*. *Dont* se traduit par **cujo**, si *dont* est compl. d'un nom, précédé d'un art. déf., lui-même compl. dir. d'un verbe. **Cujo** s'accorde avec ce nom, placé après lui, sans article.
15. **A universidade de que falas** : *l'université dont tu parles*. *Dont* : **de que** lorsque *dont* est compl. d'un verbe ou lorsque le nom qu'il complète n'est pas précédé de l'art. déf. : **a casa de que vejo uma porta** : *la maison dont je vois une porte*.

31. Une promenade à Évora
4. ENVIRONNEMENT

Arde o sol	Lento, canta um pastor,
A terra cheira	Guardando gado.
A pão mole,	Do tronco de um sobreiro degolado
A vinho, a poeira.	Corre um sangue que empapa o chão em flor
. . . .	Lento, canta um pastor.

Armindo Rodrigues, *Motivos Alentejanos*.

O Alentejo abrange duas províncias : o Alto Alentejo (capital : Évora) e o Baixo Alentejo (capitale : Beja). É uma região quente no Verão, de vastas extensões planas, essencialmente agrícola. Entre as produções tradicionais contam-se a cortiça (Portugal é o primeiro produtor), o vinho e cereais — trigo e, nas zonas irrigadas, arroz — ; mais recentemente foram introduzidas culturas semi-industriais — tomate e beterraba. A criação de gado ovino e porcino é também importante, e famosos os seus derivados : enchidos, queijo e lã. Região latifundiária, é constituída por grandes propriedades (herdades), algumas delas transformadas em cooperativas. A importância do Alentejo, do ponto de vista do auto-abastecimento alimentar do país, foi posta em relevo no âmbito da CEE. Estão a ser implementadas unidades industriais agro-alimentares.

Le soleil brûle	Lent, un berger chante
la terre fleure	en gardant ses troupeaux.
le pain frais	Du tronc d'un chêne liège égorgé
le vin, la poussière	coule un sang qui imprègne le sol fleuri
. . . .	Lent, un berger chante.

L'Alentejo comprend deux provinces : le Haut-Alentejo (capitale : Évora) ; le Bas-Alentejo (capitale : Beja). C'est une région chaude en été, aux vastes étendues plates, essentiellement agricole. Parmi les cultures traditionnelles, il y a le liège (le Portugal est le premier producteur), le vin et les céréales — le blé et, dans les zones irriguées, le riz ; plus récemment on a introduit des cultures semi-industrielles : tomate et betterave. L'élevage des ovins et des porcins est également important, et leurs dérivés réputés : charcuterie, fromage et laine. Région de latifundia, c'est une zone de grandes propriétés (**herdades**), dont certaines sont transformées en coopératives. Le rôle important que peut jouer l'Alentejo, dans l'approvisionnement interne du pays, a été mis en avant dans le cadre de la CEE. Des unités industrielles agro-alimentaires sont en cours de création.

31 Um passeio a Évora
5. ENVIRONNEMENT

O Sul de Portugal compreende três províncias : o *Ribatejo* (capital : Santarém), planície aluvial banhada pelo Tejo, o *Alentejo*, vasta planície, orlada a sul por um cordão montanhoso e o *Algarve*, longa planície costeira onde crescem amendoeiras, figueiras, alfarrobeiras. Se o Alentejo e o Ribatejo vivem sobretudo da criação de gado e da agricultura, o Algarve (capital : Faro), tem apostado no turismo, sobretudo nos últimos vinte anos.

O RIBATEJO

O Tejo !... Quem vem do Sul e atravessa a charneca e a monótona vegetação de oliveiras e sobreiros, ao dar com o Tejo azul, pela primeira vez respira. Luz a jorros e amplidão ilimitada. O azul mete-se pela alma dentro e dilata-a. Nas lezírias riscadas de valas e empapadas de água o gado bravo pasta e ao longe um campino, imóvel sobre o cavalo, parece um bronze.

Adivinham-se as estradas entre os eucaliptos esguios e o comboio segue ao lado do rio através de pastagens indefinidas que se prolongam até ao fundo do horizonte.

Raul Brandão (1867-1930), De *Portugal Pequenino*.

Le sud du Portugal comprend trois provinces : le *Ribatejo* (capitale : Santarém), dans la plaine alluviale, le long du Tage, le vaste plateau de l'*Alentejo*, bordé au sud par un bourrelet montagneux et l'*Algarve*, longue plaine côtière plantée d'amandiers, de figuiers et de caroubiers. Si l'Alentejo et le Ribatejo vivent surtout de l'élevage et de l'agriculture, l'Algarve (capitale : Faro) s'est résolument tourné depuis une vingtaine d'années, vers le tourisme.

LE RIBATEJO

Le Tage !... Celui qui vient du sud et traverse le maquis et la végétation monotone d'oliviers et de chênes-lièges, respire pour la première fois en rencontrant le Tage bleu. Lumière à flots et immensité illimitée. Le bleu se glisse dans l'âme et l'épanouit. Dans la plaine sillonnée de canaux et imbibée d'eau, les taureaux paissent et au loin, un gardian, immobile sur son cheval, ressemble à une statue de bronze.

On devine les routes parmi les eucalyptus élancés et le train roule le long du fleuve, à travers des pâturages infinis qui s'étirent jusqu'au bout de l'horizon.

31 Une promenade à Évora
6. PHRASES TYPES

1. Et si nous allions prendre une bière ?
2. J'ai tellement soif !
3. Je préfère faire la sieste.
4. Si j'avais su que tout était fermé, je serais resté à la maison.
5. Dans cette ville il y a toujours des choses à voir.
6. Ne veux-tu pas monter là-haut ?
7. Je suis si fatiguée que je n'arrive pas à marcher.
8. Moi aussi, j'ai mal aux pieds.
9. Asseyons-nous ici à l'ombre de cet arbre.
10. On est mieux dans l'eau. Il fait tellement chaud.
11. Même le soir, la température ne baisse pas.
12. Avec cette chaleur j'ai du mal à dormir.

---

1. E se fôssemos tomar uma cerveja ?
2. Tenho tanta sede !
3. Antes quero (prefiro) ir dormir a sesta.
4. Se eu soubesse que estava tudo fechado, teria (tinha) ficado em casa.
5. Nesta cidade há sempre coisas para ver.
6. Não queres ir lá acima ?
7. Estou tão cansada que não consigo andar.
8. A mim, também me doem os pés.
9. Sentemo-nos aqui à sombra desta árvore.
10. Está-se melhor dentro de água. Está tanto calor.
11. Nem mesmo à noite a temperatura baixa.
12. Com este calor tenho dificuldade em dormir.

31 — Um passeio a Évora

7. VOCABULAIRE

o passeio, *la promenade*
imaginar, *imaginer*
a temperatura, *la température*
elevada, *élevée*
o Verão, *l'été*
quente, *chaud(e)*
a piscina, *la piscine*
a entrada, *l'entrée*
a tarde, *l'après-midi*
o centro, *le centre (ville)*
rico, *riche*
o passado, *le passé*
histórico, *historique*
a razão, *la raison*
a muralha, *la muraille*
romana, *romaine*
goda, *gothique*
medieval, *mediéval*
os vestígios, *les vestiges*
árabe, *arabe*
para além de, *en plus de, en outre*
em contrapartida, *en revanche*
a arte, *l'art*
mourisca, *mauresque*
a ocupação, *l'occupation*
a janela, *la fenêtre*

o palacete, *le petit palais*
espalhado, *dispersé*
no alto, *en haut*
a Sé, *la cathédrale*
imponente, *imposant(e)*
erigir, *ériger*
a Reconquista, *la Reconquête*
em volta de, *autour de*
a colina, *la colline*
dominar, *dominer*
a imensidão, *l'immensité*
a planície, *la plaine*
manter, *maintenir*
permitir, *permettre*
alterar, *altérer*
a traça, *le plan*
desempenhar um papel, *jouer un rôle*
o edifício, *le bâtiment*
criar, *fonder*
extinguir, *fermer*
a criação de gado, *l'élevage*
a lã, *la laine*
a cortiça, *le liège*
o artesanato, *l'artisanat*

VOCABULAIRE COMPLÉMENTAIRE

o adubo, *l'engrais*
o agricultor, *l'agriculteur*
a agricultura, *l'agriculture*
o camponês, *le paysan*
a camponesa, *la paysanne*
a ceifa, *la moisson*
o celeiro, *le grenier, le cellier, la grange*
o centeio, *le seigle*

os cereais, *les céréales*
a cevada, *l'orge*
a colheita, *la récolte*
a foice, *la faucille*
o milho, *le maïs*
a palha, *la paille*
a seara de trigo, *le champ de blé*
semear, *semer*
a sementeira, *les semailles*

31 — Une promenade à Évora

8. EXERCICES

A. Compléter avec les pronoms relatifs adequats

1. A janela .... eu vi é muito bonita.
2. A rua .... moro é longe do centro.
3. A igreja de .... me falaram é gótica.
4. A capela .... janela é manuelina data do século XVI.
5. O turista a .... indiquei o caminho perdeu-se.
6. Vimos tudo .... valia a pena.
7. O museu no .... estivemos ontem está fechado para obras.

B. Compléter avec les verbes (indiqués entre parenthèses) à la forme qui convient

1. Se ele não .... (andar) tanto, não teria ficado cansado.
2. Teríamos feito melhor, se .... (resolver) ficar em casa.
3. Se .... (ficar) em casa, não teríamos visitado a cidade.

CORRIGÉ

A.
1. A janela que eu vi é muito bonita.
2. A rua onde moro é longe do centro.
3. A igreja de que me falaram é gótica.
4. A capela cuja janela é manuelina data do século XVI.
5. O turista a quem indiquei o caminho perdeu-se.
6. Vimos tudo quanto valia a pena.
7. O museu no qual estivemos está fechado para obras.

B.
1. Se ele não tivesse andado tanto, não teria ficado cansado.
2. Teríamos feito melhor, se tivéssemos resolvido ficar em casa.
3. Se tivéssemos ficado em casa, não teríamos visitado a cidade.

32 — Cozinha tradicional

1. DIÁLOGO

A : António   I : Isabel

I — Dás-me licença[1] ?

A — Entra, entra. O que é que te traz por cá[2] ?

I — Tinhas-me[3] pedido que viesse e já não te lembras ?

A — Espera ! Ah ! Agora me lembro. Queria que me ajudasses a preparar um pequeno discurso. Imagina tu que vou presidir a sessão de abertura da Semana Gastronómica.

I — Já ouvi falar. Mas com os teus dons oratórios, não vejo em que é que te possa[4] ajudar.

A — Não se trata disso. Como há convidados estrangeiros, queria falar sobre a nossa cozinha tradicional.

I — E lembraste-te de mim.

A — Pois. Sei que és uma apaixonada pela[5] gastronomia e que a cozinha portuguesa é o teu forte.

I — Devias começar por falar no bacalhau.

A — De facto, em Portugal, o bacalhau é « rei ». O « fiel amigo » como diz o povo. E há, pelo menos, cem maneiras de o cozinhar.

I — Pois há ! Mas não é preciso falar em todas. Basta salientar algumas das receitas mais populares : cozido ou assado, à Brás ou à Gomes de Sá[6] e os famosos pastéis[7]. Em seguida, podes traçar uma panorâmica da cozinha tradicional, começando pelo Norte.

A — Aí, não posso deixar de falar no caldo verde[8].

I — Claro. Mas não te esqueças dos rojões[9], nem das feijoadas[10]. São pratos típicos da cozinha nortenha[11].

A — A dobrada[12] à moda do Porto, por exemplo.

I — Tens de distinguir a cozinha do litoral da cozinha do interior.

A — As caldeiradas[13] e o cozido[14] à portuguesa ?

I — Exactamente. Mas são pratos que cada região faz à sua maneira.

A — E as sopas ?

I — São importantes. Nas refeições portuguesas, começa-se geralmente por uma sopa[15], forte e saborosa.

A — E não posso deixar de falar nos pratos mais típicos do Sul : as migas[16] e a açorda[16] do Alentejo e as amêijoas na cataplana[17] do Algarve.

32 Cuisine traditionnelle
2. DIALOGUE

        A : António   I : Isabel

I — Tu permets ?

A — Entre, donc. Quel bon vent t'amène ?

I — Tu m'avais demandé de venir et tu l'as déjà oublié ?

A — Attends. Je m'en souviens, maintenant. Je voudrais que tu m'aides à préparer un petit discours. Figure-toi que je vais présider la séance d'ouverture de la semaine gastronomique.

I — J'en ai entendu parler. Mais avec tes dons oratoires, je ne vois pas en quoi je pourrais t'aider.

A — Il ne s'agit pas de ça. Comme il y a des invités étrangers, je voudrais parler de notre cuisine traditionnelle.

I — Et tu as pensé à moi.

A — C'est ça. Je sais que tu es une passionnée de gastronomie et que la cuisine portugaise est ton point fort.

I — Tu devrais commencer par parler de la morue.

A — En effet, au Portugal, la morue est « reine » ; la « fidèle amie », comme dit le peuple. Et il y a au moins cent façons de la préparer.

I — En effet. Mais tu n'as pas besoin de les aborder toutes. Il te suffit de mettre en évidence quelques-unes des recettes les plus populaires : au court-bouillon ou au four, à la Brás ou à la Gomes de Sá, et les fameux beignets. Ensuite, tu peux présenter un panorama de la cuisine traditionnelle en commençant par le Nord.

A — À ce propos, je ne peux pas passer sous silence la soupe aux choux verts (caldo verde).

I — C'est évident ; mais n'oublie ni les rillons de porc, ni les plats aux haricots secs, sortes de cassoulets. Ce sont des plats typiques de la cuisine du Nord.

A — Comme les tripes à la mode de Porto, par exemple.

I — Tu dois faire la différence entre la cuisine du littoral et la cuisine de l'intérieur.

A — Les « caldeiradas » et le pot-au-feu à la portugaise.

I — Exactement. Mais ce sont des plats qui ont des variantes régionales.

A — Et les soupes ?

I — Elles ont leur importance. Dans les repas portugais, on commence presque toujours le repas par une soupe riche et savoureuse.

A — Et je ne dois pas oublier de parler des plats les plus typiques du Sud : les mies et les panades de l'Alentejo et les coquillages à la « cataplana » de l'Algarve.

32 — Cozinha tradicional

3. REMARQUES

1. **Dás-me licença** : m. à m. « *me donnes-tu la permission ?* » : *tu permets ?* Notez : **a licença** : *la licence, l'autorisation* ; **tirar uma licença** : *prendre une licence* (commerce, etc.) ; **com licença** : *pardon, s'il vous plaît* (pour demander une autorisation). Mais : **a licenciatura** : *la licence* (titre universitaire).

2. **O que te traz por cá** : *qu'est-ce qui t'amène ici ?* **Trazer** : *apporter* (chose), *amener* (pers.), vers moi ou celui qui parle. **Cá** : *ici* (l'endroit où je suis, où est celui qui parle).

3. **Tinhas-me esquecido** : *tu m'avais oublié*. Noter la place du pron. pers. compl. pour les temps composés du passé : le pron. compl. se place après l'auxiliaire **ter** ou **haver** qui sert à former les temps du passé (pas. comp., pl.-que-parf., etc).

4. **Em que te possa ajudar** : *en quoi je pourrais t'aider*. Notez le subj. marquant l'hypothèse (concordance : note 8, 5-3).

5. **Apaixonada pela** : *passionnée pour. Pour,* après un verbe indiquant sentiments = **por** (note 6, 18-3). *Pour* : **para**, exprime le but, la direction vers **como para viver** : *je mange pour vivre*. **Parto para o campo** : *je pars pour la campagne*.

6. **Bacalhau à Brás, à Gomes de Sá** : deux façons de préparer la morue, 1re : avec des petites frites et œuf ; 2e : avec pommes de terre, oignons, œufs durs, huile d'olive (cuite au four).

7. **Pastéis de bacalhau** (sg. **o pastel**) : *des beignets de morue*. **O pastel** : *le beignet salé*. Il désigne aussi des gâteaux sucrés bien précis : **pastel de nata** : *gâteau avec de la crème*. **A pastelaria** : *la pâtisserie*. **O bolo** : *le gâteau*.

8. **O caldo verde** : m. à m. « *le bouillon vert* ». Soupe du Minho, avec des choux, typiques de cette région, finement coupés, des pommes de terre écrasées, une rondelle de **chouriço**.

9. **Os rojões** : *des rillons*. Des morceaux de porc frits.

10. **A feijoada** : plat à base de haricots (**o feijão** : le haricot), dont la composition peut varier suivant les régions.

11. **Nortenho** : *du Nord* ; **nórdico** : *nordique*.

12. **A dobrada** : plat de tripes. Les habitants de Porto ont reçu le surnom de **tripeiros** *(mangeurs de tripes)*.

13. **A caldeirada** : plat de poissons variés (sorte de *bouillabaisse*).

14. **O cozido** (**cozer** : *cuire*) : sorte de *pot-au-feu* comprenant plusieurs viandes et plusieurs types de légumes.

15. **A sopa** : *la soupe* termine souvent les repas dans le Nord.

16. **As migas, a açorda** : deux plats différents, mais à base de pain trempé.

17. **A cataplana** : poêle double, arrondie, en cuivre (Algarve).

32 Cuisine traditionnelle
4. ENVIRONNEMENT

A cozinha portuguesa apresenta um leque variado de pratos de peixe ou de carne.

O peixe, muito abundante, pode ser frito, grelhado, cozido ou assado no forno e acompanhado de arroz, batatas (*mar* : carapaus, sardinhas, enguias, pescada, pregado, goraz, linguado, salmonetes, raia ; *rio* : trutas, sável, lampreia).

O bacalhau, faz parte da tradição culinária de todo o país, e, no Norte, é o primeiro prato da ceia de Natal.

A carne de porco é a mais utilizada (assada, enchidos variados : chouriço, paio, presunto e fiambre). Outras carnes são também apreciadas : vaca, cabrito, carneiro e borrego, sobretudo no Alentejo, e frango.

O cozido, verdadeiro prato nacional, compõe-se de vários tipos de carne e de legumes.

Alguns bons *queijos* de ovelha ou de cabra (Serra, Serpa, Azeitão), acompanham as refeições, sempre regadas com muito bons *vinhos* tintos ou brancos, ou com vinhos verdes do Norte.

Os doces, à base de ovos, de amêndoa e de açúcar, pertencem à tradição conventual (barrigas de freira, toucinho do céu, celestes) (a doçaria).

La cuisine portugaise présente donc un large éventail de plats de poisson ou de viande.

Les poissons, très nombreux, peuvent être frits, grillés, pochés ou rôtis au four, et présentés avec du riz ou des pommes de terre (de mer : épinoches, sardines, anguilles, turbot, brêmes, soles, rougets, raie ; de rivière : truites, alose, lamproie).

La morue séchée fait partie de la tradition culinaire de tout le pays et, dans le nord, elle est toujours le premier plat du réveillon de Noël.

La viande de porc est la plus consommée (rôtis, charcuteries variées : **chouriço, paio** (jambon cru et cuit). D'autres viandes sont aussi appréciées : bœuf, cabri, mouton et agneau, surtout en Alentejo, et poulet.

Le cozido, sorte de pot-au-feu, mêlant plusieurs types de viandes et de légumes, est un vrai plat national.

Quelques bons fromages de brebis ou de chèvre (Serra, Serpa, Azeitão) agrémentent les repas, toujours arrosés de très bons *vins* rouges ou blancs ou de vins verts du Nord.

Les *entremets et les gâteaux*, à base d'œufs, d'amandes et de sucre appartiennent à la tradition conventuelle (ventres de nonne, lards du ciel, célestes) (les confiseries).

32   Cozinha tradicional

5. ENVIRONNEMENT - LE BRÉSIL

A cozinha brasileira, nutritiva e simples, compõe-se de arroz, de farinha de mandioca ou de milho, de feijão branco ou preto. No entanto ela é variada porque é enriquecida de produtos naturais diversos, de climas diferentes : fruta (abacaxi, mamão, côco, maracujá, laranja...), legumes (xuxu, jambu, quiabo, couves...), peixe e animais (paca, tatu, jacaré, boi...) ; é também o resultado da história porque integra várias tradições culinárias : índias (mandioca), portuguesas (azeite, alho, bacalhau...), africanas (dendê, pimenta...) e, desde o fim do séc. XIX, nas grandes cidades e no Sul, européias (italianas : massas e pizzas), francesas, alemãs (porco fumado), árabes (quibe, cuzcuz paulista) e japonesas.

Na *Amazônia, Pará e Maranhão*, sobressai a influência índia (bife de tartaruga, peixe — tucunarés, pirarucus — jacaré, e mandioca (pato no tucupi).

A cozinha da Bahía, muito influenciada pelos negros, delicada, é à base de camarão seco ou cru, peixe, óleo de dendê (vatapá, acarajé, moquecas). É rica em doces (cocadas...).

A cozinha gaúcha, é à base de carne grelhada (churrasco) porque o Sul é uma vasta região de gado bovino.

La cuisine brésilienne, nourrissante et simple, se compose de riz, de farine de manioc ou de maïs, de haricots, blancs ou noirs. Elle est toutefois variée car elle s'enrichit de produits naturels divers, de climats différents : les fruits (ananas, papaye, coco, fruit de la passion, orange...), les légumes (chaillotes, pommes d'eau, gombos, choux...), les poissons et les animaux (porc sauvage, tatu, caïman, bœuf...) ; c'est aussi le produit de l'histoire car elle intègre plusieurs traditions culinaires : indiennes (manioc), portugaises (huile d'olive, ail, morue), africaines (huile de palme, piments...) et, depuis la fin du XIXe siècle, dans les grandes villes et dans le Sud, italiennes (pâtes et pizzas), françaises, allemandes (porc fumé), arabes (quibé, couscous paulista) et japonaises.

En Amazonie, dans le Pará et le Maranhão, l'influence indienne l'emporte (steak de tortue, poissons — tucunarés, pirarucus —, caïmans), et manioc (canard à la sauce aigre de manioc).

La cuisine de Bahia, fortement influencée par les Noirs, fine, est à base de crevettes séchées ou fraîches, de poissons, d'huile de dendê, (vatapá, acarajé, moqueca de peixe). Elle est riche en desserts sucrés : cocadas...

La cuisine gaucha est à base de viande grillée (churrasco) car le Sud est une vaste région d'élevage de bovins.

32 — Cuisine traditionnelle
6. PHRASES TYPES

1. Vous avez déjà commandé ?
2. Le garçon n'a pas encore apporté le menu.
3. Comment ce plat est-il préparé ?
4. Pouvez-vous m'expliquer ce qu'est ce plat ?
5. Je voudrais de la morue grillée.
6. Ce dessert est la spécialité de la maison.
7. Peux-tu me passer le pain ?
8. Peux-tu me donner le sel ?
9. Peux-tu me passer la moutarde ?
10. Qu'est-ce que tu vas cuisiner ?
11. Qu'est-ce que tu vas faire pour le déjeuner ?
12. Ce riz aux fruits de mer sent très bon.
13. Cette soupe est très savoureuse.
14. J'aime la viande saignante.

---

1. Já pediram ?
2. O empregado ainda não trouxe a ementa. (B) cardápio.
3. Como é que é feito este prato ?
4. Pode explicar-me o que é este prato ?
5. Queria bacalhau assado.
6. Esta sobremesa (este doce) é a especialidade da casa.
7. Podes passar-me o pão ?
8. Podes dar-me o sal ?
9. Podes chegar-me a mostarda ?
10. O que é que vais cozinhar ?
11. O que é que vais fazer para o almoço ?
12. Este arroz de marisco cheira bem.
13. Esta sopa está muito saborosa.
14. Gosto da carne mal passada.

32 Cozinha tradicional

7. VOCABULAIRE

a cozinha, *la cuisine*
tradicional, *traditionnel*
dar licença, *permettre*
pedir, *demander* (pour obtenir qqch)
lembrar-se, *se souvenir, se rappeler*
ajudar, *aider*
preparar, *préparer*
o discurso, *le discours*
pequeno, *petit*
presidir, *présider*
a sessão, *la séance*
a abertura, *l'ouverture*
a semana, *la semaine*
gastronómica, *gastronomique*
o dom, *le don, l'aptitude*
oratório, *oratoire*
tratar-se, *s'agir*
o convidado, *l'invité*

estrangeiro, *étranger* (d'un autre pays)
apaixonado, *passionné*
o rei, *le roi*
fiel, *fidèle*
o povo, *le peuple*
salientar, *mettre en évidence*
assar, *rôtir, griller*
o pastel, *le beignet* (B) o sonho
em seguida, *ensuite*
nortenha, *du Nord*
o prato, *l'assiette, le plat*
a sopa, *la soupe*
a entrada, *l'entrée*
saborosa, *savoureuse*
a amêijoa, *la palourde*
o bolo, *le gâteau*
conventual, *conventuel*
o queijo, *le fromage*

VOCABULAIRE COMPLÉMENTAIRE

a bifana, *petite grillade de porc dans un petit pain*
o bife bem passado, *le bifteck bien cuit*
o bife mal passado/em sangue, *saignant*
o pão ralado, *la chapelure*
o pão torrado, *le pain grillé*
o prato fundo/covo, *l'assiette creuse*

o prato raso, *l'assiette plate*
o prego, *bifteck dans un petit pain, clou*
o primeiro prato, *l'entrée*
a sanduíche, *le sandwich*
a sande, *forme abrégée (populaire) de* sanduíche
o cachorro quente, *le hot dog*

32   Cuisine traditionnelle
8. EXERCICES

A. Compléter avec les prépositions *para* ou *por*

1. Amanhã passo .... tua casa.
2. Comemos .... viver.
3. Logo, vou .... casa cedo.
4. É um apaixonado .... cozinha tradicional.

B. Mettre au pluriel

1. Este pastel está muito bom.
2. O rissol de camarão é saboroso.
3. É um doce conventual.

C. Traduire

1. Il m'avait demandé de venir tôt.
2. Elle m'avait dit qu'elle ne venait pas.
3. Ils nous avaient parlé d'un très bon restaurant.
4. Tu ne m'avais pas dit que tu n'aimais pas la morue.

CORRIGÉ

A.
1. Amanhã passo por tua casa.
2. Comemos para viver.
3. Logo, vou para casa cedo.
4. É um apaixonado pela cozinha regional.

B.
1. Estes pastéis estão muito bons.
2. Os rissóis de camarão são saborosos.
3. São doces conventuais.

C.
1. Ele tinha-me pedido que viesse cedo.
2. Ela tinha-me dito que não vinha.
3. Eles tinham-nos falado dum restaurante muito bom.
4. Tu não me tinhas dito que não gostavas de bacalhau.

33 Os Açores[1] e a Madeira
1. DIÁLOGO

N : Nuno   H : Helena

N — Os Açorianos nunca devem andar descansados[2].
H — Porquê ? Por causa dos tremores de terra ?
N — A actividade vulcânica nunca deixou de se manifestar.
H — Tens razão. É como se vivessem[3] num vulcão. Em 1957 deu-se a erupção dos Capelinhos[4], junto da ilha do Faial[5].
N — E em 1979 registou-se um sismo que provocou grandes destruições nas Ilhas Terceira e São Jorge.
H — Uma parte da cidade de Angra do Heroísmo foi arrasada.
N — Mas a actividade vulcânica nem sempre tem sido negativa. Não é aqui em S. Miguel, nas Furnas[6], que ás aguas têm virtudes curativas ?
H — Sim, a temperatura do solo é tão elevada que até permite cozer os alimentos. É uma maneira de poupar energia.
N — Vamos lá amanhã comer um cozido à portuguęsa, feito no solo ; antes passamos por uma estufa de ananases.
H — A paisagem da ilha é realmente surpreendente. Já reparaste nas[7] divisórias dos cerrados : ou são sebes de arbustos ou de hortênsias ou muros de pedras soltas.
N — Que bonita é a estrada com as hortênsias azuis ao longo das bermas !
H — Ainda bem que foram[8] os portugueses a descobrir estas ilhas. E não encontraram cá ninguém.
N — Como explicas então a pronúncia dos micaelenses[9], principalmente a pronuncia do « u »[10] ?
H — Deve ter sido por influência de uma colónia francesa que se estabeleceu na ilha[11].
N — O arquipélago da Madeira[12] quando foi descoberto também era desabitado.
H — Sabias que, na Madeira, apenas[13] pouco mais de 10 % das terras são cultiváveis ?
N — Sabia. A morfologia do solo obrigou os habitantes a realizarem trabalhos muito duros.
H — Umas das tarefas mais difíceis foi precisamente a construção de terraços em encostas íngremes.
N — A vida era tão difícil que muitos emigraram para o continente americano ; felizmente que, hoje, o turismo constitui[14] uma importante fonte de riqueza.

33   Les Açores et Madère
2. DIALOGUE

        N : Nuno   H : Helena

N — Les Açoriens ne doivent jamais pouvoir vivre tranquilles.
H — Pourquoi ? À cause des tremblements de terre ?
N — L'activité volcanique n'a jamais cessé de s'y manifester.
H — Tu as raison. C'est comme s'ils vivaient sur un volcan ! En 1957, il y a eu l'éruption des Capelinhos, près de l'île de Faial.
N — Et en 1980, on a enregistré un séisme qui a provoqué d'importants dégâts dans les îles de Terceira et de São Jorge.
H — Une partie de la ville de Angra do Heroísmo a été rasée.
N — Mais l'activité volcanique n'a pas toujours été négative. N'est-ce pas ici, à São Miguel, dans les « *Furnas* », que les eaux ont des vertus curatives ?
H — Si. Et la température du sol est tellement élevée qu'on peut y cuire des aliments. C'est une façon d'économiser l'énergie.
N — Nous irons demain manger un pot-au-feu à la portugaise, cuit dans le sol ; auparavant nous passerons par une serre d'ananas.
H — Le paysage de cette île est réellement surprenant. As-tu remarqué les séparations entre les champs clos : ce sont des haies d'arbustes ou d'hortensias ou des murs de pierres.
N — Que cette route est belle, bordée d'hortensias bleus.
H — Heureusement que ce sont les Portugais qui ont découvert ces îles. Et qu'ils n'y ont trouvé personne.
N — Comment expliques-tu alors la prononciation des habitants de São Miguel, en particulier la prononciation du « u » ?
H — Ce doit être à cause de l'influence d'une colonie française qui s'est établie dans l'île.
N — L'archipel de Madère était aussi inhabité quand il a été découvert.
H — Savais-tu que, à Madère, seuls 10 % des terres sont cultivables ?
N — Oui. La morphologie du sol a obligé les habitants à faire de durs travaux.
H — L'une des tâches les plus difficiles fut précisément de construire des terrasses, sur des pentes abruptes.
N — La vie était si difficile que beaucoup ont émigré vers le continent américain. Heureusement que le tourisme constitue aujourd'hui une importante source de richesses.

33 — Os Açores e a Madeira

3. REMARQUES

1. **Os Açores :** *les Açores ;* **a Madeira :** *Madère.* Les noms de régions ou de villes dont le nom a aussi un sens commun sont précédés de l'art. déf. (**o açor :** *l'autour ;* **a madeira :** *le bois*). **O Brasil :** *le Brésil* (**o pau Brasil :** *le bois de braise*). **Portugal :** *le Portugal.*

2. **Devem andar descansados :** *ils doivent vivre (être) tranquilles.* **Andar** *(marcher)* a ici une valeur de semi-auxiliaire. Il indique une action qui dure.

3. **Como se vivessem :** *comme s'ils vivaient.* **Como se** *(comme si)* est toujours suivi de l'imparfait du subjonctif.

4. **Os Capelinhos :** nom d'un volcan de l'île du Faial, dont l'éruption en 1957-1958 a fait naître un îlot près de la côte.

5. **O Faial (a faia :** *le hêtre*) **:** l'une des îles de l'archipel volcanique des Açores, découvert en 1427 par Diogo da Silva. Il se compose de 3 groupes d'îles dont la plus proche est à 1 280 km du Portugal : le groupe oriental (Santa Maria et São Miguel, les îlots des Formigas) ; le groupe central (Terceira, la 3ᵉ île découverte — **terceira :** *troisième* —, Graciosa, São Jorge, Pico e Faial) ; le groupe occidental : Flores et Corvo. Ces îles constituent une région administrative autonome depuis 1976. Capitale : Ponta Delgada (S. Miguel) ; autres villes : Angra do Heroísmo (Terceira) et Horta (Faial).

6. **As Furnas :** localité de São Miguel, où se trouvent des sources d'eau chaudes (**a furna :** *la grotte*).

7. **Reparar em :** *remarquer.* Notez le régime du verbe en port.

8. **Foram :** *ce furent.* Prét. ir. 3ᵉ pers. plur. de **ser** *(être7* ou de **ir** *(aller).*

9. **Os Micaelenses :** habitants de S. Miguel (Saint-Michel).

10. « **U** » : le « u » se prononce généralement « ou » en portugais sauf dans certaines îles des Açores, notamment à São Miguel et au Portugal, près de Castelo Branco.

11. Vers la fin du XVIᵉ siècle, des marins bretons vinrent constituer, pense-t-on, une petite colonie sur l'île de São Miguel, surtout dans la région appelée **Bretanha** *(Bretagne).*

12. **A Madeira** (cap. Funchal) : l'archipel de Madère, découvert, ou plutôt redécouvert, en 1419 par les marins d'Henri Le Navigateur, se compose de quatre groupes d'îles dont seuls Madère et Porto Santo sont habités.

13. **Apenas :** souvent *seulement,* plus rarement *à peine.*

14. **Constitui** *(il constitue),* 3ᵉ pers. sg. ir. prés. ind. de **constituir** *(constituer).* Voir la conjugaison des verbes terminés en **uir** à l'infinitif.

33 — Les Açores et Madère
4. ENVIRONNEMENT - LES AÇORES

As 9 ilhas do Arquipélago dos Açores (notas 1, 5), conhecidas sobretudo pelo anticiclone anunciando o bom tempo, foram descobertas de 1427 (Sta Maria) a 1452 (Flores e Corvo). Estão situadas numa zona sísmica activa (Furnas em S. Miguel, Capelinhos no Faial, tremor de terra na Terceira — último em 1979). O relevo é acidentado e culmina no Pico (2 351 m.). Têm um clima húmido e temperado (10-25°) e são muito verdejantes e floridas (hortênsias, azáleas, jacarandás...) e propícias à criação de gado bovino.

Foram povoadas por mouros cativos, prisioneiros libertados, camponeses sem terra e mais tarde por artesãos e agricultores vindos de França e de Flandres (ex. Bettencourt). Prosperaram no séc. XVIII (Terceira e S. Miguel) por serem escala obrigatória a caminho da América. No séc. XIX, foram introduzidas as culturas do ananás em estufa e do chá. A vida insular, dura para pescadores (baleia, no Pico) e camponeses, explica uma emigração constante desde os fins do séc. XIX, para o Brasil (Sul), Estados Unidos e Canadá e mais recentemente para a Europa (França). Apesar de atractivos naturais e de alguns bons hotéis, o turismo está pouco desenvolvido.

Les 9 îles de l'archipel des Açores (notes 1, 5), connues surtout par leur anticyclone annonçant le beau temps, furent découvertes de 1427 (Santa Maria) à 1452 (Flores et Corvo). Elles se trouvent dans une zone sismique active (Furnas à S. Miguel, Capelinhos à Faial, tremblements de terre à Terceira — le dernier en 1979). Leur relief est accidenté et culmine à Pico (2 351 m.). Elles ont un climat humide et tempéré (10-25°) et sont très verdoyantes et fleuries (hortensias, azalées, palissandres...) et propices à l'élevage de bovins.

Elles ont été peuplées de captifs maures, de prisonniers libérés, de paysans sans terres et plus tard par des artisans et des agriculteurs venus de France et des Flandres (ex. : Bettencourt). Elles furent prospères au XVIIIe siècle (Terceira et S. Miguel) car elles étaient des escales obligatoires sur la route de l'Amérique. Au XIXe siècle, on y introduisit les cultures de l'ananas (en serre) et du thé. La vie insulaire, dure pour les pêcheurs (baleine à Pico) et les paysans explique une émigration constante depuis la fin du XIXe siècle vers le Brésil (sud), États-Unis et Canada et plus récemment vers l'Europe (France). Malgré des attraits naturels et quelques bons hôtels, le tourisme y est peu développé.

33 — Os Açores e a Madeira
5. ENVIRONNEMENT - MADÈRE

A Madeira deve o seu nome às frondosas florestas que cobriam a ilha quando foi descoberta pelos portugueses (1419). Na rota dos Descobrimentos, foi o primeiro marco alcançado pelos marinheiros do Infante D. Henrique. Cristóvão Colombo casou com a filha do primeiro capitão da ilha e aí viveu. Esta montanha-jardim de 741 km² (57 × 22 km), situada a 978 km de Lisboa e 545 km de Marrocos, de origem vulcânica, de clima agradável (15° à 25°), tem uma vegetação luxuriante (hortênsias azuis, jacarandás de cor violeta, orquídeas, hibiscos, buganvílias, estrelícias). Nas faldas verticais das suas montanhas (Pico Ruivo, 1 861 m.), foram construídos, a partir do século XV, poios e levadas nascidos de um esforço tenaz onde crescem bananeiras, vinhedos (o vinho da Madeira — 18°, 20° — é célebre), e até a cana de açúcar. Os habitantes (cerca de 280 000) dos quais muitos emigraram (a ilha perdeu 20 % da população em 10 anos), vivem da pesca, da agricultura, do artesanato (objectos de verga, bordados) e do turismo. A ilha possui muitos hotéis de luxo. O Funchal, capital pitoresca, e sua catedral do século XVI são dignas de visita. A Madeira tem, desde 1975, um governo regional autónomo.

L'île de Madère ou l'île du bois, doit son nom aux forêts denses qui la recouvraient au moment où les Portugais la découvrirent (1419). Ce fut le premier jalon des marins de Henri le Navigateur sur la route des Découvertes. Christophe Colomb y épousa la fille du premier capitaine de l'île et y vécut. Cette montagne-jardin de 751 km² (57 km sur 22), située à 978 km de Lisbonne et à 545 km du Maroc, d'origine volcanique, au climat agréable (15 à 20°) a une végétation luxuriante (hortensias bleus, palissandres violets, orchidées, hibiscus, bougainvilliers, strelitzia...). Sur les versants verticaux de ses montagnes (Pico Ruivo, 1 861 m.) ont été construits, dès le XVᵉ siècle, des murettes et des canaux d'irrigation, terrasses nées d'un labeur tenace où poussent des bananeraies, des vignobles (le Madère — 18-20° — est célèbre), et même la canne à sucre. Les habitants (environ 280 000) dont beaucoup ont émigré (l'île a perdu 20 % de sa population en 10 ans), vivent de la pêche, de l'agriculture, de l'artisanat (vannerie et broderies) et du tourisme. Les hôtels de luxe sont très nombreux.

Funchal (de **funcho :** *fenouil*), sa pittoresque capitale et sa belle cathédrale du XVIᵉ siècle, méritent une visite. Depuis 1975, Madère a un gouvernement régional autonome.

33 — Les Açores et Madère
6. PHRASES TYPES

1. Les vacances prochaines, j'irai aux Açores.
2. Il y a longtemps que j'avais envie d'y aller.
3. Tu n'as pas peur des tremblements de terre ?
4. Je n'y pense même pas.
5. Tu as raison. Il n'y a pas de secousses sismiques tous les jours.
6. Je vais faire une croisière à Madère et à Porto Santo.
7. Les côtes de l'île sont très escarpées.
8. La vigne fut l'une des premières cultures introduites dans l'île, après les Découvertes.
9. À Camara de Lobos, on trouve les vignobles les plus importants.
10. Le vin de Madère est un vin qui s'améliore avec l'âge.
11. J'ai déjà fait le tour de l'île.
12. Ils sont allés camper près du lac des Sete cidades (des Sept villes).
13. Mes amis sont allés à l'île das Flores (l'île des Fleurs) ; ils pratiquent la pêche sous-marine.
14. J'ai passé des jours magnifiques.

---

1. Nas próximas férias vou aos Açores.
2. Há muito tempo que tinha vontade de lá ir.
3. Não tens medo dos tremores de terra ?
4. Nem sequer penso nisso.
5. Tens razão. Não há sismos todos os dias.
6. Vou num cruzeiro à Madeira e a Porto Santo.
7. As costas da ilha são muito escarpadas.
8. A vinha foi uma das primeiras culturas introduzidas na Ilha, após os Descubrimentos.
9. Em Câmara de Lobos, situa-se a zona mais importante de vinhedos.
10. O Madeira é um vinho que melhora com a idade.
11. Já dei a volta à ilha.
12. Eles foram acampar para perto da Lagoa das Sete Cidades.
13. Os meus amigos foram para a Ilha das Flores. Praticam pesca submarina.
14. Gozei uns dias maravilhosos.

33 — Os Açores e a Madeira

7. VOCABULAIRE

o habitante, *l'habitant*
descansado, *tranquille*
o tremor de terra, *le tremblement de terre*
a actividade, *l'activité*
vulcânica, *volcanique*
manifesta-se, *se manifeste*
o vulcão, *le volcan*
a erupção, *l'éruption*
junto de, *près de*
a ilha, *l'île*
registar-se, *enregistrer*
o sismo, *le tremblement de terre*
provocar, *provoquer*
a destruição, *la destruction*
arrastar, *entraîner*
a virtude, *la vertu*
curativo, *curatif*
a temperatura, *la température*
elevado, *haut, élevé*
cozer, *cuire*
o alimento, *l'aliment*
poupar, *économiser*
a energia, *l'énergie*
a estufa, *la serre*
surpreendente, *surprenant*
reparar em, *remarquer qqch.*
a divisória, *la séparation, la division*
o cerrado, *l'enclos*

o arbusto, *l'arbuste*
a hortênsia, *l'hortensia*
o muro, *le mur*
a pedra, *la pierre*
solto, *décelé, lâche*
a berma, *le bord de route*
ainda bem, *heureusement*
descobrir, *découvrir*
a pronúncia, *la prononciation*
a colónia, *la colonie*
estabelecer, *établir*
o arquipélago, *l'archipel*
desabitado, *inhabité*
cultivável, *cultivable*
penoso, *pénible*
desempenhar, *faire, exécuter*
o risco, *le risque*
o local, *le local*
o precipício, *le précipice*
a tarefa, *la tâche*
o terraço, *la terrasse*
a encosta, *la côte, la pente*
íngreme, *escarpé, raide*
a edificação, *la construction*
encher, *remplir*
o socalco, *le mur de soutien*
constituir, *constituer*
a fonte, *la source, fontaine*
a riqueza, *la richesse*
a sebe, *la haie*

VOCABULAIRE COMPLÉMENTAIRE

o aguaceiro, *l'averse*
a baleia, *la baleine*
o cachalote, *le cachalot*
a calma, *le calme, la chaleur*
o céu limpo, *le ciel dégagé*
chuviscar, *bruiner*
o chuvisco, *la bruine*
enevoado, *nuageux*
o granizo, *la grêle*
a humidade, *l'humidité*
húmido, *humide*
o vento, *le vent*

o nevoeiro, *le brouillard*
a neblina, *la brume*
nublado, *nuageux*
a nuvem, *le nuage*
o orvalho, *la rosée*
o raio, *l'éclair*
a rajada, *la rafale*
o relâmpago, *l'éclair*
a tempestade, *la tempête*
o temporal, *la tempête*
a trovoada, *l'orage*
a ventania, *le vent violent*

33 Les Açores et Madère
8. EXERCICES

A. Mettre au pluriel les mots soulignés et faire les transformations nécessaires
1. A <u>terra</u> não é cultivável.
2. Há uma <u>excursão</u> organizada.
3. O <u>vulcão</u> está em erupção.

B. Transformer les phrases suivant le modèle :
O tremor de terra arrasou uma parte da cidade.
Uma parte da cidade foi arrasada pelo tremor de terra.
1. Os Portugueses descobriram as Ilhas.
2. A viagem fez-se sem problemas.
3. Construiu-se um muro em volta da propriedade.
4. O sismo destruiu a aldeia.

C. Compléter avec le verbe au mode et au temps qui s'imposent
1. (Estar). É como se nós .... lá.
2. (Dar). É como se tu .... uma volta à ilha.
3. (Visitar). É como se eu .... a cidade.

D. Compléter les phrases avec les prépositions adéquates
1. Já reparaste .... aquelas flores.
2. Antes de nos irmos embora passamos .... o hotel.
3. Hoje temos direito ..... um almoço ..... o ar livre.

CORRIGÉ

A.
1. As terras não são cultiváveis.
2. Há excursões organizadas.
3. Os vulcões estão em erupção.

B.
1. As ilhas foram descobertas pelos Portugueses.
2. A viagem foi feita sem problemas.
3. Foi construído um muro em volta da propriedade.
4. A aldeia foi destruída pelo sismo.

C.
1. É como se nós estivéssemos lá.
2. É como se tu desses uma volta à ilha.
3. É como se eu visitasse a cidade.

D.
1. Já reparaste naquelas flores ?
2. Antes de nos irmos embora passamos pelo hotel.
3. Hoje temos direito a um almoço ao ar livre.

34   O ensino
1. DIÁLOGO

L : Laura   H : Helena

L — Então a tua filha já acabou os estudos ?
H — Ela tem só quinze anos. Acaba de completar o curso unificado do ensino básico [1]. Passou [2] para o décimo ano [3] do secundário.
L — A escolaridade é obrigatória até aos 16 anos, não é ?
H — É. Mas a minha filha vai continuar. Nunca reprovou [2].
L — O que é que ela quer fazer ?
H — Agora, está um pouco atrapalhada. Ainda lhe faltam três anos [4] para terminar o secundário, mas tem de escolher já.
L — Uma escolha que terá reflexos na sua vida futura.
H — Sem dúvida. Eu tenho-a aconselhado, mas não quero influenciá-la. Não há nada como [5] fazermos aquilo de que [6] gostamos. E não sou eu quem a vai impedir [7] de escolher o que quiser [8].
L — Que opções é que ela tem ?
H — Ela tem de escolher entre duas possibilidades : o ensino tecnológico e artístico e a via vocacional que dá acesso aos Estudos Superiores.
L — Não estou nada ao corrente do que se passa agora.
H — O ensino tecnológico e artístico oferece três possibilidades de formação.
L — Quais são ?
H — A via técnico-profissional [9], a via profissional [10] e as escolas profissionais [11].
L — Parece tudo a mesma coisa.
H — E a segunda escolha é a via vocacional que visa sobretudo a preparação para a continuação de estudos a nível superior.
L — Só terá vocação quem vai para a Universidade ?
H — É uma questão de palavras. Mas como estava a dizer, a via vocacional tem a duração de três anos : o décimo e o décimo primeiro estão constituídos em áreas de estudo [12].
L — E o décimo segundo ano ?
H — O décimo segundo ano tem dois objectivos : a preparação para o ingresso no ensino superior e/ou uma profissionalização orientada para a inserção na vida activa.
L — Agora não é muito fácil entrar para a Universidade !
H — Pois não. Há o exame de admissão e o numerus clausus.

34 — L'enseignement
2. DIALOGUE

L : Laura   H : Helena

L — Alors, ta fille a déjà fini ses études ?
H — Elle n'a que quinze ans. Elle vient de terminer l'enseignement unifié du cycle de base. Elle est passée en 2de.
L — La scolarité n'est-elle pas obligatoire jusqu'à 16 ans ?
H — Oui, mais ma fille va continuer. Elle n'a jamais redoublé.
L — Qu'est-ce qu'elle veut faire ?
H — Maintenant elle est un peu embarrassée. Il lui manque encore trois ans pour terminer le secondaire mais elle doit déjà choisir.
L — Un choix qui aura des répercussions dans sa vie future.
H — C'est vrai. Moi, je lui ai donné des conseils, mais je ne veux pas l'influencer. Il n'y a rien de tel que faire ce que l'on aime. Et ce n'est pas moi qui vais l'empêcher de choisir ce qu'elle veut.
L — Quelles sont les possibilités qui lui sont offertes ?
H — Elle doit choisir entre deux options qui sont regroupées en 2 ensembles : l'enseignement technologique et artistique et l'enseignement long.
L — Je ne suis pas au courant de ce qui se passe maintenant.
H — L'enseignement technologique et artistique offre trois possibilités de formation.
L — Quelles sont-elles ?
H — La voie technico-professionnelle, la voie professionnelle et les écoles professionnelles.
L — Tout cela semble être pareil.
H — Et la seconde possibilité, c'est l'enseignement long, dit enseignement « vocationnel », qui vise surtout à assurer une préparation pour la poursuite des études au niveau supérieur.
L — Il n'y a que ceux qui vont à l'université qui ont une vocation ?
H — C'est une question de termes. Mais comme je le disais, l'enseignement « vocationnel » dure trois ans : la seconde et la première sont divisées en secteur d'études.
L — Et la terminale ?
H — La terminale a deux objectifs : la préparation à l'entrée dans l'enseignement supérieur et/ou une professionnalisation tournée vers une insertion dans la vie active.
L — Maintenant, il n'est pas facile d'entrer à l'université !
H — Non. Il y a un examen d'entrée et le numerus clausus.

34 O ensino
3. REMARQUES

1. **O ensino básico** : *enseignement de base* obligatoire de 9 ans. Il correspond à notre enseignement primaire et secondaire de collège. Il a 3 cycles : le premier de 4 ans (notre enseignement primaire, sans CM2) ; le deuxième de 2 ans (CM2 et 6e) ; le troisième de 3 ans (5e, 4e et 3e).

2. **Passou para** : *elle est passée en*. **Passar no exame** : *passer, être reçu* ; **fazer exame** : *passer, subir un examen* ; **reprovar** : *échouer* ; **chumbar** : *coller* (familier).

3. **O décimo** : *dixième*. Ordinaux : 1er : **primeiro** ; 2e : **segundo** ; 3e : **terceiro** ; 4e : **quarto** ; 5e : **quinto** ; 6e : **sexto** ; 7e : **sétimo** ; 8e : **oitavo** ; 9e : **nono** ; 10e : **décimo** ; 20e : **vigésimo** ; 30e : **trigésimo**. Notez : on emploie l'ordinal des dizaines et des unités : 25e : **vigésimo quinto**. Accord avec le nom : **a vigésima quinta hora** (la 25e heure).

4. **Ainda me faltam 3 anos** : m. à m. « *3 ans me manquent encore* » : *il me manque encore 3 ans*. 1) place du pron. compl. **me** : note 3, 25-3) ; 2) construction de **faltar** (note 4, 19-3).

5. **Não há nada como** : m. à m. « *il n'y a rien comme...* ».

6. **Fazermos aquilo de que gostamos** : *faire ce que nous aimons*. Notez : **gostar de uma coisa** : *aimer quelque chose*.

7. **Impedir** : *empêcher*. Comme **pedir** *(demander)*, irr. aux prés. ind. 1re pers. sg. (**peço** : *je demande*), prés. subj. (**peça** : *que je demande*) et impératif.

8. **O que quiser** : fut. subj. irr. de **querer** : *vouloir*. Ce futur du subj. est un futur hypothétique : *ce qu'elle voudra* (mais elle ne sait pas ce qu'elle veut).

9. **Via técnico-profissional** : assure une formation professionelle de niveau moyen en 3 ans, débouchant sur un diplôme de fin d'études secondaires et de formation professionnelle. Permet de poursuivre des études à l'université.

10. **Via profissional** : donne une formation professionnelle acquise en un an, suivie d'un stage professionnel de 6 mois, débouchant sur 1 diplôme de formation professionnelle.

11. **Escolas profissionais** : *écoles professionnelles*. En cours d'installation. On pourra y acquérir, après l'enseignement de base, une formation professionnelle courte, perfectible en formation continue.

12. **As áreas de estudo** : *les séries*. Il y en a 5 : 1) études scientifiques ou naturelles ; 2) études scientifiques ou technologiques ; 3) études économiques ou sociales ; 4) études des sciences humaines ; 5) études des arts plastiques.

34 L'enseignement
4. ENVIRONNEMENT

Há 15 anos que o ensino tem vindo a sofrer profundas modificações para recuperar o atraso devido a uma escolaridade obrigatória de 4 anos (iniciada aos 7 anos).

A escolaridade passa para 6 anos em 1964 (começando aos 6 anos), mas torna-se verdadeiramente obrigatória em 1979, e para 9 anos em 1986 (já previsto na reforma de 1973). A Reforma de 1989 segue as directivas da CEE no que diz respeito aos programas, métodos, estruturas : desenvolvimento da educação pré-escolar e ensinos tecnológico e técnico (quase inexistente no sector público), estudos mais longos, modificações de algumas disciplinas (Português ou línguas), autonomia e gestão dos estabelecimentos, projectos educativos, diálogo com as famílias e autarquias, e um plano de formação de professores. Um ensino televisivo (Telescola) criada em 1968 supriu a falta de professores nos 2 anos do preparatório.

Desde 1974, têm-se multiplicado Escolas do Magistério e Universidades. A Universidade Aberta (1986), assegura um ensino à distância para adultos e participa na formação de docentes. O sector privado, católico ou não, é importante (pré-escolar, primário e secundário). Nos últimos anos, têm sido criadas várias Universidades e Institutos privados.

L'enseignement connaît de profonds changements depuis 15 ans pour rattraper le retard provoqué par une scolarité obligatoire de 4 ans (commencée à 7 ans).

La scolarité obligatoire passe à 6 ans en 1964 (à partir de 6 ans), cette loi n'étant appliquée qu'en 1979, et elle est de 9 ans en 1986 (ce qui avait déjà été envisagé en 1973). La réforme de 1989 suit les directives de la CEE, pour les programmes, méthodes et structures : développement des enseignements pré-scolaire, technologique et technique (presque inexistants dans le secteur public), prolongement des études, modifications dans certaines disciplines (portugais, langues) autonomie et gestion des établissements, projets éducatifs, dialogue avec les familles et les autorités locales, et un plan de formation des maîtres. Un enseignement télévisé (Télescola), créé en 1968 suppléa le manque d'instituteurs dans les 2 années supplémentaires du primaire (cycle préparatoire).

Écoles Normales et Universités se multiplient depuis 1974. L'Université Ouverte, créée en 1986, assure un enseignement à distance aux adultes et participe à la formation des maîtres. Le secteur privé, catholique ou pas, est important (pré-scolaire, primaire et secondaire). Plusieurs universités et Instituts Supérieurs privés ont récemment été créés.

34 — O ensino

5. ENVIRONNEMENT - LE BRÉSIL - L'AFRIQUE

BRASIL : Todos os anos, cerca de 3 000 000 de crianças entram para a escola primária. A escolaridade obrigatória (7-14 anos) varia conforme os Estados (cada Estado tem uma Secretaria de Estado da Educação ligada ao Ministerio da Educação Federal). Os alunos têm muitas vezes direito a um almoço gratuito na escola. Metade não chegará ao secundário e apenas 1 em 12 frequentará a Universidade (exame de admissão : **o vestibular**). Faltam escolas : cada Estado dispõe de bons programas educativos de televisão. Há um progresso nítido : em 1950 ainda, metade da população não era escolarizada ; há cada vez mais jovens nas Universidades e nos Institutos Técnicos.

ÁFRICA : Apesar do interesse manifestado pelas línguas maternas e pelos crioulos nos países africanos de expressão oficial portuguesa, a falta de meios, humanos e materiais, não tem permitido desenvolver o seu ensino. O português, língua oficial de comunicação, é também a língua da escolaridade. O ensino primário obrigatório varia (4-6 anos) conforme o país (organização difícil, dada a falta de quadros e material). Existe um ensino secundário (cidades), universitário (geralmente capitais) e de adultos. Numerosos quadros são formados no estrangeiro (bolsas).

LE BRÉSIL : Environ 3 000 000 d'enfants entrent à l'école primaire tous les ans. La scolarité obligatoire (7-14 ans), varie d'un État à l'autre (chaque État a son Secrétariat d'État à l'Éducation, relié au ministère fédéral de l'Éducation). Les élèves ont souvent un déjeuner gratuit à l'école. La moitié d'entre eux n'ira pas dans le secondaire et 1 sur 12 à peine fréquentera l'Université (examen d'entrée : **vestibular**). Des écoles manquent encore : chaque État dispose de bons programmes éducatifs télévisés. Il y a un net progrès : en 1950 encore, la moitié de la population n'était pas scolarisée ; de plus en plus de jeunes vont à l'Université ou dans des Instituts Techniques.

L'AFRIQUE : Malgré l'intérêt porté aux langues maternelles ou créoles dans les pays d'Afrique d'expression officielle portugaise, le manque de moyens, humains et matériels, n'a pas permis d'en développer l'enseignement. Le portugais, langue de communication officielle est aussi langue d'enseignement. La scolarité primaire obligatoire varie (4 à 6 ans) suivant les pays (organisation difficile par manque de cadres et de matériel). Il existe un enseignement secondaire (villes), universitaire (généralement, capitales) et pour adultes. De nombreux cadres sont formés à l'étranger (bourses).

34 L'enseignement
6. PHRASES-TYPES

1. J'ai cours de dessin le lundi.
2. Qu'étudies-tu ?
3. Je suis un cours de langues.
4. As-tu déjà fini tes études ?
5. Il me manque encore trois ans.
6. Je suis pour l'annulation de l'examen.
7. Je ne suis pas du tout d'accord avec toi.
8. Le programme de philosophie est très vaste.
9. Ton travail (ce que tu as fait) est assez bon.
10. J'aimerais que tu lises mon rapport.
11. Je ne crois pas que le problème soit juste.
12. Tu pourrais mieux écrire.
13. Toutes mes félicitations pour les notes que tu as eues à l'examen.
14. J'ai déjà eu mon diplôme.

---

1. Tenho aula de desenho todas as segundas-feiras.
2. Que andas a estudar ?
3. Ando a tirar línguas.
4. Já acabaste os estudos ?
5. Ainda me faltam três anos.
6. Sou pela anulação do exame.
7. Discordo inteiramente de ti.
8. O programa de filosofia é muito extenso.
9. O teu trabalho está bastante bom.
10. Gostava que lesses o meu relatório.
11. Não acho que o problema esteja certo.
12. Podias escrever melhor.
13. Muitos parabéns pelas notas que tiveste no exame.
14. Já recebi o diploma.

34 — O ensino

7. VOCABULAIRE

o ensino, *l'enseignement*
completar, *compléter*
o curso, *le cours*
unificado, *unifié*
básico, *basique*
secundário, *secondaire*
a escolaridade, *la scolarité*
obrigatória, *obligatoire*
até, *jusqu'à*
reprovar, *échouer*
atrapalhada, *troublée, embarrassée*
faltar, *manquer*
influenciar, *influencer*

impedir, *empêcher*
a opção, *l'opinion*
agrupar, *grouper*
o conjunto, *l'ensemble*
a via, *la voie*
visar, *viser*
sobretudo, *surtout*
o nível, *le niveau*
a vocação, *la vocation*
a área, *la filière*
o ingresso, *l'entrée*
a inserção, *l'insertion*
dificultar, *rendre difficile*

VOCABULAIRE COMPLÉMENTAIRE

o assistente, *l'assistant*
a avaliação continua, *le contrôle continu*
a avaliação final, *le contrôle final*
o bolseiro, *le boursier*
a cadeira, *la chaise*
o catedrático, *le professeur d'université*
a certidão de nascimento, *l'extrait de naissance*
o certificado, *l'attestation*
o/a colega, *le/la collègue*
o corpo docente, *le corps enseignant*

o diploma, *le diplôme*
a disciplina, *la matière*
a escola primária, *l'école primaire*
a escola secundária, *l'école secondaire*
o estagiário, *le stagiaire*
o exame, *l'examen*
o infantário, *la crèche, la garderie* (B) a creche, o jardim de infância
o jardim-escola, *l'école maternelle*
o leitor, *le lecteur*
a licenciatura, *la licence*
prestar provas, *passer un examen*

34 L'enseignement
8. EXERCICES

A. Écrire en toutes lettres : 11°, 19°, 22°, 33°, 38°

B. Remplacer les mots soulignés par les pronoms personnels correspondants

Há pais que influenciam os filhos na escolha de uma carreira. Outros orientam os filhos. Eu dei aos meus filhos a possibilidade de escolherem.

C. Réécrire à la 1ère personne du singulier
1. Eles impedem que os filhos escolham.
2. Ele pede para sair mais cedo.

D. Compléter avec les verbes indiqués entre parenthèses, à la forme qui convient
1. Escolham o que .... (querer)
2. Façam o que .... (apetecer)
3. Estudem quando .... (poder)
4. Trabalhem quando .... (ter) tempo.

CORRIGÉ

A. Décimo primeiro, Décimo nono, Vigésimo segundo, Trigésimo terceiro, Trigésimo oitavo.

B. Há pais que os influenciam na escolha de uma carreira. Outros orientam-nos. Eu dei-lhes a possibilidade de escolherem.

C. 1. Eu impeço que os filhos escolham.
2. Eu peço para sair mais cedo.

D. 1. Escolham o que quiserem.
2. Façam o que lhes apetecer.
3. Estudem quando puderem.
4. Trabalhem quando tiverem tempo.

35 A industrialização
1. DIÁLOGO

A : António   M : Manuel

A — Vem aqui no jornal que o Porto é o reino das empresas privadas.

M — Pois é. E o sector mais importante é o da construção civil.

A — Mas se não estou em erro, os têxteis e o vestuário são os sectores industriais mais activos do distrito [1].

M — A indústria têxtil continua a ser a maior exportadora [2] do país. Tens razão. Os distritos do Porto e de Braga [3] são os mais importantes. É uma indústria que exige bastante mão-de-obra.

A — Existe matéria-prima suficiente ?

M — Não. É quase toda importada.

A — Sempre pensei que os distritos de Castelo Branco [4] e Guarda [5] fossem os maiores produtores de lanifícios.

M — Já não são. A existência dessa indústria nas Beiras [6], relaciona-se com o facto de, no passado, a produção de lã ter sido aí a actividade principal.

A — Aproveitavam [7] a criação [8] de gado ovino.

M — Lembras-te com certeza dos romances de Ferreira de Castro [9]. Uma das personagens de um dos seus livros, o Horácio, salvo erro, não queria ser pastor, mas sim operário numa fábrica de fiação, na Covilhã [10].

A — Mas naquela altura, Portugal era um país essencialmente agrícola.

M — Continua a sê-lo, embora a industrialização tenha começado realmente a desenvolver-se nos anos 60, com mais intensidade na zona sul, a menos industrializada.

A — Como a Lisnave [11] que é o primeiro estaleiro de reparação naval do mundo em número de navios e tonelagem.

M — Parece que as indústrias agro-alimentares também se têm desenvolvido bastante.

A — É um facto. Nos distritos de Aveiro [12] e Santarém [13] e sobretudo nos Açores onde os lacticínios são essenciais.

M — Sem contar com as fábricas de conserva de peixe do Algarve et de Matosinhos.

A — Mas em termos energéticos, Portugal ainda continua muito dependente do estrangeiro.

35 L'industrialisation
2. DIALOGUE

A : António   M : Manuel

A — Ce journal dit que Porto est le royaume des entreprises privées.

M — C'est vrai. Et le secteur le plus important est celui du bâtiment.

A — Mais, si je ne me trompe, les textiles et l'habillement sont les secteurs industriels les plus actifs de la région.

M — L'industrie textile continue à être la plus grande exportatrice du pays, tu as raison. Les régions de Porto et de Braga sont les plus importantes. C'est une industrie qui demande pas mal de main-d'œuvre.

A — Et il y a assez de matière première ?

M — Non. Tout est pratiquement importé.

A — J'ai toujours cru que les régions de Castelo Branco et de Guarda étaient les plus grands producteurs de lainages.

M — Plus maintenant. L'existence de cette industrie dans les Beiras s'explique par le fait que, dans le passé, la production de laine y a été la principale activité.

A — On profitait de l'élevage des ovins.

M — Tu te souviens certainement des romans de Ferreira de Castro. L'un des personnages d'un de ses livres, Horácio, sauf erreur, ne voulait pas être berger, mais ouvrier dans une filature à Covilhã.

A — Mais, à cette époque-là, le Portugal était un pays essentiellement agricole.

M — Il continue à l'être bien que l'industrialisation ait réellement commencé à se développer dans les années 60, surtout dans la zone sud, la moins industrialisée.

A — D'où la naissance de la Lisnave, premier chantier naval de réparation du monde, en nombre de navires et en tonnage.

M — Il semble que les industries agro-alimentaires se soient aussi développées de façon significative.

A — C'est un fait, dans les régions d'Aveiro et de Santarém, et surtout aux Açores où les produits laitiers sont essentiels.

M — Sans compter les conserveries de poissons de l'Algarve et de Matosinhos.

A — En revanche, en termes d'énergie le Portugal reste très dépendant de l'étranger.

35 — A industrialização

3. REMARQUES

1. **O distrito :** *le district*. Division administrative (semblable à un département français) ; elle est dirigée par *un gouverneur civil* (**governador civil**) qui est nommé par le gouvernement. Il siège au *chef-lieu* de district (**a sede**), qui est la ville la plus importante de la région, avec un *conseil* (**conselho**) consultatif et une *assemblée* (**assembleia**) délibérative. Le district se divise en *communes* (**concelhos**) dirigées par une municipalité élue (exécutive) composée d'un *maire* (**presidente da Câmara**), de *conseillers municipaux* (**vereadores**) et d'une assemblée délibérative. La commune se divise à son tour en *cantons* (**freguesias**), administrés par une municipalité élue (**Junta de freguesia**) composée d'un *maire* (**presidente da Junta**) et de *conseillers* (**vogais**) qui forment l'exécutif et d'une assemblée délibérative.
2. **A maior exportadora :** *la plus grande exportatrice*. **O maior exportador :** *le plus grand exportateur*. Notez : le fém. des noms et adj. en **or** = + **a**, sauf les comparatifs irr. inv.
3. **Braga :** chef-lieu de district et capitale de l'ancienne province du Minho (Nord-Atlantique).
4. **Castelo Branco :** chef-lieu de district et capitale de l'ancienne province de la Beira-Baixa (près de l'Espagne).
5. **Guarda :** chef-lieu de district et capitale de l'ancienne province de la Beira-Alta (1 060 m. d'altitude) près de l'Espagne (Salamanque), à 159 km au N. de Castelo Branco.
6. **As Beiras :** le pays était autrefois divisé en provinces, les **Beiras**. Trois d'entre elles, sont dans la zone centre : à l'Est, près de l'Espagne : la Beira Baixa (S.) et la Beira Alta (N.) ; à l'O., près de la mer, la Beira Litoral (capitale: Coimbra).
7. **Aproveitavam a criação :** *ils profitaient de l'élevage*. Notez : **aproveitar** + nom ou inf. = *profiter de* + nom ou inf.
8. **A criação :** *la création, l'élevage* ; **criar :** *créer, élever* ; **a criança :** *l'enfant*. Mais : **gritar :** *crier*.
9. Le roman **A Lã e a Neve :** « *la Laine et la Neige* ».
10. **Covilhã :** petite ville de la Beira Baixa, près de l'Espagne. Centre lainier le plus ancien et le plus important.
11. **A Lisnave :** chantier naval, en face de Lisbonne.
12. **Aveiro :** chef-lieu de district (Beira Litoral), près de la mer et d'une importante lagune (production de sel).
13. **Santarém :** chef-lieu (district), et capitale de l'ancienne province du Ribatejo. Ville historique, au bord du Tage, au centre d'une riche région agricole.

35 — L'industrialisation
4. ENVIRONNEMENT

A INDÚSTRIA PORTUGUESA E A CEE

A indústria portuguesa, comparada com a dos restantes países da Comunidade, tem um grau de desenvolvimento inferior. Concentra-se nos sectores tradicionais, baseado em níveis salariais baixos e no pouco desenvolvimento tecnológico : indústrias alimentares, têxteis e vestuário, calçado e curtumes, madeira e cortiça.

Com a integração europeia, torna-se indispensável reformar a indústria para que esta se torne competitiva. Para este efeito, Portugal e a CEE acordaram um Programa Específico de Desenvolvimento da Indústria Portuguesas (PEDID). (...), cujo objectivo é estimular a realização de investimentos pelas empresas industriais, tendo em vista a modernização, a inovação e o desenvolvimento tecnológico ; a qualidade dos produtos ; a poupança de energia e a protecção do ambiente. Para conseguir isso é necessário melhorar a gestão, desenvolver a formação profissional e criar novos produtos e novos processos de fabrico. As primeiras empresas a beneficiar destes apoios pertencem aos sectores farmacêutico, da cerâmica, do mobiliário, da cordoaria e dos plásticos. (...)

Viva Voz, n° 83, Março 1989, Ministério da Educação, Lisboa.

L'INDUSTRIE PORTUGAISE ET LA CEE

L'industrie portugaise, comparée à celle des autres pays de la CEE, a un degré de développement inférieur. Elle est concentrée dans les secteurs traditionnels et se caractérise par des niveaux de salaires bas et un faible développement technologique : industries alimentaires, textiles et habillement, chaussures et tanneries, bois et liège.

Avec l'intégration européenne, il devient indispensable de réformer l'industrie pour qu'elle devienne compétitive. À cet effet, le Portugal et la Communauté ont mis au point un Programme Spécifique de Développement de l'Industrie Portugaise (PEDIP) dont l'objectif est de stimuler les investissements des entreprises industrielles pour la modernisation, l'innovation, et le développement technologique, la qualité des produits, l'économie d'énergie et la protection de l'environnement. Pour parvenir à ce but, il faut une amélioration de la gestion, le développement de la formation professionnelle et la création de nouveaux produits et de nouveaux procédés de fabrication. Les premières entreprises devant bénéficier de ces appuis sont celles des secteurs pharmaceutique, de la céramique, du mobilier, des cordages et des plastiques.

35 — A industrialização
5. ENVIRONNEMENT - LE BRÉSIL

O BRASIL é a oitava potência económica mundial, apesar da importância da sua dívida externa. É uma das primeiras potências agrícolas (o segundo país quanto ao excedente da balança agrícola : milho ; soja, café, madeira), e uma das 10 ou 12 potências industriais. As sua produções mineiras (petróleo, ferro, ouro, manganês, etc.) e as suas indústrias caracterizam-se pelo gigantismo. A indústria brasileira concentra-se em volta de alguns grandes pólos, quase todos no Sul do país (São Paulo, o mais importante, Rio, Minas Gerais) com excepção do complexo mais recente de Salvador (Camaçari-Aratu). Esta indústria é muito diversificada e muito competitiva : têxteis, couros, calçado, madeira, papel, química, agro-alimentar, máquinas e material eléctrico, armas, material de transporte, etc. Após um forte crescimento até 1980, teve uma quebra importante em 1983 (crise). Houve uma retomada a partir de 1986 e, nos últimos anos, um excedente importante da balança comercial brasileira. (Atlas-Eco 1980).

Os investimentos estrangeiros são numerosos e muito diversificados (entre eles, uma centena de grupos industriais e bancários franceses — Rhône-Poulenc...). Perto de 10 % das trocas comerciais do Brasil são feitas com a CEE.

Le BRÉSIL est la 8e puissance économique du monde, malgré l'importance de sa dette extérieure. Il est une des toutes premières puissances agricoles (le 2e pays pour l'excédent de la balance agricole : maïs, soja, café, bois), et l'une des 10 ou 12 plus grandes puissances industrielles. Ses productions minières (pétrole, fer, or, manganèse, etc.) et ses industries se caractérisent par le gigantisme. L'industrie brésilienne se concentre autour de quelques grands pôles, presque tous situés dans le Sud du pays (São Paulo, le plus important, Rio et le Minas Geraïs), à l'exception du complexe plus récent de Salvador (Camaçari, Aratu). Cette industrie est très diversifiée et très compétitive : textiles, cuirs, chaussures, bois, papier, chimie, agro-alimentaire, machines et matériel électrique, armes, matériel de transport, etc. Après avoir connu une forte croissance jusqu'en 1980, elle connaît un ralentissement important en 1983 (crise) ; elle se redresse depuis 1986 et il y a eu, ces dernières années, un important excédent de la balance commerciale brésilienne. Les investissements étrangers y sont nombreux et très diversifiés (parmi eux, une centaine de groupes industriels et bancaires français — Rhône-Poulenc...). Près de 10 % des échanges commerciaux brésiliens, se font avec la CEE.

35 — L'industrialisation
6. PHRASES TYPES

1. L'industrie s'est développée ces dernières années.
2. La région a atteint un développement industriel important.
3. L'architecte a dressé le plan de l'immeuble.
4. Qu'est-ce que tu fais ?
5. Je travaille dans une usine de papier.
6. Je suis apprenti-maçon.
7. La production est insuffisante.
8. La main-d'œuvre est insuffisante.
9. L'entreprise a fait faillite.
10. Les ouvriers revendiquent une augmentation de salaire.
11. Dans la vallée du Tage on fait de l'élevage de bovins.
12. Il faut importer des matières premières.
13. Il y a un déficit dans la balance de paiements.
14. Le volume des importations est supérieur à celui des exportations.

---

1. A indústria tem-se desenvolvido nos últimos anos.
2. A região atingiu um desenvolvimento industrial importante.
3. O arquitecto fez a planta do prédio.
4. O que é que tu fazes ?
5. Trabalho numa fábrica de papel.
6. Sou ajudante de pedreiro.
7. A produção é insuficiente.
8. A mão-de-obra é escassa.
9. A empresa faliu.
10. Os operários reivindicam um aumento de salário.
11. No vale do Tejo cria-se gado bovino.
12. É necessário importar matérias-primas.
13. Há um défice (déficit) na balança de pagamentos.
14. O volume das importações é superior ao das exportações.

35 — A industrialização

7. VOCABULAIRE

a industrialização, *l'industrialisation*
o reino, *le royaume*
a empresa, *l'entreprise*
privada, *privée*
o sector, *le secteur*
a construção civil, *le bâtiment*
estar em erro, *être dans l'erreur*
os têxteis, *les textiles*
o vestuário, *l'habillement*
a mão-de-obra, *la main-d'œuvre*
a matéria-prima, *la matière première*
importar, *importer*
o lanifício, *le lainage*
aproveitar, *profiter*
a criação, *l'élevage*
o gado, *le bétail*
ovino, *ovin*
o romance, *le roman*
salvo erro, *sauf erreur*
o pastor, *le berger*
a fábrica de fiação, *la filature*
desenvolver-se, *se développer*
o Sul, *le Sud*
o estaleiro, *le chantier*
o navio, *le navire*
a tonelagem, *le tonnage*
o fabrico, *la fabrication*
o lacticínio, *le laitage*
a fábrica, *l'usine*
a conserva, *la conserve*
consumir, *consommer*
reduzir, *réduire*

VOCABULAIRE COMPLÉMENTAIRE

o auxílio, *l'aide*
a concorrência, *la concurrence*
o consumo, *la consommation*
a exportação, *l'exportation*
gastar, *dépenser*
a importação, *l'importation*
indústria de protecção do ambiente, *industrie de protection de l'environnement*
indústria de transformação, *industrie de transformation*
indústria extractiva, *Industrie extractive*
indústria hoteleira, hotelaria, *industrie hôtelière, hôtellerie*
indústria metalúrgica, *industrie métallurgique*
indústria sazonal, *industrie saisonnière*
poluição do ambiente, *pollution de l'environnement*
a produção, *la production*
produção em cadeia, *production à la chaîne*
produção em série, *production de masse*
produção industrial, *production industrielle*
a produtividade, *la productivité*
o subsídio/a subvenção, *le subside/la subvention*
subsídio de férias, *prime de vacances*

35 L'industrialisation
8. EXERCICES

Traduire

A situação da indústria portuguesa, no início da década de 50, encontrava-se muito aquém da situação industrial dos países mais desenvolvidos.

Todavia, a análise da evolução da indústria portuguesa desde o início do século permite-nos perceber o esforço de industrialização operado, especialmente a partir dos anos trinta, sinal de que a nossa economia procurava atingir estruturas económicas mais evoluídas.

Em primeiro lugar, cumpre referir que a percentagem da população industrial, relativamente à população activa total, tinha vindo a elevarse.

Verificou-se, no entanto, que o crescimento da população industrial se fez de forma desigual, no conjunto do país. Assim, registou-se um crescimento explosivo de alguns centros urbanos, em detrimento da quase totalidade do território nacional.

in *Economia Portuguesa,* Manuel Ferrão, Belmiro Gil.

CORRIGÉ

La situation de l'industrie portugaise, au début des années 50, était beaucoup moins bonne que celle des pays les plus développés.

Toutefois, l'analyse de l'évolution de l'industrie portugaise depuis le début du siècle nous permet de comprendre l'effort d'industrialisation qui a été fait, spécialement à partir des années 30, prouvant que notre économie cherchait à parvenir à des structures économiques plus évoluées.

Il faut d'abord rappeler que le pourcentage de la population industrielle, par rapport à la population active totale, avait augmenté.

On a constaté cependant que l'accroissement de la population industrielle s'était fait de façon inégale sur l'ensemble du pays. On a ainsi enregistré une croissance explosive de quelques centres urbains, au détriment de la presque totalité du territoire national.

in *L'Économie Portugaise,* Manuel Ferrão, Belmiro Gil.

36 Portugal e a CEE
1. DIÁLOGO

A : António   M : Manuel

A — Não te parece que a adesão de Portugal[1] à CEE[2] vem aumentar a dependência do nosso país[3] em relação aos países comunitários ?
M — Sim. Mas para reduzir esta dependência, Portugal terá de[4] aumentar as suas exportações.
A — E o que é que se tem verificado[5] ? As nossas exportações aumentaram ou não ?
M — Apenas[6] as exportações dos produtos tradicionais têm crescido[5] de valor.
A — Quais ?
M — Os têxteis[7], o calçado[8] e os produtos florestais.
A — Afinal, não me parece que tenha havido vantagens na adesão.
M — Não é bem assim : a adesão traz vantagens económicas.
A — Por exemplo ?
M — O livre acesso das exportações portuguesas de produtos industriais e agrícolas aos mercados dos Estados membros.
A — É tudo ?
M — Não. Há ainda o acesso às diversas instituições financeiras das Comunidades.
A — Quem mais lucra com o Mercado Comum são os trabalhadores portugueses que residem no estrangeiro.
M — Pelo menos, em teoria. Ficam com as mesmas regalias que, em termos de emprego, condições de trabalho, remuneração, direitos sindicais, segurança social, etc... são concedidas por[9] esses países aos seus naturais.
A — Mas haverá contrapartidas económicas, suponho[10].
M — Acho que sim : o livre acesso dos produtos industriais e agrícolas dos outros estados membros ao mercado português.
A — E os portugueses também terão de contribuir para as instituições financeiras das Comunidades ?
M — Por enquanto, parece-me que os recursos que a CEE transfere[11] para Portugal são superiores.
A — E a livre circulação da mão-de-obra ?
M — Não creio[12] que isso possa trazer problemas para Portugal. A pressão dos trabalhadores da Comunidade sobre o mercado do emprego em Portugal é diminuta, não tendo qualquer comparação com a pressão que sobre o mercado de emprego dos Estados membros das Comunidades exercem os trabalhadores portugueses.

36 Le Portugal et la CEE

2. DIALOGUE

A : Antoine   M : Manuel

A — Tu ne crois pas que l'adhésion du Portugal à la CEE va augmenter la dépendance de notre pays par rapport aux pays de la Communauté ?
M — Si. Mais pour réduire cette dépendance, le Portugal devra augmenter ses exportations.
A — Que s'est-il passé ? Nos exportations ont augmenté ou pas ?
M — Seules les exportations des produits traditionnels ont augmenté en valeur.
A — Lesquels ?
M — Les textiles, la chaussure et les produits forestiers.
A — Tout bien pesé, je ne crois pas que cette adhésion soit pour nous d'un réel avantage.
M — Ça se discute : cette adhésion nous apporte des avantages économiques.
A — Ah, bon, par exemple ?
M — Le libre accès des exportations portugaises de produits industriels et agricoles sur les marchés des États membres.
A — C'est tout ?
M — Attends. Il y a aussi l'accès aux différentes institutions financières de la Communauté.
A — Ceux qui tirent le plus profit du Marché Commun, ce sont les travailleurs portugais résidant à l'étranger.
M — En théorie du moins. Ils ont les avantages accordés par ces pays à leurs ressortissants en termes d'emploi, de conditions de travail, de rémunération, de droits syndicaux et de protection sociale...
A — Mais il doit y avoir des contreparties économiques, je suppose.
M — Je pense que oui : le libre accès au marché portugais des produits industriels et agricoles des autres États membres.
A — Et les Portugais contribuent-ils aussi aux institutions financières de la Communauté ?
M — Naturellement, mais pour l'instant, il me semble bien que les aides financières de la CEE au Portugal sont supérieures.
A — Et la libre circulation de la main-d'œuvre ?
M — Je ne crois pas que ce sujet puisse poser des problèmes au Portugal. La pression des travailleurs de la Communauté sur le marché de l'emploi au Portugal est réduite, et n'est en rien comparable à celle que les travailleurs portugais exercent sur le marché de l'emploi dans les États membres de la Communauté.

36 — Portugal e a CEE

3. REMARQUES

1. **Portugal** : le Portugal (voir note 1, 33-3). Généralement pas d'art. déf. devant les noms de pays, sauf s'ils sont suivis d'un compl. : **o Portugal do Sul** : *le Portugal du Sud*.

2. **CEE : Comunidade Económica Europeia** : *Communauté Économique Européenne*.

3. **O país** : *le pays* (**os países** : *les pays*). Ne pas confondre avec **os pais** : *les parents*.

4. **Terá de aumentar** : *devra augmenter*. **Ter de** + inf. = obligation.

5. **O que se tem verificado** : *ce qui s'est produit*. Passé composé de **verificar** *(se produire, se passer)*. Le passé composé fran. se traduit généralement par le prétérit port. (action révolue), ou le passé composé port. si celui-ci indique une action passée qui dure ou se répète.

6. **Apenas as exportações** : *les exportations seulement* (note 13, 33-3).

7. **Os têxteis** : *les textiles* (o têxtil : *le textile*). Les mots terminés par ~**el**, ont un pluriel en ~**eis**, si ~**el** est dans une syllabe atone et en ~**is**, s'il est dans une syllabe tonique (**o funil** : *l'entonnoir* ; pl. : **os funis**). Revoir plur. des mots terminés par ~**l** (**florestal** : pl. **forestais**).

8. **O calçado** : *les chaussures, la chaussure* (terme générique). **O sapato** : *le soulier*. **Calçar** : *chausser*. **Calçar luvas** : *enfiler des gants*.

9. **São concedidas por esses países** : *sont accordées par ces pays*. **Ser** + part. passé (+ **por** introduisant le compl. d'agent) = forme passive. **Estar** + part. passé = résultat d'une action. **Estas vantagens estão concedidas há muito tempo** : *ces avantages ont été accordés il y a longtemps*.

10. **Suponho** : *je suppose* : 1re pers. sg. irr. prés. ind. de **supor** *(supposer)*. Ce verbe a les mêmes irrégularités que le verbe **pôr** *(poser)*, à partir duquel il se compose.

11. **Transfere** : *il transfère* : 3e pers. sg. prés. ind. de **transferir** : *transférer*, verbe composé de **ferir** *(blesser)* dont il a les mêmes irrégularités.

12. **Creio** : *je crois* : 1re pers. sg. prés. ind. de **crer** *(croire)*. Idem **ler** *(lire)* : **leio** *(je lis)*.

36 — Le Portugal et la CEE
4. ENVIRONNEMENT

Portugal, o mais antigo estado da Europa — fronteiras fixadas por volta de 1250 — entrou para a Comunidade Económica Europeia a 1 de Janeiro de 1986. País de longa experiência extra-europeia (África, América, Oriente), está a apostar (decididamente na sua integração comunitária. É-lhe concedido um período de transição (até 1996), para se adaptar às estruturas da Comunidade e recuperar alguns atrasos, e para promover o seu desenvolvimento :

— no sector agrícola, o mais tradicional e o menos competitivo, devido a estruturas ultrapassadas, beneficia de importantes ajudas europeias para modernizar técnicas de exploração (irrigação, instalação de energia eléctrica, construição de caminhos vicinais...), no âmbito da viticultura, olivicultura, silvicultura, criação de gado, produção de legumes, cereais, ovos, carne, leite e lacticínios. A pesca também é contemplada.

— no sector industrial, ainda pouco desenvolvido, e no sector da comercialização.

— na formação de quadros, na melhoria do sistema educativo (reforma em curso), e na melhoria das condições de vida.

Le Portugal, le plus ancien État européen — frontières fixées vers 1250 — est entré dans la Communauté Économique Européenne le 1er janvier 1986. Ce pays, à la longue expérience extra-européenne (en Afrique, en Amérique et en Orient), se tourne résolument vers son intégration européenne. Dans une période de transition (jusqu'à 1996), il lui faut s'adapter aux structures de la Communauté en rattrapant certains retards et promouvoir le développement du pays :

— dans le secteur agricole, le plus traditionnel et le moins compétitif à cause de structures dépassées, il bénéficie d'importantes aides européennes pour moderniser ses techniques d'exploitation (irrigation, installation d'énergie électrique, construction de chemins ruraux...), dans les domaines de la viticulture, oliviculture, sylviculture, élevage, production de légumes, céréales, œufs, viande, lait et produits laitiers. Un programme concerne aussi la pêche.

— dans le secteur industriel, encore peu développé, et le secteur de la commercialisation.

— dans la formation des cadres, dans l'amélioration du système éducatif (une importante réforme est actuellement en cours) et dans l'amélioration des conditions de vie.

36   Portugal e a CEE

5. ENVIRONNEMENT

ALGUMAS ENTREVISTAS

António de Oliveira, agricultor : « O Augusto, na Atalaia, que é meu primo, também beneficiou. Então o que é que nós fizemos ? Pensámos em fazer em conjunto, sem nada escrito. Nas minhas terras tenho um viveiro de cebolas, 10 a 12 hectares. Arranquei a vinha e tenho tudo cebolas. Na outra do Augusto estamos a fazer cenoura, batata et temos fava e ervilha. Temos a intenção de tirar tudo e ainda este ano pôr nas duas, milho. Os subsídios (da CEE) foram para o furo, a rega e a electrificação. »

Um técnico da Zona Agrária do Montijo : « o PEDAP (Programa Específico de Desenvolvimento da Agricultura Portuguesa) ocupa-se de programas específicos. Há muitos pedidos, mas as exigências são muitas. É necessário mudar completamente. Quem tiver estes apoios tem um compromisso de 5 anos a cumprir. Tem de ter contabilidade e cumprir todos os normativos. Numa palavra : tem que se transformar em empresário, mesmo os mais velhos e isso não é fácil... ! » *Viva Voz*, Março 1989, n° 83, Dir. Geral de Extensão Educativa. Ministério da Educação. Lisboa.

« O Brasil também olha para a Comunidade Europeia, via Portugal... ! » in revista *Manchete, n° 1996, Rio de Janeiro, 21.07.1990 (pp. 22-29)*.

QUELQUES INTERVIEWS

Antonio de Oliveira, agriculteur : « Auguste, de Atalaia, qui est mon cousin, en a aussi bénéficié. Alors, qu'est-ce que nous avons fait ? Nous avons pensé nous regrouper, sans acte écrit. Sur mes terres, j'ai une plantation d'oignons, 10 à 12 hectares. J'ai arraché ma vigne et mis des oignons partout. Sur l'autre, celle d'Auguste, nous cultivons des carottes, des pommes de terre et nous avons des fèves et des petits pois. Nous avons l'intention de tout arracher cette année, et de mettre du maïs sur les deux. Les subventions (de la CEE) ont été utilisées pour le forage, l'irrigation et l'électrification... »

Un technicien de la Zone Agraire de Montijo : « le PEDAP (Programme Spécifique de Développement de l'Agriculture Portugaise) s'occupe de programmes spécifiques. Il y a beaucoup de demandes, mais aussi beaucoup de conditions. Il faut tout changer. Celui qui obtient ces aides a un délai de 5 ans. Il doit avoir une comptabilité et respecter toutes les normes. En un mot, il doit devenir un vrai entrepreneur, même les vieux, et ce n'est pas facile... ! » *Viva Voz*, mars 1989.

« Le Brésil regarde aussi vers la CEE, via le Portugal », dans la revue *Manchete*, n° 1996, Rio de Janeiro, 21.07.1990.

36   Le Portugal et la CEE
6. PHRASES TYPES

1. Le niveau de vie est élevé.
2. La vie ici est bon marché.
3. La T.V.A. est un impôt indirect.
4. La croissance économique ne doit pas dépasser 2%.
5. Cette année, le nombre de chômeurs a baissé.
6. Au lieu de baisser, l'inflation a augmenté ces dernières années.
7. Avec l'inflation le pouvoir d'achat a diminué.
8. Combien de pays font partie de la CEE ?
9. Penses-tu que l'adhésion à la CEE a des avantages ?
10. Bientôt, les travailleurs pourront circuler librement.
11. Je croyais que cela était déjà possible.
12. Il y a des pays où l'on vit mieux.
13. Les transferts de capitaux ou de salaires sont possibles.
14. Le marché commun s'étend à l'agriculture et au commerce des produits agricoles.

---

1. O nível de vida é alto.
2. A vida aqui é barata.
3. O IVA (imposto sobre valor acrescentado) é um imposto indirecto ; (B) indireto.
4. O crescimento económico não deve ultrapassar os 2%.
5. Este ano, o número de desempregados baixou.
6. Em vez de baixar, a inflação tem aumentado nos últimos anos.
7. Com a inflação o poder de compra diminuiu.
8. Quantos países fazem parte da CEE ?
9. Achas que a adesão à CEE traz vantagens ?
10. Dentro em pouco, os trabalhadores poderão circular livremente.
11. Pensei que isso já fosse possível.
12. Há países onde se vive melhor.
13. As transferências de capitais ou de salários são possíveis.
14. O Mercado Comum abrange a agricultura e o comércio dos produtos agrícolas.

Portugal e a CEE

7. VOCABULAIRE

a adesão, *l'adhésion*
aumentar, *augmenter*
a dependência, *la dépendance*
comunitário, *communautaire*
verificar, *vérifier*
apenas, *seulement*
crescer, *croître, augmenter*
o valor, *la valeur*
o calçado, *la chaussure*
florestal, *forestier*
a vantagem, *l'avantage*
o acesso, *l'accès*
financeiro, *financier*
a comunidade, *la communauté*
lucrar, *profiter*

a regalia, *le privilège*
conceder, *concéder*
sindical, *syndical*
a contrapartida, *la contrepartie*
supor, *supposer*
achar, *trouver*
livre, *libre*
por enquanto, *pour l'instant*
o recurso, *la ressource*
transferir, *transférer*
a pressão, *la pression*
a mão-de-obra, *la main-d'œuvre*
diminuta, *exiguë*
qualquer, *quelque, quelconque*

VOCABULAIRE COMPLÉMENTAIRE

abrandamento da actividade económica, *ralentissement de l'activité économique*
abrandamento do crescimento económico, *ralentissement de la croissance économique*
açambarcar, *accaparer, monopoliser*
acordo amigável, *arrangement à l'amiable*
acordo de compra, *accord d'achat*
acordos de pagamento, *accords de paiement*
ajudas de custo, *allocations*
ajuramentar, *faire prêter serment*
amostra, *échantillon*
análise do balanço, *analyse du bilan*
análise do mercado, *analyse du marché*

análise dos custos, *analyse des coûts*
analista de investimento, *analyste financier*
balança comercial, *balance commerciale*
balança de capitais, *balance de capitaux*
base de dados, *banque de données*
bolsa, *bourse*
marca registada, *marque déposée*
margem de lucro, *marge bénéficiaire*
mercado a prazo, *marché à terme*
mercado a pronto, *marché au comptant*
mercado das divisas, *marché des changes*
monopólio, *monopole*

36 Le Portugal et la CEE

8. EXERCICES

A. Mettre au pluriel les mots soulignés et faire les transformations qui s'imposent

1. Ele teve de preencher um papel na alfândega.
2. Há um país onde a indústria têxtil está muito desenvolvida.
3. O turista alemão comprou um barril de vinho do Porto.
4. O industrial está contente : a exportação tem aumentado.

B. Modèle : O impresso foi impresso pelo agente.
O agente preencheu o impresso.
Continuer

1. Estes artigos foram exportados pela minha empresa.
2. Vantagens foram concedidas por alguns países.
3. Algumas regalias foram conquistadas pelos trabalhadores.

C. Traduire

1. Les prix minima sont fixés droits de douane non compris.
2. Une éventuelle politique commune des prix doit être fondée sur des méthodes de calcul uniformes.

CORRIGÉ

A.
1. Eles tiveram de preencher papéis na alfândega.
2. Há países onde as indústrias têxteis estão muito desenvolvidas.
3. Os turistas alemães compraram barris de vinho do Porto.
4. Os industriais estão contentes : as exportações têm aumentado.

B.
1. A minha empresa exportou estes artigos.
2. Alguns países concederam vantagens.
3. Os trabalhadores conquistaram algumas regalias.

C.
1. Os preços mínimos são fixados sem incluir os direitos aduaneiros.
2. Uma eventual política comum de preços deve basear-se em métodos de cálculo uniformes.

37 — Os países africanos de língua oficial portuguesa

1. DIÁLOGO

A : António   V : Vítor

A — Vais a África ? Estás a dar-me uma grande novidade[1]. Mas se bem me lembro, já lá estiveste.

V — Estive dois anos em Moçambique durante a guerra[2]. Felizmente os tempos mudaram e as relações entre Portugal e os países africanos de língua oficial portuguesa são agora diferentes. E eu não vou deixar fugir a[3] oportunidade.

A — Mas tu já gozaste[4] as tuas férias em Setembro ? Pediste uma licença sem vencimento ?

V — Era essa a minha intenção, mas não foi necessário.

A — Não foi preciso ? Confesso que não estou a perceber.

V — É muito simples[5]. A minha empresa quer[6] estabelecer relações de cooperação nesses países.

A — Nunca me tinhas falado[7] no assunto.

V — Pois não. Eu estava a par do que se passava mas devia guardar segredo. Havia outras empresas concorrentes. Agora as coisas estão bem encaminhadas[8]...

A — Quer[6] dizer que vais em serviço. Não vais ter tempo para fazer turismo. Quando me falaste na[7] tua ida a África, pensei numa[7] viagem de recreio.

V — No fundo, é como se fosse. As negociações estão praticamente feitas[8]. Só falta acertar alguns pormenores. Além disso, deram-me[9] carta branca.

A — Vais por[10] quanto tempo ?

V — Por[10] três meses.

A — Vais poder viajar por conta própria e juntar o útil ao agradável. Conhecendo-te como eu te conheço, imagino que já tens tudo organizado.

V — Pois claro. Uma viagem destas não se improvisa.

A — Vais primeiro a Cabo Verde[11] ?

V — Vou. Tenciono[7] permancer lá uns quinze dias, pelo menos. Depois vou até Bissau onde me demoro pouco. Não deixarei de[12] dar uma volta[13] pelo[14] interior do país.

A — Já agora, não te esqueças do arquipélago dos Bijagós[15]. Ouvi dizer que há lá, como em São Tomé[16], praias óptimas.

V — Já tinha pensado nisso e até calha bem. Vou chegar em plena estação seca.

A — Segues directamente para Luanda[17] ?

V — Não. Volto à ilha do Sal[18] para apanhar o avião.

37 — Les pays africains de langue officielle portugaise
2. DIALOGUE

A : António   V : Victor

A — Tu vas en Afrique ? En voilà une nouvelle ! Mais si je me souviens bien, tu y es déjà allé.

V — Je suis resté deux ans au Mozambique pendant la guerre. Heureusement les temps ont changé et les relations entre le Portugal et les pays africains de langue officielle portugaise sont maintenant différentes. Je ne vais pas rater l'occasion.

A — Mais tu as pris tes vacances en septembre ? Tu as demandé un congé sans solde, alors ?

V — C'était bien mon intention, mais ça n'a pas été nécessaire.

A — Pas nécessaire ? J'avoue ne pas comprendre.

V — C'est très simple. Mon entreprise veut établir des relations de coopération avec ces pays.

A — Tu ne m'avais jamais parlé de ce sujet.

V — Non, c'est vrai. J'étais bien au courant de ce qui se passait, mais je devais garder le secret. Il y avait d'autres entreprises concurrentes. Maintenant, c'est en bonne voie.

A — Cela veut dire que tu y vas en service. Tu n'auras pas le temps de faire du tourisme. Quand tu m'as parlé de ton voyage en Afrique, j'ai pensé que c'était un voyage d'agrément.

V — Au fond, c'est tout comme. Les négociations sont pratiquement terminées. Il ne me reste plus qu'à régler quelques détails. De plus, on m'a donné carte blanche.

A — Tu y vas pour combien de temps ?

V — Trois mois.

A — Tu vas pouvoir voyager pour ton propre compte et joindre l'utile à l'agréable. Te connaissant comme je te connais, je pense que tout est déjà organisé.

V — Bien sûr. Un voyage comme celui-ci ne s'improvise pas.

A — Et tu vas d'abord au Cap-Vert ?

V — Oui. J'ai l'intention d'y passer, au moins, une quinzaine de jours. Puis j'irai à Bissau où je resterai peu de temps. Je ne manquerai pas de faire un tour dans l'intérieur du pays.

A — Tant que tu y es, n'oublie pas l'archipel des Bijagós. J'ai entendu dire qu'il y a, comme à São Tomé, de très belles plages.

V — J'y avais pensé, et ça tombe bien, c'est la saison sèche.

A — Après, tu vas directement à Luanda ?

V — Non. Je repasserai par l'île de Sal pour y prendre l'avion.

37 — Os países africanos de língua oficial portuguesa

3. REMARQUES

1. **Estás a dar-me uma grande novidade** : m. à m. « *tu es en train de me donner une grande nouvelle* ».
2. Pendant la guerre du Mozambique (1964-1974), les troupes portugaises partaient pour deux ans.
3. **A oportunidade** : *cette occasion*. L'art. déf. remplace le démons. désignant un événement, objet ou personne déjà évoqué.
4. **Gozaste as tuas férias** : *tu as pris tes vacances*. **Gozar uma coisa** : *jouir de qqch.* ; *tirer profit de qqch.*
5. **Simples** : adj. et subst. terminés par ~**s** ou ~**es** atones sont invariables. **A história (as histórias) simples** : *l'histoire (les histoires) simple(s)*. **O(s) lápis** : *le(s) crayon(s)*.
6. **Quer** : *il* ou *elle veut* (de **querer**).
7. **Tinhas falado no assunto** : *tu avais parlé de ce sujet*. Notez le régime des verbes : **falar em** : *parler de* ; **pensar em** : *penser à*. **Tencionar** + inf. = *avoir l'intention de* + inf.
8. **As coisas estão bem encaminhadas** : m. à m. « *les choses sont sur le bon chemin*. **Estar** + part. passé : résultat d'une action.
9. **Deram-me** : *on m'a donné*. *On* est exprimé par un verbe à la 3ᵉ pers. du pl. lorsque *on* désigne un sujet inconnu ou qu'on ne peut ou ne veut citer.
10. **Por quanto tempo ?** : *pour combien de temps ?* *Pour* se traduit par : 1) **por** s'il indique une durée, un prix, l'objet d'un sentiment, etc. ; 2) **para** : seulement pour indiquer le but (**vem para trabalhar** : *il vient pour travailler*).
11. **Cabo Verde** : *le Cap-Vert*, archipel composé de 10 îles et 8 îlots situés à 700 km au large du Sénégal.
12. **Não deixarei de** + inf. : *je ne manquerai pas de* + inf. **Deixar** : *quitter, laisser*. **Não deixar de...** : *ne pas manquer de...*
13. **Dar uma volta** : *faire un tour*. Notez la trad. de *faire* par **dar** : **dar um passo** (*faire un pas*) ; **dar um passeio** (*faire une promenade*) ; **dar um erro** (*faire une erreur*), etc.
14. **Pelo interior do país** : *dans l'intérieur du pays*. **Por** + compl. de lieu. souligne un mouvement dans un lieu.
15. **Bijagós** : *Bijagós* ou *Bissagós*, important archipel de Guinée Bissau, à l'embouchure du fleuve Geba, découvert par les Portugais en 1446 (l'une des îles s'appelle **Formosa** : *Belle*).
16. **São Tomé** : dans le golfe de Guinée, à 300 km du Gabon.
17. **Luanda** : cap. (1,5 million h.) de l'Angola (9,4 millions en 1989).
18. **A ilha do Sal** : m. à m. *l'île du Sel*, appartenant au Cap-Vert.

37 — Les pays africains de langue officielle portugaise
4. ENVIRONNEMENT - L'AFRIQUE

> Noite luarenta
> sufocando silêncios na distância
> Noite luarenta
> entornando brilhos de prata
> sobre os carreiros do mato.
> Noite luarenta
> compondo nas lonjuras da África
> rufar dorido de tambores (...)
> derrubando os mitos da civilização.
>
> Jofre Rocha, *Assim se fez a madrugada* (1964).

ANGOLA (superfície : mais de 2 vezes a França). Independente a 11 de Novembro de 1975. Situada no Sudoeste da África, Angola e o seu enclave de Cabinda, a Norte da foz do rio Zaire, tem um clima tropical e húmido no Norte, temperado no centro e seco no Sul. É um planalto que domina uma planície costeira (1650 kms). Produções : agrícolas (sisal, café, algodão), piscatórias e mineiras (prata, diamantes, ferro, urânio) e petróleo de Cabinda (descoberto em 1961).

> Nuit de pleine lune
> refoulant au loin des silences.
> Nuit de pleine lune
> répandant des clartés d'argent
> sur les sentes de la forêt.
> Nuit de pleine lune
> éveillant au cœur de l'Afrique
> des roulements douloureux de tambours (...)
> abattant les mythes de la civilisation.

L'ANGOLA (plus de 2 fois la superficie de la France). Indépendant le 11 novembre 1975. Situé au sud-ouest de l'Afrique, l'Angola et son enclave de Cabinda, au nord de l'embouchure du Zaïre a un climat tropical et humide au nord, tempéré au centre et sec au sud. C'est un haut plateau qui surplombe une plaine côtière. Productions : agriculture (café, sisal, coton), pêche et minerais (argent, diamants, fer, uranium) et pétrole à Cabinda (découvert en 1961).

Pais	Capital	População	Superfície	População
Angola	Luanda	1 500 000 h.	1 246 700 km²	9 400 000 h.
Cabo Verde	Praia	60 000 h.	4 033 km²	950 000 h.
Guiné	Bissau	110 000 h.	36 125 km²	930 000 h.
Mozambique	Maputo	1 100 000 h.	783 030 km²	14 900 000 h.
S. Tomé e Príncipe	S. Tomé	38 000 h.	970 km²	103 000 h.

37 — Os países africanos de língua oficial portuguesa
5. ENVIRONNEMENT - L'AFRIQUE

CABO VERDE (nota 11) : Independentes desde 05.07.1975, os naturais do arquipélago (1/3 no país e 2/3 na Europa e nos Estados Unidos) vivem da pesca e da agricultura (milho, bananas), apesar das secas (não choveu 1970-1984).

GUINÉ-BISSAU : Independência em 10.09.1975. É constituída por uma porção continental e 40 ilhas — Bijagós (nota 15) — das quais 20 são habitadas. Tropical e equatorial, é essencialmente agrícola : amendoim, arroz e milho. Prevê explorar recursos minerais : petróleo off-shore, bauxite, fosfatos.

MOÇAMBIQUE (1,5 vezes a França) : Independente a 25.06.1975. Situado na costa oriental da África, voltado para o Oceano Índio (2 600 km de costa), possui recursos hidráulicos importantes (Rio Zambeze). Enfraquecido por uma longa guerra civil, tem recursos naturais consideráveis : agrícolas (chá, algodão, cana de açúcar, caju, copra, madeiras preciosas), minerais (carvão, ouro e pedras preciosas).

SÃO TOMÉ E PRÍNCIPE : Independente desde 02.07.1975, compõe-se de 2 ilhas vulcânicas (2 000 m de altitude em S. Tomé). É um país essencialmente agrícola (cacau, café, copra).

CAP-VERT (note 11) : Indépendante depuis le 5.07.1975, la population de l'archipel (1/3 est resté dans le pays et les 2/3 sont en Europe ou aux États-Unis), vit de l'agriculture (maïs, bananes), malgré les sécheresses (il n'a pas plus entre 1970-1984), et de la pêche.

GUINÉE-BISSAU : Indépendante le 10.09.1975. Ce pays se compose d'une partie continentale et des 40 îles des Bijagos dont 20 habitées (note 15). Tropical et équatorial, il est essentiellement agricole : arachides, riz et millet. Il prévoit d'exploiter des ressources minières : le pétrole off-shore, la bauxite, les phosphates.

MOZAMBIQUE (1,5 fois la France). Indépendant le 25.06.1975. Situé au sud-est de l'Afrique, il a une longue côte sur l'océan Indien (2 600 km) et de très grandes potentialités hydrauliques (grands fleuves : le Zambèze). Affaibli par une longue guerre interne, il a des ressources naturelles importantes : agricoles (thé, coton, canne à sucre, cajou, coprah, bois exotiques) et minières (charbon, or, pierres précieuses, etc.).

SÃO TOMÉ ET PRINCIPE : Indépendant depuis le 02.07.1975. Il se compose de 2 îles volcaniques (2 000 m à S. Tomé). Il est essentiellement agricole (cacao, café, coprah).

37 Les pays africains de langue officielle portugaise
6. PHRASES TYPES

1. Heureusement que tu as eu cette occasion.
2. Il y a longtemps que je désirais faire ce voyage.
3. J'aimerais mieux aller aux États-Unis.
4. Je préférerais qu'il ne s'agisse pas d'un voyage d'affaires.
5. Je vais passer presque toute la nuit dans l'avion.
6. Il doit être très agréable de faire un grand voyage en bateau.
7. Autrefois presque personne n'allait en Afrique en avion.
8. C'est vrai ; tout le monde prenait le bateau.
9. C'était beaucoup plus long.
10. Il n'y a aucun point de comparaison.
11. Mais le voyage est beaucoup plus cher.
12. On ne perd pas de temps et le temps, c'est de l'argent.

---

1. Ainda bem que tiveste essa oportunidade.
2. Há muito tempo que desejava fazer esta viagem.
3. Eu gostava mais de ir aos Estados Unidos.
4. Preferia que não fosse uma viagem de negócios.
5. Vou passar quase toda a noite no avião.
6. Deve ser muito agradável fazer uma grande viagem de barco.
7. Antigamente quase ninguém ia para África de avião.
8. É verdade ; toda a gente ia de barco.
9. Levava-se muito mais tempo.
   Demorava-se muito mais tempo.
10. Nem se compara.
11. Mas a viagem é muito mais cara.
12. Não se perde tempo e tempo é dinheiro.

37 — Os países africanos de língua oficial portuguesa

7. VOCABULAIRE

- a novidade, *la nouvelle*
- a guerra, *la guerre*
- felizmente, *heureusement*
- a relação, *la relation*
- a língua, *la langue*
- fugir, *fuir*
- surgir, *surgir, apparaître*
- gozar, *jouir de, profiter de*
- estabelecer, *établir*
- encarregar, *charger*
- tratar, *traiter*
- o assunto, *le sujet, la matière*
- estar a par, *être au courant*
- guardar segredo, *garder le secret*
- o concorrente, *le concurrent*
- encaminhar, *être en bonne voie*
- a ida, *l'aller*
- o recreio, *le plaisir, l'agrément*
- acertar, *ajuster, régler*
- o pormenor, *le détail*
- juntar, *joindre*
- tencionar + inf., *avoir l'intention de + inf.*
- permanecer, *rester*
- calhar bem, *tomber bien*
- a estação, *la saison*

VOCABULAIRE COMPLÉMENTAIRE

Le vocabulaire qui suit est spécifique des pays cités.

ANGOLA

- cadavez, *peut-être*
- cambular, *attirer, charmer*
- cambuta, *petit*
- a maca, *le problème, le conflit*
- malembe, *lentement*
- o matabicho, *le pourboire, le petit déjeuner*
- o maximbombo, *l'autobus*
- o monandengue, *l'enfant*
- o musseque, *le bidonville*
- a sanzala, *le village*

MOZAMBIQUE

- o caniço, *la zone de bidonvilles*
- dizer papaias, *exagérer*
- a machamba, *le champ*
- mafuto, *gros*
- maningue, *beaucoup*
- o milano, *le problème, le conflit*
- o pachiça, *le porteur, le docker*
- tá-tá, *au revoir*

CAP-VERT

Dans la vie courante, les Capverdiens parlent essentiellement le créole. Le vocabulaire qui suit provient de la littérature.

- debangar, *tomber* (de très haut)
- dias-há, *il y a longtemps*
- grilir os olhos, *écarquiller les yeux*
- as mantenhas, *les salutations*
- a morabeza, *la gentillesse, la sympathie*
- a rocha, *la montagne*
- sem destino, *en grande quantité*

37 Les pays africains de langue officielle portugaise
8. EXERCICES

A. Remplacer dans les phrases ci-dessous le pronom *me* par les pronoms de la 3ᵉ personne du singulier, 1ʳᵉ personne du pluriel et 3ᵉ personne du pluriel
1. Estás a dar-*me* uma grande novidade.
2. Encarregou-*me* de tratar directamente com os interessados.

B. Compléter avec les prépositions *por* ou *para*, et faire éventuellement la contraction
1. Vou ..... África.
2. Vais ..... quanto tempo ?
3. Vou só ..... uma semana.
4. Trabalho ..... conta própria.
5. Não queres passar ..... o escritório ?
6. Agora não. Vou ..... minha casa.

C. Traduire
1. Il lui avait demandé de revenir d'Afrique le plus vite possible.
2. Il a répondu comme s'il connaissait déjà la réponse.

CORRIGÉ

A. 1. Estás a dar-lhe uma grande novidade.
   Estás a dar-nos ...
   Estás a dar-lhes ...
2. Encarregou-o/a de tratar directamente com os interessados.
   Encarregou-nos de tratar ...
   Encarregou-os/as de tratar ...

B. 1. Vou para África.
2. Vais por quanto tempo ?
3. Vou só por uma semana.
4. Trabalho por conta própria.
5. Não queres passar pelo escritório ?
6. Agora não posso. Vou para (minha) casa.

C. 1. Ele tinha-lhe pedido que viesse de África o mais depressa possível.
2. Ele respondeu como se já conhecesse a resposta.

38   Macau e o Oriente[1]
1. DIÁLOGO

        A : António   V : Vítor

A — Ainda agora[2] chegaste a Lisboa e vais-te embora[3] outra vez ? A África deixou-te assim tantas saudades[4] ?

V — Lá[5] deixar, deixou ; mas desta vez a viagem é muito mais longa. Nem te passa pela cabeça[6] onde vou !

A — Isso é o que tu julgas. Aposto que te vão mandar à Macau.

V — Como é que soubeste ? Ainda não tínhamos falado nisso.

A — Pois não. Mas li num journal que a tua empresa ia investir em Macau.

V — É por isso[7] que eu lá vou. O Governo do Território[8], agora, concede inúmeras facilidades.

A — Ah sim ! Quais ?

V — Todas as que quiseres, desde programas especiais de crédito até bonificações no preço da energia para fins industriais.

A — Já tinha ouvido dizer que, em Macau, não havia limites para o investimento estrangeiro.

V — Não, de facto não há. A economia é totalmente livre.

A — Há algumas vantagens especiais para as empresas portuguesas ?

V — Não, embora[5] o Território seja ainda português. Contudo, tem-se assistido[9] ultimamente a um crescente aumento de nomes portugueses na lista de empresas que se instalam em Macau.

A — Macau, com uma óptima situação geográfica, encontra-se sob administração portuguesa até 1999, data em que voltará a ficar sob administração chinesa.

V — Além disso, outro factor importante é a garantia de repatriação dos lucros realizados.

A — É uma razão de peso. Tanto mais que Macau se situa numa área estratégica para a China, o delta do Rio das Pérolas, delta que sempre funcionou como uma porta aberta para o Ocidente.

V — Exactamente. Os Chineses lá tinham as sua razões, quando designaram Macau por « Ou Mun » que significa « porta ».

A — Desde o século XVI, quando os portugueses se lá estabeleceram para comerciar, Macau foi sempre uma porta de (e para) a China. E a propósito do século XVI, não deixes de ir à Gruta de Camões[10].

38. Macao et l'Orient
2. DIALOGUE

A : António   V : Victor

A — Tu viens à peine d'arriver à Lisbonne et tu repars ? L'Afrique te manquerait-elle déjà ?

V — Elle me manque, c'est vrai ; mais cette fois-ci, le voyage sera beaucoup plus long. Tu ne devineras pas où je vais !

A — Qu'est-ce que tu crois ? Je parie que l'on t'envoie à Macao.

V — Comment l'as-tu deviné ? Nous n'en n'avions pas encore parlé.

A — C'est juste. Mais j'ai lu dans un journal que ton entreprise allait investir à Macao.

V — C'est pour ça que j'y vais. Le gouvernement du Territoire accorde, en ce moment, de nombreuses facilités.

A — Ah bon ! Lesquelles ?

V — Toutes celles que tu voudras, depuis des programmes spécifiques de crédit jusqu'à des réductions sur le prix de l'énergie à des fins industrielles.

A — J'avais entendu dire que, à Macao, l'investissement étranger n'était pas limité.

V — Non, il ne l'est pas. L'économie y est totalement libre.

A — Les entreprises portugaises bénéficient-elles d'avantages particuliers ?

V — Non, bien que le Territoire soit encore portugais. On a pourtant enregistré dernièrement une augmentation croissante des noms portugais sur la liste des entreprises qui s'installent à Macao.

A — C'est que Macao, qui jouit d'une excellente situation géographique, se trouve encore sous administration portugaise, jusqu'à ce qu'elle revienne à la Chine en 1999.

V — Il y a un autre facteur d'importance : la garantie de pouvoir rapatrier les bénéfices réalisés.

A — C'est un argument de poids, d'autant plus que Macao se trouve dans un secteur stratégique pour la Chine, le delta de la Rivière des Perles, delta qui a toujours fonctionné comme une porte ouverte sur l'Occident.

V — Ce n'est pas sans raison que les Chinois ont appelé Macao « Ou Mun », c'est-à-dire « la porte »

A — Dès le XVIe siècle, quand les Portugais s'y sont installés pour faire du commerce, Macao a toujours été une porte de (et vers) la Chine. À propos du XVIe siècle, n'oublie pas d'aller voir la grotte de Camões.

38   Macau e o Oriente

3. REMARQUES

1. **O Oriente** : Bartolomeu Dias ayant doublé le Cap de Bonne-Espérance en 1487, les Portugais recherchent la route des épices en Orient et Extrême-Orient : Vasco de Gama explore la côte orientale de l'Afrique et atteint l'Inde (1497-1501), conquise par Afonso de Albuquerque (1502-1515) : puis ils atteignent Malaca (1511), Ceylan et Bornéo (1518), les Moluques, le Japon (1542, F. Mendes Pinto), la Chine (Macao, 1553), les îles de la Sonde (Timor, 1561). Ils installent places fortes et comptoirs commerciaux et resteront à Goa jusqu'en 1961 (reprise par l'Inde), à Timor jusqu'en 1974 (prise par l'Indonésie) et à Macao qui sera rendue à la Chine en 1999.
2. **Ainda agora** : m. à m. **ainda** : *encore* ; **agora** : *maintenant*.
3. **Ir-se embora** : *s'en aller*. **Embora** + subj. = *bien que* + subj.
4. **A saudade** : *la nostalgie, le regret*. Ce sentiment est un thème d'inspiration permanent dans la poésie lyrique portugaise et dans les chansons populaires depuis le XIIe siècle.
5. **Lá** : adv. qui a ici une valeur emphatique (intraduisible). Ex. : **sei lá** : *qu'est-ce que je sais, je n'en sais rien*.
6. **Nem te passa pela cabeça** : m. à m. *« Cela ne te passe même pas par la tête »*.
7. **Por isso** : *pour, à cause de cela*. **Por** : valeur causale. **Por** + inf. = *parce que*. **Por vir...** : *parce qu'il est venu*...
8. **O Governo do Território** : Macao a été concédée aux Portugais par la Chine en 1557, moyennant 10 % du commerce qui y serait fait. De 1553 à 1623, la ville fut gérée par les Grands Capitaines (Capitães-mores) du Japon, puis par des Gouverneurs, nommés par Lisbonne. En 1849, Macao se déclare indépendante de la Chine ; le 1er janvier 1973, elle devient administrativement et financièrement un Territoire autonome. Restée à l'écart du processus de décolonisation de 1974, un nouveau statut lui donne, en 1976, une plus grande autonomie, administrative, économique, financière et législative. Le Territoire dispose d'une Assemblée législative composée de 17 députés élus. Le Gouverneur, nommé par le président de la République et assisté d'un Conseil Consultatif, a un pouvoir exécutif. La Chine reprendra ce territoire en 1999.
9. **Tem-se assistido** : *on a assisté*. Notez : *on*, exprimé par verbe pronominal 3e p. sg. Passé comp. : cf. note 17, 4-3.
10. **A Gruta de Camões** : *la grotte de Camões*, située dans le jardin Camões, près de l'actuel musée Camões, abrite une statue du poète Luís Vaz de Camões (1525?-1580) qui a séjourné à Macao en 1558 et y aurait écrit six des dix chants de son poème épique : « les Lusiades » (publié en 1572).

38 Macao et l'Orient
4. ENVIRONNEMENT

O estado de Macau, sob administração portuguesa desde o século XVI, voltará à China em 1999 (20.12.99). É constituído pela cidade de Macau, situada numa península a 113 kms ao sul de Cantão, e por 2 pequenas ilhas (Taipa e Coloane). Perto de 500 000 h. vivem num espaço de uns 16 km² — uma das maiores densidades de população do mundo (25 000 h./km²). O acesso a este território é feito por avião através do aeroporto de Hong-Kong (64 km) e por barco (1/2 hora). Macau oferece o encanto subtil da reunião de 2 culturas, a chinesa e a portuguesa.

Macau afirmou-se, praticamente desde a sua fundação (1557), como um entreposto de mercadorias e também de ideias (o papel dos Jesuítas foi importante). Foi através de Macau que chegaram ao Império do Meio os primeiros ecos das civilizações do Ocidente. Muito próspera no século XVIII, por ter tido o monopólio do comércio entre a China e o Japão, e entre estes 2 países e a Europa, Macau declinou no século XIX com a chegada dos ingleses a Hong-Kong. Hoje a sua economia é muito florescente, apesar da apreensão causada pelo próximo retorno à China. Deve-o a um comércio externo muito activo com a Europa, os EUA e Hong-Kong.

L'État de Macao, sous administration portugaise depuis le XVIe s. (note 8) reviendra à la Chine le 20.12.1990. Il comprend la ville de Macao, construite sur une presqu'île à 113 km au sud de Canton, et 2 petites îles (Taipa et Coloane). Près de 500 000 personnes vivent sur moins de 16 km² ; c'est l'une des plus fortes densités du monde (25 000 h./km²). On y accède par avion (par l'aéroport de Hong Kong à 64 km) et par bateau (1/2 heure). Il offre le charme subtil du mélange des 2 cultures, chinoise et portugaise.

Macao s'est affirmée, pratiquement dès sa fondation (1557), comme un comptoir commercial de marchandises et d'idées (important rôle des Jésuites). C'est par l'intermédiaire de Macao que sont arrivés les premiers échos des civilisations de l'Occident à l'Empire du Milieu. Très prospère au XVIIIe siècle car elle a eu le monopole du commerce entre la Chine et le Japon, et entre ces deux pays et l'Europe, elle a décliné, au XIXe, avec l'arrivée des Anglais à Hong Kong. Aujourd'hui, son économie est très florissante, malgré les inquiétudes que fait naître le prochain retour à la Chine. Elle le doit à un commerce extérieur très actif avec l'Europe, les USA et Hong Kong.

38 Macau e o Oriente

5. ENVIRONNEMENT - MACAU

A VIDA EM MACAU

Quando o « jetfoil » se aproxima da pequena península do sul da China a primeira imagem que se divisa é a de um aglomerado moderno. No topo de uma colina — a Guia — um farol, o primeiro da Ásia construído no século XVIII pelos portugueses domina a paisagem. Por baixo, uma cidade recortada por edifícios modernos que se estende à esquerda até uma ponte que liga as ilhas da Taipa et de Coloane. O que distingue a vida nesta penquena cidade das outras sociedades urbanas da República Popular da China é essencialmente o facto de se estar sob um regime de economia liberal.

Apesar da maior área disponível do território se situar nas ilhas da Taipa e Coloane é na pequena península de Macau de 6 kms² que vive a esmagadora maioria dos habitantes locais. Apenas 10 000 estão instalados na zona insular : áleas frondosas, praias, hotéis, casinos... No entanto, não se pode dizer que se sinta um movimento asfixiante nas suas ruas. É na zona norte da cidade, junto à fronteira das Portas do Cerco que dá acesso à China, que se tem a sensação de que escasseia o espaço para tanta gente. É lá que se situam os mais populosos bairros de habitação social de Macau.

LA VIE À MACAO

Quand l'hydroglisseur s'approche de la petite péninsule du sud de la Chine, la première vision que l'on a est celle d'une agglomération moderne. Au sommet d'une colline — le Guide — un phare, le premier construit en Asie, au XVIIIᵉ siècle, par les Portugais, domine le paysage. En bas, une ville découpée par des édifices modernes s'étend sur la gauche jusqu'à un pont qui relie les îles de Coloane et de Taipa. Ce qui distingue la vie dans cette petite ville de celle des autres sociétés urbaines de la République Populaire de Chine, c'est essentiellement le fait de vivre dans un régime d'économie libérale.

Bien que la plus grande partie de l'étendue disponible se trouve dans les îles de Taipa et de Coloane, c'est dans la petite presqu'île de Macau, de 6 km² que vit une majorité écrasante des habitants indigènes. Seuls 10 000 sont installés dans la zone insulaire : promenades ombragées, plages, hôtels, casinos... On n'a pas l'impression toutefois qu'il y ait un va-et-vient étouffant dans les rues. C'est dans la zone Nord de la ville, près de la frontière des « Portes du Siège » donnant accès à la Chine que l'on a la sensation d'un espace qui se raréfie pour tant de monde. C'est là que se trouvent les quartiers populaires les plus peuplés de Macau.

38 Macao et l'Orient
6. PHRASES TYPES

1. Le voyage a été long mais très intéressant.
2. Quand est-ce que tu es arrivé ? Es-tu arrivé aujourd'hui ?
3. Je viens juste d'arriver.
4. Je n'avais pas envie de rentrer.
5. C'est un voyage qui m'a laissé tant de regrets !
6. À Macao je n'ai mangé que de la cuisine chinoise.
7. Je me suis toujours senti attiré par l'Orient.
8. Il manque peu de temps pour que je reparte.
9. Je t'envie. Si j'avais le temps, je partirais avec toi.
10. Les Portugais sont allés chercher le thé en Chine.
11. D'ailleurs, le mot chá (thé) est d'origine chinoise.
12. En portugais il y a d'autres mots « importés » de l'Orient.
13. Biombo (paravent) est un mot d'origine japonaise.

---

1. A viagem foi longa mas muito interessante.
2. Quando é que chegaste ? Chegaste hoje ?
3. Cheguei agora mesmo.
4. Não me apetecia vir (voltar) para cá.
   Não tinha vontade de vir (voltar) para cá.
5. Foi uma viagem que me deixou tantas saudades.
6. Em Macau só comi cozinha chinesa.
7. Sempre me senti atraído pelo Oriente.
8. Falta pouco tempo para me ir outra vez embora.
9. Invejo-te. Se tivesse tempo, ia (partia) contigo.
10. Os portugueses foram buscar o chá à China.
11. Aliás, a palavra chá é de origem chinesa.
12. Em português há mais palavras importadas do Oriente.
13. Biombo é uma palavra de origem japonesa.

38 — Macau e o Oriente

7. VOCABULAIRE

deixar, *laisser*
a saudade, *le regret*
julgar, *penser*
apostar, *parier*
mandar, *envoyer*
a empresa, *l'entreprise*
investir, *investir*
o governo, *le gouvernement*
o território, *le territoire*
conceder, *concéder*
inúmeras, *nombreuses*
a facilidade, *la facilité*
o crédito, *le crédit*
o investimento, *l'investissement*
estrangeiro, *étranger*
livre, *libre*
a vantagem, *l'avantage*
especial, *spécial*
contudo, *pourtant*
assistir, *assister*
crescente, *croissant(e)*
o aumento, *l'augmentation*
a lista, *la liste*
a repatriação, *le rapatriement*
os lucros, *les bénéfices*
instalar, *installer*
sob, *sous*
razão de peso, *argument de poids*
inserir, *insérer, se trouver*
comerciar, *faire du commerce*
a gruta, *la grotte*
o letreiro, *l'enseigne*

VOCABULAIRE COMPLÉMENTAIRE

os pontos cardeais, *les points cardinaux*
o Norte, *le nord*
o Sul, *le sud*
o Este/Leste, *l'est*
o Oeste, *l'ouest*
o Nordeste, *le nord-est*
o Noroeste, *le nord-ouest*
o Sudeste, *le sud-est*
o Sudoeste, *le sud-ouest*
o ocaso/o poente, *le couchant*
o ocidente, *l'occident*
o levante/o nascente, *le levant*
o oriente, *l'orient*
o sol-poente, *le soleil couchant*

38 — Macao et l'Orient

8. EXERCICES

A. Dans la phrase ci-dessous remplacer le pronom *te* par les pronoms de la 3ᵉ personne du singulier (masculin et féminin), par la 1ʳᵉ personne du pluriel, par la 1ʳᵉ personne du singulier et par la 3ᵉ personne du pluriel.

1. Aposto que *te* vão mandar a Macau.

B. Mettre à la 1ʳᵉ personne du singulier

1. Ele investe muito dinheiro.
2. Ele não pode vir.
3. Ele põe em causa a situação.

C. Compléter avec les formes verbales adéquates

1. Embora a situação (estar) calma, eu não estou descansado.
2. Ele não foi à China, embora (saber) falar chinês.
3. Embora (haver) garantias, eu não vou investir nessa empresa.

CORRIGÉ

A.
1. Aposto que *o* vão ... / Aposto que *a* vão ...
2. Aposto que *nos* vão ...
3. Aposto que *me* vão ...
4. Aposto que *os/as* vão ...

B.
1. Eu invisto muito dinheiro.
2. Eu não posso vir.
3. Eu ponho em causa a situação.

C.
1. Embora a situação esteja calma, eu não estou descansado.
2. Ele não foi à China embora saiba falar chinês.
3. Embora haja garantias, eu não vou investir nessa empesa.

39 O Brasil

1. DIÁLOGO

M : Manuel   L : Laura   E : Edson

M — Haja o que houver[1], está decidido, vamos mesmo ao Brasil. Acabamos de comprar as passagens.

E — Puxa[2]! Até que enfim; desta vez vocês decidiram! Fico muito contente. Ótima decisão!

L — Tomámo-la de repente. Tanto o Manuel como eu[3] andávamos mortinhos por[4] conhecer o Brasil.

E — Quando é que vocês vão?

M — No dia 22. Só falta uma semana.

E — E quanto tempo vão ficar?

L — Um mês. Infelizmente não podemos ficar mais tempo. Se tivéssemos mais férias... É pouco, não é?

E — É. Um mês não dá[5]. O Brasil é grande demais[6]. Só com muito tempo é que se pode visitar.

L — Pois. E é difícil escolher entre os pampas[7] e a Amazônia[8], o litoral[9] e o sertão[10].

M — É impossível percorrer todo o país em trinta dias.

E — E lá, será melhor viajar de avião; o ônibus demora muito.

L — A nossa primeira etapa é o Rio de Janeiro.

M — No mês de Julho, é Inverno no Brasil, não é?

E — É. No Rio o calor é constante mas às vezes esfria um pouco nesta época. Se forem a São Paulo, não deixem de levar uma capa porque pode garoar e umas malhas, proque lá faz frio.

L — São Paulo está previsto no nosso intinerário. Tanto quanto sei, é a maior e a mais activa cidade brasileira, não é?

E — É o maior centro industrial e econômico, a locomotiva do país, como dizem, mas é também uma cidade muito poluída. Apesar disso tem uma vida cultural intensa.

M — Contamos aproveitar a nossa estadia para irmos ao teatro e visitar alguns museus.

L — Falaram-me nos Museus do Ipiranga[11] e de Arte Moderna.

M — Depois vamos a Salvador, outrora capital do Brasil[12].

E — Você, vão gostar das igrejas barrocas e das baianas, com trajes típicos, que vendem acarajés[13]. Espero que tenham a oportunidade de comer um bon vatapá[14] e uns quindins[15].

L — Por último vamos a Recife, a vossa « Veneza ».

E — Que pena não irem a Brasília[16] a nossa cidade mais moderna.

39 Le Brésil
2. DIALOGUE

M : Manuel   L : Laura   E : Edson

- M — Quoi qu'il arrive, c'est décidé, nous allons au Brésil.
- E — Chic alors ! Il était temps ! Cette fois-ci, c'est pour de bon ! J'en suis ravi. C'est une bonne décision !
- L — Nous venons de la prendre. Nous mourions d'envie, Manuel autant que moi, de connaître le Brésil.
- E — Quand est-ce que vous partez ?
- M — Le 22. Il ne manque plus qu'une semaine.
- E — Combien de temps allez-vous y rester ?
- L — Un mois. Malheureusement nous ne pouvons pas rester plus longtemps. Si nous avions davantage de vacances... C'est court, n'est-ce pas ?
- E — Oui. Un mois ça ne suffit pas. Le Brésil est trop grand. Il faut disposer de beaucoup de temps pour le visiter.
- L — Bien sûr. Et il est difficile de choisir entre les pampas et l'Amazonie, la côte et l'intérieur du pays.
- M — Il est impossible de parcourir tout le pays en trente jours.
- E — Et il vaudra mieux vous y déplacer en avion. L'autobus prend trop de temps.
- L — Notre première étape sera Rio de Janeiro.
- M — En juillet, c'est l'hiver au Brésil, n'est-ce pas ?
- E — Oui. À Rio il fait toujours chaud, mais, pendant cette période, il fait parfois plus frais. Si vous allez à São Paulo, n'oubliez pas d'emporter un imperméable, car il peut y bruiner, et une laine car il y fait froid.
- L — São Paulo est prévu sur notre itinéraire. À ce que je sais, c'est la ville brésilienne la plus grande et la plus active.
- E — C'est le plus grand centre industriel et économique, la « locomotive du pays », comme l'on dit, et c'est aussi une ville très polluée. Malgré cela, elle a une vie culturelle très intense.
- M — Nous comptons profiter de notre séjour pour aller au théâtre et pour visiter quelques musées.
- L — On m'a parlé du musée Ipiranga et du musée d'Art Moderne.
- M — Puis nous irons à Salvador, autrefois capitale du Brésil.
- E — Vous aimerez les églises baroques et les vieilles Bahianaises en costume typique qui vendent des **acarajés**. J'espère que vous aurez l'occasion de manger un bon **vatapá** et des **quindins**.
- L — Nous irons enfin à Recife, votre « Venise ».
- E — Quel dommage que vous n'alliez pas à Brasilia, notre ville la plus moderne !

39 O Brasil

3. REMARQUES

1. **Haja o que houver** : m. m. « *quoiqu'il y ait* ». **Haja** : subj. prés. et **houver** : subj. fut. de **haver** *(avoir)*. Dans un texte au passé on aurait : **houvesse o que houvesse**.
2. **Puxa !** (Brésil) : interj. indiquant l'étonnement, la colère, etc.
3. **Tanto ... como eu** : *autant ... que moi* = comparatif d'égalité.
4. **Mortinhos por** : m. à m. « *presque morts pour* » ; (**morto** + **inho** = suf. dimin.). **Por** : après verbe exprimant attente, désir...
5. **Um mês não dá** : m. à m. « *un mois ne donne pas* ». **Dar** : *donner*. Empoi très fréquent au Brésil, **dá** : *ça va* ; **não dá** : *ce n'est pas possible*.
6. **O Brasil é grande demais** : *le Brésil est trop grand*. Le Brésil (8 514 000 km²) occupe 43,5 % de l'Amérique du Sud ; c'est l'Europe jusqu'à l'Oural ou 17 fois la France.
7. **Os pampas** : vastes plaines au sud du Brésil (Rio Grande do Sul, Sud du Mato Grosso). Élevage (bovins, ovins, chevaux...).
8. **A Amazônia** : bassin de l'Amazone (plus de 7 000 km²), le plus important fleuve du monde : 3 581 180 km² (42,07 % du territoire). *La forêt vierge* (**selva**), vrai réservoir d'oxygène de la planète, le recouvre. États : Acre, Amazonas, Pará, Rondônia.
9. **O litoral** : *la côte* (7 408 km). La côte du N.-E. (de Natal au sud de l'État de Bahia), en zone tropicale, se hérisse de collines, couvertes de champs de canne à sucre (**canaviais**), qui fut introduite au XVIe par les Portugais. De Vitória jusqu'à Florianopolis, la côte, très accidentée, est bordée de montagnes escarpées (ex. Serra da Mantiqueira).
10. **O sertão** : terme géographique désignant l'intérieur du Nordeste, où règnent de graves sécheresses. Élevage de bovins.
11. **O museu do Ipiranga** ou **Museu Paulista** : musée consacré à l'histoire de São Paulo, fut construit sur la colline d'Ipiranga où, le 7 sept. 1822, le prince héritier du Portugal décida de se séparer de la métropole, en criant : « L'indépendance ou la mort ». Il devint l'empereur Pierre Ier (1821-1831).
12. **Salvador da Bahia** : capitale jusqu'en janvier 1793, puis Rio de Janeiro (1793-1960) et Brasília (depuis 1960).
13. **Acarajé** : beignet de farine de haricot, servi nature ou farci de crevettes et de piments (origine africaine).
14. **Vatapá** : purée à base de mie de pain, poisson, lait de coco, noix de cajou, crevettes séchées et broyées, gingembre et huile de dendê (origine africaine).
15. **Quindim** (pl. **quindins**) : petit flan rond, jaune d'œuf et sucre (origine africaine ou locale).
16. **Brasília** (1 650 000 h.), érigée (1956) au cœur du Brésil, par Lúcio Costa et Oscar Niemeyer. Plan en forme d'avion.

39 — Le Brésil
4. ENVIRONNEMENT - LE BRÉSIL

O BRASIL (8 511 965 km²) é o 5° maior país do mundo, ou seja 43 % da América so Sul e 15 vezes a superfície da França. Descoberto em 1500 pelo português Pedro Álvares Cabral, é hoje uma federação de 23 Estados (147 M de habitantes em 1990), o seu nome vem duma árvore cuja madeira, cor de brasa (chamado pau brasil) foi a primeira riqueza a ser explorada.

Relevo : É um vasto planalto (altitude média : 400 m) com duas depressões — as bacias hidrográficas do rio Amazonas a Norte e do Paraguai a Sudoeste. Culmina em Minas Gerais (Pico da Neblina : 3 014 m). Uma cadeia montanhosa isola-o da costa atlântica ; é aí que se encontram os Estados mais povoados, os primeiros a desenvolverem-se.

O clima é geralmente tropical, com estações pouco marcadas. Precipitação e vegetação variam segundo regiões climáticas.

Regioes	Superficie	População	Estados
Nordeste (Nord)	42 %	5,0 %	Amazonas, Pará, Acre, Rondônia, Terr. Amapá, Roraima
Nordeste (Nord-Est)	7 %	25,0 %	Alagoas, Bahia, Ceará, Maranhão, Paraíba, Pernambuco, Piauí, Rio Grande do Norte, Sergipe
Centro-oeste (Centre-Ouest)	22 %	5,5 %	Goiás, Mato Grosso, Dist. Federal Brasília
Sudeste (Sud-Est)	11 %	45,0 %	Minas Gerais, Rio, São Paulo, Espírito Santo
Sul (Sud)	7 %	20,5 %	Paraná, Rio Grande do Sul, Santa Catarina

Le Brésil (8 511 965 km²), est le 5e pays du monde par son étendue, soit 43 % de l'Amérique du Sud et 15 fois la superficie de la France. Découvert en 1500 par le Portugais Pedro Álvares Cabral, c'est aujourd'hui une fédération de 23 États (147 millions d'h. en 1990). Il tire son nom d'un arbre dont le bois, couleur de braise (appelé alors **pau brasil** = bois de braise) fut la première richesse exploitée.

Relief : c'est un vaste plateau (altitude moyenne : 400 m) ; il a 2 grandes dépressions : les bassins hydrographiques de l'Amazone au N. et le Paraguay au S.-O. Il culmine dans le Minas Gerais (Pico da Neblina : 3 014 m). Un bourrelet montagneux où se trouvent les États les plus anciennement mis en valeur et les plus peuplés l'isole de la côte atlantique.

Le climat, généralement tropical, a des saisons peu marquées. Précipitations et végétations, selon les régions climatiques.

39   O Brasil

5. ENVIRONNEMENT - LE BRÉSIL

Norte (Amazônia e N. do planalto central) : Equatorial, coberto pela selva, refúgio dos últimos índios, onde vivem muitas espécies de mamíferos, aves exóticas e peixes de água doce. Tem sido objeto de muitas explorações : borracha (séc. XIX), madeiras, metais preciosos (ouro), culturas industriais, construção da estrada transamazônica (anos 70).

Nordeste : Clima tropical, húmido junto à costa (cana de açúcar) e árido no sertão, flagelado pelas secas (bovinos). Berço da nação onde se encontra Salvador, 1ª capital do país até 1763 (antes do Rio de Janeiro), foi explorado pelos Portugueses com escravos vindos da África.

Centro-Oeste : Quente e seco, « farwest » brasileiro, objecto de cobiça : ouro, diamantes (séc. XVIII), lutas pela posse de terras, abertura de estradas, criação de Brasília, 3ª capital (1960).

Sudeste : Clima tropical (Rio) ou subtropical temperado (São Paulo), muito povoado (europeus e japoneses) e muito ativo, concentra 3/4 da produção industrial em volta de 3 megapoles : Rio, São Paulo, Belo Horizonte.

Sul : Povoados por imigrantes europeus (Portugueses, depois Franceses, Italianos, Alemães — séc. XIX —), os 3 Estados do Sul, com clima subtropical agradável, são activos e ricos (gado).

Le Nord (Amazonie et N. plateau central) ; équatorial, règne de la forêt vierge, refuge des derniers Indiens où vivent de nombreuses espèces de mammifères, d'oiseaux exotiques et de poissons d'eau douce. Il est l'objet d'exploitations variées : caoutchouc (XIXe s.), bois, métaux précieux (or), cultures industrielles, construction de la Transamazonienne (années 70).

Le Nord-Est : climat tropical, humide sur la côte (canne à sucre) et aride dans le sertão aux terribles sécheresses (bovins). Berceau de la nation où se trouve Salvador, 1re capitale du pays jusqu'en 1763 (avant à Rio), il a été exploité par les Portugais, avec des esclaves noirs venus d'Afrique.

Le Centre-Ouest : chaud et sec, « farwest » brésilien, objet de convoitise : or, diamants (XVIIIe s.), luttes pour la possession des terres, routes, création de Brasilia, 3e capitale (1960).

Le Sud-Est : climat tropical (Rio) ou subtropical frais (São Paulo), très peuplé (Européens et Japonais) et très actif où les 3/4 de la richesse industrielle se concentrent autour de 3 mégapoles : Rio, São Paulo, Belo Horizonte.

Le Sud : peuplés d'immigrés européens (Portugais, puis Français, Italiens, Allemands — XIXe s. —), les 3 États du Sud, au climat subtropical agréable, sont actifs et riches (élevage).

39 Le Brésil
6. PHRASES TYPES

1. Si je vais au Brésil, j'irai voir Brasília.
2. Vous ferez le voyage quand vous pourrez.
3. Ils iraient au Brésil s'ils avaient de l'argent.
4. À notre retour, nous apporterons des souvenirs pour tout le monde.
5. Quand vous partirez je serai à l'aéroport.
6. L'avion s'approche de São Paulo et il va atterrir dans peu de temps.
7. J'écrirai lorsque j'y arriverai.
8. Autant que je sache c'est la ville la plus moderne du pays.
9. S'il y a du soleil nous sortirons.
10. Malgré le mauvais temps ils sont sortis.
11. Quoi qu'il arrive je ne sortirai pas.
12. Quoi qu'il en soit, je ne veux pas le savoir.

---

1. Se eu for ao Brasil, vou ver Brasília.
2. Você fará a viagem quando puder.
   Os senhores/vocês farão a viagem quando puderem.
3. Eles iriam ao Brasil se tivessem dinheiro.
4. Quando (nós) voltarmos, vamos trazer lembranças para todos.
5. Quando os senhores partirem, eu estarei no aeroporto.
   Quando o senhor (você) partir, ...
6. O avião se aproxima de São Paulo e vai aterrisar (aterrar) dentro de pouco tempo.
7. Escreverei quando lá chegar.
8. Tanto quanto saiba é a cidade mais moderna do país.
9. Se houver sol, sairemos.
   Havendo sol, sairemos.
10. Apesar do mau tempo, eles saíram.
11. Aconteça o que acontecer não sairei.
12. Seja o que for, eu não quero saber.

39 O Brasil

7. VOCABULAIRE

a passagem, *le billet*
decidir, *décider*
andar mortinho por, *mourir d'envie de*
faltar, *manquer*
a semana, *la semaine*
o mês, *le mois*
ficar, *rester*
as férias, *les vacances*
demais, *trop*
visitar, *visiter*
os pampas, *les pampas*
o litoral, *le litoral*
percorrer, *parcourir*
trinta, *trente*
a escolha, *le choix*
o ônibus, *l'autobus, le car*
a etapa, *l'étape*
julho, *juillet*
o Inverno, *l'hiver*

demorar, *tarder, s'attarder, être long*
o calor, *la chaleur*
esfriar, *refroidir*
a época, *l'époque*
a capa, *l'imperméable (B)*
garoar, *pleuvoir* (pluie fine) (B)
a malha, *le tricot*
tanto quanto, *autant que*
activa, *active*
a locomotiva, *la locomotive*
poluída, *polluée*
apesar de, *malgré*
contar, *compter*
a estadia, *le séjour*
a igreja, *l'église*
barroca, *baroque*
a concepção, *la conception*
que pena !, *quel dommage !*

39 Le Brésil

8. EXERCICES

A. Compléter avec les verbes indiqués entre parenthèses aux formes qui conviennent. Attention à la place des pronoms et à leur éventuelle transformation.

Ontem quando os meus amigos (dizer-me) que (ir) ao Brasil eu (ficar) aborrecido por não (poder acompanhar os). Se (ser) noutra época do ano, (ir) com eles, mas neste momento não (poder). No entanto eu (pedir-lhes) que (escrever-me). Eles (prometer) que (escrever-me) logo que lá (chegar) e que (enviar-me) um postal de cada cidade.

Talvez para o ano eu (voltar) a ter outra oportunidade mas nessa altura eu (ir aproveitar a) mesmo.

Depois eu (dizer) aos meus amigos que quando eles (regressar) eu não (deixar) de ir ao aeroporto.

B. Traduire

1. Quoi que tu fasses je ne changerai pas d'avis.
2. Je resterai quel que soit le résultat.
3. Quoi qu'il arrive je ne dirai rien.

CORRIGÉ

A. Ontem quando os meus amigos me disseram que iam ao Brasil, eu fiquei aborrecido por não poder acompanhá-los. Se fosse noutra época do ano, ia (iria) com eles, mas neste momento não posso. No entanto, eu pedi-lhes que me escrevessem. Eles prometeram que me escreveriam (escreviam) logo que lá chegassem e que me enviariam (enviavam) um postal de cada cidade.

Talvez para o ano eu volte a ter outra oportunidade, mas nessa altura eu vou aproveitá-la mesmo.

Depois eu disse aos meus amigos que quando eles regressassem eu não deixaria de ir ao aeroporto.

B.
1. Faças o que fizeres, eu não mudarei (mudo) de opinião.
2. Seja qual for o resultado eu ficarei (fico).
3. Haja o que houver (aconteça o que acontecer) não direi (digo) nada.

40 A música passa a vida a viajar
1. DIÁLOGO

A : António   L : Laura

A — Não queres vir a[1] minha casa ouvir um pouco de música ?
L — O teu gira-discos[2] já[3] é tão velho ! E dos discos nem é bom falar[4] !
A — Estás enganada[5]. Tenho uma aparelhagem de som novinha em folha[6]. Acabo de comprar o que há de melhor em matéria de alta-fidelidade. Vais ver.
L — Prefiro ouvir. Mas se os discos forem[7] os mesmos...
A — Não, não são os mesmos. A partir de agora, as tuas críticas sobre a minha discoteca já não[3] têm razão de ser.
L — Ainda bem. Então vamos lá[8]

....

L — Estou a ver que não te falta nada : gravador, vídeo... e há muitos discos. Tens procurado[9] variar os géneros.
A — Pois tenho. Como toda a família contribuiu, tenho-me esforçado por[10] contentar toda a gente. Que queres ouvir ?
L — Pelo que vejo, tens música para todos os gostos.
A — Tenho aqui a última gravação dos « Trovante »[11].
L — A que foi feita ao vivo, durante o espectáculo que deram no Campo Pequeno[12] ?
A — Essa mesmo. Queres ouvi-la ?
L — Pode ser. Também[3] gosto muito da música deles. Mas depois, podias pôr um disco de música brasileira. Se tivesses música do Nordeste, eu preferia... é tão diferente do samba.
A — Tenho tudo ! A música do Nordeste sofreu aliás influências da música popular do Norte de Portugal.
L — Não duvido. O certo é que a música brasileira sofreu sobretudo influências africanas.
A — Que queres ? A música passa a vida a viajar. Também os Açores exportaram a sua música para o Sul do Brasil[13]
L — E não é só no espaço que a música viaja.
A — Pois não. Também[3] viaja no tempo. Parece que a música dos trovadores[14] deixou vestígios nos nossos cantares e danças populares. Dizem os estudiosos que as Maias[15] e as Janeiras[16] vêm dessa época.
L — Estou a lembrar-me do José Afonso[17] e daquela cantiga tão bonita que cantava. Sabes qual é ?
A — Sei, « Vamos cantar as Janeiras » Queres ouvi-la ?

40 La musique passe sa vie à voyager
2. DIALOGUE

A : Antoine   L : Laura

A — Ne veux-tu pas venir chez moi écouter un peu de musique ?
L — Ton tourne-disque est déjà si vieux ! Et tes disques, il vaut mieux ne pas en parler !
A — Tu te trompes. J'ai une chaîne flambant neuf. Je viens d'acheter ce qui se fait de mieux en matière de haute-fidèlité. Tu vas voir.
L — Je préfère écouter. Mais si tu as les mêmes disques...
A — Non, ce ne sont pas les mêmes. Dorénavant, tes critiques à ma discothèque n'ont plus de raison d'être.
L — Heureusement. Alors, allons-y !

. . . .

L — Je vois qu'il ne te manque rien : magnétophone, magnétoscope... et beaucoup de disques. Tu as essayé de varier les genres.
A — Oui. Comme toute la famille a participé financièrement, j'ai fait en sorte de contenter tout le monde. Que veux-tu écouter ?
L — D'après ce que je vois, tu as de la musique pour tous les goûts.
A — Voilà le dernier enregistrement des Trovante.
L — Celui qui a été fait en direct, pendant le spectacle qu'ils ont donné au « Campo Pequeno » ?
A — Celui-là même. Veux-tu l'écouter ?
L — D'accord. Moi, aussi j'aime beaucoup leur musique. Mais après, tu pourrais mettre un disque de musique brésilienne. Si tu avais de la musique du Nordeste, moi je préférerais... elle est si différente de la samba.
A — J'ai tout ! La musique du Nordeste a d'ailleurs subi des influences de la musique populaire portugaise.
L — Oh, je n'en doute pas. Ce qui est sûr c'est que la musique brésilienne a surtout subi des influences africaines.
A — Que veux-tu ! La musique passe son temps à voyager. Les Açores, elles aussi, ont exporté leur musique dans le sud du Brésil.
L — Et ce n'est pas seulement dans l'espace que la musique voyage.
A — Bien sûr que non. Elle voyage aussi dans le temps. La musique des troubadours a, semble-t-il, laissé des traces dans nos chants et nos danses populaires. Les spécialistes disent que les chants des mois de mai et de janvier remontent à cette époque-là.
L — Je me souviens de José Afonso et de cette si jolie chanson qu'il chantait. Sais-tu laquelle ?
A — Oui, « Chantons le Nouvel An ». Veux-tu l'écouter ?

40 — A música passa a vida a viajar

3. REMARQUES

1. **Queres vir à minha casa** : m. à m. « *tu veux venir dans ma maison* » : *tu veux venir chez moi*. **Quero ir a tua casa** : *je veux venir chez toi*, etc. Notez : prép. **a**, après un verbe indiquant un changement de lieu, et pas l'art. déf. devant **casa** (*maison*, sens de *chez*), précédé ou non de possessif : **vou a casa**. Si **casa** (= *maison*) + 1 compl. : l'art. déf. utilisé. **Vou a casa da praia** : *je vais dans la maison de la plage*.

2. **O gira-discos** : *le tourne-disque* (inv. : pl. **os gira-discos**), (B) **toca-discos**, **a vitrola**.

3. **Já é velho** : *il est déjà vieux*. L'adverbe se place généralement devant le verbe. **Também gosto** : *j'aime aussi*.

4. **Nem é bom falar** : m. à m. « *il n'est même pas bon d'en parler*. **Nem ... sequer** : *ne pas ... même* (**sequer** est sous-entendu).

5. **Estas enganada** : m. à m. « *tu t'es trompée* ».

6. **Novinha em folha** : *tout neuf* (expr. idiomatique). **Folha** : *la feuille* ; **em folha** se dit d'un arbre qui vient de mettre ses feuilles. **Novo em folha** : m. à m. « *les feuilles viennent de se déployer* (**novo** : *neuf, nouveau, jeune*)

7. **Forem** : subj. futur 3ᵉ pers. pl. de *ser* (être) et *ir* (aller). Notez : **se** + subj. fut. ou subj. imp.

8. **Vamos lá** : *alors on y va* ou *allons-y donc*. **Lá**, n'indique pas, ici, un lieu. Il a seulement une valeur emphatique.

9. **Tens procurado variar** : *tu as essayé de varier*. Notez la différence de régime des verbes fran. et port.

10. **Tenho-me esforçado por...** : *je me suis efforcé de...*

11. **Os Trovante** : nom d'un groupe de musiciens-compositeurs modernes (de **trovar** : *composer et chanter des vers*).

12. **Campo Pequeno** : arènes de Lisbonne (style mauresque) construites en 1892, au N.-E. de la ville (quartier moderne).

13. Les Açoriens ont émigré vers le Brésil, notamment dans le Sud à la fin du XIXᵉ siècle, puis plus tard aux USA.

14. **Os trovadores** : *les troubadours* (poètes du Moyen Âge). La poésie lyrique, influencée par la poésie provençale, était très développée aux XIIᵉ et XIIIᵉ siècles.

15. **As Maias** : fêtes et chansons populaires de début mai.

16. **As Janeiras** : chansons du jour de l'an que des groupes chantaient de maison en maison pour demander les étrennes.

17. **José Afonso** : chanteur engagé (1929-1987) s'inspirant souvent de la musique traditionnelle. Sa chanson « Grândola, Vila Morena », diffusée sur Radio Renascença à 0 h 30 le 25 avril 1974 donna le signal de la Révolution, connue sous le nom de Révolution des Œillets.

40 La musique passa sa vie à voyager
4. ENVIRONNEMENT

A música e os instrumentos viajam com os homens. Portugal, país de marinheiros, desempenhou um papel decisivo (do séc. XVI ao séc. XVIII) nas trocas musicais entre a Europa, a África e a América : o Brasil foi o ponto de confluência e os Açores, por vezes, os intermediários.

Se a música dos Índios, depressa alterada pelo canto gregoriano dos Jesuítas, deixou poucos vestígios (*cururu* e *cateretê*), a chegada ao Brasil dos escravos africanos, nomeadamente angolanos, marcou profundamente, a partir do séc. XVI, a música brasileira : trazem os cantos, as danças, alegres e lascivas, e os instrumentos de música, que lhes permitem evocar os deuses e as festas da terra perdida. Os instrumentos de música africanos continuam a ser utilizados : *tambores, gongos, agogôs, berimbaus* para acompanhar a *capoeira* (luta africana dançada), *recos-recos, maracas*, e até as *violas* rudimentares inspiradas nas violas dos marinheiros portugueses, etc. Numerosas festas e danças, sincopadas e sensuais, mantêm a designação africana (maracatu, batuque, lundum...).

O *lundum*, em contacto com os ritmos indígenas, sofre alterações e torna-se a primeira dança popular afro-brasileira e chega a Lisboa onde, no séc. XVIII, rivaliza com o *fandango*. Por outro lado, aristocratiza-se nos salões de Salvador ou de Minas (séc. XVIII), onde se transforma em *lundum-canção*, sob a influência das modinhas, canções sentimentais, acompanhadas a *cravo* e à *viola*, que vinham das *modas* de Portugal, inspiradas nas *óperas italianas*, na época, muito em voga. Seria o antepassado do fado (meados do séc. XIX) que, por sua vez, teria influenciado as *mornas* dolentes de Cabo Verde.

Os colonizadores portugueses levaram também consigo cantigas populares, cujos ritmos não foram alterados, embora as letras não se tivessem mantido : no Brasil, a *ciranda* (roda), dançada desde o séc. XVII no Nordeste, ou, nos Açores, a dança cantada « *pezinho* », levada para o Rio Grande do Sul (fim do séc. XIX) por imigrantes açoreanos.

Outros ritmos europeus chegaram ao Brasil, directamente ou por intermédio dos portugueses : no séc. XVIII, as *serenatas* italianas ou francesas (Minas) e a polca ; no séc. XIX, a valsa e o *galope* alemão, o *tango* e a *habanera* cubana. Alguns, misturados aos ritmos afro-brasileiros *(lundum, batuque)*, deram o *samba*, largamente difundido pela rádio e televisão. Cantores franceses, inspiram-se nesta música sempre criadora : Lavilliers, Moustaki, Nicoletta, Nougaro...

A música passa a vida a viajar

5. ENVIRONNEMENT (suite)

La musique et les instruments voyagent avec les hommes. Le Portugal, pays de marins, a joué un rôle décisif (du XVIᵉ au XVIIIᵉ siècle) dans les échanges musicaux entre l'Europe, l'Afrique et l'Amérique : le Brésil a servi de creuset, les Açores, parfois de relais.

Si la musique des Indiens, vite dénaturée par les chants grégoriens des Jésuites a laissé peu de traces (cururu et cateretê), la venue au Brésil des esclaves africains, notamment angolais, marque profondément, à partir du XVIᵉ siècle, la musique brésilienne : ils apportent leurs chants, leurs danses, joyeuses et lascives, et leurs instruments musicaux qui leur permettent d'évoquer les dieux et les fêtes du pays perdu. Les instruments de musique africains sont toujours utilisés : tambours, gongs, clochettes doubles, arc musical pour accompagner la **capoeira** (lutte africaine dansée), crécelles, maracas, et même des guitares rudimentaires inspirées des guitares des marins portugais, etc. De nombreuses fêtes et danses, syncopées et sensuelles, gardent leur nom africain (**maracatu**, **batuque**, **lundum**, etc.).

Le lundum, évoluant au contact des rythmes indigènes devient la 1ʳᵉ danse populaire afro-brésilienne et gagne Lisbonne où, au XVIIIᵉ siècle, il rivalise avec le **fandango**. Par ailleurs, il s'aristocratise dans les salons de Salvador ou de Minas (XVIIIᵉ siècle) où il devient le **lundum-chanson**, sous l'influence des **modinhas**, chansons sentimentales, accompagnées au clavecin ou à la guitare, qui dérivaient des **modas** du Portugal, inspirées des opéras italiens alors en vogue. Il serait l'ancêtre du **fado** (milieu du XIXᵉ s.) qui, à son tour, aurait influencé les **mornas** dolentes du Cap-Vert.

Les colonisateurs portugais importèrent aussi des airs populaires, dont les rythmes n'ont pas changé, même si les paroles se sont modifiées : au Brésil, la **ciranda**, ronde dansée depuis le XVIIᵉ siècle dans le Nordeste, ou, aux Açores, la danse-chantée **pezinho** (petit pied), implantée dans le Rio Grande do Sul (fin XIXᵉ) par des immigrés açoriens.

D'autres rythmes européens sont arrivés au Brésil directement ou par l'intermédiaire des Portugais : au XVIIIᵉ siècle, les sérénades, italiennes ou françaises (Minas) et la polka ; au XIXᵉ siècle, la valse et le galop allemand, le tango et la habanera cubaine. Certains se mêlèrent aux rythmes afro-brésiliens (**lundum, batuque**) et donnèrent la samba, largement divulguée par la radio et la télévision. Des chanteurs français s'inspirent de cette musique toujours créative : Lavilliers, Moustaki, Nicoletta, Nougaro...

40 La musique passe sa vie à voyager
6. PHRASES TYPES

1. Ce soir il y a un concert en plein air.
2. En première partie joue un grand orchestre symphonique.
3. En deuxième partie, après l'entracte, un quatuor à cordes interprétera de la musique baroque.
4. L'orchestre a essayé de varier son répertoire.
5. Les spectateurs, émus, ont applaudi debout.
6. Le chef d'orchestre a remercié pour les applaudissements et les musiciens se sont levés.
7. Dans cette salle on entend parfaitement de n'importe quelle place.
8. Les conditions acoustiques du théâtre sont exceptionnelles.
9. La salle était bondée : toutes les places avaient été réservées.
10. Quand je suis arrivé, on ne m'a pas laissé entrer : le spectacle avait déjà commencé.
11. J'aime toute les musiques, mais j'ai une préférence pour la musique classique.
12. Demain, je vais à la première de l'opéra.

---

1. Esta noite (logo à noite) há um concerto ao ar livre.
2. Na primeira parte, toca uma grande orquestra sinfónica.
3. Na segunda parte, depois do intervalo, um quarteto de cordas vai intrepretar música barroca.
4. A orquestra tem procurado variar o repertório.
5. Os espectadores, emocionados, aplaudiram de pé.
6. O maestro agradeceu os aplausos e os músicos levantaram-se (puseram-se de pé).
7. Nesta sala ouve-se perfeitamente de qualquer lugar.
8. As condições acústicas do teatro são excepcionais.
9. A sala estava à cunha : todos os lugares tinham sido reservados.
10. Quando cheguei não me deixaram entrar : o espectáculo já tinha começado.
11. Gosto de toda a música, mas tenho uma preferência pela música clássica.
12. Amanhã vou à estreia da ópera.

40   A música passa a vida a viajar
7. VOCABULAIRE

a música, *la musique*
o gira-discos, *le tourne-disque*
o disco, *le disque*
a aparelhagem de som, *la chaîne*
novinha em folha, *flambant neuf*
em matéria de, *en matière de*
alta-fidelidade, *haute-fidélité*
a partir de agora, *dorénavant*
a discoteca, *la discothèque*
o gravador, *le magnétophone*
o vídeo, *le magnétoscope*
procurar, *essayer*
variar, *varier*
o género, *le genre*
contribuir, *participer*
esforçar-se por, *s'efforcer de*
contentar, *contenter*
toda a gente, *tout le monde*
pelo que vejo, *d'après ce que je vois*

o gosto, *le goût*
moderno/a, *moderne*
clássico/a, *classique*
popular, *populaire*
a gravação, *l'enregistrement*
ao vivo, *en direct*
sofrer, *subir*
a influência, *l'influence*
viajar, *voyager*
exportar, *exporter*
o espaço, *l'espace*
o tempo, *le temps*
o trovador, *le troubadour*
o vestígio, *la trace*
os cantares, *les chants*
a dança, *la danse*
os estudiosos, *les spécialistes*
as janeiras, *les chants du nouvel an*
a cantiga, *la chanson*

VOCABULAIRE COMPLÉMENTAIRE

o amador, *l'amateur*
a antropologia, *l'anthropologie*
o antropólogo, *l'anthropologue*
a batuta, *la baguette*
as belas-artes, *les beaux-arts*
o cambiante, *la nuance*
a cançoneta, *la chansonnette*
o compositor, *le compositeur*
o concerto, *le concert*
a estética, *l'esthétique*
a etnologia, *l'ethnologie*
o etnólogo, *l'ethnologue*
a gama, *la gamme*
o intérprete, *l'interprète*
o madrigal, *le madrigal*

o maestro, *le chef d'orchestre*
a melodia, *la mélodie*
a musicologia, *la musicologie*
o musicólogo, *le musicologue*
a orquestra, *l'orchestre*
a orquestra de câmara, *l'orchestre de chambre*
a orquestra sinfónica, *l'orchestre symphonique*
a partitura, *la partition*
a quadra, *le quatrain*
o quarteto, *le quatuor*
o quinteto, *le quintette*
o repertório, *le répertoire*
a sinfonia, *la symphonie*

40 — La musique passe sa vie à voyager

8. EXERCICES

Traduire

Folclore autêntico e contrafacção folclórica

Tal como certas formas do trajar ou do pentear, tal como certas cores, certos móveis, certas frases e até certas maneiras de falar e de andar, há palavras que, em determinado momento caem em moda. « Folclore » é uma dessas palavras (...). Hoje anda na boca de toda a gente e a palavra folclore emprega-se muito correntemente para aí, mas desconfiamos que não só sem se saber o que ela verdadeiramente significa, como dando-lhe sentido que não anda longe de ser caricatural.

Por toda a parte, se formam « ranchos folclóricos », os fornecedores de repertório musical ligeiro inundam o mercado com os seus « arranjos folclóricos », as vedetas da rádio brilham no « estilo folclórico », os restaurantes anunciam os seus « pratos folclóricos », há os trastes e adornos caseiros folclóricos — enfim, o folclore invadiu tudo, o folclore tornou-se uma tineta, uma doença, um modo de vida.

Fernando Lopes Graça, *A canção popular portuguesa.*

CORRIGÉ

Folklore authentique et contrefaçon folklorique

Comme certaines façons de s'habiller ou de se peigner, comme certaines couleurs, certains meubles, certaines phrases et même certaines façons de parler ou de marcher, il y a des mots qui, à un moment donné, deviennent à la mode. « Folklore » est l'un de ces mots (...). Aujourd'hui on le trouve sur toutes les lèvres et le mot « folklore » est d'un emploi très courant chez nous ; mais nous soupçonnons qu'il s'emploie non seulement sans que l'on connaisse sa véritable signification mais aussi en lui donnant un sens qui n'est pas loin d'être caricatural.

On crée partout des « groupes folkloriques », les fournisseurs de répertoire de musique de variétés inondent le marché de leurs « arrangements folkloriques », les vedettes de la radio brillent dans le « style folklorique », les restaurants annoncent leurs « plats folkloriques », il y a des meubles et des décorations d'intérieur folkloriques, bref, le folklore a tout envahi, le folklore est devenu une manie, une maladie, un mode de vie.

Fernando Lopes Graça, *La Chanson populaire portugaise.*

ANNEXES

1. Données géographiques .... p. 330
   Tableau I : *Population et superficie des pays de langue officielle et/ou maternelle portugaise.*
   Tableau II : *Capitales, monnaies et fêtes nationales.*

2. Données historiques .... p. 331
   Portugal .... p. 331
   Brésil .... p. 345

3. Langue : le portugais au Brésil .... p. 355

4. Littérature .... p. 358
   Portugal .... p. 358
   Brésil .... p. 362
   Afrique .... p. 366
   Bibliographie - Traductions .... p. 370

5. Adresses utiles..................... p. 374

6. Index du vocabulaire .... p. 376

Annexe 1 — Données géographiques

Population et superficie des pays de langue officielle et/ou maternelle portugaise

Pays	Superficie km²	Population 1989 *Atlas Eco 1990*	Population 2000 *Unesco*	Population 2000 *Washington Bureau*
Europe Portugal	92 082	10 500 000	11 154 300	11 500 000
Amérique Brésil	8 511 965	147 000 000	187 493 200	198 500 000
Afrique				
Angola	1 246 700	10 000 000	12 376 200	11 000 000
Guinée-Bissau	36 125	960 000	859 300	1 200 000
Mozambique	783 030	15 300 000	18 700 800	18 000 000
Rép. Cap-Vert	4 033	370 000	427 000	400 000
São Tomé et Principe	964	110 000	88 000	100 000
TOTAL :		184 240 000	231 098 800	240 700 000

	Capitale	Monnaie ($)	Fête Nationale
Portugal (11 provinces)	Lisboa Lisbonne	Escudo ($) (100 centavos)	10 juin
région autonome Açores	Ponta Delgada	,,	
Madère	Funchal	,,	
Brésil (22 états, 4 territoires fédéraux, 1 district fédéral)	Brasília (District fédéral)	Cruzeiro	7 septembre
Angola	Luanda	Kwanza	11 novembre
Guinée-Bissau	Bissau	Peso	24 septembre
Mozambique	Maputo	Metical	25 juin
Rép. du Cap-Vert	Praia	Escudo	5 juillet
São Tomé et Principe	São Tomé	Dobra	2 juillet

Annexe 2 — Données historiques

LE PORTUGAL
Quelques repères historiques

1. Occupation romaine

Le pays est appelé Lusitânia (les habitants, les Lusitanos - Lusitaniens).

218 av. J.-C. : arrivée des Romains dans la péninsule Ibérique.

154-136 av. J.-C. : résistance des Lusitaniens. Viriato tint tête aux troupes de Scipion près de Viseu (146 av. J.-C.).

La romanisation fut lente ; il en reste des divisions administratives, des routes, des villes : Conimbriga (Coimbra), Meróbriga (Santiago de Cacém), la langue...

2. Occupation des Vandales, Suèves et Wisigoths

409 : invasions nordiques : Alains, Suèves et Vandales.
416 : invasion par les Wisigoths.

Cette période laisse peu de vestiges (Nord), sauf l'installation du catholicisme (561-572 : conciles de Braga — premier évêché).

3. Occupation arabe (711-1250)

711 : les Arabes, partis de Gibraltar, occupent la Péninsule.

718 : la Reconquête part des Asturies et du Nord du Portugal. La région entre le Douro et le Minho (le Comté Portucalense, futur Portugal) est déjà reconquise quand, confiée au comte Henri de Bourgogne (1095), elle devient indépendante. La reconquête est déjà très avancée lorsque Afonso Henriques, son fils, devient le premier roi de Portugal (1143).

1119 : fondation de l'ordre militaire des Templiers pour lutter contre les Arabes. Introduit au Portugal en 1169 (siège à Tomar), il deviendra l'Ordre du Christ en 1315.

1147 : reconquête de Lisbonne et Santarém, ligne du Tage.

1165 : reconquête définitive d'Évora en Alentejo.

1189-1249 : reconquête de l'Algarve.

Les Arabes ont laissé des marques profondes, surtout dans le Sud : techniques agricoles, métiers (travail du cuir, fer, cuivre, poterie), us et coutumes (les jours de la semaine ?), la toponymie (villes : Beja en Alentejo ; Albufeira, Odeceixe en Algarve ; fleuves : Guadiana).

Églises et cathédrales romanes (Porto - Coimbra - Lisbonne) se bâtissent sur les terres reconquises (roman clunisien dans le Nord, puis cistercien : le monastère d'Alcobaça en 1153).

Annexe 2 | Données historiques

4. La dynastie de Bourgogne (1143-1385)

Construction du pays dans ses frontières actuelles (reconquête, guerres contre l'Espagne), puis, avec D. Dinis (D. Denis), organisation de l'agriculture, du commerce et des études (fondation de l'université à Lisbonne, 1288, transférée à Coimbra en 1305).

1279-1325 : règne de D. Dinis, dit le Laboureur ou le Poète.
1357-1367 : règne de D. Pedro.
1367-1383 : règne de D. Fernando (1348 : peste noire ; crises).
1383-1385 : crise dynastique, Révolte de Lisbonne, troubles.

1355 : assassinat d'Inês de Castro, aimée de l'Infant D. Pedro, dont les amours tragiques ont inspiré des poètes, portugais et étrangers (*La Reine Morte* de Montherlant). D. Pedro fit transporter son corps à Alcobaça (on peut y voir les beaux tombeaux gothiques de D. Inês et D. Pedro).

1385 : le Mestre de Avis est acclamé roi, sous le nom de João Ier (Jean Ier). Aidé de son connétable, Nuno Álvares Pereira, il sauve l'Indépendance du Portugal (bataille d'Aljubarrota contre les Espagnols, le 14 août).

Pendant cette période : affaiblissement du pouvoir des nobles, émergence de la bourgeoisie ; fin de la poésie lyrique ; début des romans de chevalerie ; constructions gothiques (Coimbra, Santarém, cathédrale d'Évora).

5. La dynastie d'Avis (1385-1580)

Apogée. L'expansion maritime et les Grandes Découvertes.
1385-1433 : João Ier.
1433-1438 : D. Duarte.
1438-1448 : régence de D. Pedro, comte de Barcelos.
1448-1481 : régence de Afonso V (Alphonse), dit l'Africain.
1481-1495 : règne de João II.
1495-1521 : règne de D. Manuel Ier (Emmanuel), le Fortuné.
1521-1557 : règne de D. João III.
1557-1578 : règne de D. Sebastião (Sébastien).
1578-1580 : règne du Cardinal D. Henri. Perte de l'Indépendance au profit de l'Espagne.

Le roi João Ier (1385-1433) (marié à l'Anglaise Filipa de Lencastre). La paix avec l'Espagne signée (1411), il s'emploie à résoudre les problèmes économiques (manque de céréales, d'or, de sel) et sociaux (appauvrissement de la noblesse et émergence de la bourgeoisie). Il est aidé par ses 5 fils, « l'illustre génération » (**ínclita geração**) qui jouèrent tous un rôle

Annexe 2 — Données historiques

important (littéraire, scientifique ou politique), en particulier Henri (1394-1460), dit le Navigateur.

1415 : prise de Ceuta, dans un esprit de croisade. C'est le début de l'aventure marocaine, menée par les nobles : elle dure jusqu'en 1580 et provoque la chute de la dynastie et de l'expansion maritime dont se charge le prince Henri, Grand Maître de l'Ordre du Christ dont le Trésor financera recherches maritimes et découvertes : installé à Sagres, avec une équipe de cartographes, marins, mathématiciens, etc., il met au point la cartographie, des instruments maritimes (l'astrolabe), des règles nouvelles de navigation, différents types de bateaux. Cherchant à divulguer la foi chrétienne, mais surtout en quête d'une nouvelle route pour le commerce des épices, il envoie tous les ans jusqu'en 1434, des bateaux pour explorer les côtes du Maroc.

1418 : découverte de Porto Santo et Madère.

1425 : colonisation de Madère (fournira au Portugal, blé, bétail, bois, vin, sucre).

1427 : découverte des Açores (produiront du blé et offriront une escale pour les voyages vers l'Afrique).

1433-1438 : règne de D. Duarte, roi écrivain (Leal Conselheiro).

1437 : défaite de Tanger.

1434 : passage du cap Bojador, au sud du Maroc.

1438-1448 : régence de D. Pedro.

1438-1481 : règne de Alphonse V, dit l'Africain.

1441 : l'Infant D. Henri obtient le monopole du commerce au sud du cap Bojador.

1445 : découverte du golfe de Guinée (forteresse d'Arguim).

1448 : Maroc — conquête d'Alcacer Seguir.

1460 : découverte des îles du Cap-Vert, escale obligée dans les longs voyages vers le sud de l'Afrique, le Brésil, l'Asie. Mort du Prince Henri, le Navigateur.

1471 : prise d'Arzila au Maroc, puis de Tanger.

1481-1495 : règne de João II.

1482 : construction de la forteresse de S. Jorge da Mina, (Golfe de Guinée) — premier commerce de l'or.

1483 : Diogo Cão arrive sur les côtes de l'Angola.

1487 : passage du cap de Bonne-Espérance.

1492 : 1er voyage de Christophe Colomb, au service de la cour d'Espagne, après avoir servi le roi du Portugal.

1494 : signature du Traité de Tordesillas qui partage le Nouveau Monde entre l'Espagne et le Portugal : l'Espagne

Annexe 2 — Données historiques

aurait les territoires découverts à l'ouest d'une ligne nord-sud, passant à 370 lieues à l'ouest du Cap-Vert ; le Portugal, ceux qui seraient situés à l'est, ce qui incluait le Brésil.

<u>1495-1521 : règne de D. Manuel, dit le Fortuné. L'apogée.</u>

1498 : Vasco de Gama atteint le Mozambique, puis l'Inde.

1500 : Pedro Álvares Cabral découvre officiellement le Brésil.

1506 : massacre de Chrétiens-Nouveaux (Juifs convertis), souvent des bourgeois commerçants venus d'Espagne d'où ils avaient été chassés en 1492 (à la demande du roi d'Espagne).

1510 : Afonso de Albuquerque s'empare de Goa en Inde.

1511 : conquête de Malaca.

<u>1521-1557 : règne de João III. Les difficultés.</u>

1521 : le Portugais Magellan (Fernão de Magalhães), fait le tour du monde avec une flotte espagnole.

1530 : 1er plan de colonisation du Brésil, divisé en capitaineries, fiefs héréditaires confiés à des hommes qui acceptaient de risquer dans l'entreprise de colonisation leur vie et leur argent. Les donataires (**donatários**), deviendront de véritables seigneurs féodaux (**senhor**).

1532 : 15 capitaineries crées dans le Nord-Est du Brésil.

1536 : création de l'Inquisition, pour contrôler les Nouveaux-Chrétiens, condamnés à la peine de mort et à la confiscation de leurs biens s'ils continuaient à pratiquer en secret le judaïsme. 1er autodafé en 1541.

1537 : fondation de la Compagnie de Jésus.

1542 : Maroc, perte de Sta Cruz (Agadir), Safi et Azemour.

1543 : arrivée au Japon. Les Jésuites, dont saint François Xavier, jouent un rôle important.

1546 : Indes : 2e siège de Diu.

1547 : 1re liste de livres interdits (Inquisition).

1548 : création de l'imprimerie universitaire à Coimbra.

1549 : perte d'Arzila et d'Alcacer Seguir.

1550 : premiers contacts avec Macao ; en 1557, les Portugais obtiennent de la Chine la concession de l'administration et le monopole du commerce avec l'Occident.

<u>1557-1578 : règne de D. Sebastião. La perte de l'indépendance.</u>

1565 : fondation de Rio de Janeiro, après une lutte contre les Français, arrivés dans la baie de Guanabara en 1555.

1575 : fondation de Luanda.

1578 : Maroc — défaite de Alcazarquivir et disparition du jeune roi D. Sebastião, qui avait participé à la bataille. Mort

Annexe 2 — Données historiques

sans héritier, il entre vivant dans la légende. C'est la fin de la dynastie et le début d'un mythe, le « sébastianisme », longtemps vivace qui prédit, avec le retour du roi, l'indépendance et la prospérité.

Bilan des années 1385-1495

Développement d'une nouvelle économie, où l'Etat se substitue aux particuliers (monopole du commerce).

Naissance d'un esprit pré-scientifique (le chroniqueur de chaque bateau, décrit par le menu le voyage et les régions traversées (hommes, flore, faune, etc.).

L'histoire des rois et des Découvertes est écrite par de grands historiens (Fernão Lopes et Azurara).

Période du gothique flamboyant (Santarém, Lisbonne, Batalha, construit après la bataille d'Aljubarrota).

Les années 1495-1580

Elles correspondent (surtout sous le règne de D. Manuel), à l'apogée économique, artistique et littéraire du pays mais les difficultés internes et externes se font jour sous une splendeur apparente. Le Portugal est à la tête d'un immense empire, mais sa population n'est que de 1,2 million d'habitants. Lisbonne devient une capitale brillante où arrivent les idées de la Renaissance (italienne et française) ; elle est la plaque tournante du commerce européen, surtout celui des épices et du sucre du Brésil.

La noblesse retrouve son pouvoir, grâce au monopole du commerce (João III devra lutter contre elle) ; la bourgeoisie s'affaiblit, la campagne s'appauvrit.

D. Manuel fait redécorer de nombreux monuments gothiques (le cloître du monastère d'Alcobaça) ou en fait construire de nouveaux, à Santarém où la cour vient souvent et à Lisbonne (le Monastère des Jéronimos (Hiéronymites), en 1502, ou la tour de Belém, en 1514), dans un style original, s'inspirant des Découvertes (cordages, fruits tropicaux, arcatures arabes, etc.). Ce style, le premier vraiment national, sera appelé plus tard (XIXe) « manuélin ».

C'est aussi le rayonnement des humanistes portugais (l'Université de Paris a deux recteurs portugais : en 1533, André de Gouveia et en 1552-1553, António Leitão), et le triomphe du théâtre avec Gil Vicente (1re pièce jouée en 1502), des récits de voyage (Fernão Mendes Pinto) et de la poésie avec Luís de

Annexe 2 — Données historiques

Camões (1524?-1580) et son poème épique « Les Lusiades » (1572), relatant l'épopée maritime lusitanienne.

L'immensité de cet empire porte en soi les germes de difficultés futures, et d'une décadence qui s'amorcera après la perte de l'indépendance.

6. Règne des rois espagnols (1580-1640)

1580-1598 : Philippe Ier (l'austère Philippe II d'Espagne).
1598-1621 : Philippe II (Philippe III d'Espagne).
1621-1640 : Philippe III (Philipe IV d'Espagne).

Le début de cette période connaît une stabilité politique et économique jusque vers 1620 : les nobles sont bien accueillis à la cour de Madrid (l'écrivain D. Francisco Manuel de Melo) ; le commerce se développe avec la suppression des frontières, mais le peuple regrette l'indépendance perdue. L'empire, objet de convoitises (or d'Afrique, sucre du Brésil) est difficile à défendre : les Anglais menacent Lisbonne en 1588, après la défaite de l'Invincible Armada espagnole, puis Recife au Brésil (1593, 1622) que les Français attaquent en 1595) ; les Hollandais essaient de prendre différents ports du Brésil (Recife, 1601 ; Bahia, 1624 ; Espírito Santo, 1624), occupent Recife et l'État de Pernambouc (1630-1654), assiègent Malaca (1606), attaquent Mina en Afrique (1586, prise en 1637), tentent de s'emparer de Macao (1604, 1622), expulsent les Portugais du Japon (1617), prennent, en 1641, Sergipe et le Maranhão (Brésil), São Tomé et débarquent en Angola.

1637 : la situation s'étant dégradée au Portugal, une révolte populaire éclate en Alentejo.

1640 : restauration de l'Indépendance par le duc de Bragance, futur D. João IV (1640-1655), aidé par la bourgeoisie, désireuse de défendre le commerce avec le Brésil, les jésuites, les étudiants et le peuple, alors que les nobles se divisent.

Pendant cette période, introduction d'une architecture classique austère (un cloître de Tomar) et d'un art baroque en architecture, en prose et poésie.

7. La dynastie des Bragance (1640-1910)

2e moitié du XVIIe siècle : restauration et mercantilisme.

1640-1655 : restauration et règne de D. João IV (1640-1655).
1656-1667 : règne (avec régence) de D. Afonso IV qui abdique.
1667-1683 : régence, puis règne (1683-1706) de D. Pedro II.

Annexe 2 — Données historiques

La monarchie qui s'installe est une monarchie absolue : elle doit rétablir la paix, s'imposer devant l'Espagne, organiser le commerce et réaffirmer son autorité au Brésil. Les Portugais du Portugal, du Brésil et de l'Angola, reprennent les territoires occupés par les Hollandais.

1641 : publication du 1er journal portugais.

1648 : reprise de Recife au Brésil et de Luanda en Afrique.

1648 : création d'une Compagnie de Commerce avec le Brésil.

1654 : expulsion définitive des Hollandais du Brésil.

1661 : paix avec la Hollande.

1668 : paix avec l'Espagne.

1667 : loi de protection de l'industrie portugaise naissante.

1680 : intensification du commerce du vin avec l'Angleterre. Fondation d'une Compagnie du Cap-Vert.

1685 : Macao cesse d'être le seul entrepôt de commerce de la Chine avec l'extérieur.

1686 : interdiction d'acheter des tissus étrangers.

1687 : fondation d'une Compagnie de Commerce du Mozambique.

1692 : constitution de la Capitainerie de Bissau.

1697 : découverte de l'or, au Brésil.

1702 : début de la guerre de succession d'Espagne (contre la France : 1702-1714). Le Portugal rompt avec la France, s'allie à l'Espagne, l'Angleterre et la Hollande.

<u>Traité de Méthuen</u> fixant les règles du commerce avec le Portugal (l'Angleterre achètera les vins du Portugal, et le Portugal les tissus de laine anglais). Son influence se fera sentir jusqu'au XXe siècle et conditionnera le développement futur de l'industrie portugaise.

La société portugaise de la fin du siècle se compose surtout d'une noblesse riche, qui vit soit à Lisbonne, soit dans la province, et d'une classe populaire pauvre.

La culture du maïs et de la vigne, 1re production nationale, se généralise et l'émigration vers le Brésil s'intensifie.

L'Inquisition et les Jésuites sont les armes de la Contre-Réforme catholique qui s'oppose au Portugal à la Réforme. C'est l'époque d'une prose didactique, oratoire (père António Vieira) et d'un art baroque froid (Santa Engrácia à Lisbonne, ou la cathédrale nouvelle de Coimbra). C'est aussi la mode des **azulejos** et des statues de bois doré (**talha dourada**) qui décorent l'intérieur des églises.

Annexe 2 — Données historiques

Le XVIIIᵉ siècle : le faste et le dirigisme d'état

1706-1750 : règne de D. João V, roi absolu.

1750-1777 : règne de D. José, aidé pendant tout le règne par Sebastião José de Carvalho e Melo, marquis de Pombal en 1770.

1777-1816 : règne de D. Maria Iʳᵉ dont le fils, futur João VI sera nommé régent en 1799.

Ce siècle, marqué par une politique royale de prestige (à la française), et de luxe (grâce à l'or du Brésil), connaît un renforcement de l'absolutisme ; les échanges avec les pays européens se multiplient ; l'Inquisition est active. Le marquis de Pombal joue un rôle déterminant : il lutte contre les forces qui peuvent affaiblir l'État (les nobles en 1758, les jésuites dont la Compagnie est abolie en 1759 et l'Inquisition qui sera « nationalisée » en 1772) ; il réorganise l'administration, la justice, l'armée, la législation coloniale pour intégrer les « indigènes du Brésil », le commerce sous contrôle de l'État et fonde les Compagnies de commerce des vins et des pêches ; il s'intéresse aussi à l'enseignement (il crée des écoles, primaires et secondaires, un Collège des nobles en 1761) et réforme l'Université (1772).

Lorsqu'en 1755, le tremblement de terre détruit Lisbonne, le marquis de Pombal la fait reconstruire avec l'aide d'architectes étrangers (italiens surtout) : la **Baixa** Pombaline, moderne, au plan rigoureux, témoigne de son esprit de l'ordre et de l'organisation. À la mort du roi, la vieille noblesse le fera exiler, mais les structures qu'il a mises en place demeurent. La reine D. Maria continue à appuyer le capitalisme d'État et le développement de la culture (fondation de l'Académie des Sciences en 1779).

1709 : loi limitant l'émigration au Brésil.

1720 : fondation de l'Académie Royale d'Histoire.

1722 : le monopole du commerce du tabac cédé à un Allemand.

1727 : 1ʳᵉ plantation de café au Brésil.

1739 : l'écrivain António José da Silva, *O Judeu*, est brûlé par l'Inquisition (a laissé un opéra très satirique).

1750 : traité de Madrid fixant les limites du Brésil : le Maranhão et l'Amazonie sont au Portugal, l'Uruguay à l'Espagne.

1751 : émancipation des Indiens.

1766 : la fabrique des soies de Lisbonne : 3 569 employés.

1773 : abolition de la distinction entre « Chrétiens nouveaux » et « Chrétiens anciens ».

1781 : condamnation et exil du marquis de Pombal.

Annexe 2 — Données historiques

1787 : contestation au Brésil, dans le Minas Gerais, connue sous le nom de « A Inconfidência Mineira ».

1789 : Révolution française.

1790 : premières écoles féminines.

À la fin du siècle, la population a beaucoup augmenté (2,1 millions d'habitants en 1732 et près de 3 en 1801) ; les villes se développent mais la campagne reste pauvre ; les paysans vendent leur terre pour aller au Brésil. L'or venu en grande quantité du Brésil n'enrichit que l'État, les particuliers et les commerçants anglais ; il ne fut que peu réinvesti dans l'agriculture ou l'industrie, pratiquement absente. C'est le siècle des grandes constructions baroques au Portugal et au Brésil (Mafra, 1716 ; l'Aqueduc des Eaux Vives à Lisbonne, 1712 ; le palais du Gouvernement à Rio, le Bom Jesus de Braga) et de nombreux petits palais privés (**Solar de Mateus**, 1784, Nord), bâtis par des Italiens ou par des Français. C'est aussi le siècle des divertissements à l'italienne (opéras), de la peinture, des panneaux d'azulejos, parfois faits à l'étranger, c'est aussi le siècle de l'Illuminisme, des idées venues de l'étranger et de la prose didactique.

Le XIXe siècle

Le siècle des bouleversements en Europe et au Portugal (influence de la Révolution française et guerres napoléoniennes).

1799-1816 : régence de D. João, futur João VI (1816-1826).

1822-1824 : guerres libérales.

1826-1832 : règne de D. Miguel — absolutisme rétabli en 1828.

1832-1834 : guerre civile.

1834-1853 : règne de D. Maria II (Marie II).

1853-1861 : règne de D. Pedro V.

1861-1889 : règne de D. Luís I (Louis I).

1889-1908 : règne de D. Carlos (Charles).

Les exigences de Napoléon qui voulait obliger le Portugal à participer au blocus contre l'Angleterre seront lourdes de conséquences : elles précipiteront l'Indépendance du Brésil (1822), déjà promu au rang de royaume en 1815, et entraîneront une crise politique et économique dont les effets se feront sentir jusque vers le milieu du siècle.

Craignant une invasion française (il y en a en 3 : 1807, 1809, 1810), la Cour se réfugie au Brésil où elle se plaira et restera jusqu'en 1821 ; elle resserrera ses liens avec l'Angleterre, en laissant entrer les Anglais au Portugal où ils gouverneront

Annexe 2 — Données historiques

presque (Beresford), elle ouvrira les ports du Brésil (1808), et signera un traité commercial très favorable (1809) à l'Angleterre qui peut ainsi commercer directement avec le Brésil au détriment même des Portugais.

Le mécontentement se développe dans le pays, provoqué par la longue absence du roi, les exigences anglaises et la grave crise économique. Les insurrections se multiplient ; une révolte éclate à Porto en 1820. Les idées libérales se répandent dans les classes cultivées, condamnant l'absolutisme et préconisant changement de régime et égalité des citoyens. Le roi, contraint de rentrer en 1821, signe, en 1822, la Constitution libérale, préparée par un gouvernement provisoire (**Cortes**), installant un régime parlementaire et limitant le pouvoir du roi. Resté au Brésil, le prince héritier, D. Pedro (1798-1834), déclare alors l'Indépendance en 1822 (reconnue par le Portugal, seulement en 1825), et accepte le principe du libéralisme. À la mort de son père (1826), il envoie une Lettre constitutionnelle, puis abdique au Brésil (1831) et revient au Portugal pour imposer le Régime libéral, menacé par les absolutistes, dirigés par son frère D. Miguel. Les Guerres libérales, très âpres à Porto, aboutiront au rétablissement de l'absolutisme en 1828, définitivement écarté en 1834, après 2 ans de guerre civile.

Une royauté parlementaire s'installe alors dans un pays divisé et exsangue. L'instauration du régime libéral donne à la bourgeoisie la direction des affaires publiques. La transformation du pays commence par une réforme administrative et financière et se poursuit par le développement de l'agriculture, très archaïque, de l'industrie, peu développée (manque de machines, main-d'œuvre qualifiée, matières premières), par l'introduction de l'électricité et le développement des moyens de transport (routes, chemin de fer, le pont D. Maria de Jean Eiffel, 1834 et le pont D. Luis, 1861, à Porto).

Par ailleurs, le Portugal qui a perdu le Brésil essaie de renforcer son pouvoir en Angola et au Mozambique (envoi de plusieurs expéditions d'exploration). Il fait la proposition aux Européens (Français, Allemands, Anglais), très intéressés alors par l'Afrique, de réunir l'Angola et le Mozambique (Carte rose de 1886) ; il se heurte à un refus de l'Angleterre qui envoie un ultimatum (1890), lui enjoignant de se retirer des territoires occupés.

1836 : révolution de septembre ; création des lycées.
1840 : introduction de la machine à vapeur.

Annexe 2 — Données historiques

1843 : exploration de l'intérieur de l'Angola.
1856 : inauguration du 1er chemin de fer.
1859 : substitution du système métrique au système anglais.
1861 : exposition industrielle à Porto.
1867 : abolition de l'esclavage.
1872 : première grève ouvrière.
1875 : fondation du Parti Ouvrier Socialiste.
1877 : expédition de Serpa Pinto, à l'intérieur de l'Angola.
1884 : 1re usine d'engrais chimiques et, en 1894, de ciment.
1891 : révolte républicaine à Porto.

En 1900, le Portugal a 5 millions d'habitants. Le pays a ouvert la porte au progrès, à l'industrialisation (négligeant l'agriculture) et aux philosophies venues d'Europe. Les écrivains jouent un rôle important dans le débat d'idées : les romantiques, tel Almeida Garrett, ou plus tard les écrivains dits de la Génération de 70 (Les Conférences du Casino de 1871) : Camilo Castelo Branco, Eça de Queiroz (romanciers réalistes ou naturalistes), Teófilo Braga, etc.

Le XXe siècle : dissolution d'un Empire, conquête de la démocratie, l'Europe

1889-1908 : règne de D. Carlos, assassiné en 1908.
1908-1910 : règne de D. Manuel II.
5 oct. 1910 : proclamation de la 1re République (1910-1926).
1911 : vote de la Constitution de la République.
1911 : création des universités de Lisbonne et Porto.
1914-1918 : la Première Guerre mondiale.
1917 : participation des Portugais à la 1re Guerre mondiale.
1921 : création du Parti Communiste.
1926-1928 : dictature militaire.
28 mai 1926 : coup d'État militaire du Général Gomes da Costa.
1928-1974 : l'État Nouveau (**O Estado Novo**) dont Oliveira Salazar est l'homme fort (1928-1968).
1928 : maréchal Carmona (1928-1951), président de la République ; Oliveira Salazar, ministre des Finances.
1930 : création de la police politique.
1932 : Oliveira Salazar, nommé président du Conseil (Premier ministre) ; fondation de l'Union Nationale, parti unique.
1933 : promulgation d'une nouvelle Constitution ; les partis politiques sont interdits.
1939-1945 : Seconde Guerre mondiale.

Annexe 2 — Données historiques

1940 : exposition à Lisbonne du Monde Portugais.

1943 : cession de la base des Açores aux USA.

1952-1958 : 1er Plan de Développement (**Plano de Fomento**).

1958 : l'amiral Américo Tomás est élu président de la République, l'emportant sur Humberto Delgado (exilé).

1961 : la prise du paquebot Santa Maria par le capitaine Henrique Galvão attire l'attention du monde sur la situation politique du Portugal.

1961 : prise de Goa par l'Union Indienne (Pandhi Nehru).

1961 : début de la guerre en Angola.

1961 : recrudescence de l'émigration politique (opposition ou refus de faire la guerre coloniale) ou de l'émigration économique (vers la France, l'Allemagne, la Hollande, la Belgique, le Luxembourg, l'Angleterre).

1963 : début de la guerre en Guinée-Bissau.

1964 : début de la guerre au Mozambique.

1966 : inauguration du pont sur le Tage à Lisbonne.

1968-1974 : Marcelo Caetano, remplace Oliveira Salazar.

25 avril 1974 : révolution dite « des Œillets » menée par de jeunes capitaines.

1974 : indépendance de la Guinée (République Populaire).

1975 : indépendance du Mozambique, Cabo Verde, São Tomé et Angola qui deviennent aussi des Républiques Populaires.

1976 : promulgation de la Constitution parlementaire.

1985 : signature du Traité d'adhésion du Portugal à la CEE.

1986 : Entrée du Portugal dans la CEE.

1976-1980-1986 : général Eanes, président de la République.

Depuis 1986 : Mario Soares, président de la République.

La population résidente passe de 5,6 M. d'h. en 1920 à 10,4 M. en 1988 ; plus de 3 millions de Portugais vivent à l'étranger.

Le siècle peut se diviser en trois périodes distinctes :

1900-1926 : une période d'instabilité parlementaire, de crise économique et financière et de mécontentement populaire qui aboutit à l'assassinat du Roi D. Carlos, puis à l'abolition de la monarchie et à l'instauration de la République en 1910. Malheureusement, cette 1re République, très positive dans le domaine de l'éducation (scolarité obligatoire, création d'écoles, des universités de Porto et Lisbonne), ne réussit ni à redresser

Annexe 2 — Données historiques

la situation politique et financière, ni à accélérer l'industrialisation et le commerce du pays, resté essentiellement agricole. La 1re Guerre mondiale aggrave la situation qui débouche sur une dictature militaire en 1926.

<u>1928-1974</u> : L'État Nouveau, dominé par Salazar qui redresse les finances du pays, mais fait régner, dans une République corporatiste antiparlementaire, une dictature rigoureuse (interdiction des partis politiques, de la liberté syndicale, des grèves, censure préalable...).

Un effort particulier est fait pour peupler et développer les provinces d'outre-mer d'Afrique et resserrer les relations commerciales avec elles, mais le pays lui-même garde une agriculture archaïque et l'enseignement est négligé.

Le retard économique portugais par rapport à l'Europe devenant flagrant après la 2e Guerre mondiale, et l'émigration s'accentuant, le gouvernement essaie tardivement (1952-1970) d'accélérer l'industrialisation du pays. Malgré la guerre coloniale (1961), les résultats sont positifs, surtout dans l'Industrie (1964-1969 : + 8,1 % ; 1972 : + 12 %). Une classe moyenne émerge.

Secteur d'activité de la population

	agriculture/pêche	industrie	services
1900	60 %	20 %	20 %
1970	31 %	34 %	34,7 %

L'opposition, bien qu'étouffée, reste vigilante et active.

<u>Après 1974</u> : le 25 avril 1974, un coup d'État militaire met fin au régime dictatorial. Les jeunes capitaines qui l'ont préparé remettent le pouvoir à une Junte de Salut Public (**Junta de Salvação Nacional**) qui désigne un gouvernement provisoire.

L'indépendance des colonies est décrétée en 1974 et 1975.

En accord avec le programme des Forces Armées (MFA), une Assemblée Constituante est élue et prépare la Constitution de 1976. La démocratie est rétablie ; les libertés sont retrouvées (régime parlementaire, multipartisme, abolition de la censure, droit de grève, protection sociale, salaire minimum, réforme agraire, etc.). Depuis, plusieurs gouvernements (aussi bien de gauche que de droite), s'attachent à réorganiser la vie sociale

Annexe 2 — Données historiques

et administrative (régionalisme et décentralisation, et à développer l'éducation et la formation de cadres, l'agriculture, et l'industrialisation.

Avec son entrée dans la CEE en 1986, le Portugal se tourne résolument vers l'Europe et cherche de nouvelles voies, tout en tenant à garder son identité culturelle.

Annexe 2 — Données historiques

LE BRÉSIL

Le XVIᵉ siècle : la découverte (1500) et la colonisation

Les Portugais s'implantent sur la côte et doivent repousser les attaques françaises, tout en envoyant des missions d'exploration vers l'intérieur (les Jésuites vont convertir les Indiens). Après avoir fait le commerce du « bois de braise » (**pau-brasil**) pendant 30 ans, ils organisent la culture de la canne à sucre sur la côte du Nord-Est et font venir des esclaves noirs d'Angola et de Guinée, pour remplacer la main-d'œuvre indienne, moins résistante. À la perte de l'indépendance, ils devront repousser de nombreuses attaques des Anglais, des Français et surtout des Hollandais (la Compagnie des Indes), intéressés par le commerce du sucre qui connaissait un grand succès en Europe.

22 avril 1500 : Pedro Álvares Cabral débarque au Brésil, à Porto Seguro (sud de Salvador). Pero Vaz de Caminha, le chroniqueur du bateau, raconte dans sa lettre au roi D. Manuel la première rencontre avec les Indiens Tupinambas, débonnaires et peu agressifs. Le Brésil est alors peuplé d'Indiens nomades (environ 1,5 million) vivant de chasse, de pêche et de cueillette autour d'un chef (**cacique**), très différents des Indiens des civilisations puissantes du Pérou ou du Mexique.

1501-1502 : Américo Vespucci, explore pour le compte du roi D. Manuel, les côtes du nouveau territoire.

Pendant 30 ans, les Portugais, plus intéressés par le commerce des épices aux Indes, négligent leur découverte ; ils y exploitent seulement le « bois de braise », apprécié en Europe pour sa couleur.

1530 : une expédition expulse les Français, fonde Olinda (près de Recife), puis São Vicente, près de Santos (São Paulo).

1532 : arrivée des premiers esclaves noirs.

1534 : création de 15 capitaineries héréditaires dans le Nordeste. Les bénéficiaires devaient assurer, à leurs frais, la défense des terres reçues et entreprendre la plantation de la canne à sucre qu'ils avaient déjà expérimentée aux Açores.

1537 : Bulle du pape interdisant l'esclavage des Indiens.

1548 : début de la traite des Noirs. Jusqu'en 1850 (date de la fin du commerce des esclaves), plus de 2 millions de Noirs de Guinée, d'Angola, puis du Mozambique arriveront au Brésil.

1549 : arrivée d'un gouverneur général, fondation de Bahia, la 1ʳᵉ capitale ; débarquement des premiers Jésuites.

Annexe 2 — Données historiques

1555-1565 : lutte contre les Français, commandés par Villegaignon, qui cherchent à conquérir la baie de Rio.
1572 : implantation d'un 2e gouvernement à Rio.
1580-1640 : perte de l'indépendance au Portugal.
1587 : les corsaires anglais attaquent Salvador, puis Santos, S. Vicente, Olinda et Recife.

<u>À la fin du XVIe siècle</u>, des expéditions partent vers l'intérieur, dans le Nordeste et dans le Sud, depuis São Vicente. Le commerce du sucre, exporté par Salvador s'organise et se développe dans le Nordeste, mais avec difficulté dans le Sud : 1570, 60 moulins à sucre (**engenho de açúcar**).

Une société féodale, de type patriarcal, s'instaure et survivra jusqu'au XXe siècle.

Le XVIIe siècle : les Hollandais, la conquête de la terre, l'or

Malgré les luttes pour défendre le pays des attaques étrangères, la culture de la canne à sucre continue à se développer (300 plantations en 1645 et 528 en 1710) dans le Nordeste (où elle reste toujours une culture importante) ; le commerce du sucre, contrôlé pour 60 % de la production vers 1635 (sur 2 000 km de côtes) par les Hollandais, est très prospère ; il le restera jusqu'à la fin du XVIIe siècle où il sera concurrencé par le sucre des Antilles. Les Hollandais occupent Recife (attaqué dès 1624) et le Pernambouc de 1630 à 1654 et contribuent à l'extraordinaire essor de la région, surtout sous le gouvernement de Maurice de Nassau, nommé en 1637, qui favorise l'expansion de Recife aux dépens d'Olinda et construit la ville. Cette occupation réunira pour la première fois, dans une lutte commune, Portugais, Noirs et Indiens, mais elle ébranle les structures de la société qui se révoltera contre le pouvoir central et favorisera les évasions d'esclaves qui se regroupent en véritables tribus organisées et se retranchent dans des villages fortifiés (**quilombos**) dont le plus célèbre est celui de Palmares, détruit en 1694. Dans le Sud, où la culture de la canne à sucre connaît un succès moindre, des aventuriers, appelés **Bandeirantes** (parce qu'ils avaient un drapeau = **bandeira**), partent de São Paulo vers l'intérieur, à la recherche d'Indiens, moins chers que les esclaves, et de nouvelles richesses.

1612 : les Français fondent São Luis du Maranhão où ils ne restent que 3 ans.
1637 : Pedro Teixeira remonte l'Amazone (jusqu'au Pérou), avec 2 000 hommes.

Annexe 2 — Données historiques

1654 : prise de Recife et expulsion des Hollandais.

1657 : premières révoltes de colons contre le pouvoir central et les Jésuites ; d'autres suivront en 1666 (Pernambouc ; 1684 dans le Maranhão).

1674 : 1re expédition de **Bandeirantes** dans le Minas Gerais.

1698 : découverte de l'or dans le Minas Gerais.

Cette découverte de l'or en fin de siècle, au moment où s'amorce le déclin du commerce du sucre, enrichira les capitaineries du Sud et modifiera la société et l'économie du pays.

Le XVIIIe siècle : le cycle de l'or (1680-1770), les révoltes

La découverte de l'or provoque une véritable ruée qui ébranle le Brésil et atteint le Portugal, obligé d'interdire le départ des colons sans autorisation. Plus de 1 000 tonnes d'or seront extraites. Dans le Minas Gerais (Mines Générales), surgissent, dès 1711, des villes riches qui verront émerger une bourgeoisie commerçante et une vie intellectuelle intense (Vila Rica, future Ouro Preto, Sabará, Mariana, puis Diamantina, après la découverte des diamants en 1729). Cet enrichissement favorise le développement de São Paulo et de Rio d'où partait le minerai, mais aussi celui de toutes les régions du Brésil qui apportaient leur soutien économique aux mines (développement de l'élevage dans les plaines du Sud : fondation de Porto Alegre en 1742). Le commerce de l'or, anarchique au début (1700-1720), suscite de nombreuses révoltes dues aux rivalités entre commerçants paulistas, mineiros et portugais ; avant 1750, il est organisé par le Portugal. Pour mieux le contrôler, le roi déplace la capitale à Rio (1763) plus proche des Mines. Mais les exigences royales en matière d'impôts (20 % de l'or extrait, soit 1 500 kg en plus des impôts payés par les concessionnaires de mines), et les exactions des gouverneurs, exaspèrent la bourgeoisie, déjà sensible aux idées libérales qui se répandaient en Europe. Souhaitant se gouverner elle-même, elle fomente plusieurs complots, sévèrement réprimés : Minas en 1789 (**A Inconfidência Mineira**) ; Bahia en 1797.

1710-1711 : les Français attaquent Rio.

1729 : construction de la 1re fonderie d'or à Vila Rica (Ouro Preto) où l'or a été trouvé en 1700.

1750 et 1777 : traités entre le Portugal et l'Espagne, entérinant l'extension du territoire brésilien et fixant les limites au sud et à l'ouest.

Annexe 2 — Données historiques

1759 : expulsion des Jésuites du Brésil, par Pombal.
1762 : le Brésil est décrété vice-royaume du Portugal.
1775 : abolition définitive de l'esclavage des Indiens.
1789 : complot de l'**Inconfidência Mineira** à Ouro Preto. Son chef, Joaquim José da Silva Xavier, appelé « **Tiradentes** » sera écartelé en 1792. Il est l'un des symboles de l'Indépendance et de la lutte contre l'oppression.
1780 : déclin de l'extraction de l'or et des diamants.
1797 : **a Inconfidência Bahiana** (exécution des révoltés).

Ce cycle de l'or ébranla la prépondérance du Nordeste affaibli par le déclin sucrier et lui fit perdre une bonne partie de sa population. Il donna au Portugal les moyens d'un luxe temporaire (sculptures dorées, art baroque) et, grâce au traité de Méthuen (1703), profita aussi à l'Angleterre.

Le XIXe siècle : la Cour portugaise au Brésil. L'Indépendance, l'Abolition de l'esclavage, la République, le café, le caoutchouc.

La présence du roi Jean VI au Brésil est très bénéfique au pays et facteur de développement économique, culturel et intellectuel : ouverture des ports aux bateaux étrangers (seuls les Portugais y avaient accès), autorisation de l'immigration, implantation d'industries (interdite depuis 1785), création d'universités (les études se faisaient à Coimbra, au Portugal) et d'imprimeries, publication de livres et de journaux...

La période qui suivra le départ de D. João VI (règne de l'empereur D. Pedro I (1822-1831) et celle de la Régence (1831-1840) est troublée par des rébellions portugaises qu'il faut dominer (Pará, Maranhão, Rio Grande do Sul) et des mouvements indépendantistes dont certains réussiront (1824, la Confédération de l'Équateur ; 1828, la province Cisplatina qui devient la République Orientale d'Uruguay). L'économie, pendant ce temps-là, reste précaire et basée essentiellement sur l'exportation de produits agricoles, l'importation de produits manufacturés et le travail des esclaves.

Le règne de D. Pedro II sera très important pour le Brésil. Il mettra fin au régime colonialiste avec la pacification des provinces qui s'étaient révoltées contre D. Pedro I — Maranhão (1840), Minas Gerais (1842), Pernambouc (1845) et la reconnaissance de l'Uruguay (1870), et avec l'arrêt progressif de l'esclavage, malgré la résistance des planteurs — l'interdiction de la traite des Noirs (1850), enfin l'affranchissement des

Annexe 2 — Données historiques

esclaves nés après (1871), puis l'abolition de l'esclavage (1888). Ces mesures bouleversent la société, provoquent le mécontentement des classes bourgeoises et de l'Église et la montée d'une opposition républicaine. Elles seront à l'origine de la déposition de D. Pedro (exilé) et de la proclamation (1889) d'une République Fédérale (20 États) fortement inspirée des idées positivistes d'Auguste Comte et calquée sur celle des États-Unis.

De nouvelles cultures avaient été introduites pendant le règne de D. Pedro II : le tabac et le cacao dans le Nordeste, le café dans le Sud. Elles se développeront sous la République, avec l'arrivée de nombreux émigrés européens, et cela malgré un certain nombre de résistances (révolte de l'armée dans le Sud ; Bahia en 1897) que le gouvernement républicain devra vaincre pour s'imposer.

1808 : arrivée à Rio de João VI, roi du Portugal, qui fuit son pays menacé par les troupes napoléoniennes (1807).

1808 : ouverture des ports brésiliens aux étrangers.

1809 : invasion de la Guyane par les troupes royales ; elle sera rendue à la France à la chute de Napoléon (1814).

1815 : João VI transforme le royaume du Portugal en Royaume Uni du Portugal, d'Algarve et du Brésil.

1820 : troubles au Portugal ; début d'un grand mouvement d'immigration portugaise vers le Brésil.

1821 : l'agitation libérale au Portugal oblige Jean VI à repartir pour l'Europe ; il nomme son fils, D. Pedro, régent.

1821 : prise de l'Uruguay.

7 septembre 1822 : le prince régent D. Pedro, resté au Brésil, décrète l'Indépendance du Brésil (le cri de l'**Ipiranga**, nom d'une petite rivière : « l'Indépendance ou la mort »). Il devient l'empereur D. Pedro I.

1824 : début de l'émigration allemande qui continuera par vagues jusqu'à la 2ᵉ Guerre mondiale.

1825 : le Portugal, poussé par l'Angleterre, reconnaît l'Indépendance.

1827-1915 : début du cycle du caoutchouc.

1831 : D. Pedro I abdique et revient au Portugal où il participe aux luttes libérales ; son fils n'a que 5 ans.

1835-1840 : période troublée dans le Nord (Pará, Maranhão) et mouvement séparatiste dans le Sud.

1840 : début du règne de D. Pedro II qui dure 30 ans.

Annexe 2 — Données historiques

1840-1929 : cycle du café donnant le monopole mondial au Brésil dès 1870.

1850 : fin de la traite des Noirs (sur 7 100 000 habitants 3 120 000 sont noirs).

1865-1870 : guerre sanglante contre le Paraguay.

1871 : **Lei do Ventre livre** (la Loi du Ventre libre) qui affranchit les esclaves de plus de 65 ans et les enfants nés après la promulgation.

1872 : 1er recensement : le Brésil a 9 939 478 habitants.

1884 : début de l'immigration italienne.

1888 : **Lei aurea** qui abolit l'esclavage.

15 novembre 1889 : proclamation de la République.

1893 : révolte de Canudos (Bahia), née de la misère du N-E.

En 1900, la population est de 17 millions d'habitants. Les industries ont commencé à se développer (São Paulo, Minas, Sud), mais il n'y a pas eu de réforme profonde de l'économie. L'agriculture, certes plus diversifiée, reste l'essentiel des exportations, mais le Brésil, dont l'Angleterre est devenue le principal partenaire, est rentré, dès 1870, sur la scène économique internationale avec le monopole du commerce du café, le sucre n'occupant plus que la seconde place de ses exportations, suivi du cacao et du caoutchouc.

Le XXe siècle : vers la démocratie, vers l'industrialisation

Le siècle s'ouvre sur une période de prospérité économique, ébranlée cependant, dès 1910, par l'abandon progressif du commerce du caoutchouc, concurrencé par celui des plantations anglaises d'hévéas de l'Asie, puis par la 1re Guerre mondiale. Prospérité qui ne survivra pas, non plus que la Vieille République (1889-1930), à la grave crise internationale de 1929 qui provoque, entre autres, l'effondrement du commerce du café. De nombreuses révoltes éclatent dans le pays, en 1914 (sédition de Juazeiro dans le Nordeste), en 1915 (Santa Catarina), en 1923, 1924 et 1930.

La période de 1930 à 1945 est dominée par la personnalité de Getúlio Vargas, chef du Gouvernement provisoire (1930-1934), président de la République (1934-1937) et chef d'un régime dictatorial installé avec l'aide des militaires (1937-1945) ; il résoudra plusieurs crises internes (soulèvement communiste en 1935, lutte contre les **Cangaceiros** du Nordeste (bandes de hors-la-loi plus ou moins organisées qui, avec l'aide de potentats locaux, pillaient les villages (1920-1940). Ces

Annexe 2 — Données historiques

années verront l'aggravation de la crise du café, mais aussi, par contre, le début du développement agricole du Paraná, aujourd'hui l'un des États agricoles les plus riches (1er producteur de coton, blé, maïs et haricots, et important fournisseur de soja pour l'exportation). La Deuxième Guerre mondiale n'aura pas que des effets négatifs au Brésil : elle lui permettra de développer le secteur des industries lourdes, autour de Rio, São Paulo et surtout dans le Minas (le complexe de Volta Redonda). Ces industries sont fortement étatisées et le restent encore de nos jours (Création de la Compagnie Sidérurgique Nationale, CNS, en 1941).

Une nouvelle Constitution, votée en 1946, jette les bases de la Nouvelle République Fédérale (20 États et 5 Territoires, chaque État ayant gouvernement et administration propres). C'est sous la présidence de Juscelino Kubitscheck (1956-1961), qui succède à Getúlio Vargas en 1954, que sont projetés de grands travaux d'équipement qui grèveront largement le budget et contribueront au développement d'une forte inflation, l'un des principaux soucis des gouvernements suivants (la construction de Brasilia pour mieux exploiter vers l'intérieur et y attirer une population trop concentrée sur la côte, la construction de routes en Amazonie). Le bref gouvernement de João Goulart qui semble orienter le pays vers un type de régime socialisant avec de nombreuses nationalisations amènera une longue dictature militaire (1964-1978). Malgré les tensions sociales et politiques et la perte de libertés, le pays connaît une nouvelle expansion (le booom brésilien) ; grâce à des capitaux étrangers qui endetteront gravement le pays, de grands travaux sont réalisés (barrage d'Itaipu sur le Paraná, le plus grand d'Amérique du Sud, la route transamazonienne, le pont de Rio) ; de nouveaux centres industriels naissent (Camaçari, près de Salvador) ; et les industries sont diversifiées. Un fort secteur tertiaire s'est aussi développé : en 1980, il occupait 45,7 % de la population.

Depuis 1985, le pays, dont le développement agricole et industriel reste inégal suivant les régions, s'efforce avec détermination à résoudre les graves problèmes financiers qui l'accablent (dette extérieure, inflation) et les nombreux problèmes sociaux (habitat, transports, éducation, santé...), tout en réapprenant la démocratie (multipartidarisme).

1900-1905 : fixation des frontières actuelles de l'Amazonie.
1900-1912 : apogée du cycle du caoutchouc (Manaus, fondée en 1669 et Belém, fondée en 1609) ; développement de la

Annexe 2 — Données historiques

culture du cacao dans le sud de l'État de Bahia (en 1985, le Brésil est le 2e exportateur mondial).

1908 : début de l'immigration japonaise (région de São Paulo).

1911 : création du Service de Protection de l'Indien (SPI).

1917 : entrée du Brésil dans la Première Guerre mondiale.

1922 : fondation du Parti Communiste brésilien.

1922-1924 : grave crise économique (mévente du café). Révolution et longue marche de 3 ans, à travers le Brésil, de la colonne menée par le communiste Carlos Prestes.

1929 : crise économique mondiale (chute des cours du café).

1930-1945 : un coup d'État militaire porte Getúlio Vargas au pouvoir.

1932 : soulèvement de São Paulo qui refuse de faire les frais de la politique sociale populiste de Getúlio Vargas.

1937 : Getúlio Vargas instaure une dictature corporatiste, **o Estado Novo** (l'État Nouveau).

1943 : le Brésil entre dans la guerre, aux côtés des Alliés.

1944 : débarquement des troupes brésiliennes en Italie.

1945 : les militaires déposent Getúlio Vargas qui sera, par la suite, légalement élu lors d'élections libres en 1951.

1946 : République Nouvelle (**República Nova**) et Constitution.

1947 : interdiction du parti communiste brésilien.

1951 : retour de Getúlio Vargas qui établit un régime social démocrate « à la suédoise ».

Création des Compagnies d'État PETROBRÁS (la 1re du pays avec 6,12 % du Produit National Brut en 1985), ELECTROBRÁS.

Établissement d'un code de réinvestissement des bénéfices réalisés par les compagnies étrangères.

1954 : suicide de Getúlio Vargas.

1956-1961 : présidence de Juscelino Kubistchek. Une nouvelle économie se met en place, fondée sur l'apport de capitaux étrangers et l'essor d'industries permettant de réduire les importations de produits manufacturés et préfigurant la politique des années 1964.

1960 : inauguration de Brasília, la 3e capitale historique.

1960-1961 : gouvernement de Jânio Quadros qui démissionne.

1961-1964 : présidence de João Goulart qui jouit d'une large audience auprès des classes ouvrières. Pour l'empêcher de faire

Annexe 2 — Données historiques

une politique de gauche, les militaires lui imposent un régime parlementaire ; des réformes audacieuses sont envisagées (réforme agraire, nationalisations, lois sociales).

1964-1985 : déposition de João Goulart et prise de pouvoir par les militaires : maréchal Castelo Branco (1964-1966), maréchal Costa e Silva (1966-1968), général Médicis (1969-1974), période la plus dure de la répression et décision de grands travaux (route transamazonienne...), général Geisel (1973-1978) et le général João Figueiredo (1978-1985) qui prépare l'ouverture.

1964-1974 : période du « miracle brésilien » avec le record mondial d'expansion (10 % par an pendant 10 ans).

1968 : promulgation de l'Acte Institutionnel n° 5 (le président gouverne par décrets ; restrictions des libertés et censure) ; exil ou émigration de nombreux intellectuels.

1978 : abrogation de cet acte ; loi d'amnistie et retour des opposants exilés ; début de l'ouverture démocratique ; aggravation des luttes sociales (grèves de São Paulo et Rio) ; rôle de premier plan de l'Église (« pastorale de la terre » et « pastorale ouvrière »).

1979-1984 : longue sécheresse dans le Nordeste, resté à l'écart de ce « miracle », où la misère s'accentue.

Vers 1980 : développement de nouveaux pôles industriels, notamment près de Salvador, le parc industriel d'Aratu et le « pôle pétrochimique » de Camaçari.

1985 : Tancredo Neves (civil) est élu président. Vieux et malade, il meurt le 21 avril ; son vice-président, José Sarney le remplace. Crise économique : mise en place d'une politique d'austérité avec dévaluation de la monnaie (le cruzeiro est alors appelé cruzado ; des réformes sociales et une réforme agraire sont envisagées).

1986-1988 : échec du plan cruzado.

1988 : nouvelle Constitution (très démocratique).

1990 : 1re élection au suffrage universel (**as diretas**) du président de la République, Fernando Collor de Melo.

Le XXe siècle est celui des mutations profondes qui expliquent les graves crises sociales, politiques et financières que le pays traverse. La population passe de 17 millions d'habitants en 1900 à plus de 144 millions en 1990 (1940 : 41,3 millions ; 1950, 71 millions ; 1972, 100 millions ; 1980, 119 millions, soit un taux de croissance annuel de 3,7 millions — actuellement en cours de ralentissement — cf. la France 220 000 p/an).

Annexe 2 — Données historiques

Longtemps fournisseur de matières premières agricoles et minières, il est devenu une puissance industrielle (sidérurgie et techniques de pointe), la 8e du monde occidental dont les exportations de produits manufacturés dépassent maintenant les exportations agricoles. Il reste en 1985 le deuxième fournisseur de denrées alimentaires du monde, après les USA, et le troisième producteur mondial de fer et de manganèse. Le Brésil est un pays jeune dont la moitié de la population a, en 1990, moins de vingt ans ; il se tourne résolument, malgré les difficultés à résoudre, vers le progrès et l'avenir.

Annexe 3 — Langue

LE PORTUGAIS AU BRÉSIL

Le portugais du Brésil a évolué et continue à évoluer. Les écarts avec le portugais du Portugal sont de plus en plus importants dans la langue parlée, mais moins nombreux à l'écrit, bien que les écrivains revendiquent, depuis le XIXe siècle et le Mouvement Moderniste, le droit à une certaine originalité, et une plus grande liberté par rapport à la norme de la langue mère. Les écarts se multiplient, mais le portugais du Portugal et celui du Brésil, restent une même langue, malgré des différences, *phonétiques*, *graphiques*, *syntaxiques* et surtout *lexicales*.

La langue qui se généralise est la langue du centre (Rio), mais il y a des variations dans les régions, notamment dans le Nordeste et le Sud. La prononciation du portugais du Brésil est plus proche de celle du sud du Portugal, malgré les nombreuses différences, conservatrices ou novatrices.

I. Différences phonétiques (les principales)

1. conservatrices

	Port. XXe s.	Port. XVIe s. et Brés.
s final	[ch] : mas = [mach]	[ss] : mas = [mass]
e atone (final)	[eu] : classe = [classeu]	[i] : classe = [classe]
initial + *s* + cons.	['] : estar = ['chtar]	[i] : estar = [istar]

2. novatrices

	Portugais	Brésilien
o, a fermé devant une nasale	António	Antônio
	amámos (prét.)	amamos
l final = [u]	Brasil	[brasiu]
ti, di = [ty, tch, dy, dch]	tio	[tyo]
apparition de *yod* [y] devant *s*	nós [noch]	[nóych]
final tonique chuinté	luz [luch]	[luych]
	pés [péch]	[peych]
apparition de *i/e* dans	advogado	[ad(e)vogado]
triconsonnes (mots savants)	observar	[ob(i)servar]
dipthongues *ei, ou* réduites (fam.)	beijo	[bêjo]
	doutor	[dôto]
r final tombe (familier)	fazer	[fazê]

II. Différences graphiques (peu nombreuses - réforme en cours)

On n'écrit pas une consonne que l'on n'entend pas (*c, p* devant *p, t, c*) :

P. Director	B. Diretor
P. óptimo	B. ótimo

Annexe 3 — Langue

Accent devant nasale :   P. António   B. Antônio
    avec nous :   P. connosco   B. conosco

III. Principales différences syntaxiques (peu nombreuses)

1. Traitement

Simplification. On emploie en général **você(s)** :
   Você vem : *vous venez* ou *tu viens*.

N.B. : **tu** se maintient dans le Sud (**tu vens** : *tu viens*).

O(s) senhor(es), a(s) senhora(s) + verbe 3ᵉ pers. (plus déférent).
   O senhor queria ver-me : *vous vouliez me voir*.
   (B) **queria falar com você** (fam.), (P) **queria falar consigo** : *je voulais vous parler*.
   com o senhor (déférent), (P et B).

2. Forme progressive + **estar** + gérondif en ~**ndo**
   J'écris (B) **estou escrevendo** (P) **estou a escrever**

3. *Il y a* : (B) **tem**   (P) **há**

4. Pronom pers. compl. devant le verbe (surtout langue parlée)
   Donne-moi ce livre : (B) **me dá o livro**
                       (P) **dá-me o livro**

5. Absence de l'article défini devant le possessif
   Mon livre : (B) **meu livro**   (P) **o meu livro**

6. Absence de l'article après **todo**
   Tout homme : (B) **todo homem** (P) **todo o homem**

7. Emploi fréquent de **em**
   Je vais en ville : (B) **Vou na cidade** (P) **Vou à cidade**

8. Empoi de **não**, après le verbe (familier)
   Viens-tu ? Non. : (B) **Vens ? Não vou, não.** ou **Vou não.**
                    (P) **Vens ? Não vou,** ou **não, não vou.**

9. Emploi des pronoms sujets à la place du complément
   Je l'ai vu : (B) **vi ele** (langue <u>parlée</u>)   (P) **vi-o**

Annexe 3 — Langue

IV. Différences lexicales (très nombreuses)

1. Maintien du sens ancien

Les mots portugais n'ont parfois plus le même sens dans les 2 pays :
Jeune fille : (P) **rapariga** (B) **moça**
(B) **rapariga** = *fille de mauvaise vie*

2. Changement de sens des mots

O banheiro : (P) *surveillant de plage* (B) *salle de bains*

3. Mots venant d'origine étrangère : américain

Freiner : (P) **travar** (B) **braquear** (de brake = *frein*)

4. Très riche vocabulaire d'origine africaine (fêtes, nourriture) : fêtes : **candomblé, maracatu, samba** ; plats : **vatapá**...

5. Un très riche vocabulaire indien Tupi, concernant la toponymie (**Marabá, Marajó, Manicoré**) ; la flore (**abacaxi** : *ananas* ; **caju** : *cajou*) ; faune (**arara** : *perroquet* ; **tatu** : *tatou*).

6. Des différences dans la création de mots nouveaux, surtout dans le cadre de la culture populaire et vie sociale.

Hotesse de l'air : (P) **a hospedeira** (B) **a aero-moça**
Six : (P) **seis** (B) **meia** (téléphone), **seis**

7. Nombreuses et pittoresques créations de mots d'argot.

Annexe 4 — Littérature

REMARQUE : Les littératures portugaise, brésilienne et africaine d'expression portugaise, d'une orginalité certaine, sont mal connues en France. Un gros effort a été fait depuis 1983 pour publier des traductions ou des éditions bilingues d'œuvres portugaises, brésiliennes et africaines, pour la plupart contemporaines, sauf quelques chefs-d'œuvres portugais des XVIe et XVIIe siècles (cités dans les leçons), et portugais et brésiliens du XIXe. Leur présentation est suivie d'une brève bibliographie d'ouvrages traduits.

PORTUGAL

« La littérature portugaise n'est pas une branche de la littérature hispanique, mais l'expression d'une nationalité indépendante qui a conservé son autonomie intellectuelle même pendant les soixante années d'occupation étrangère (1580-1640). On y voit prédominer, au début, le sentiment et l'imagination, avec, par contraste, un penchant marqué vers la satire (XIIe-XIIIe s.). L'humanisme y ajoutera le souci raffiné de la forme ; la grande aventure maritime développera, en même temps que le goût de l'observation, la curiosité des mœurs exotiques (XVe-XVIe s.), mais à la hardiesse de la pensée et du style (XVIIe s.), vont s'opposer le frein de l'Inquisition et la contrainte des académies (XVIIe et XVIIIe s.). L'accord entre la tradition et l'esprit de progrès ne se fera sentir qu'au XIXe siècle, après le triomphe des libéraux (1834). En restant patriotes, ils se tourneront de plus en plus vers l'activité sociale et politique (2e moitié du XIXe et début du XXe s.) Aussi l'évolution littéraire du Portugal apparaît-elle comme un conflit entre des tendances contradictoires, comme la recherche de l'équilibre, entre idéalisme et réalisme, entre la spontanéité populaire et l'imitation des modèles consacrés, entre le particularisme étroit et l'aspiration à l'Universel ». G. Legentil, *La littérature Portugaise*, A. Colin, 1935.

Au XXe siècle, la poésie, profondément ancrée dans la tradition littéraire portugaise, le roman, plus récent, et l'essai, plus nouveau, se développent dans toutes ces directions. Le siècle commence, en poésie, par une recherche dramatique de soi, puis, pendant la dictature (1926-1974), se réfugie dans la **saudade**, constante de la poésie portugaise, et dans l'analyse sans concession de la réalité populaire (néo-réalisme), voire

Annexe 4 — Littérature

dans l'humour. Depuis la Révolution (1974), le genre romanesque, multiforme, s'épanouit, réinterprétant l'histoire ou s'inspirant de la réalité quotidienne, dans la recherche d'une identité nationale nouvelle. Le Portugal, profondément marqué par son expérience maritime, a adapté à sa sensibilité les courants littéraires venus de France, d'Espagne, d'Italie, d'Angleterre, d'Allemagne, et produit des écrivains originaux, de dimension universelle : Gil Vicente (1460?-1536?), dramaturge, Luís de Camões (1524/25-1580), le poète des « Lusiades », António Vieira (1608-1697), un des maîtres européens de l'art oratoire, Eça de Queiroz (1845-1900), grand romancier, et récemment, le poète des Hétéronymes, le poète de l'inquiétude, Fernando Pessoa (1888-1935).

XIIe, XIIIe, XIVe SIÈCLES

La poésie lyrique, très caractéristique de la civilisation portugaise, est alors profondément influencée par les troubadours provençaux : les *Chansonniers* (**Cancioneiros**), contiennent des *Chansons d'amis* (**cantigas de amigo**), où une femme se plaint de l'absence de l'aimé ; *chansons d'amour* (**cantigas d'amor**), où un homme se plaint de l'insensibilité de sa dame ; de *dérision* (**cantigas de escárnio e maldizer**), satire mordante des coutumes de l'époque). Un grand poète : le roi D. Dinis (1279-1325).

La prose s'affirme dans les **Livros de Linhagens** (*Livres de lignages* ou *Nobiliaires*), dans les chroniques historiques et les *romans de chevalerie* (**Novelas de Cavalaria**).

XVe SIÈCLE

Poésie : *Le Chansonnier général* (**Cancioneiro Geral**), publié en 1516, recueille les principales tendances poétiques du XIVe siècle, influencées par la poésie espagnole (forme, thèmes) :
— prose didactique : **O Leal Conselheiro** (1420-1438) *le Loyal Conseiller*, écrit par le roi D. Duarte (1433-1438), dont un chapitre présente une analyse introspective de la **saudade** ;
— prose historique : de grands chroniqueurs des rois (Fernão Lopes - 1380?-1460?), *Chronique de Jean Ier*, comparable à l'historien Froissart, ou Gomes Eanes de Azurara, ou Zurara (1420-1474) qui raconte le début des Grandes Découvertes, l'exploration de la côte marocaine jusqu'au golfe de Guinée.

Annexe 4 — Littérature

XVIᵉ SIÈCLE
Apogée des découvertes

Période faste pour la poésie, la prose, fortement influencées par l'humanisme de la Renaissance italienne dans la forme (églogues, sonnets) et les thèmes (la nature, la beauté de la femme, les sentiments, les voyages, le désenchantement). De grands poètes : Gil Vicente (1460?-1536?), poète lyrique et homme de théâtre, satirique ; Bernardim Ribeiro (1482?-1552?), poète traditionnel et le premier romancier, le seul pendant longtemps : **Menina e Moça ou O Livro da saudade** (*Jeune et Belle ou le Livre de la Nostalgie*) ; Sá de Miranda (1485-1558), déjà classique, ou António Ferreira (1528-1569) qui raconte la tragédie d'Inês de Castro ; Luís de Camões (1524/25-1580), la synthèse, poète lyrique et épique, le chantre des Découvertes avec les **Lusíadas**.

Riche littérature des voyages : documentaire, pré-scientifique (lettre de découverte du Brésil du scribe Pero Vaz de Caminha, 1500), Damião de Góis (1502-1574) ou Diogo do Couto (1542-1616), ou déjà romancée, voire critique, **A Peregrinação** (*La Pérégrination*) de Fernão Mendes Pinto (1510?-1583).

XVIIᵉ SIÈCLE

C'est le siècle de l'écriture baroque, de l'apogée de la prose portugaise (mode des lettres — **cartas**) avec une forte influence espagnole (perte de l'indépendance 1580-1640). C'est le siècle des grands orateurs : le père António Vieira (1608-1697) qui a prêché au Brésil et au Portugal ou du père Manuel Bernardes (1644-1710). Certains auteurs écrivent dans les deux langues, comme D. Francisco Manuel de Melo (1608-1666), noble, pédagogue, historien et dramaturge dont *« Le Noble Apprenti »* (**O Fidalgo Aprendiz**), composé en 1646 et publié à Lyon en 1665, est proche parent du « Bourgeois Gentilhomme » (1670) de Molière.

XVIIIᵉ SIÈCLE

C'est la période des Académies (1720, Académie d'Histoire), des dictionnaires (Rafaël Bluteau, *Vocabulaire portugais-latin* 1712-1728) ; de la hardiesse dans les idées et d'une certaine timidité dans la forme ; de l'Inquisition.

Annexe 4 — Littérature

La poésie est marquée par l'arcadisme (1756-1774) — à Lisbonne et au Brésil —, formelle et influencée par l'Italie (surnoms latins des poètes, prédilection pour le genre pastoral, la chansonnette, l'opéra) : le poète Garção (1724-1772), le théoricien, est un Boileau portugais. Mais ce sera aussi, à la fin du siècle, sous l'influence des littératures du Nord, le préromantisme avec l'exaltation des sentiments : Manuel Maria Barbosa du Bocage (1765-1805).

La prose se veut critique — lettres, pamphlets, théâtre critique : **As Guerras do Alecrim e da Manjerona** (*La Guerre du Romarin et du Basilic*), opéra satirique d'António José da Silva (1705-1739), dit « Le Juif », brûlé par l'Inquisition ; elle est aussi didactique : le père Luis António Verney (1713-1791) publie une *Véritable méthode pour étudier*, 1746.

XIXᵉ SIÈCLE

Le romantisme portugais se rattache au romantisme européen par l'individualisme, le goût du Moyen Âge, le sentiment de la nature, les aspirations philosophiques et religieuses. Il s'en distingue par un nationalisme ardent (engendré par les guerres napoléoniennes, le départ du roi au Brésil et l'émigration) et par une collaboration étroite avec les partisans du parlementarisme : Almeida Garrett (1799-1854), poète, romancier et homme de théâtre, Alexandre Herculano (1810-1877), historien, romancier et poète. Plus timoré dans la forme que le nôtre, la véritable révolution dans les idées et dans le style ne se produira qu'en 1871, lors des « Conférences du Casino », avec la génération dite de 70 qui comprend les romanciers Camilo Castelo Branco (1825-1890), Eça de Queirós (1845-1900), maître incontesté du roman portugais (réaliste, naturaliste), l'historien et homme politique Oliveira Martins (1845-1894), Teófilo Braga (1843-1924) et le philosophe, essayiste, militant politique, Antero de Quental (1842-1891). Le tumulte d'idées, philosophiques et politiques, qui agitent la fin du XIXᵉ siècle, provoquera le découragement de certains (les « Vaincus de la Vie » avec Antero de Quental) et donnera à d'autres, parnassiens (Cesário Verde : 1855-1886) ou symbolistes (António Nobre : 1867-1900), le désir de retrouver une poésie plus calme, plus formelle, moins engagée ; il débouchera sur la proclamation de la République (1910) dont Teófilo Braga sera président du gouvernement provisoire.

Annexe 4 — Littérature

XXᵉ SIÈCLE

Le début du siècle est marqué par un profond mal-être (instabilité politique, problèmes de l'outre-mer, 1ʳᵉ Guerre mondiale, influence des philosophes et écrivains européens, Nietzsche, Kierkegaard, Bergson, Proust...) qui marquera la poésie de Sá-Carneiro (1890-1916) et surtout celle du poète multiforme, Fernando Pessoa, 1888-1935).

Pendant la dictature (1926-1974), les genres littéraires se multiplient, mêlant tristesse, mélancolie, regret du passé, doute, observation du quotidien, humour, amour, attachement au pays. C'est aussi la période du roman néo-réaliste : Manuel da Fonseca (n. 1911), Alves Redol (1911-1969) ou Fernando Namora (1919-1988). Les écrivains sont poètes, essayistes, romanciers : António Gedeão (1906), Miguel Torga (n. 1907), Vitorino Nemésio (1901-1978), José Régio (1901-1969).

Après 1975, le genre romanesque s'épanouit dans toutes les directions ; les romanciers, dont beaucoup avaient publié avant 1975, continuent la réflexion commencée, questionnant le quotidien, remettant en question l'histoire et les traditions, à la recherche d'une identité, personnelle ou nationale. Nous ne les citons pas ici ; la plupart ayant été traduits, leurs noms figurent dans la bibliographie qui suit.

BRÉSIL

Le Brésil se sépare du Portugal en 1822. Déjà au XVIIᵉ siècle, quelques écrivains, souvent formés à Coimbra, évoquent les coutumes, les problèmes, la flore, la faune... du pays où ils vivent, dans un style que ne peut désavouer le Portugal : le père Pe António Vieira (1608-1697), missionnaire et prédicateur ; Gregório de Matos (1623-1697) qui, dans sa poésie baroque et satirique, dénonce les abus de l'administration coloniale et les travers de la société de Salvador de Bahia.

Le XVIIIᵉ siècle apporte, à Ouro Preto (Minas), la mode de l'Arcadie et des dialogues amoureux entre bergers et bergères, genre dans lequel excelle Tomás António Gonzaga (1747-1810), dans « Marília de Dirceu ». C'est parmi les membres de l'Arcadie que s'écrit la satire contre le représentant du roi portugais, (Cartas Chilenas, *Lettres Chiliennes*, et que naît un premier

Annexe 4 — Littérature

mouvement indépendantiste, **A Inconfidência Mineira** (1789), durement réprimé. La tendance indigéniste se confirme dans le poème « Urugai » de Basílio da Gama (1740-1795), ou dans le poème « Caramuru » (1781) de J. de Santa Rita Durão (1722-1784) qui raconte l'épopée de la conquête du Brésil après la Découverte ; il s'y dessine l'idéalisation des Indiens ou le mythe du bon sauvage qui allait se développer au XIXe siècle.

Avec le XIXe siècle et l'Indépendance (1822), la littérature brésilienne naît vraiment et reçoit directement les influences des mouvements littéraires européens. Ce n'est qu'en 1834 que Gonçalves de Magalhães (1811-1882), secrétaire d'ambassade à Paris, fonde une première revue, « Niterói », qui divulgue au Brésil les écrivains et les thèmes à la mode en Europe (Chateaubriand et Rousseau), attaque l'Arcadie et loue les victimes de l'**Inconfidência Mineira**. Le romantisme brésilien naît en 1846, avec l'Indianisme dont les descriptions d'Indiens s'inspirent plus des dessins du peintre Jean-Baptiste Debret et des récits des voyageurs français ou allemands (Jean de Théry, Auguste de Saint Hilaire et Spix...) que d'une connaissance directe de la réalité. António Gonçalvez Dias (1823-1864) illustrera ce courant en poésie (Marabá) et José de Alencar (1822-1877) fera revivre dans ses romans les légendes indiennes où les Brésiliens s'efforcent de retrouver les racines de leur pays : le Guarani (1857) et Iracema (1865), Ubijara (1875). D'autres poètes cultivent un romantisme à la Musset ou à la Byron et des romanciers (dont José de Alencar) écrivent des romans citadins et sentimentaux.

À partir des années 1860, la philosophie positiviste d'Auguste Comte fera des adeptes et mettra fin au romantisme qui vit encore sous la plume de Castro Alves (1847-1871), avant de mourir vers 1875. Elle introduira le mouvement réaliste et naturaliste, dont Manuel Antônio de Almeida sera le précurseur avec un roman, plein d'humour, sur la société de Rio, Memórias de um Sargento de Milícias, *Mémoires d'un Sergent de la Milice* (1852). Émile Zola et le Portugais Eça de Queiroz auront une réelle influence au Brésil en cette fin du XIXe siècle. L'écrivain réaliste Aluísio de Azevedo (1857-1913), avec ses romans « O Mulato » (*le Mulâtre*, 1881) et « O Cortiço » (*la Ruche*, 1890) fut l'un des plus célèbres. Machado de Assis (1839-1908), fuyant les excès du naturalisme, crée un réalisme très personnel, plein d'un humour grinçant, dans une langue portugaise très pure. Il dépeint la société de Rio et donne à

Annexe 4 — Littérature

l'homme une dimension universelle : « Memórias de Brás Cubas » (1881), « Quincas Borba » (1891) et « Dom Casmurro » (1899).

Une poésie parnassienne et symboliste fortement influencée par la France se développa durant cette période : João de Cruz e Sousa (1861-1898), Alphonsus de Guimarães (1870-1921).

Le XXe siècle est le siècle des bouleversements économiques et sociaux (immigration européenne, italienne, allemande et japonaise, culture du café, industrialisation) et artistiques et littéraires avec la semaine d'Art Moderne de São Paulo (1922) qui lança le modernisme, très réussi en poésie. Les modernistes combattaient l'Académisme, encore de règle, et revendiquaient l'expression de l'identité brésilienne, de la société et de la technique modernes, du quotidien, dans tous les genres artistiques, y compris dans la langue et la poésie. Citons le poète Mário de Andrade (1893-1945), avec sa « Paulicéia Desvairada » (1922), hymne à São Paulo, et « Macunaíma » (1928), où le fantasque se mêle à la réalité des observations ethnologiques qu'il a pu faire lors de ses voyages dans le pays ; Oswald de Andrade (1890-1954) qui a lancé les mouvements nativistes « Pau Brasil », en 1924 et « antropophagique » en 1927 ; Manuel Bandeira (1886-1968) qui a cultivé toutes les formes poétiques, etc.

Un courant régionaliste se développa à l'intérieur du modernisme ; il naquit à Recife en 1926. Le Nordeste, déjà analysé dans les « Sertões » (1902) d'Euclydes da Cunha (1866-1909) précurseur du régionalisme, fut étudié par le sociologue Gilberto Freyre (1900-1988) : « Casa Grande e Senzala » (1933), (traduit en France en 1952 : *Maîtres et Esclaves*) inspira de nombreux romanciers et poètes, dont Manuel Bandeira. Souvent engagés politiquement, ils décrivaient la société nordestine de l'intérieur (sertão), ou de la côte, plantée de canne à sucre, pour mieux en dénoncer les retards et les abus : José Lins do Rego (1901-1957) : « Menino de Engenho » (1932), « Usina » (1936), « Fogo Morto » (1943) et « Cangaceiro » ; Graciliano Ramos (1892-1953), le grand écrivain du sertão, avec « São Bernardo » (1934), « Angústia » (1936), « Vidas Secas » (1938) ; Jorge Amado (n. 1912), mondialement connu, qui fait vivre le peuple de Bahia : « Jubiabá » (1935), « Gabriela cravo e canela » (1958), « Os pastores da Noite » (1964), celui des terres du cacao, au sud de Bahia : « Terras do Sem Fim » (1942), « São Jorge de Ilhéus » (1944)... Le mouvement régionaliste a aussi touché

Annexe 4 — Littérature

le Sud : Erico Veríssimo (1905-1978) décrit les paysages du Rio Grande et retrace l'histoire de la société des « gauchos » dans la triologie « O Tempo et o Vento » (1949-1961), ou dans « Incidente em Antares » (1971).

La Génération de 1945 — le post-modernisme, multiforme, recherche une nouvelle expression, en poésie ou en prose. Carlos Drummond de Andrade (1902-1988), né dans le Minas et vivant à Rio, écrit une poésie, sensible et ironique, de portée universelle. Citons encore João Cabral de Melo Neto (n. 1920), de Recife ; Vinicius de Morais (1913-1980), diplomate, ou Chico Buarque de Holanda qui chantent leurs poèmes.

Le roman contemporain est très varié : régionaliste ou psychologique. Les romanciers foisonnent : João Guimarães Rosa (1908-1967), le plus original, évoque son Minas natal dans une prose savante, transfigurant la réalité : « Sagarana » (1946 ; « Grande Sertão, Veredas » (1956) ; José Cândido de Carvalho (n. 1914) : « O Coronel et o Lobisomem » (*Le Colonel et le Loup Garou*) (1964) ; Clarisse Lispector (1925-1978) est la romancière de l'introspection ; António Callado (n. 1917) brosse un remarquable tableau de la société brésilienne contemporaine, dans « Quarup » (1966) ; Autran Dourado (n. 1926) s'inspire du Minas qu'il évoque dans un style baroque ; Josué Montello (n. 1917) du Maranhão, Antônio Torres, João Ubaldo Ribeiro (n. 1947), au style savant et truculent. Les conteurs et essayistes se multiplient : Dalton Trevisan (n. 1926) décrit la société de Curitiba ; les écrivains du Minas Gerais, sont souvent pleins d'humour : Ivan Ângelo (n. 1926) ou Fernando Sabino (n. 1923), ou adeptes du fantastique : Murilo Rubião (n. 1916), etc. Des chroniqueurs aussi : Rubem Braga (n. 1913), Moacyr Sclyar (n. 1937), à l'humour grinçant, Fernando Veríssimo, satirique, João Antônio (n. 1937), peintre des marginaux...

Le théâtre, né au XIXe siècle (Martins Pena, 1815-1848 ; França Júnior, 1838-1890), il connaît un essor particulier depuis 30 ans, malgré la censure (1964-1973). Théâtre engagé et inventif, il dénonce la décadence de la société patriarcale, l'industrialisation, les conflits sociaux (Jorge Andrade, Gian Francisco Guarnieri, Augusto Boal, exilé en 1968). Le théâtre du Nordeste s'ancre dans la culture populaire : « Morte et Vida Severina » (1954, João Cabral de Melo Neto), « O Auto da Compadecida » (1954), « A farsa da boa preguiça » (1960) de Ariano Suassuna et « O pagador de promessas » (1960, Dias Gomes).

Annexe 4 — Littérature

LES PAYS AFRICAINS D'EXPRESSIONS OFFICIELLE PORTUGAISE

Les pays d'Afrique d'expression officielle portugaise (Angola, Cap-Vert, Guinée-Bissau, Mozambique et São Tomé et Principe) sont indépendants en 1975. Leur littérature est jeune, vigoureuse, dynamique et de qualité. Dès l'Indépendance, Agostinho Neto (1922-1979), poète, essayiste, politicien et président de la République populaire d'Angola, créait à Luanda, l'Union des écrivains angolais dont le rôle éditorial est important. Elle prend ses racines dans la période coloniale, dès la fin du XIXe siècle, avec la naissance d'une presse éditée en Angola : « A civilização da África Portuguesa » (1867) ; « O Comércio de Luanda » (1873) ; « O Cruzeiro do Sul » (1878) ; « O Jornal de Loanda » (1881) ; de plusieurs autres journaux rédigés en portugais ou en quimbundo ; de la publication des contes (« Nga Muturi ») et des essais d'Alfredo Troni (1845, Coimbra-1904, Luanda) ou des poèmes et des Chroniques de Cordeiro da Matta (n. 1857, Angola) et des *Contes angolais* (1894), recueillis par le missionnaire suisse Héli Chatelain.

Les années 40 sont décisives pour la prise de conscience des conditions de vie en Afrique et la naissance d'une littérature plus élaborée : Castro Soromenho (1910-1968), né au Mozambique, et ayant vécu en Angola jusqu'en 1937, est l'initiateur, au Portugal, d'une thématique africaine dénonçant vigoureusement l'exploitation des populations autochtones, ce qui lui valut l'exil : « Nhari » (1938), « Calenga » (1945), « Terra Morta » (*Terre Morte*) (1949), « Viragem » (*Virage*) (1957), « A Chaga » (*La Plaie*) (1970). L'ethnologue Oscar Ribas (n. 1900) étudie le patrimoine angolais et publie des romans (Uanga, 1951) et des études « Ilundo » (1958) ou « Missosso » (1961-1964).

Au Cap-Vert, de nombreux écrivains, tous nés dans les îles, chantent les îles et leurs problèmes : des poètes — Jorge Barbosa (n. 1902), Pedro Corsino Azevedo (n. 1905), Manuel Lopes (n. 1907), Gabriel Mariano (n. 1928), Ovídio Martins (n. 1928)... ; des romanciers liés aux néo-réalistes portugais en décrivent les difficiles conditions de vie : Baltazar Lopes (n. 1907) : « Chiquinho » (1947) et Manuel Ferreira (n. 1917, Portugal) : « Morna », contes (1948). Au Mozambique, Rui de Noronha (n. 1909, Maputo) ; à S. Tomé, Franciso José Tenreiro (1921-1963) publie des poèmes : « Ilha do nome Santo-Novo », « Cancioneiro » (1943).

Annexe 4 — Littérature

Les années 50 sont celles de la poésie de contestation. De jeunes poètes (blancs, noirs, métis), dont beaucoup ont étudié à Lisbonne (logés dans **A casa dos Estudantes de Angola** - *la maison des Étudiants d'Angola*, devenue vers 1945 **A Casa dos Estudantes do Império** - *la Maison des étudiants de l'Empire*), et sont liés au mouvement culture « Vamos redescobrir Angola » (1948), créent les revues « Mensagem » (*Message*) (1948) et « Cultura » (1951). Ils s'inspirent des enseignements des modernistes brésiliens de 1922 et chantent les traditions, l'exploitation, l'espoir... : en Angola, Viriato da Cruz (1928-1973), António Jacinto (n. 1928, Luanda) « O contratado », Aires de Almeida Santos (n. 1921), Alexandre Daskalos, Alda Lara (1930-1962), Agostinho Neto (« Esperança Sagrada », recueil de poèmes de 1945 à 1960, publiés en 1974). Au Mozambique : José Craveirinha (Mapout, 1921), Noémia de Sousa (Maputo, 1927)... C'est aussi, en prose, la publication de contes traditionnels, de souvenirs d'enfance, l'évocation de situations d'injustice ponctuelles : au Cap-Vert : Manuel Lopes : « Chuva Braba » (1956) ; Manuel Ferreira : « Morabeza » (1958), contes... En Angola, Henrique Abranches (n. 1932) entreprend des études ethnographiques qui seront publiées (1961-1962 - « Manual de Etnografia », « Diálogo » (scènes de la vie traditionnelle).

C'est déjà la recherche d'une identité culturelle qui caractérise de nombreuses œuvres de cette jeune littérature, en prose ou en vers. Cette recherche concerne non seulement les thèmes eux-mêmes, pris dans la tradition ou les préoccupations quotidiennes, mais aussi la langue elle-même. Cette langue est bien la langue portugaise, mais elle intègre des tournures populaires, propres à chaque pays, et des mots des langues locales (quimbundo en Angola) ou créoles.

Les années 60 sont celles de la *poésie* de combat avec le début de la lutte (1961) pour l'Indépendance (1975).

Les poètes engagés dans la guérilla exhortent à la lutte, chantent l'espoir et la nostalgie du pays : Angola, Jofre Rocha (n. 1941), Costa Andrade : « Poesia com armas » (1963, publié en 1972), Arnaldo Dos Santos, poète et conteur (n. 1936, Luanda), Henrique Guerra (n. 1938, Luanda).

En *prose*, de rares écrits didactiques : Angola, Artur Pestana, dit Pepetela (n. 1941). « As aventuras de Ngunga », Henrique Abranches (Histoire d'Angola - Alger, de 1965 à 1974) ; des contes : Cap-Vert, Manuel Ferreira, « Terra Trazida » (1972) ;

Annexe 4 — Littérature

des essais culturels ou politiques : Guinée, Amílcar Cabral (1929-1973) et de rares romans ; Cap-Vert, Manuel Ferreira, « Voz de Prisão » (1971).

Les écrivains restés au Portugal ou dans les pays d'Afrique écrivent surtout des poèmes, généralement publiés après 1975 (Manuel Rui, David Mestre...).

Les écrivains en prison produisent surtout des romans, allusifs ou ironiques, dont plusieurs sortiront en 1975 : Luandino Vieira (n. 1935, Portugal), arrivé à un an en Angola, prisonnier de 1961 à 1972, « A verdadeira vida de Francisco Xavier » (1961), « Luuanda » (1963), « Vidas novas » (1962) ; la poésie d'Antonio Cardoso (n. 1941), prisonnier de 1961 à 1974 : « Panfleto » ; de Vanhenga Xitu, « Vozes na Senzala » ; « Manana » d'António Jacinto (n. 1924, Luanda) prisonnier de 1961 à 1973. « Poesia de Combate ».

Les années qui suivent l'Indépendance (1975) verront la publication de nombreuses œuvres écrites dans la période précédente : romans, contes, essais, poésie...

Essais politiques : en Angola, Agostinho Neto.

Contes et romans : En Angola : Luandino Vieira, « Velhas estórias » (1974), « No antigamente na vida » (1974), « Nós, os do Makulussu » (1975), « Macambunda » (1978), « João Vêncio : os Seus Amores » (1979) ; Pepetela : « Muana Puo » (1977), « Mayombé » (1971-1980), « Corda » (1978) ; Boaventura Cardoso (n. 1944, Luanda), « Dizanga dia » (1977). Au Cap-Vert : Manuel Ferreira, « Os Flagelados do Vento Leste ».

Théâtre : Pepetela, « A Corda », « A Revolta da casa dos Idolos ».

Poésie : Manuel Rui, « 5 vezes onze poemas de Novembro », (1976-1980) ; Rui de Carvalho, « O Chão da Oferta ».

Au Mozambique : Luís Bernardo Honwana (n. 1942), « Nós matámos o cão tinhoso » (*Nous avons tué le chien teigneux*) (1956) ; Rui Duarte de Carvalho, « Poemas » (1972), etc.

Au Cap-Vert : Manuel Ferreira, « No Reino de Caliban » (3 vol. 1975-1976), anthologie de textes du Cap-Vert, Guinée-Bissau, Angola et São Tomé. Cet auteur a d'autre part écrit un ouvrage théorique : « Literaturas Africanas de Expressão Portuguesa » (2 vol., 1977), il est fondateur et directeur de la revue « Africa » et a introduit la chaire des Littératures africaines d'expression portugaise à l'université de Lisbonne.

De 1976 à 1982, les publications sont peu nombreuses : les écrivains, qui ont presque tous des fonctions officielles, sont

Annexe 4 — Littérature

absorbés par la construction du pays et des tâches multiples ; c'est aussi une période de réflexion et de production de matériel didactique (anthologies, manuels), et de littérature enfantine : Dario de Melo : « A História do Leão Velho » (Luanda, Inald, 1982). António Jacinto (n. 1924), « Em Kiluanji do Golungo » (Luanda, Inald, 1984).

Les années 1980 verront fleurir des publications variées : essais, mémoires, poèmes, théâtre, contes, romans, articles pour des revues qui se créent (« Angolê », « África », « África Notícias »). On voit déjà émerger une nouvelle génération d'écrivains, parfois très jeunes. Angola : Luiz Mendonça, Lopito Feijó, Luís Kandjoba, Agualusa (portugais) ; Mozambique : Mia Couto ; São Tomé e Príncipe : Fernando de Macedo.

Essais, études, mémoires : En Angola : Henrique Abranches, « Reflexões sobre cultura » (1980). Au Cap-Vert : Pedro Cardoso, « Folclore Caboverdiano », Paris, 1983.

Contes : En Angola : Manuel Rui, « Crónica de um Mujimbo » (éd. Asa, Lisbonne, 1989), satirique. Au Mozambique : Mia Couto, « Vozes anoitecidas » (1985), « Cada homem é uma raça » (Lisboa, Caminho, 1990).

Romans, plus importants, graves ou ironiques. En Angola : Pepetela, « Yaka » (1985), « Lueji, O Nascimento dum Império » (1989) ; Manuel Rui, « Quem me dera ser uma onda » (1985), satire de la société de Luanda, après 1975 ; Uanhenga Xitu, « O Ministro » (1990), roman satirique.

Poésie : En Angola : Paula Tavares, « Ritos de Passagem » (Luanda, 1985). A São Tomé e Principe : Fernando de Macedo, « Anguéné » (Lisbonne, 1989). Au Mozambique : Rui Duarte de Carvalho.

Théâtre : En Angola : José Mena Abrantes, « Ana Zé e os escravos » (éd. Asa, Lisbonne, 1988).

Nous assistons à la naissance de nouvelles littératures en langue portugaise pleines d'originalité et de créativité, qui s'ajoutent aux littératures portugaise et brésilienne, riches et déjà elles-mêmes très différentes.

Annexe 4 — Littérature

BIBLIOGRAPHIE DE QUELQUES ŒUVRES, TRADUITES ET BILINGUES

PORTUGAL

ALMADA-NEGREIROS (1893-1970), *La repasseuse* (nouvelle, 1917), La Différence, Paris, 1988. *Nom de guerre* (1938), La Différence, Paris, 1988.

ALMEIDA FARIA (n. 1943), *Chevalier errant* (1981), Belfond, Paris, 1986.

ANDRADE, Eugénio de (n. 1923), *Écrits de la terre* (1974), éd. La Différence, Paris, 1988. Bilingue. *Blanc sur Blanc* (1983), idem. Bilingue

BESSA LUÍS, Agustina (n. 1922), *La Sibylle* (1954), Gallimard, 1983.

BRANQUINHO DA FONSECA (1905-1914), *Le Baron* (1943), Corti, Paris, 1990.

CAMINHA, Pero Vaz de, *Lettre annonçant la Découverte du Brésil en 1500*, in « Autrement. Lisbonne hors les murs », Paris, 1990.

CAMÕES, Luís de (1524-1580), *Sonnets*, éd. Chandeigne, Paris, 1989. Bilingue. *Les Lusiades*, (1572), Belles Lettres, Paris, 1980.

CARDOSO PIRES, José (n. 1925), *Ballade de la Plage aux Chiens* (1982), Gallimard, 1986.

CARVALHO, Maria Judith de (n. 1921), *Anica au temps jadis*, La Différence, Paris, 1988.

CASTELO BRANCO, Camilo (1825-1890), *Amour de perdition* (1862), Actes Sud, Arles, 1984.

FERREIRA DE CASTRO (1878-1974), *Forêt Vierge* (1930), Grasset, Paris, rééd. 1988. *Terre Froide* (roman) (1934), Grasset, Paris, 1947.

FERREIRA, Vergílio (n. 1916), *Apparition* (1959), éd. Métaillé, 1990.

LOURENÇO, Eduardo (n. 1923), *Le labyrinthe de la saudade* (1978), Bruxelles, 1988. *Pessoa, l'étranger absolu* (essai) (1987), Métaillé, 1990.

Annexe 4 — Littérature

MELO BREYNER ANDRESEN, Sophia de (n. 1919), *Navigations* (Poèmes), La Différence, Paris, 1988. Bilingue. *Histoire de la Terre et de la mer* (1958), idem, 1990.

OLIVEIRA, Carlos de (1921-1981), *Une abeille dans la pluie* (1953), Corti, Paris, 1989.

PESSOA, Fernando (1888-1935), *Œuvres*, 6 vol., éd. Bourgois, 1988 à 1990. *Œuvres complètes*, 4 tomes. La Différence, Paris, 1989. *Message* (1934). Bilingue. *Ode Maritime et autres poèmes de Álvaro Campos*. Bilingue.

QUEIRÓS, José Maria EÇA DE (1845-1900), *Le Crime du Padre Amaro* (1875), La Différence, Paris, 1985. *Le Mandarin* (conte fantastique) (1880), idem, Paris, 1985.

RIBEIRO, Aquilino (1885-1963), *Le Domaine* (1957), Messinger, Paris, 1989.

RODRIGUES, Urbano TAVARES (n. 1923), *La vague de chaleur*, éd. La Différence, Paris, 1989.

SÁ CARNEIRO, Mário de (1890-1916), *La confession de Lúcio* (1914), La Différence, Paris, 1987.

SARAMAGO, José (n. 1922), *Le Dieu Manchot* (1982), éd. Albin Michel, 1987.

SENA, Jorge de (1919-1978), *Le Physicien prodigieux* (1977), Métaillé, Paris, 1985.

TORGA, Miguel (n. 1907), *En franchise intérieure* (Journal, 1933-1977), éd. Aubier, Paris, 1982. *Portugal* (essais, 1950), éd. Arléa, Paris, 1988.

VIEIRA, Padre António (1608-1697), *Le Ciel en damier*, Cent Pages, Paris, 1989.

BRÉSIL

AMADO, Jorge (n. 1912), *Bahia de tous-les-saints (Jubiabá)* (1935), Garnier Flammarion, Poche, Paris. *Dona Flor et ses deux maris* (1966), Stock, Paris. *Les deux Morts de Quinquin-la-flotte* (1961), idem. *Les Pâtres de la nuit* (1964), éd. Stock, Paris, 1982. *Tocaia Grande, la face cachée* (1981), Stock, Paris, 1985.

ANDRADE, Mário de (1893-1945), *Macunaíma* (roman) (1928), Flammarion, Paris, 1979.

Annexe 4 — Littérature

AUTRAN DOURADO (n. 1926), *La mort en effigie* (1974), Flammarion, Paris, 1989.

CÂNDIDO DE CARVALHO, José (n. 1914), *Le Colonel et le Loup-Garou* (1964), Gallimard, Paris, 1978.

COUTINHO, Edilberto (1933), *Onze au Maracanã* (nouvelles, 1983), Paris, 1986.

CYRO DOS ANJOS (n. 1906), *Belmiro* (1937), éd. Métaillé, Paris, 1989.

DRUMMOND DE ANDRADE, Carlos (1902-1988), *Réunion* (Poésies, 1967), Aubier, Paris, 1975. Bilingue. *Conversation extraordinaire avec une dame de ma connaissance et autres nouvelles*, Métaillé, Paris, 1985.

FREYRE, Gilberto (1900-1989), *Maîtres et esclaves* (1933), Gallimard, Paris, 1983. *Terres du sucre* (1952), idem. Paris, 1956.

GUIMARÃES, Bernardo (1825-1884), *A Escrava Isaura* (1875), Laffont, Paris, 1986.

LISPECTOR, Clarisse (1925-1977), *Água Viva*, éd. Des Femmes, Paris, 1981. Bilingue. *La passion selon G. H.* (1968), idem, 1978.

MACHADO DE ASSIS, Joaquim (1839-1908), *Mémoires posthumes de Bras Cubas* (1881), Métaillé, Paris, 1989. *Dom Casmurro* (1899), idem, 1983. *L'aliéniste* (nouvelle), idem, 1983. *Quincas Borba* (1891), idem, 1990.

PIÑON, Nélida, *La maison de la passion* (1972), Des Femmes, Paris, 1987.

POMPEIA, Raul (1863-1895), *L'Athénée, chronique d'une nostalgie* (1888), éd, Pandora et Ombres, Paris, 1980.

QUEIROZ, Raquel de (1910), *Dora, Doralina*, éd. Stock, Paris, 1980. *Jean Miguel* (1937), idem, Paris, 1984.

RAMOS, Graciliano (1892-1953), *São Bernardo* (1934), Gallimard, Paris, 1986. *Mémoires de prison*, (1953), idem, 1989.

RIBEIRO, Darcy, *Maïra*, éd. Gallimard, Paris, 1980.

RIBEIRO, João UBALDO (n. 1941), *Vive le Peuple brésilien* (1981), Belfond, Paris, 1989.

ROSA, João GUIMARÃES (1909-1967), *Les nuits du Sertão*, Le Seuil, 1962.

SCLIAR, Moacyr (n. 1937), *L'œil énigmatique*, Presses de la Renaissance, Paris, 1990.

TORRES, Antônio, *Cette Terre*, Métaillé, Paris, 1984.

Annexe 4 — Littérature

ANTHOLOGIES (PORTUGAL, BRÉSIL, AFRIQUE)

Anthologie de la *nouvelle poésie portugaise* organisée par Serge Bourjéa, Harmattan. Bilingue.

Contes et Chroniques d'expression portugaise (17 contes d'Afrique, du Brésil, du Portugal, 1 cassette) Presses Pocket, Paris, 1986. Bilingue.

Fleur, Téléphone et Jeune fille (Nouvelles, Brésil), Alphée, Paris, 1980. Bilingue.

Nouvelles portugaises contemporaines (Nouvelles F. Pessoa, M. Torga), éd. Poche, Paris, 1989. Bilingue.

ANGOLA

CASTRO SOROMENHO, *Camaxilo* (roman), éd. ICL, Paris.

NETO, Agostinho, *Espérance Sacrée*.

VIEIRA, José LUANDINO, *Autrefois dans la vie* (nouvelles), Gallimard, Paris, 1981. *Nous autres du Makulusu* (roman), idem, 1989. *La vraie vie de Domingos Xavier*, idem, 1971.

CAP-VERT

Contes et récits du Cap-Vert, CILF, Paris, 1981. Bilingue.

LOPES, Baltasar, *Chiquinho*, éd. Actes Sud, Paris, 1990.

GUINÉE BISSAU

Contes créoles de Guinée Bissau, CILF, Paris, 1988. Bilingue.

MOZAMBIQUE

HONWANA, Luís Bernardo, *Nous avons tué le chien teigneux*, NEA, Dakar, 1971.

SÃO TOMÉ ET PRÍNCIPE

Fablier de São Tomé, éd. CILF, Paris, 1984. Bilingue.

POUR ENFANTS

AMADO, Jorge (Brésil), *L'enfant du cacao*, éd. La Farandole, Paris, 1986. Bilingue.

DEMARCY, Richard (Portugal), *Le Secret* (version théâtrale d'un conte populaire), éd. C.R.D.P., Bordeaux, 1985. Bilingue.

DRUMMOND DE ANDRADE, Carlos (Brésil), *Mon éléphant*, éd. Minuscules. Paris, Folio, 1981. Bilingue. *La Princesse Guenon*, éd. Poche, Folio, 1981. Bilingue.

VASCONCELOS, José MAURO DE, *Mon bel oranger*, Livre de poche, Paris.

Annexe 5 — Adresses utiles

PORTUGAL

Ambassades :
— 3, rue Noisiel, 75016 Paris
— rue des Descqz, 115, 5e étage, 1050 Bruxelles
— 5, Island Ark Drive, 1Y038 Ottawa
— 33, Allée Scheffer, Luxembourg
— 1, Jungfraustr., 3005 Berne

Centre du Tourisme Portugais : 7, rue Scribe, 75009 Paris.
Consulat du Portugal : 178, rue du Chevaleret, 75013 Paris.
Comp. TAP Air Portugal : 9, bd de la Madeleine, 75001 Paris.

BRÉSIL

Ambassades :
— 34, cours Albert Ier, 75008 Paris
— 350, av. Louise, Boîte 5, 1050 Bruxelles
— 68, Monbijoustr., 3007 Berne
— 255, Albert Street Suite 900, KIP6A9 Ottawa

Consulat (visas) : 122, av. des Champs Elysées, 75008 Paris.
Comp. VARIG : 27, av. des Champs Elysées, 75008 Paris.
Maison de l'Amérique latine : 217, bd. St-Germain, 75   Paris.
Galerie Debret : 28, rue La Boétie, 75008 Paris.

AFRIQUE

ANGOLA : Ambassade, 19 avenue Foch, 75016 Paris.
CAP-VERT : Consulat, 92 bd. Malesherbes, 75008 Paris.
GUINÉE-BISSAU : Consulat, 4 rue Saint-Lazare, 75009 Paris.
MOZAMBIQUE : Ambassade, 82 rue Laugier, 75017 Paris.

ASSOCIATIONS

ADEPBA (Association pour le Développement des Études Portugaises, Brésiliennes et Africaines et de l'Asie lusophone), 67 rue de la Croix Nivert, 75015 Paris.

BIBLIOTHÈQUES

Fondation Gulbenkiam : 51, avenue d'Iéna, 75016 Paris.
Institut des Études Portugaises et Brésiliennes : La Sorbonne, 17 rue de la Sorbonne, 75005 Paris.
Institut des Hautes Études de l'Amérique latine : 28 rue Saint-Guillaume, 75007 Paris.

Annexe 5 — Adresses utiles

LIBRAIRIES SPÉCIALISÉES

Librairie de Langue portugaise de Paris (Michel Chandeigne), 10, rue Tournefort, 75005 Paris.
Librairie l'Harmattan, 16, rue des Écoles, 75005 Paris.
Librairie Lusophone, 10, rue du Sommerard, 75005 Paris.
Librairie Portugal, 146, rue du Chevaleret, 75013 Paris.

MINITEL

Programme 36.15, code LUSI. (Lusi Télématique, Portugal-Brésil, 8, rue Amelot, 75011 Paris.)

CINÉMA

Cinéma Latina, 20, rue du Temple, 75003 Paris.

Annexe 6 — Index du vocabulaire

Les numéros qui suivent les mots renvoient aux dialogues.

A

abarrotar, 18
a abertura, 32
abotoar, 14
abrandar, 2
abrigar, 15, 29
Abril, 2
abrir, 12
o acelerador, 2
acertar, 15, 37
o acerto, 15
o acesso, 36
o acidente, 2
achar, 1, 36
acompanhar, 1
aconselhar, 30
acontecer, 12, 27
acordar, 5
o acorde, 24
acreditar, 17
activo/a, ativo/a (B), 39
o adepto, 18
a adesão, 36
adeus, 1
adiantar-se, 4
admirar, 1, 24
admitir, 17
o adro, 29
a aero-moça, 4
o aeroporto, 1
afastar, 28
o aficionado, 21
afogar, 24
a água, 6
a agência de viagens, 1, 28
agora, 2
agradar, 20
agradável, 1
agrupar, 34
ai, 3 ; ali, 2, 15
ainda, 5 ; ainda bem, 33
ajudar, 32

a alegria, 25
a alfândega, 2
o algodão, 15
alias, 1, 28
o altar, 25
alto/a, 40
a altura, 15
alugar, 12
o aluguer, 15
o alugador, 14
o aluno, 27
amanhã, 1
amarrotar, 14
ambos, 5
o ambiente, 24
a amêijoa, 32
o amigo, 6
a amizade, 22
os amores, 24
andar, 2, 5
andar à procura, 17
a animação, 25
animado, 25
o ano, 1
antes, 22
antiga, 21
o anúncio, 22
apagar, 4
apanhar, 2
apaixonar, 32
a aparelhagem, 40
apenas, 36
apesar de, 39
apetecer, 1
apertado, 1, 19
apertar, 2
aplaudir, 18
aportar, 23
apostar, 18, 38
aprazível, 28
o aprendiz, 27
aproveitar, 1, 35
aqui, 2
o arbusto, 33
a área, 34
a arena, 21

armar, 25
o arquipélago, 33
o arraial, 25
•arranjar, 27
arrastar, 33
a arrecadação, 12
o arrepio, 19
arriscar, 21
a arte, 23, 31
a artesanato, 31
o artigo de fundo, 22
assar, 24, 32
assim, 1
assinar, 6
assobiar, 18
o assobio, 18
o assunto, 37
assustar, 19
astuto, 21
até, 23, 34
atender, 28
atenção, 2
aterrar, 4
atirar, 18
atrair, 24
atrapalhar, 34
atravessar, 30
atrasado, 3
através de, 6
o atrelado, 1
a aula, 29
o aumento, 38
auscultar, 19
o automóvel, 1
a auto-estrada, 20
o avançado, 18
aviar, 19
avisar, 12
azul, 18
azulejo, 23

B

bacana, 21
o baile, 25

Annexe 6 — Index du vocabulaire

a bainha, 13
baixar, 19, 26
o bagageiro, 5
a bagagem, 1
o bairro, 12
baixo, 25
o balão, 25
o balcão, 4, 2
a bandeira, 18
o banco, 2, 6
barato/a, 28
o barco, 19
o barroco, 23, 39
barulhento/a, 5
bastante, 25
beber, 25
o beliche, 5
a berma, 33
a bicha, 3
o bicho, 21
o bilhete de indentidade, 1
a blusa, 13
o bolo, 22, 32
o bolso, 6
a bomba (de gasolina), 2
a bondade, 28
o boneco, 17
bonito, 30
o botão, 14
branco, 30
brando, 21
brasileiro/a, 6
brecar, 2
brincar, 17, 29
bulício, 25
buscar, 2, 14
a buzina, 2

C

cá, 5
a cabeça, 12
caber, 1
cachaço, 21
cair, 13 ; cair bem, 13
as calças, 14
o calçado, 36
o caldo, 19
calhar, 26, 37
o cálice, 30
calmo/a, 5
o caloiro, 29
o calor, 3, 39
a cama, 19
a câmara municipal, 27
cambiar, 6
o caminho, 1
a camisa (de noite), 14
a camisola, 13
a campainha, 12
o campeonato, 180
o campo, 18, 27
a canção, 24
a cancela, 4
a cantiga, 40
cansado, 4
a capa, 39
capaz, 26
o capitão, 18
caro/a, 1, 27
o carpinteiro, 27
o carregador, 3
carregar, 1
o carro, 1
a carta (de condução, 15
a casa de banho, 5
o casaco, 13
o casal, 5
casadoiro, 23
casamenteiro, 23
o castelo, 23, 28
o castiçal, 17
o cavaleiro, 21
o cavalheiro, 22
o cavalo, 21
a cave, 30
cedo, 2
a ceia, 4
cento, 2
a certeza, 3, 24
a chamada, 5
o cerrado, 33
o chá, 19
chamar-se, 5
a charanga, 25
a chave, 5
o chapéu, 19
a chegada, 1
cheio/a, 2
chorar, 24
a cidade, 23
o cigarro, 2
cinco, 1
o cinto de segurança, 2
claro/a, 1
a classe, 3
o claustro, 23
coitado/a,
o colarinho, 14
colher, 21
a colhida, 21
a colina, 31
a colónia, 33
colorido, 25
com efeito, 25
o comboio, 1
comer, 25
o comerciante, 30
comerciar, 38
comover, 24
o compartimento, 3
a compra, 13
comprido/a, 13
comprar, 30
o comprimido, 19
o comunicado, 22
a comunidade, 36
a concepção, 39
concorrente, 37
concorrer, 25
concorrido, 17
concurso, 25
condutor, 15
conduzir, 27
confessar, 24
a confusão, 12
conhecer, 1, 28
o conjunto, 34
connosco, 1
conseguir, 3, 18

377

Annexe 6 — Index du vocabulaire

o conselho, 27
a consituição, 17
constituir, 21, 33
a consulta, 19
o consultório, 19
consumir, 35
a conta, 6 ;
   (c. a prazo, 6)
a conta (o extracto
   de), 6
contar, 39 ; contar
   com, 12
o conto,
a contrapartida, 36
contribuir, 40
contudo, 38
o convento, 28
conventual, 32
o convidado, 12, 32
convir, 15, 19
o copo, 12 ;
   o copito, 24
a cor, 13
a coragem, 21
o corredor, 1
o correio, 10
correr, 3
a corrida, 21
o corte, 13
as cortes, 29
a cortiça, 31
o corvo, 23
as costas, 6, 29
costumar, 3
os costumes, 21
a costureira, 13
a cotação, 6
cozer, 19, 33
a cozinha, 12, 32
o cravo, 25, 24
o crédito, 38
crescer, 30, 36
a criação, 31
criar, 23
o cruzado, 6
o cruzeiro, 6
as cuecas, 14
o cuidado, 19

a culpa, 12
curativo, 33
o curso, 34
custar, 17
o custo, 15

D

a dança, 40
dar, 5 ; dar com, 12
dar licença, 32
dar para, 5 ; para,
   por, 19
a data, 17 ; datar, 30
a defesa, 18
o defesa, 18
deitado, 3
deixar, 5, 38
demais, 39
demorado, 29
demorar, 39
dentro, 30
depender, 15
depois, 2
o depósito, 2
depressa, 2
desabitado, 33
o desafio, 18
desagradar, 26
desajeitado, 27
desaparecer, 25
o desastre, 2
descansar, 1, 28
descarregar, 1
descer, 6
descobrir, 33
o desconto, 5, 17
desculpar, 4
desde que, 26
o desejo, 25
desencontrar-se, 3
o desenlace, 29
desempenhar, 31
desentorpecer,
desenvolver-se, 35
o desfile, 25
desligar, 26

despachar, 3
a despensa, 12
a despesa, 6, 15
desportivo, 22
o destino, 1
desviar, 18
dever, 1
o dia, 1
dificultar, 34
diminuto, 36
o dinheiro, 6, 27 ;
   (levantar, depositar
   dinheiro, 27)
a direita, 2
o disco, 40
a discoteca, 40
o discurso, 32
discutir, 1
o disparate, 30
disponível, 15
dispor, 28
disposto, 23
a diversão, 25
a divisa,
a divisão, 12
a divisória, 33
dizer, 13 ; dizer
   bem, 13
dobrar, 26
o dobro, 3
o doce, 30
o doente, 19
doente, 19
o dom, 32
donde, 1
o dono, 1
o duplo, 5
durante, 1
durar, 3
duzentos, 2

E

a edificação, 33
edificar, 28
o edifício, 31
o efeito, 25

Annexe 6 — Index du vocabulaire

com efeito, 25
o elenco, 21
elevar, 31
o elevador, 5
a embarcação de recreio, 1
o embarque, 4
o embrulho, 3
a empregada, 4
o emprego, 27
a empresa, 38
encaminhar, 37
o encargo, 27
encarregar, 37
encarregar-se, 14
encher o depósito, 2
encher-se, 18
encontrar, 25
enfrentar, 21
enganar, 12, 27
o engarrafamento, 2
o engenheiro, 1
engordar, 14
engraçado, 25
enquanto, 26
ensinar, 12
o ensino, 34
entanto (no), 14
então, 1
a entrada, 31
entregar, 1
entusiasmar, 28
envergar, 21
escarpado, 30
a escola, 25
a escolha, 7, 39
o escravo, 24
o escritorio, 12
o escriturário, 27
o escudo, 6
escuro, 24
escutar,
esforçar-se, 40
o esfórço, 27
esfriar, 39
esgotar-se, 6
o espaço, 21, 40
espalhar, 31

espantar-se, 17
esperar, 28
o espírito, 25
esquecer, 4
a esquerda, 5
esse/a, 3
estabelecer, 33, 37
o estabelecimento, 28
a estação, 1, 2, 37
a estação de serviço, 2
a estadia, 5, 28, 39
o estádio,
o estaleiro, 35
o estanho, 17
estar, 1
estável, 6
este/a, 3 (desta, 3)
estender, 17
o estômago, 29
a estrada, 2
estrangeiro, 32, 38
estudioso, 49
os estudos, 27
a evolução, 21
o excesso, 4
experimentar, 14
extinguir, 31
extrema direita, 22

F

a fábrica, 35
o fabrico, 35
a facilidade, 6, 38
a fadista, 24
o fado, 24
falar, 22
falhar, 18
faltar, 34, 39
a fantasia, 25
as farpas, 21
a farmácia, 19
os faróis, 2 (o farol)
o fato, 13
farto, 23 ; (estar farto)
a fatia, 30

o fato saia-casaco, 13
o favor, 2 ; (se faz favor)
a febre, 19
fechar, 6
a feira, 17
o feirante, 17
feito, 2, 15
felizmente, 37
o feriado, 23
as férias, 1, 39
férrea, 29
a festa, 21
o festejo, 23
a fiação, 35
ficado, 4
ficar, 13, 39
a fidelidade, 40
fiel, 32
o figurino, 13
o (a) filho(a), 5, 12
o fim, 6, 1
financeiro/a, 36
fintar, 18
florestal, 36
o foguetão, 2
folgado, 14
a fonte, 33
fora, 6 ; lá fora, 6
o forasteiro, 17
o forcado, 21
fornecer, 13
o forro, 13
o franco, 6
a fronteira, 2
fugir, 37
o funcionário, 3
o fundo, 14
o furo, 2

G

o gabinete de provas, 14
o gado, 35
a galinha, 19
garoar (B), 39

Annexe 6 — Index du vocabulaire

a garrafa, 30
o gasóleo, 6
a gasolina, 2
gastar, 6
o género, 22, 40
a gente, 3
a gira-discos, 40
godo/a, 31
a gola, 13
o gosto, 13, 40
o gótico, 23
o governo, 38
gozar, 37
a gravação, 40
o gravador, 40
gravar, 26
a gravata,
o grau, 4, 19
a gruta, 38
o guarda-fiscal, 2
guardar, 37
o guia, 28
a guitarra, 24

H

a habilitação, 27
haver, 3
a herança, 17
a hora, 4
hospedar, 28
hoteleiro, 28

I

a ida, 3, 37
a idade, 3
a ideia, 5
a igreja, 23, 39
igual, 2
iluminar, 24
a imensidão, 31
impedir, 34
imponente, 31
a importância, 15
importar, 26
importar-se, 15

o imposto, 6
a imprensa, 22
imprescindível, 24
o impresso, 6
improvisar, 25
inacreditável,
inevitável, 26
infeliz, 24
influenciar, 34
informar, 22
íngreme, 33
o ingresso, 34
o início,
a inserção, 34
inserir, 38
interromper, 27
intimamente, 25
inúmero/a, 38
o inverno, 13, 39
o investimento, 38
investir, 38
ir, 1
isso, 25 ; isso mesmo, 25
o itinerário, 28

J

já, 1, 5 ; já não, 12
as janeiras, 40
a janela, 4, 31
o jantar, 12
o jeito, 5
o jogador, 18
o jovem, 12
o juiz, 18
julgar, 38
julho, 39
junho, 25
juntar, 37
junto de, 33

L

la, 13, 31
o lado, 5 ; (ao lado de, 5)

a lágrima, 29
o lanifício, 35
largo/a, 14
a largura, 13
a legenda, 26
o leitor, 22
lembrar, 1 ; lembrar-se, 25
a lenda, 29
letreiro, 38
levar, 3, 13
levantar, 4
levantar voo, 5
a licença, 28
a lide, 21
ligar, 23, 26
ligeiro, 26
lindo/a, 2
a língua, 19, 37
a linha, 5
o linho, 14
liso/a, 14
a lista, 38
livre, 36, 38
o livro de cheques, 6
a locomotiva, 39
logo, 3
logo a seguir, 12
a loja, 14
a lubrificação, 15
lucrar, 36
o lucro, 38
o lugar, 1, 3
a luz, 6

M

o macaco, 2
maçador/a, 1
a maioria, 30
mais, 1 ; a mais, 4
mais nada, 14
a mala, 2
o mal-estar, 19
a malha, 39
mandar, 1, 38
mandar fazer, 14, 15

Annexe 6 — Index du vocabulaire

a maneira, 12, 28
a manhã, 1, 22
a manga, 14
o manjerico, 25
a manteiga, 1
manter, 31
manuelino, 23
a mão, 35
a mão-de-obra, 35, 36
a marca, 30
a marcação, 3
a margem, 29
o marido, 26
a máquina, 6
mas, 1
matar, 21
a matéria-prima, 35
o matutino, 22
mau, má, 5
o médico, 1, 19
a medida, 13
medieval, 31
meio/a, 3
melhor, 13
o mercado negro, 18
o mês, 1, 39
mesmo, 1
  mesmo assim, 3
  isso mesmo, 25
mil, 1
misturar-se, 25
a moda, 3
a modista, 13
a moeda, 6, 18
a monarquia, 17
a montra, 14
o mosteiro, 28
mostrar, 15
mudar, 12 ; mudar-se, 17
muito/a, 1
a mulher, 1, 26
a multa, 2
a multidão, 17
a muralha, 31

N

nada, 26
nascer, 24
o natal, 17
o navio, 35
os negócios, 17
nenhum, 3
nem, 3
ninguém, 3
nítido, 30
o nível, 34
nobre, 21
a noite, 25, 28
o noivo, 23
nota, 6
notável, 23
a notícia, 22
o noticiário, 26
a novidade, 22, 37
novo, 13, 27
nunca, 2

O

obras, 23
obrigado/a, 5
obrigar, 1, 21
obrigatório, 23, 34
obter, 26
oferecer, 15
o óleo, 2
olhar, 2
o ônibus (B), 39
a opção, 34
o operário, 27
optar, 15
óptima, 15 ; ótima (B), 4
ora, 12 ; ora ... ora, 6
a ordem, 2
o ordenado, 27
o orgão, 23
o orgulho, 29
a origem, 23, 30
a ornamentação, 25
a ousadia, 21

o outro, 2
ovino, 35

P

o padrão, 13
o padroeiro, 23
o pagamento, 15
pagão, 25
pagar, 3
a página, 22
pago, a, 15
o país, 1
os pais, 27
a paisagem, 1
a paixão, 29
o palacete, 31
o palácio, 28
as palmas, 18
a pancada, 21
o pano, 17
o pão, 7
as papas, 22
o papel, 25
a paragem, 28
parar, 1
parecer, 2, 17
a partida, 1, 18
partilhar, 24
a páscoa, 17
o passado, 24, 29
o passageiro, 3
a passagem, 39
passar, 1
passear, 1
o passeio, 19, 31
o pastel, 32
o pastor, 35
o pé, 30
a peça, 22
o pedido, 1
pedir, 3
a pedra, 33
a pega, 21
a pega de caras, 21
a pele, 13
a pena, 1

Annexe 6 — Index du vocabulaire

pensar, 1
percorrer, 39
permanecer, 37
o pequeno almoço, 5
perceber, 27
o percurso, 1
perder, 12
perigo, 14
perigoso/a, 27
periódico/a, 6
permitir, 31
a perna, 3
perto, 1
a pesca, 30
a pessoa, 1
pessoal, 15
o pijama, 14
o pisca-pisca, 2
pior, 6
plangente, 24
a planície, 31
o pneu, 2
poder, 1
pois, 1
poluir, 39
a ponte, 2
popular, 25, 40
pôr (verbe), 13
por (por volta de), 12
por enquanto, 36
pormenor, 37
a porta do carro, 2
a portagem, 2
a portaria, 5
o porto, 30
poupar, 33
a pousada, 28
pousar, 23
o povo, 23
a praça de touros, 21
a prata, 17
a prateleira, 2
prático/a, 2
o prato, 32
a praxe, 29
o prazer, 24
o prazo, 1
precisar de,

preciso, 1
o preço, 15
preencher, 4, 15
preferir, 1, 28
pregar, 27
o prego, 27
prejuízo, 15
preocupar-se, 3, 4
presidir, 32
presépio, 23
a pressa, 1
a pressão, 36
prestar atenção, 22
privado/a, 35
procurar, 21, 40
à procura, 23
proibido/a, 11
o projecto, 3
o projector, 24
pronto, 2
o pronto-a-vestir, 13
a pronúncia, 33
propor, 5
a proposta, 24
prosseguir, 28
provar, 13
proveitoso, 30

Q

a quadra, 25
o quadro, 6
quadrados (aos), 14
qual, 6 ; tal e qual, 25
qualquer, 4, 36
a quantidade, 18
quanto/a, 1
o quarto, 5
quarto, quarta,
quase, 2
quatro, 2
quebrar, 29
o queijo, 32
a queixa, 5
queixar, 19
quente, 13, 31
(quentinho)

querer, 25
a quinta, 29

R

O rapaz, 5
o rasgão, 29
a razão, 2, 31, 38
rebentar, 2
rebocar, 2
o reboque, 2
receber, 6
a receita, 19, 26
a reconquista, 31
a recordação, 29
recorrer, 18
o recreio, 37
o recurso, 36
redigir, 22
reduzir, 3, 35
a refeição, 3
a regalia, 36
regatear, 17
registar, 33
o registo,
resgistar (B), 4
regressar, 28
regresso, 28
o reino, 35
religioso, 25
relva, 18
remoto/a, 39
reparar, 17, 24, 33
a repatriação, 38
reproduzir, 22
reprovar, 34
requisitar, 6
a reserva, 3
reservar, 5
resolver, 27
resolvido, 12
responsabilizar-se
por, 15
restaurar, 23
os restos, 23
o retrovisor, 2
o revisor, 3

Annexe 6 — Index du vocabulaire

revistar a bagagem, 2
rezar, 23
a riqueza, 33
a risca, 14 (as riscas)
rodear, 21
a roda, 2
o romance, 31
românico, 23
romano/a, 31
romaria, 25
a roupa, 2
o roupeiro, 2

S

saber, 1 ; sei, 6
saboroso, 23, 32
a saia, 13
a saída, 3
sair,
a sala de estar, 12
sala de jantar, 5
o saldo, 6 ; em saldo, 14
salientar, 32
o salto, 13
o salto alto, 13 ; raso, 13
salvo erro, 35
o samba, 25
o santo, são, 25
o sapato, 13
a sardinha, 25
a saudade, 24, 38
o século, 17, 21
a sé, 31
a sebe, 33
se calhar, 12, 24
a secretária, 27
o sector, 35
a seda, 13
a sede,
secundário, 34
o segredo, 37
seguir, 15 ; a seguir, 23
a segurança, o seguro, 2

sem,
o semanário, 22
sempre, 1
senha, 3
sensacionalista, 22
sentar-se,
sepultar, 23
ser, 1
a serenata, 29
o sertão (B), 39
o servente, 27
o serviço, 4
servir, 12 ; (servir para)
a sessão, 32
o sismo, 33
só,
soar, 24
sob, 38
sobre, 2
a sobremesa, 30
sobretudo, 6, 34
o socalco, 33
sofrer, 29, 40
o solar, 30
solo, 4
solto/a, 33
a sopa, 32
sozinho, 5, 24
subir, 5, 13
suficiente, 1
a sugestão, 28
sul, 2, 35
suplementar, 5
supor, 15, 36
surgir, 37
surpreendente, 33

T

a tabela, 3
o tacão, 13
a talha dourada, 17
o talher, 17
talvez, 5
também,
tanto quanto, 39
tão,

a tarde, 25, 31
a tarefa, 33
a taxa, 15, 26
o tecido, 13
o Tejo, 2
a telefonista, 5
a telenovela, 26
a temperatura, 4, 33
o tempo, 1, 40
tencionar, 37
a tenda, 17
ter cuidado, 19, 29
o terraço, 33
o terramoto, 23
o território, 38
o título, 22
tocar, 12, 24
todo/a, 1
tolo, 22
tomar, 3
tocar, 12, 24
a tonelagem, 35
torcer, 18
tornar-se, 27
a torta, 7
o tornozelo, 13
a tourada, 21
o toureiro, 21
o touro, 21
trabalhar, 25
a traça, 23, 31
transferir, 36
o trânsito, 2
as traseiras, 5
o tratado, 30
tratar, 1, 37 ; tratar-se, 32
o travão, 2
travar, 2
trazer, 3 ;
trouxe, 6
treinar, 21
o tremor de terra, 33
trinta, 39
a tristeza, 24
triz, 3
trocado, 6 (dinheiro)
o trovador, 40

Annexe 6 — Index du vocabulaire

U

ultrapassar, 2
unificado, 34
universidade, 27

V

o vagão, 3
valer, 1
a validade,
o valor, 17, 36
a vantagem, 36, 38
o veículo, 1
a velharia, 17
a velocidade, 2
o veludo, 13
a venda, 22
o vendedor, 27
ver, 3
o Verão, 3, 31
a verdade, 1
verde, 16
verificar, 25, 36
vermelho, 18
a véspera, 1, 7
o vespertino, 22
o vestido, 13
o vestuário, 35
a vez, 5
a viação, 2, 7
viajar, 1, 40
a viagem, 1, 28
a vida, 25
o vídeo, 40
o vidro, 2, 7
o vinho, 16
vir, 1, 7
a virtude, 33
a vista, 30
o visto, 1, 7
a vivenda, 12
viver, 12
vivo/a ; ao vivo, 40
a volta, 1 ; (por, em volta), 12
à vontade, 1, 17
vulcânico, 33
o vulcão, 33

X

o xaile, 24

Cet ouvrage a été composé par
TÉLÉ-COMPO – 61290 BIZOU

IMPRIMÉ EN FRANCE PAR BRODARD ET TAUPIN
Usine de La Flèche (Sarthe), le 10-04-1991.
1119E-5 - Dépôt légal, avril 1991.

PRESSES POCKET - 8, rue Garancière - 75006 Paris
Tél. 46.34.12.80